ANNO 7/8

Geschichte Gymnasium Brandenburg

Denkmal des Kronprinzen Friedrich vor dem Schloss Rheinsberg, errichtet 1903

Herausgegeben von
Ulrich Baumgärtner, Klaus Fieberg

Erarbeitet von
Ulrich Baumgärtner, Dieter Bode, Hans-Jürgen Döscher,
Peter Johannes Droste, Ralph Erbar, Klaus Fieberg, Diethard Hennig,
Christian Larisika, Gregor Meilchen, Herbert Rogger,
Stefan Stadler, Christine Stangl, Wolf Weigand,
Barbara Weiß, Wolfgang Woelk, Isabel Zeilinger

westermann

Eine kommentierte Linkliste finden Sie unter:
www.westermann.de/geschichte-linkliste

© 2008 Bildungshaus Schulbuchverlage
Westermann Schroedel Diesterweg Schöningh Winklers GmbH, Braunschweig
www.westermann.de

Das Werk und seine Teile sind urheberrechtlich geschützt. Jede Nutzung in anderen als den gesetzlich zugelassenen Fällen bedarf der vorherigen schriftlichen Einwilligung des Verlages. Hinweis zu § 52a UrhG: Weder das Werk noch seine Teile dürfen ohne eine solche Einwilligung gescannt und in ein Netzwerk eingestellt werden. Das gilt auch für Intranets von Schulen und sonstigen Bildungseinrichtungen. Auf verschiedenen Seiten dieses Buches befinden sich Verweise (Links) auf Internet-Adressen. Haftungshinweis: Trotz sorgfältiger inhaltlicher Kontrolle wird die Haftung für die Inhalte der externen Seiten ausgeschlossen. Für den Inhalt dieser externen Seiten sind ausschließlich deren Betreiber verantwortlich. Sollten Sie bei dem angegebenen Inhalt des Anbieters dieser Seite auf kostenpflichtige, illegale oder anstößige Inhalte treffen, so bedauern wir dies ausdrücklich und bitten Sie, uns umgehend per E-Mail davon in Kenntnis zu setzen, damit beim Nachdruck der Verweis gelöscht wird.

Druck A^3 / Jahr 2011
Alle Drucke der Serie A sind im Unterricht parallel verwendbar.

Redaktion: Christoph Meyer, Dorle Bennöhr
Herstellung: Udo Sauter
Typografie: Thomas Schröder
Satz: pva, Druck und Mediendienstleistungen GmbH, Landau
Druck und Bindung: westermann druck GmbH, Braunschweig

ISBN 978-3-14-**111070**-8

Inhalt

1. Aufbruch in eine neue Zeit 6

Das Entstehen neuer Wirtschaftsformen 8
Erfindungen verändern die Welt 12
Der Beginn einer „neuen Zeit" 16
Europa entdeckt die Welt 20
Europa erobert die Welt 24
Reformation und Kirchenspaltung 28
Methode: Umgang mit Bildern 32
Reformation und Politik 34
Der Dreißigjährige Krieg 38
Zusammenfassung 42

2. Absolutismus, Aufklärung und Revolution ... 44

Der Absolutismus in Frankreich 46
Längsschnitt: Berühmte Frauen in ihrer Zeit 52
Die Aufklärung 64
Der Reformabsolutismus in Brandenburg-Preußen ... 70
Methode: Umgang mit schriftlichen Quellen 74
Längsschnitt: Kriege im Wandel 76
Revolution in Frankreich 82
Wie kam es zur Revolution? 86
Methode: Umgang mit dem Schulbuchtext 90
Die Revolution hat Erfolg 92
Die Revolution geht weiter 96
Die Revolution ufert aus 100
Die Revolution scheint beendet und breitet sich aus ... 104
Napoleon: Vom Landadeligen zum Kaiser 108
Europa verändert sein Gesicht 112
Preußen zwischen Niederlage und Widerstand 116
Das Ende Napoleons 120
Methode: Umgang mit darstellenden Texten 124
Zusammenfassung 126

Inhalt

3. Staat und Nation 128

Neuordnung Europas auf dem Wiener Kongress...... 130
Liberale und nationale Bewegung in Deutschland 134
Auf dem Weg zur Revolution 138
Die Revolution von 1848........................ 142
Die Revolution scheitert 146
Die Errichtung eines deutschen Nationalstaats 150
Methode: Umgang mit Historiengemälden................ 156
Zwischen Demokratie und Obrigkeitsstaat 158
Die Innenpolitik im Zeitalter Bismarcks 162
Außenpolitik des Deutschen Reiches (1871–1890).... 166
Das Deutsche Reich unter Wilhelm II............... 170
Außenpolitik des Deutschen Reiches (1890–1914).... 174
Gesellschaftlicher Wandel im Kaiserreich 178
Längsschnitt: Herrschaftsbilder..................... 184
Zusammenfassung 190

4. Industrialisierung und Soziale Frage 192

Die Industrielle Revolution beginnt in Engand 194
Anfänge der Industrialisierung in Deutschland 198
Deutschland auf dem Weg zum Industriestaat........ 202
Deutschland – ein Industriestaat 206
Methode: Umgang mit Statistiken und Diagrammen........ 210
Soziale Folgen der Industrialisierung............... 212
Lösungsversuche der Sozialen Frage 216
Längsschnitt: Kinderarbeit 220
Zusammenfassung 226

5. Imperialistische Expansionen und Rivalitäten 228

Das Zeitalter des Imperialismus 230
Britischer Imperialismus 234
Deutschland als Kolonialmacht 238
Auf dem Weg zum Ersten Weltkrieg................ 242
Längsschnitt: Migration – Menschen verlassen ihre Heimat 246
Zusammenfassung 252

Längsschnitt: Medizin im 19. Jahrhundert 254

Inhalt

Minilexikon 258

Register 262

Bildnachweis 264

Methodenseiten im Überblick

Umgang mit Bildern 32
Umgang mit schriftlichen Quellen 74
Umgang mit dem Schulbuchtext 90
Umgang mit darstellenden Texten 124
Umgang mit Historiengemälden 156
Umgang mit Statistiken und Diagrammen 210

Längsschnitte im Überblick

Berühmte Frauen in ihrer Zeit 52
Kriege im Wandel 76
Herrschaftsbilder 184
Kinderarbeit 220
Medizin im 19. Jahrhundert 254

1. Aufbruch in eine neue Zeit

Plünderung eines Dorfes
Stich um 1630

Blick auf Florenz

Jakob Fugger im Augsburger Kontor
Miniatur von 1520

Der Buchdrucker
Holzschnitt von 1568

1350 n. Chr. 1380 1410 1440 1470 1500 1530 1560 1590 1620 1650

Martin Luther
Zeitgenössisches Gemälde

Am Ortseingang

Landung der Spanier auf Hispaniola
Stich von 1594

Aufbruch in eine neue Zeit

Das Entstehen neuer Wirtschaftsformen

Die Fugger in Augsburg – eine beispielhafte Familiengeschichte

1367 zog der Weber Hans Fugger aus dem Umland in die aufstrebende freie Reichsstadt Augsburg. Diese lag am Schnittpunkt wichtiger Handelswege und war besonders durch ihre Tuchproduktion bekannt. Mit dem Umzug begann eine erstaunliche Familiengeschichte: Jakob Fugger, ein Enkel von Hans, starb 1525 als einer der vermögendsten Männer Europas. 1519 hatte er bei der Wahl des Habsburgers Karl zum Kaiser den Großteil der Bestechungsgelder finanziert.

Diese Erfolgsgeschichte einer Handwerkerfamilie wäre schon unter heutigen Umständen erstaunlich, für die Welt um 1500 stellt sie aber etwas Außerordentliches dar. Dass ein einfacher Augsburger Kaufmann zum begehrten Ansprechpartner für die wichtigsten Adelsfamilien Europas wurde, ihnen seine Bedingungen diktieren konnte und die Weltpolitik der damaligen Zeit beeinflusste, stellte die mittelalterliche Ständeordnung infrage.

Grundlagen des Geschäfts waren der Tuchhandel und die Tuchproduktion. Dabei bediente man sich des so genannten Verlagswesens. Das heißt, dass die Fugger den Webern die Rohstoffe für ihre Produktion lieferten und das fertige Tuch zu einem Festpreis abkauften. Das weit verzweigte Netz von Niederlassungen des fuggerischen Handelshauses ermöglichte den Verkauf der Stoffe in ganz Europa.

Daneben traten aber Geschäftszweige, die wesentlich mehr Gewinn abwarfen. Durch neue Abbaumethoden im Bergbau konnte wesentlich mehr Metall gefördert werden. Silber wurde benötigt, um den steigenden Bedarf an Münzgeld zu befriedigen. Blei und Kupfer waren für die steigende Produktion von neuen Waffen unabdingbar. Jakob Fugger beherrschte sowohl den Abbau als auch den Handel mit diesen Metallen in Europa.

Noch einträglicher waren aber seine Geldgeschäfte. Mit Geschick und dem nötigen Maß an Geheimhaltung gelang es ihm, immer dort

M 1 Jakob Fugger mit seinem Buchhalter Matthäus Schwarz im Augsburger Kontor. Der Aktenschrank zeigt einige wichtige Handelsniederlassungen, Miniatur von 1520.

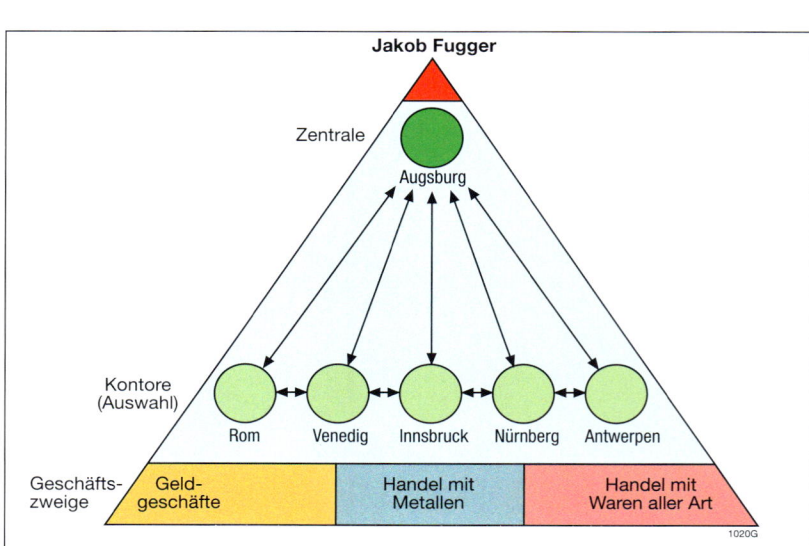

M 2 Aufbau eines frühkapitalistischen Unternehmens, Schaubild

Kredite zu geben, wo es am gewinnbringendsten war. Außerdem konnte er die Verwaltung großer Geldsummen an sich bringen, die er dann wieder als Kredite einsetzte: Jakob Fugger ließ das Geld für die Firma arbeiten. Er benutzte die so genannte „doppelte Buchführung", die ursprünglich aus Norditalien stammte und im Grundsatz noch heute gültig ist. Dabei werden Ausgaben und Einnahmen zur besseren Kontrolle zwei Mal getrennt aufgeführt.

Der so genannte Frühkapitalismus
Der Aufstieg der Fugger ist nur ein, wenn auch herausragendes Beispiel für die Entwicklung großer Handels- und Bankhäuser. Ein halbes Jahrhundert früher hatte im italienischen Florenz die bürgerliche Familie der Medici ebenfalls ein riesiges Vermögen angehäuft. Aus ihr gingen später sogar Fürsten von europäischem Rang und Päpste hervor.

„Ich will Gewinn machen, solange ich lebe", ist ein wichtiger von Jakob Fugger überlieferter Satz. Er zeigt, dass sich die Einstellungen im Wirtschaftsleben änderten. Die Hauptaufgabe war nun die Vermehrung des eigenen Vermögens. Das erwirtschaftete Geld wurde wieder in die Unternehmen investiert, anstatt es zu verbrauchen. Für die Wirtschaftsweise der Fugger und Medici prägte die Geschichtswissenschaft den Begriff „Frühkapitalismus". Kapitalismus bedeutet die Anhäufung und Vermehrung großer Geldsummen, also das Wirtschaften mit Geld. Der Frühkapitalismus war im Wesentlichen ein Handelskapitalismus. Später gewann die Produktion von Waren an Bedeutung. Mit diesen neuen Einstellungen wurden mittelalterliche Vorstellungen überwunden.

M 3 Das Bank- und Handelshaus der Fugger zu Beginn des 16. Jh.

Aufbruch in eine neue Zeit

Frühe Formen der Buchführung – Eine Quelle auswerten

M 4 Vermögensaufstellung
Vom Nachfolger Jakob Fuggers, Anton Fugger, 1527 eigenhändig erstelltes Abschlussblatt.

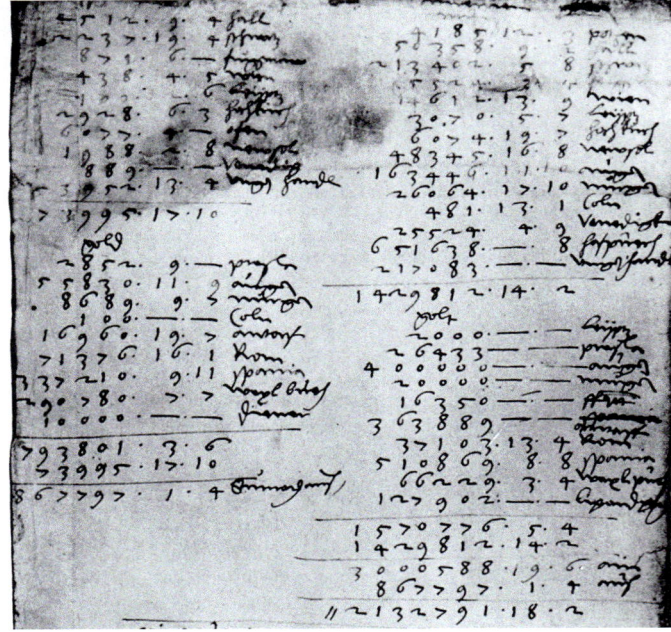

M 5 Die Aufstellung ist von Historikern vereinfacht und vorsichtig ergänzt worden.

Guthaben	Gulden
Bergwerke und Bergwerksanteile	270.000
Immobilien (unbewegliche Habe)	150.000
Waren (u. a. Kupfer, Seide, Silber, Messing)	380.000
Bargeld	50.000
Außenstände (an die Fugger zu zahlen, davon ca. 65 % von den Habsburgern)	1.650.000
Guthaben von Gesellschaftern (Familienmitglieder)	430.000
Laufende Geschäfte	70.000
Summe	3.000.000
Passiva (noch von den Fuggern zu zahlen)	870.000
Gesamtvermögen	2.130.000
Anlagekapital im Jahre 1511	197.000
Gewinn von 1511 bis 1527	1.933.000

Dienstmädchen	3–5 Gulden
Hausknechte	6–7 Gulden
Tagelöhner[1]	20 Gulden
niedere Geistliche	20–40 Gulden
Landsknechte	48 Gulden
Professoren	50–150 Gulden
hohe städtische Beamte	150–250 Gulden

M 6 Jahreseinkommen einiger Berufsgruppen zu Beginn des 16. Jahrhunderts in Deutschland

[1] Ein Tagelöhnerhaushalt benötigte jährlich 14 Gulden für Lebensmittel
H. Lutz, Das Ringen um deutsche Einheit und kirchliche Erneuerung, Berlin – Frankfurt – Wien, 1983, S. 60.

| 1350 n. Chr. | 1380 | 1410 | 1440 | 1470 | 1500 | 1530 | 1560 | 1590 | 1620 | 1650 |

Jakob Fugger im Urteil zeitgenössischer Quellen

M 7 Zwei Meinungen über Jakob Fugger

a) Eine Chronik um 1500 berichtet:

Kaiser, Könige, Fürsten und Herren haben zu ihm ihre Botschaft geschickt. Der Papst hat ihn als seinen lieben Sohn begrüßt, die Kardinäle sind vor ihm aufgestanden. Alle Kaufleute der Welt haben ihn einen erleuchteten Mann genannt, und die Heiden sind ob ihn verwundert. Er ist eine Zierde des ganzen deutschen Landes.

Zit. nach: Propyläen Geschichte Europas, Bd. 1, Frankfurt 1975, S. 227.

b) 1526 fordern Bauern in Tirol, das sich unter habsburgischer Herrschaft befindet und reich an Bodenschätzen ist, Folgendes:

Alle Schmelzhütten, Bergwerke, Erz, Silber, Kupfer […], sofern es dem Adel und ausländischen Kaufleuten und Gesellschaften wie der Fuggerischen […] gehört, sollen […] eingezogen werden. Denn sie [Adel und Gesellschaften] haben ihre Berechtigung nach Billigkeit verwirkt, weil sie sie mit unrechtem Wucher erlangt haben: Geld zum Vergießen menschlichen Blutes; desgleichen haben sie dem gemeinen Mann und Arbeiter seinen Lohn mit Betrug und schlechter überteuerter Ware gezahlt und ihn damit zwei Mal mehr belastet, […] alle Kaufmannsware in ihre Hand gebracht und die Preise erhöht und so die ganze Welt mit ihrem unchristlichen Wucher beschwert und sich dadurch ihre fürstlichen Vermögen verschafft, was nun billig bestraft und abgestellt werden sollte.

Michael Gaismaiers Landesordnung 1525, in: Günther Franz, Quellen zur Geschichte des Bauernkriegs, S. 289 f.

Aufgaben

1. Beschreibe anhand des Schaubildes, wie ein frühkapitalistisches Unternehmen aufgebaut ist und welche Geschäftszweige es gibt. Verwende auch den Schulbuchtext und die Karte.
   → Text, M2, M3
2. Worin liegt das Besondere an einem frühkapitalistischen Unternehmen? Wo siehst du Gemeinsamkeiten, wo Unterschiede zu einem modernen Betrieb?
   → M2
3. Vergleiche die originale Aufstellung mit der des Historikers. Wieso müssen Historiker solche Vereinfachungen herstellen?
   → M4, M5
4. Bei welchen Geschäftstätigkeiten fließen dem Unternehmen Gewinne zu? In welchen Positionen verbergen sich Probleme? → M4 M5
5. Die Gesamtaufstellung ist ein gutes Beispiel für den typisch kapitalistischen Grundsatz, dass Geld nicht liegen bleiben dürfe, sondern arbeiten müsse. Erkläre diesen Grundsatz an Beispielen.
   → M5
6. Vergleiche den Gewinn der Fugger 1511–1527 mit dem Jahreseinkommen verschiedener Berufsgruppen. Wie groß ist der fuggerische Reichtum einzuschätzen?
   → M5, M6
7. a) Welche Meinung über die Fugger wird in den Quellen geäußert? Wie wird diese Meinung jeweils begründet?
   b) Welche der Meinungen trifft deiner Ansicht nach zu? Begründe deine Meinung.
   → M7

Aufbruch in eine neue Zeit

M 1 Mittelalterliche Bibelseite

M 2 Gutenberg-Bibel (um 1454)

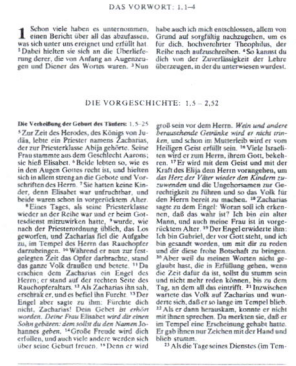

M 3 Gedruckte Bibelseite (heute)

Erfindungen verändern die Welt

Die Erfindung des Buchdrucks als Beispiel

Als im Jahre 1999 eine Gruppe amerikanischer Wissenschaftler die wichtigste Persönlichkeit des zweiten Jahrtausends nach Christus küren sollte, fiel ihre Wahl auf einen Deutschen: Johannes Gutenberg. Von diesem Mann, der eigentlich Johannes Gensfleisch hieß – Gutenberg war der Name seines Geburtshauses –, ist allerdings nur sehr wenig bekannt, da wir kaum Quellen über ihn besitzen. Geboren wurde er zwischen 1399 und 1405 in Mainz und stammte aus einer Handwerkerfamilie. Offensichtlich erlernte er das Handwerk des Goldschmieds, lebte einige Zeit in Straßburg und hielt sich zwischen 1448 und 1457 wieder in Mainz auf. 1468 starb er in seiner Heimatstadt, der genaue Ort seines Grabes ist unbekannt.

Um 1450 erfand er den Buchdruck mit beweglichen Lettern. Zwar gab es in China eine ähnliche Technik schon früher, in unserem Kulturkreis war diese aber vor Gutenberg unbekannt. Hier waren Bücher immer noch sehr teure Güter, da sie auf wertvollem Pergament per Hand mühevoll abgeschrieben werden mussten. Bücher gab es deshalb nur in wenigen Exemplaren zumeist in Klosterbibliotheken.

Schon vor Gutenberg wurde mit dem Druck von Büchern experimentiert. Zunächst schnitzte man eine gesamte Buchseite in Holz und druckte sie dann, wodurch schnell viele Exemplare hergestellt werden konnten; ein neues Werk anzufertigen, dauerte aber sehr lang. Durch die von Gutenberg entwickelte Technik wurde es nun möglich, in kurzer Zeit große Mengen zu drucken. Wichtig ist in diesem Zusammenhang auch, dass mit dem schon seit längerer Zeit produzierten Papier als Schreib- und Druckgrundlage ein gegenüber dem Pergament äußerst billiger Stoff zur Verfügung stand.

Zunächst blieb Gutenberg allerdings noch ganz in der mittelalterlichen Tradition. Sein erstes Druckwerk war die Bibel, die er nach Art der alten Handschriften kostbar ausmalen ließ. Von den etwa 180 produzierten Exemplaren sind heute noch 48 erhalten.

So begabt Gutenberg als Erfinder war, so schlecht scheint er als Geschäftsmann gewesen zu sein. Während sich der Buchdruck sehr schnell in ganz Europa verbreitete, konnte er oftmals seine Schulden nicht bezahlen und lebte in ärmlichen Verhältnissen.

Die Folgen der Erfindung

Seit etwa 1480 wandten sich die Buchdrucker von der ausschließlichen Herstellung teurer Bücher, die nur einen kleinen Kundenkreis interessierten, ab. Es entstanden nun Druckwerke der unterschiedlichsten Art, von Formularen über Grammatiken und Schulbüchern bis zu Romanen und Erzählungen sowie neuesten wissenschaftlichen und technischen Abhandlungen. Wichtig wurden auch einzelne Blätter, die unterschiedlichste Nachrichten über politische Ereignisse oder Naturkatastrophen verbreiteten und meist mit drastischen Abbildungen versehen waren – so genannte Flugschriften oder auch „newe Zeitung", was man mit „neueste Nachrichten" übersetzen kann.

Binnen weniger Jahrzehnte veränderte sich das Leben der Menschen, die des Lesens mächtig waren, ganz erheblich. Viele Wissenschaftler und Gelehrte bekamen nun leichter Zugang zu Werken, die sie sonst wahrscheinlich ihr ganzes Leben nicht zu Gesicht bekommen hätten. Sie konnten diese nutzen und die entsprechenden Kenntnisse weiterentwickeln. Zudem erschienen ihre eigenen Forschungsergebnisse schnell und erschwinglich in Buchform, sodass andere wiederum darauf aufbauen konnten.

Ähnliches galt auch für die Bereiche Politik und Religion. Flugschriften informierten die Menschen schnell über Ereignisse und Ansichten. Die Zeitgenossen konnten sich nun ihre eigene Meinung bilden und waren nicht mehr darauf angewiesen, das zu glauben, was die Kirche oder die weltliche Obrigkeit sagte. Auch stellte sich sehr schnell heraus, dass man kritische Meinungen, waren sie einmal gedruckt, nur schwer unterdrücken konnte. Denn es war nicht möglich, alle vorhandenen Exemplare zu vernichten.

Dies sind nur einige Beispiele dafür, wie sehr der Buchdruck die mittelalterliche Welt veränderte.

Gutenbergs Erfindung hat also ein neues Zeitalter eingeleitet, das bis heute andauert. Erst in jüngster Zeit hat mit der Erfindung des Computers und des Internets möglicherweise eine ähnlich weitreichende Veränderung ihren Anfang genommen wie diejenige, die durch die Entwicklung des Buchdrucks angestoßen wurde.

M 4

Die Verbreitung des Buchdrucks

Aufbruch in eine neue Zeit

Herstellung eines Buches – Analyse von Bildquellen

M 5 Holzschnitte von Jost Amman, Texte von Hans Sachs, 1568

Der Papyrer.

Ich brauch Hadern zu meiner Mül
Dran treibt mirs Rad deß wassers viel/
Daß mir die zschnitn Hadern nelt/
Das zeug wirt in wasser einquelt/
Drauß mach ich Bogn auff dē filtz bring/
Durch preß das wasser darauß zwing.
Denn henck ichs auff/laß drucken wern/
Schneweiß vnd glatt / so hat mans gern.

Der Schrifftgiesser.

Ich geuß die Schrifft zu der Druckrey
Gemacht auß Wißmat/Zin vnd Bley/
Die kan ich auch gerecht justiern/
Die Buchstaben zusammn ordniern
Lateinisch vnd Teutscher Geschrifft
Was auch die Griechisch Sprach antrifft
Mit Versalen/ Puncten vnd Zügn
Daß sie zu der Truckrey sich fügen.

Der Buchdrücker.

Ich bin geschicket mit der preß
So ich aufftrag den Firniß reß/
So bald mein diner den bengel zuckt/
So ist ein bogn papyrs gedruckt.
Da durch kombt manche Kunst an tag/
Die man leichtlich bekommen mag.
Vor zeiten hat man die bücher gschribn/
Zu Meintz die Kunst ward erstlich triebn.

Der Buchbinder.

Ich bind allerley Bücher ein/
Geistlich vnd Weltlich/groß vnd klein/
In Perment oder Bretter nur
Vnd beschlags mit guter Clausur
Vnd Spangen/vnd stempff sie zur zier/
Ich sie auch im anfang planier/
Etlich vergüld ich auff dem schnitt/
Da verdien ich viel geldes mit.

Medien im Wandel – Meinungen vergleichen

M 6 Zwei Stellungnahmen zum Buchdruck

a) Papst Alexander nahm in einer päpstlichen Bulle (Urkunde) aus dem Jahr 1501 Stellung zum Buchdruck:

Da wir erkannt haben, dass durch die Buchdruckerkunst sehr viele Bücher in verschiedenen Teilen der Welt […] gedruckt worden sind, die viele Irrtümer und der christlichen Religion feindliche Lehren enthalten, verbieten wir […] allen Buchdruckern […], in Zukunft Bücher zu drucken, ohne vorher eine ausdrückliche Erlaubnis der Bischöfe oder ihrer Stellvertreter erhalten zu haben. Diesen machen wir zur Pflicht, das zu Druckende sorgfältig zu prüfen und darauf zu achten, dass nichts gedruckt wird, was dem Glauben widerspricht, gottlos oder ärgerniserregend ist.

Bulle „Inter multiplices" Papst Alexanders VI., 1501; bearbeitet nach: Richard Loening, Über Zensur und Preßfreiheit, in: Deutsche Rundschau, 1891, S. 445.

b) Erasmus von Rotterdam, ein wichtiger Gelehrter des beginnenden 16. Jahrhunderts, schrieb im Jahr 1516:

Leidenschaftlich rücke ich von denen ab, die nicht wollen, dass die heiligen Schriften in die Volkssprache übertragen und auch von Laien gelesen werden, als ob Christus so verwickelt gelehrt hätte, dass er kaum von einer Hand voll Theologen verstanden werden könne, und als ob man die christliche Religion dadurch schützen könne, dass sie unbekannt bleibt. Es mag angehen, dass Könige ihre Geheimnisse verheimlichen, aber Christus will mit Nachdruck, dass seine Geheimnisse unter das Volk gebracht werden. Ich würde wünschen, dass alle Weiblein das Evangelium lesen, auch dass sie die Paulinischen Briefe lesen. Wären doch diese in die Sprachen aller Völker übertragen, damit sie nicht nur von den Schotten und Iberern, sondern auch von den Türken und Sarazenen gelesen und verstanden werden könnten.

Erasmus von Rotterdam, Ausgewählte Schriften, hrsg. von Werner Welzig, 3. Bd., Darmstadt 1967, S. 15.

M 7 Faszination Computer

Der Autor Jochen Hörisch schreibt 2001 in seiner Mediengeschichte zur Überlegenheit des Computers gegenüber dem Medium Buch Folgendes:

Die anhaltende Faszination von Computern und Internet […] ist schnell zu erklären. Können Computer und Internet doch (fast) „alles": rechnen sowieso, aber eben auch schreiben, zeichnen, verwalten, Kalkulationen und Tabellen erstellen, Musik komponieren, Weltmeister im Schachspiel besiegen, Filme und Fotos speichern und verarbeiten, an Termine erinnern, immaterielle Güter wie Software, Musik, Texte, Daten transportieren und und und. Dabei sprechen sie allen tradierten [überlieferten] Raum- und Zeitgrenzen Hohn. Denn sie prozedieren [arbeiten] mit atemberaubender Geschwindigkeit und halten auf kleinstem Raum Datenspeicher bereit, die Verlegern von Lexika entweder schlaflose Nächte bereiten oder sie schnell auf die Idee bringen, ihre 20-bändigen Wissensfreunde auch in Form einer CD beziehungsweise DVD beziehungsweise […] gleich im Internet anzubieten.

Hörisch, Jochen, Der Sinn und die Sinne, eine Geschichte der Medien, Frankfurt/M. 2001, S. 381 f.

Aufgaben

1. a) Beschreibe anhand der Abbildungen, wie im 16. Jahrhundert ein Buch hergestellt wurde.
   b) Nenne die Vorteile des Buchdrucks gegenüber der mittelalterlichen Herstellungsweise eines Buches.
   → M5
2. Versuche, die alten Texte zu lesen und ins heutige Deutsch zu übersetzen. → M5
3. a) Welche Verfügung trifft der Papst und wie begründet er sie? Beurteile seine Entscheidung.
   b) Fasse die Aussagen von Erasmus mit eigenen Worten zusammen. Nimm dazu Stellung.
   → M6
4. a) Stelle die Vorteile von Computer und Internet zusammen.
   b) Welche Zukunft siehst du für das Medium Buch? Begründe deine Meinung.
   → M7

Aufbruch in eine neue Zeit

Der Beginn einer „neuen Zeit"

Die mittelalterliche Vorstellungswelt gerät ins Wanken

Die Menschen im Mittelalter glaubten, dass Gott die Welt erschaffen hatte und über sie herrschte. Der Mensch hatte sich dieser göttlichen Ordnung zu fügen. Auch die soziale Ordnung, die Einteilung in Stände, die gesellschaftliche Stellung, ja der gesamte Lebenslauf des Einzelnen erschien als gottgegeben. Große Hoffnungen richteten sich auf das Leben nach dem Tod: Das Paradies konnte durch ein diesseitiges Leben nach Gottes Geboten erreicht werden.

Seit der Mitte des 14. Jahrhunderts gibt es Hinweise, dass dieses mittelalterliche Weltbild allmählich ins Wanken geriet. Nicht mehr die göttliche Ordnung, sondern der einzelne Mensch als Wesen Gottes erschien als Maß aller Dinge.

Die Antike als Vorbild – Renaissance und Humanismus

Die Vertreter der neuen Geisteshaltung beriefen sich auf die Antike und orientierten sich an der Kunst und Literatur der alten Griechen und Römer. Die neue Zeit erschien so als Wiedergeburt der Antike, italienisch „rinascitá", französisch „Renaissance". Dieser Begriff hat sich für das neue Denken sowie die neue Kunst und Kultur eingebürgert, die sich von der zweiten Hälfte des 14. Jahrhunderts bis ins 16. Jahrhundert hinein in Europa ausbreiteten. Vor diesem Hintergrund erschien der Zeitraum zwischen Antike und der nun beginnenden „neuen Zeit" als „medium aevum", als Mittelalter.

Auch in der eigenen Ausbildung orientierten sich die Gelehrten an antiken Vorbildern. So sprach der römische Schriftsteller Cicero im 1. Jahrhundert v. Chr. von „studia humanitatis", das heißt von Fähigkeiten, die man erwerben muss, um sich zu einem Menschen im eigentlichen Sinn auszubilden. Dazu gehörte eine umfassende Bildung.

Das humanistische Menschenbild setzte in Europa große geistige Kräfte frei. Sowohl in den Künsten als auch in den Naturwissenschaften kam es zu Entdeckungen, Erfindungen und Entwicklungen, die bis heute grundlegend sind. So verwendeten die Maler in ihren Bildern die Zentralperspektive und erzeugten eine neuartige, für uns heute selbstverständliche Raumwirkung. Studien der menschlichen Proportionen ermöglichten eine wirklichkeitsgetreue Darstellung der Figuren.

M 1 Studien
„Proportionsschema der menschlichen Gestalt" von Leonardo da Vinci, um 1490

Florenz als Stadt der Renaissance

Eine Vorreiterrolle nahm dabei die Stadt Florenz in der Toskana ein. Dort förderte die vornehme Herrscherfamilie der Medici diese neuen Strömungen. Viele bedeutende Kunstwerke Europas befinden sich deshalb in dieser Stadt. Florenz und andere Handelsstädte verdankten ihren Reichtum dem Selbstvertrauen und der Gelehrsamkeit ihrer Bürger. Gerade diese Städte hatten aber auch enge Handelskontakte zur arabischen Welt und kamen so mit einer anderen Kultur in Kontakt. Vermittelt durch islamische Wissenschaftler, aber auch durch Gelehrte aus dem alten Oströmischen Reich, öffnete sich für die Bewohner der italienischen Handelsstädte der Weg zu neuen Erkenntnissen. Allerdings blieben diese Strömungen zunächst auf einen kleinen Bereich von Gebildeten beschränkt.

M 2 Erschaffung Adams durch Gott
Ausschnitt aus einem Deckenfresko Michelangelos in der Sixtinischen Kapelle im Vatikan, entstanden 1508–1512.

Ein „neues Weltbild"

Da die neuen Erkenntnisse oft im Widerspruch zu den mittelalterlichen Vorstellungen standen, fiel es der Kirche schwer, sie zu akzeptieren. Dies lag auch daran, dass sich die neuen Wissenschaftler ganz anderer Methoden der Erkenntnisfindung bedienten.

Ein Beispiel dafür war die Auseinandersetzung darüber, ob sich die Sonne um die Erde oder die Erde um die Sonne dreht. Bereits in der Antike wurde die Ansicht vertreten, dass die Sonne im Mittelpunkt des Planetensystems stehe und sich die Erde um sie drehe. Im Lauf der Jahrhunderte setzte sich allerdings die Lehre des griechischen Astronomen Ptolemäus durch. Die Erde bildete demnach den Mittelpunkt des Universums, um den sich alle anderen Himmelskörper drehten. Der Mensch als Krone der göttlichen Schöpfung musste demnach im Zentrum dieser Schöpfung leben. Daran zu zweifeln bedeutete, die gesamte christliche Lehre in Frage zu stellen.

Als Erster wagte dies der Astronom und Mathematiker Nikolaus Kopernikus (1473–1543). Er behauptete aufgrund seiner Forschungen, dass die Sonne im Mittelpunkt des Planetensystems stehen müsse. Der Italiener Galileo Galilei (1564–1642) bestätigte mithilfe eines neu entwickelten Fernrohrs die Erkenntnisse von Kopernikus durch Beobachtungen am Nachthimmel. Nun reagierten die kirchlichen Autoritäten mit Gegenmaßnahmen. Die Schriften Galileis wurden als Ketzerei verboten, er selbst wurde unter Androhung der Folter gezwungen, seine Aussagen zu widerrufen. Erst 1992 hob die katholische Kirche das damalige Urteil gegen Galilei förmlich auf.

Aufbruch in eine neue Zeit

Das neue Menschenbild – Analyse zeitgenössischer Bild- und Textquellen

M 3 Der Mensch in der Welt

a) 1452 schreibt der italienische Gesandte und Geschichtswissenschaftler Gianozzo Manetti Folgendes:

Die Welt ist wohl von Gott erschaffen, aber der Mensch hat sie verwandelt und verbessert. Denn alles, was uns umgibt, ist unser eigenes Werk, das Werk der Menschen; alle Wohnstätten, alle Schlösser, alle Gebäude auf der ganzen Welt […]. Von uns sind die Gemälde, die Skulpturen; von uns kommen der Handel, die Wissenschaften und politischen Systeme. Von uns kommen alle Erfindungen und alle Arten von Sprache und Literaturen.

Zit. nach: Hale, John R., Fürsten, Künstler, Humanisten, Reinbek bei Hamburg 1973, S. 26.

b) 1486 verfasst der italienische Gelehrte Giovanni Pico della Mirandola eine Rede „Über die Würde des Menschen", die er zu seinen Lebzeiten weder gehalten noch veröffentlicht hat. In dem vorliegenden Ausschnitt spricht Gott zu Adam:

Keinen bestimmten Platz habe ich dir zugewiesen, auch keine bestimmte äußere Erscheinung und auch nicht irgendeine besondere Gabe habe ich dir verliehen, Adam, damit du den Platz, das Aussehen und alle die Gaben, die du dir selber wünschest, nach deinem eigenen Willen und Entschluss erhalten und besitzen kannst.

Die fest umrissene Natur der übrigen Geschöpfe entfaltet sich nur innerhalb der von mir vorgeschriebenen Gesetze. Du wirst von allen Einschränkungen frei nach deinem eigenen freien Willen, dem ich dich überlassen habe, dir selbst deine Natur bestimmen. In die Mitte der Welt habe ich dich gestellt, damit du von da aus bequemer alles ringsum betrachten kannst, was es auf der Welt gibt […]. Du kannst nach unten hin ins Tierische entarten, du kannst aus eigenem Willen wiedergeboren werden nach oben in das Göttliche.

Pico della Mirandola, Giovanni, Oratio de hominis dignitate/Rede über die Würde des Menschen, hrsg. und übers. von Gerd von der Gönna, Stuttgart 1997, S. 9.

M 4 Anatomie

Abbildung aus einem Buch von Andreas Vesalius, Professor für Anatomie, aus dem Jahr 1543

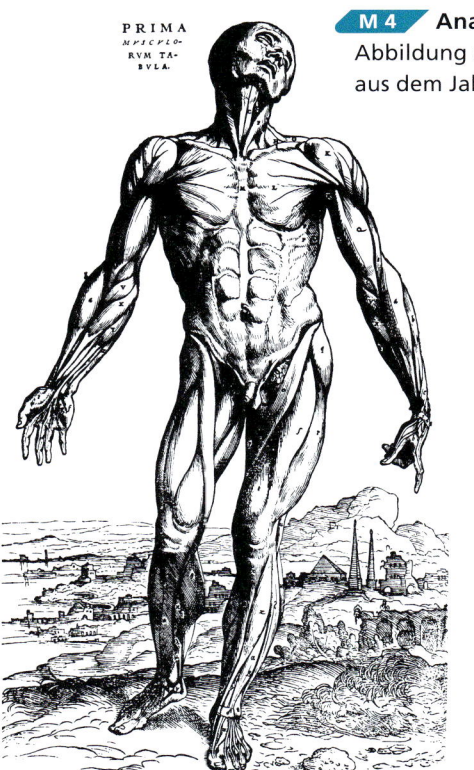

M 5 Sektion einer Leiche

Galileo Galilei (1564–1642) berichtet über eine Sektion zu wissenschaftlichen Zwecken:

Diesen Tag nun geschah es, dass man den Ursprung und den Ausgangspunkt der Nerven aufsuchte, welches eine berühmte Streitfrage zwischen den Ärzten ist. Als nun der Anatom zeigte, wie der Hauptstamm der Nerven, vom Gehirn ausgehend, den Nacken entlangzieht, sich durch das Rückgrat erstreckt und durch den ganzen Körper verzweigt, wendete er sich an einen Edelmann mit der Frage, ob er nun zufrieden sei und sich überzeugt habe, dass die Nerven im Gehirn ihren Ursprung nehmen und nicht im Herzen. Worauf dieser erwiderte: Ihr habt mir das alles so klar, so augenfällig gezeigt, – stünde nicht der Text des Aristoteles entgegen, der deutlich besagt, der Nervenursprung liege im Herzen, man sähe sich zu dem Zugeständnis gezwungen, dass Ihr Recht habt.

Galileo Galilei, Dialog über die beiden hauptsächlichsten Weltsysteme, in: K. Vorländer, Philosophe d. Renaissance, Reinbek 1965, S. 251 f.

Madonna und Jesus – Vergleich von Gemälden

M 6 Madonna mit dem Jesuskind
Um 1260 in Lucca bei Florenz für den Altarraum einer Kirche entstanden, unbekannter Künstler.

M 7 Madonna mit dem Jesuskind
1465, Geschenk für den Herzog von Florenz, der es in seinem Palazzo ausstellen ließ. Als Modelle dienten dem Maler Filippo Lippi seine Frau und sein Sohn.

Aufgaben

1. a) Fasse die wesentlichen Aussagen der beiden Quellen thesenartig zusammen.
   b) In welchen Punkten unterscheiden sich die Ansichten Manettis und Pico della Mirandolas vom mittelalterlichen Menschenbild?
   c) Welche Aussagen haben für dich persönlich bis heute Gültigkeit?
   → M3

2. a) Welches wissenschaftliche Interesse wird in der Abbildung von Vesalius deutlich?
   b) Wie kann man dieses Interesse erklären?
   c) Inwiefern ist diese Studie auch für die heutigen Menschen wichtig?
   → M4

3. a) Verdeutliche, welcher wissenschaftlichen Vorgehensweise jeweils der Anatom und der Edelmann folgen.
   b) Welche Methode hältst du für die richtige? Begründe deine Meinung.
   → M5

4. a) Vergleiche die beiden Gemälde und zeige alle Unterschiede auf.
   b) Welche Entwicklungen in Maltechnik, Menschen- und Weltbild lassen sich erschließen?
   → M6, M7

Aufbruch in eine neue Zeit

Europa entdeckt die Welt

Auf der Suche nach neuen Handelswegen

Die Inselgruppe, auf der Christoph Kolumbus 1492 erstmals den amerikanischen Kontinent betrat, heißt heute Westindische Inseln. Dies erinnert daran, dass er keine neue Welt suchte, sondern einen neuen Weg nach Indien. 1453 hatten nämlich die Osmanen Byzanz (Konstantinopel) erobert. Sie beherrschten damit das östliche Mittelmeer und kontrollierten den gesamten Handel zwischen Europa und dem fernen Osten. Die Preise für Gewürze, Seide, Parfüm und viele andere Luxuswaren aus Indien und China stiegen erheblich. Während die großen Handelsstädte am Mittelmeer dieser Entwicklung hilflos gegenüberstanden, gewannen andere, bislang weniger wichtige Regionen Europas dadurch an Bedeutung. Schon vor 1450 hatte man von Portugal aus begonnen, entlang der westafrikanischen Küste mit Schiffen in Richtung Süden vorzustoßen. Gelänge es, so die damalige Überlegung, Afrika zu umrunden und dann in Richtung Osten nach Indien zu segeln, könnte der osmanische Zwischenhandel umgangen werden. Die Suche nach einem neuen Handelsweg nach Indien war damit eröffnet.

Die Voraussetzungen der Entdeckungsfahrten

Kaum vorstellbar sind die beginnenden Entdeckungsfahrten ohne das neue Menschenbild der Renaissance. Wagemut und Vertrauen in die eigenen Fähigkeiten waren Voraussetzungen für die gefahrvollen Fahrten in unbekannte Regionen der Erde. Eine große Rolle spielte aber

M 1 Christoph Kolumbus (1451–1506)
Es gibt kein einziges zeitgenössisches Portrait von Kolumbus. Dieses Bild kommt den schriftlichen Beschreibungen, die wir besitzen, am nächsten, Gemälde von 1520.

M 2

Die Welt zu Beginn der großen Entdeckungen (um 1500)
- um 1490 in Europa unbekannte Gebiete
- Spanien
- Portugal
- Osmanisches Reich
- wichtige Landverbindung
- wichtige Seeverbindung
- wichtige Seewege der Hanse

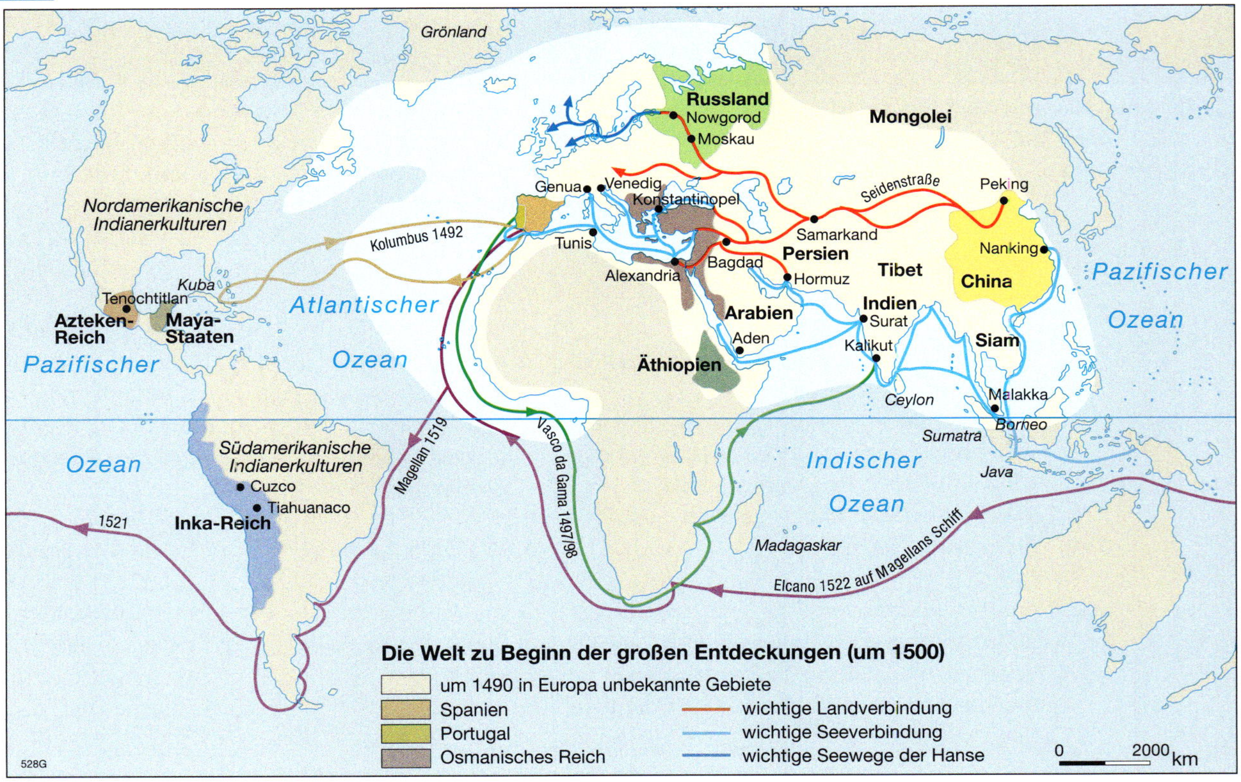

M 3 Die Santa Maria
Diese Darstellung zeigt, wie eine zeitgenössische Karavelle aussah, Druck aus dem Jahr 1493.

auch die neue wissenschaftliche Vorgehensweise. Entfernungen wurden gemessen und die entdeckten Gebiete kartografisch erfasst. Besonders wichtig wurde die Erkenntnis, dass die Erde keine Scheibe, sondern eine Kugel ist. Aber auch technische Neuerungen trugen wesentlich zum Erfolg der Entdeckungsreisen bei. Der Kompass ermöglichte es, die eingeschlagene Richtung ohne sichtbaren Orientierungspunkt genau einzuhalten. Gleichzeitig wurde ein neuer Schiffstyp entwickelt: die Karavelle. Dieses Schiff war aufgrund seiner Takelage schneller und wegen seiner besonderen Bauform widerstandsfähiger als die bisher üblichen Schiffe und somit für Hochseefahrten gut geeignet.

Die Erfolge der portugiesischen Entdeckungsreisen blieben nicht aus. 1487 umrundete Bartolomäo Diaz das „Kap der guten Hoffnung", die Südspitze Afrikas, und 1498 erreichte Vasco da Gama Indien auf der Ostroute. Eine der größten schifffahrerischen Leistungen überhaupt stellt die erste Umseglung der Welt durch Fernando Magellan von 1519 bis 1522 dar, wobei nach dem Tod des Kapitäns auf den Philippinen sein Vertrauter Elcano die Expedition zu Ende führte.

Die Entdeckung Amerikas 1492

Kolumbus war nicht der erste Europäer auf dem amerikanischen Kontinent. Bereits die Wikinger, so ist heute bekannt, erreichten um 1000 n. Chr. über Island und die Südspitze Grönlands Nordamerika. Aber es war den Wikingern weder bewusst, dass sie einen „neuen" Kontinent entdeckt hatten, noch nahm man in Europa von ihren Fahrten Notiz.

Kolumbus, 1451 als Sohn einer Handwerkerfamilie in Genua geboren, war ausgebildeter Kapitän und Navigationsexperte. Ausgehend von der Überzeugung, die Welt sei eine Kugel, glaubte er Indien zu erreichen, wenn er von Europa aus immer in Richtung Westen segelte. Kolumbus nutzte dabei die Karten des Geografen Toscanelli. Dieser hatte allerdings die Entfernung zwischen der Westküste Europas und der Ostküste Asiens auf etwa 4400 km veranschlagt. Tatsächlich beträgt sie weit mehr als 18000 km. Nachdem Kolumbus' Plan von verschiedenen europäischen Königshäusern immer wieder abgelehnt worden war, erhielt er 1492 schließlich Unterstützung von Spanien. Da man in Konkurrenz zu den benachbarten Portugiesen treten wollte, konnte Kolumbus eine kleine Flotte ausstatten.

Am 6. September segelten die „Santa Maria", die „Nina" und die „Pinta" von den Kanarischen Inseln in Richtung Westen. Am 12. Oktober, die Mannschaft stand wegen der scheinbar aussichtslosen Lage kurz vor einer Meuterei, kam endlich Land in Sicht: die kleine, südwestlich von Florida gelegene Insel Guanahani, die Kolumbus San Salvador, das heißt „Heiliger Retter", nannte.

Kolumbus blieb bis 1493 in der Inselwelt der Karibik, die er für einen Teil Indiens hielt. Die Ureinwohner, die er antraf, nannte er deswegen auch Indianer. Noch drei Mal wagte Kolumbus die Fahrt von Spanien nach Westen, bevor er 1506 starb. Dass er einen völlig neuen Kontinent entdeckt hatte, war ihm zeitlebens nicht bewusst. Der aus Florenz stammende Amerigo Vespucci, der selbst einige Fahrten zum neuen Kontinent unternahm, erkannte wohl als einer der Ersten, dass es sich um eine „neue Welt" handelte. Sein Vorname bürgerte sich allmählich als Bezeichnung für den neuen Kontinent ein: Amerika.

Aufbruch in eine neue Zeit

Die Fahrt des Kolumbus – Informationsentnahme aus Schaubild, Text- und Bildquelle

M 5 Die Nina

Die Nina war 21 Meter lang und bis zu 7 Meter breit. Ihr fast 3 Meter breiter Laderaum konnte 51 Tonnen Fracht aufnehmen. Auf der Nina kehrte Kolumbus nach Spanien zurück, nachdem die Santa Maria gestrandet war, Rekonstruktion.

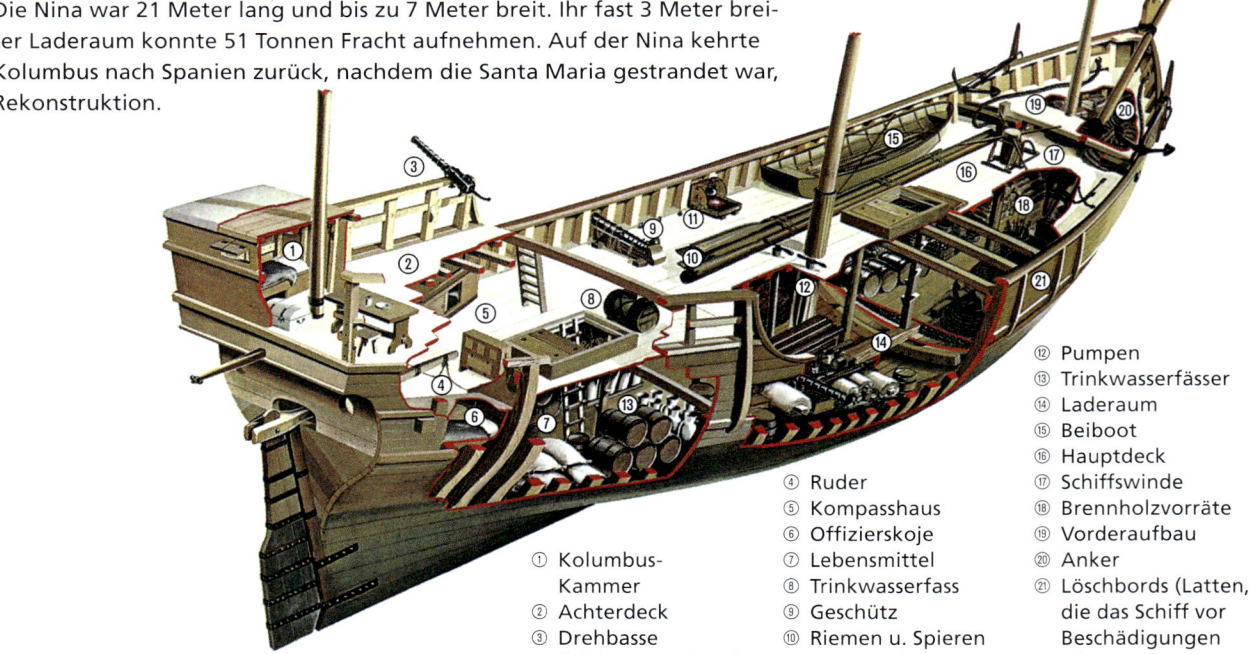

① Kolumbus-Kammer
② Achterdeck
③ Drehbasse (leichtes Geschütz)
④ Ruder
⑤ Kompasshaus
⑥ Offizierskoje
⑦ Lebensmittel
⑧ Trinkwasserfass
⑨ Geschütz
⑩ Riemen u. Spieren
⑪ Feuerbuchse
⑫ Pumpen
⑬ Trinkwasserfässer
⑭ Laderaum
⑮ Beiboot
⑯ Hauptdeck
⑰ Schiffswinde
⑱ Brennholzvorräte
⑲ Vorderaufbau
⑳ Anker
㉑ Löschbords (Latten, die das Schiff vor Beschädigungen schützen)

M 6 Auszug aus dem Bordbuch des Kolumbus

Eintrag für Freitag, den 12. Oktober 1492:

Um zwei Uhr morgens kam das Land in Sicht, von dem wir etwa 8 Seemeilen entfernt waren. Wir holten alle Segel ein und fuhren nur mit einem Großsegel, ohne Nebensegel. Dann lagen wir bei
5 und warteten bis zum Anbruch des Tages, der ein Freitag war, an welchem wir zu einer Insel gelangten […].
Dort erblickten wir also gleich nackte Eingeborene. Ich begab mich, begleitet von Martin Alonso
10 Pinzón und dessen Bruder Vicente Yánez, dem Kapitän der „Niña", an Bord eines mit Waffen versehenen Bootes an Land. Dort entfaltete ich die königliche Flagge […].
Ich rief die beiden Kapitäne und auch all die anderen,
15 die an Land gegangen waren, […] zu mir und sagte ihnen, durch ihre persönliche Gegenwart als Augenzeugen davon Kenntnis zu nehmen, dass ich im Namen des Königs und der Königin, meiner Herren, von der genannten Insel Besitz ergreife
20 […]. Sofort sammelten sich an jener Stelle zahlreiche Eingeborene der Insel an. In der Erkenntnis, dass es sich um Leute handle, die man weit besser durch Liebe als mit dem Schwerte retten und zu unserem Heiligen Glauben bekehren könne, gedachte ich, sie mir zu Freunden zu machen und 25 schenkte also einigen unter ihnen rote Kappen und Halsketten aus Glas und noch andere Kleinigkeiten von geringem Werte, worüber sie sich ungemein erfreut zeigten.
Sie gehen nackend umher, so wie Gott sie erschaf- 30 fen, Männer wie Frauen […]. Einige von ihnen bemalen sich mit grauer Farbe […], andere wiederum mit roter, weißer oder einer anderen Farbe; einige bestreichen damit nur ihr Gesicht oder nur die Augengegend oder die Nase, noch andere 35 bemalen ihren ganzen Körper.
Sie führen keine Waffe mit sich, die ihnen nicht einmal bekannt sind; ich zeigte ihnen die Schwerter und da sie sie aus Unkenntnis bei der Schneide anfassten, so schnitten sie sich. Sie besitzen keine 40 Art Eisen. Ihre Spieße sind eine Art Stäbe ohne Eisen, die an der Spitze mit einem Fischzahn oder einem anderen harten Gegenstand versehen sind.

Christoph Kolumbus. Bordbuch. Aus dem Spanischen von Anton Zahorsky, München 2006, S. 35 ff.

| 1350 n. Chr. | 1380 | 1410 | 1440 | 1470 | 1500 | 1530 | 1560 | 1590 | 1620 | 1650 |

M 7 Landung der Spanier auf der Insel Hispaniola

Der abgebildete Kupferstich von Theodor de Bry ist eine der berühmtesten Darstellungen von der ersten Landung des Kolumbus in der Neuen Welt. Sie stammt allerdings erst vom Ende des 16. Jahrhunderts. Der Lütticher Kupferstecher Theodor de Bry (1528–1598), der aus Glaubensgründen seine Heimat verlassen musste und sich in Frankfurt niederließ, brachte ab 1590 eine Sammlung von Reiseberichten in lateinischer und deutscher Sprache heraus und versah diese mit zahlreichen Kupferstichen.

Aufgaben

1. a) Beschreibe die Karte „Die Welt zu Beginn der großen Entdeckungen". Benutze dazu die Legende.
   b) Welche Informationen lassen sich aus dieser Karte gewinnen?
   c) Informiere dich über die in der Karte verzeichneten Entdecker und ihre Unternehmungen.
   → M2, Internet oder Lexikon
2. a) Wie schildert Kolumbus seine Landung und seine erste Begegnung mit den Ureinwohnern?
   b) Wie stellt de Bry die Szene dar?
   c) Vergleiche den Bericht des Kolumbus mit der Darstellung des Theodor de Bry.
   → M6, M7
3. a) Fasse zusammen, wie es zur Entdeckung des amerikanischen Kontinents kam.
   b) Von welchen geografischen Vorstellungen ließ sich Kolumbus bei seiner Entdeckungsfahrt leiten?
   → Text

Aufbruch in eine neue Zeit

Europa erobert die Neue Welt

Das Reich der Azteken

Im heutigen Mexiko existierte zur Zeit von Kolumbus die hoch entwickelte Kultur der Azteken. Diese hatten in den Jahrhunderten zuvor ihre Nachbarvölker unterworfen, lebten in einer streng hierarchischen Gesellschaft unter Führung eines Königs und besaßen hervorragende technische und organisatorische Fähigkeiten. Ihre Hauptstadt Tenochtitlan lag an der Stelle des heutigen Zentrums von Mexico-City. Sie zählte mit ihren 300 000 Einwohnern zu den größten Städten der Welt. Wie die ersten Europäer, die sie sahen, erstaunt erwähnten, war sie im Hinblick auf Sauberkeit und Großzügigkeit der Bauten den europäischen Siedlungen weit überlegen.

Der Spanier Hernan Cortez (1485–1547) drang 1517 mit 500 Soldaten in das Gebiet der Azteken ein. Ohne Auftrag der spanischen Krone hoffte er in den noch unentdeckten Gebieten Reichtum und Macht zu gewinnen. Die Spanier waren von Anfang an entschlossen, rücksichtslos und brutal vorzugehen, also als Eroberer (span. „Conquistadores") aufzutreten. Dieser Trupp von Glücksrittern traf nun als Gegner auf den tief verunsicherten aztekischen Herrscher Montezuma: Nach einem alten aztekischen Mythos sollte der aztekische Gott Quetzalcoatl, der vor langer Zeit vertrieben worden war, von Osten zurückkehren. Das Aussehen der hellhäutigen Spanier sowie ihre Feuerwaffen, ihre Rüstungen und die Pferde, auf denen sie ritten – dies alles war den Azteken

M 1 Montezuma
Der aztekische Herrscher Montezuma im Gewand des aztekischen Adels trägt am Rücken die königliche Standarte aus den Schwanzfedern des Quetzal-Vogels, der dem Gott Quetzalcoatl geweiht war, zeitgenössische Darstellung.

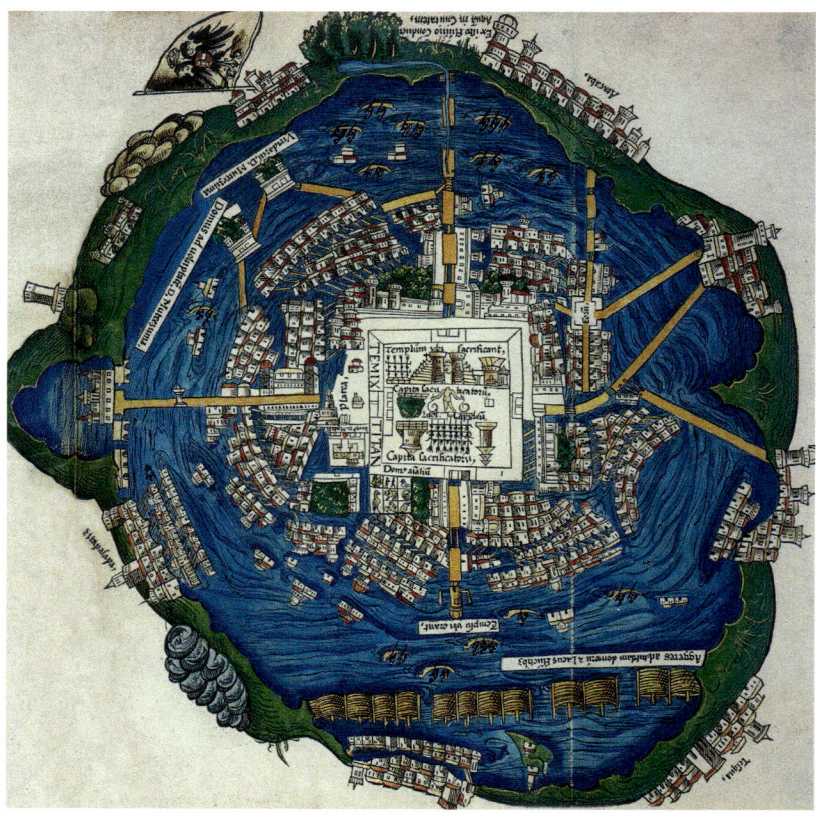

M 2 Tenochtitlan
Lageplan der Stadt und Tempelbezirk inmitten des Texoco-Sees. Dies ist wohl der einzige authentische Plan der 1521 völlig zerstörten Stadt, Nürnberg 1524.

M 3 Tenochtitlan
Rekonstruktionszeichnung

völlig unbekannt –, verstärkten zunächst noch den Eindruck, dass es sich hier um die erwarteten Götter handle.

Während Montezuma die spanischen Eindringlinge ehrenvoll in seiner Hauptstadt empfing, waren die Spanier von Anfang an auf die Unterwerfung der Azteken aus. Ihre Gier wurde durch die für europäische Augen unglaublichen Goldschätze der Aztekenherrscher verstärkt. Geschickt nutzte Cortez den Friedenswillen Montezumas aus, schloss Bündnisse mit den von den Azteken unterworfenen Indianerstämmen und überrumpelte den König mit seinem schnellen und brutalen Vorgehen. Als es zu kriegerischen Auseinandersetzungen kam, gelang es, die Azteken durch die Wirkung der Feuerwaffen völlig zu entmutigen.

Der Untergang der aztekischen Kultur

Ohne irgendwelche Rücksichten begann nun die Unterdrückung und Ausbeutung der einheimischen Bevölkerung. Viele aztekische Kunstwerke wurden wegen ihres Edelmetallgehalts eingeschmolzen. Die Indios wurden unter unmenschlichen Bedingungen zur Zwangsarbeit gepresst und ihre Religion als „barbarisches Heidentum" radikal bekämpft. Binnen weniger Jahrzehnte ging so die aztekische Kultur zugrunde. Die Zerstörung war so gründlich, dass selbst heute – nach intensiven Forschungen von Archäologen und Historikern – nur relativ wenig über diese bedeutsame Hochkultur bekannt ist.

Ein ganz ähnliches Schicksal ereilte im Übrigen einige Jahre später das Reich und die Kultur der Inka an der Pazifikküste Südamerikas. An die Stelle der Indianerkulturen traten von Spaniern und Portugiesen beherrschte Kolonialreiche.

Auf diese Weise verbreiteten sich die spanische und portugiesische Sprache, das Christentum und die europäische Kultur in Süd- und Mittelamerika – man spricht von der „Europäisierung" der Welt. Diese hat aber, da die Kolonien von den Europäern ausgebeutet wurden, negative Auswirkungen bis heute.

Erst im 19. Jahrhundert erlangten die ersten süd- und mittelamerikanischen Staaten ihre Unabhängigkeit.

M 4 Goldene Göttermaske
aus Mexiko, etwa 800–1500 n. Chr.

25

Aufbruch in eine neue Zeit

Die Ureinwohner – Kontroverse Standpunkte erfassen

M 5 Welche Rechte haben Indios?

a) Der spanische Gelehrte Juan Ginès de Sepulveda nimmt in seinem Werk „Democrates alter" von 1545 Stellung zur Situation in Mittel- und Südamerika:

Alles dies folgt aus den Gesetzen Gottes und der Natur. Beide fordern, dass das Perfekte und Starke über das weniger Perfekte und Schwache regiert […]. Der Mann herrscht über die Frau, der Erwachsene über das Kind, der Vater über seine Kinder […]. Und so ist es auch mit den barbarischen und unmenschlichen Völkern [den Indios], die kein geordnetes Staatswesen und keine Friedensordnung kennen. Deshalb ist es gerecht und mit den Naturgesetzen im Einklang, dass sich solche Völker den Regeln kultivierter und menschlicherer Fürsten und Nationen unterwerfen. Dank ihrer Tugenden und der praktischen Weisheit ihrer Gesetze können die letzteren die Barbarei besiegen und diese Völker lehren, ein menschliches und tugendhaftes Leben zu führen. Und wenn sie diese Regeln ablehnen, darf man sie ihnen mit Waffengewalt aufzwingen. Ein solcher Krieg ist nach den Naturgesetzen gerecht […]. Da dies hier der Fall ist, kannst du gut verstehen […], dass die Spanier völlig zu Recht über die Barbaren der Neuen Welt herrschen, […] die, was Weisheit, Intelligenz, Tugend und Menschlichkeit betrifft, den Spaniern in gleicher Weise untergeordnet sind wie Kinder den Erwachsenen und die Frau dem Mann. Zwischen ihnen besteht der gleiche Unterschied wie zwischen grausamen, wilden Völkern und den allerbarmherzigsten Nationen […] sozusagen wie zwischen Affen und Menschen.

J.G. Sepulveda, Democrates alter, zitiert nach: Dor-Ner, Zvi, Kolumbus und das Zeitalter der Entdeckungen, Köln 1991, S. 236.

b) Der Dominikanermönch Bartolomé de las Casas berichtet in seinem Werk „Historia de las Indias" von der Predigt eines Geistlichen vor der spanischen Bevölkerung auf einer karibischen Insel:

Als der Sonntag gekommen war und die Zeit der Predigt, stieg der besagte Pater Antonio de Montesinos auf die Kanzel […] und sagte Folgendes: „Ich bin hier hinaufgestiegen, damit ihr sie kennenlernt, ich, die Stimme Christi in der Wüste dieser Insel; deshalb ziemt es euch, aufmerksam zu sein, nicht einfach nur aufmerksam, sondern mit ganzem Herzen und all euren Sinnen sollt ihr mir zuhören. […] Sagt, mit welcher Berechtigung und mit welchem Recht haltet ihr diese Indios in so grausamer und schrecklicher Sklaverei? Was ermächtigt euch, so verabscheuungswürdige Kriege gegen diese Menschen zu führen, die friedlich und ruhig in ihrem eigenen Lande lebten, Kriege, in denen ihr unendlich viele von ihnen mit nie gehörtem Mord und Zerstörung vernichtet habt? Warum haltet ihr sie so unterdrückt und erschöpft, ohne ihnen etwas zu essen zu geben, noch ihre Krankheiten zu heilen, die sie wegen dem Übermaß an Arbeit befallen, das ihr ihnen auferlegt; und sie sterben euch weg, oder besser, ihr tötet sie, nur um jeden Tag Gold herauszupressen und zu erhalten? Und was kümmert euch, wer sie im Glauben unterweist, damit sie ihren Gott kennen lernen, getauft werden und die Messe hören, die Feiertage und die Sonntage einhalten? Sind sie keine Menschen? Haben sie keine vernunftbegabten Seelen? Seid ihr nicht verpflichtet, sie zu lieben wie euch selbst? Versteht ihr dies nicht? Fühlt ihr dies nicht? Wie könnt ihr in so tiefem Schlaf befangen sein? Seid dessen gewiss, dass ihr euch ebenso wenig retten könnt wie die Mauren oder Türken, die den Glauben an Jesus Christus nicht haben oder nicht annehmen wollen".

B. de las Casas, Historia de las Indias, zitiert nach: Emir Rodriguez Monegal (Hg.), Die Neue Welt, Chroniken Lateinamerikas von Kolumbus bis zu den Unabhängigkeitskriegen, Frankfurt/M. 1992, S. 97f.

M 6 Bartolomé de las Casas
(1474–1566), Gemälde um 1690

Spätfolgen der Eroberungen – Verschiedene Perspektiven analysieren

M 7 Bilanz

a) Der Historiker Wolfgang Reinhard schreibt in seiner „Kleinen Geschichte des Kolonialismus" (1996):

Seit […] 1552 ist es üblich, die Entdeckung Amerikas und des Seewegs nach Indien für das wichtigste Ereignis der Menschheitsgeschichte zu erklären. […] Die europäische Expansion kann in der Tat den Anspruch erheben, die vielen Welten der Menschen letztendlich zu der einen Welt gemacht zu haben, in der wir heute leben. Deswegen erscheint es auch unmöglich, ältere Welt- und Universalgeschichte anders als aus europäischer Perspektive zu schreiben. Alles andere müsste zu einer bloßen Addition von Regional- oder Nationalgeschichten werden. Gewiss, eine solche Perspektive ist eurozentrisch, aber das ist in diesem Fall nicht zu vermeiden, weil die Sache selbst eurozentrisch ist. Das lässt sich deswegen vertreten, weil damit keine Wertung verbunden ist. Es ist nicht beabsichtigt […] festzustellen, dass Europa seine Sache in der Geschichte gut gemacht hat. Wir können nämlich streng genommen gar nicht wissen, wie es sich damit verhält! […]
[Es] ist unmöglich, wissenschaftliche, d.h. nachprüfbare Aussagen darüber zu machen, ob der europäische Kolonialismus für die Welt als Ganze oder auch nur einen Teil von ihr gut oder schlecht gewesen ist, selbst wenn völliges Einvernehmen darüber bestünde, was man jeweils für gut oder schlecht halten soll. Selbst für ein offensichtlich negativ zu beurteilendes Phänomen wie den Handel der Europäer mit afrikanischen Sklaven wurden aus nüchterner wirtschafts- und sozialhistorischer Perspektive mögliche positive Gesichtspunkte ausgemacht wie Entlastung Afrikas von überschüssiger Bevölkerung und die relativ bessere Ernährung in Teilen Amerikas.

Wolfgang Reinhard, Kleine Geschichte des Kolonialismus, Stuttgart 1996, S. 338 f.

M 8 Logo gegen die 500-Jahr-Feier 1992

b) Der aus Uruguay stammende Journalist Eduardo Galeano schreibt in seinem 1971 erstmals erschienenen Buch „Die offenen Adern Lateinamerikas":

Lateinamerika ist die Region der offenen Adern. Von der Entdeckung bis in unsere Tage hat sich alles zuerst in europäisches, nachher in nordamerikanisches Kapital verwandelt und als solches hat es sich in fernen Machtzentren angehäuft und häuft sich weiter an. Alles: die Schätze der Natur und die [Struktur] jedes Ortes sind von auswärts durch seine Eingliederung in [ein] weltumfassendes Getriebe […] bestimmt worden. Jedem ist eine Funktion zugewiesen worden und zwar immer zugunsten der Entwicklung der jeweiligen ausländischen Metropole. Die Kette der aufeinanderfolgenden Abhängigkeiten, die weit mehr als zwei Glieder hat, ist ins Unendliche gewachsen.

Eduardo Galeano, Die offenen Adern Lateinamerikas, Die Geschichte eines Kontinents von der Entdeckung bis zur Gegenwart, Wuppertal 1983 (4. Auflage), S. 11.

Aufgaben

1. a) Wie begründet de Sepulveda die spanische Herrschaft?
   b) Was wirft de las Casas den Spaniern vor und wie begründet er seine Vorwürfe?
   c) Erarbeite deine eigene, persönliche Position zu diesen Aussagen und begründe deine Meinung.
   → M5

2. Vergleiche die beiden Texte über die Bilanz des Kolonialismus. Welcher Meinung stimmst du zu? Begründe deine Meinung.
   → M7

3. Beschreibe das Logo gegen die 500-Jahr-Feier von 1992 und erläutere die einzelnen Bildelemente.
   → M8

Aufbruch in eine neue Zeit

Reformation und Kirchenspaltung

In vielen Ortschaften leben heute katholische und evangelische Christen nebeneinander und besuchen die Messe bzw. den Gottesdienst. Diese Glaubensspaltung nahm ihren Ausgang zu Beginn des 16. Jahrhunderts und führte zu zwei verschiedenen Kulten mit unterschiedlichen Formen des Gottesdienstes, getrennten Schulen und sogar Heiratsverboten. Wie kam es dazu?

Kritik am Zustand der Kirche

Aus schriftlichen und bildlichen Quellen lässt sich erschließen, dass sich seit dem 14. Jahrhundert die Kritik am Zustand der Kirche häufte:
- Man klagte über mangelhafte Ausbildung der Pfarrer. Nur wenige hatten ein Theologiestudium absolviert und viele vernachlässigten ihre geistlichen Aufgaben.
- Auch die Lebensführung der Geistlichen bot Anlass zur Kritik. Manche Priester führten ein ausschweifendes Leben, in vielen Klöstern ließ die Ordnung zu wünschen übrig; Päpste, Bischöfe und Äbte pflegten oft einen luxuriösen Lebensstil.
- Ärger erregte der hohe Geldbedarf der Kirche. Besonders für den Neubau der Peterskirche in Rom benötigte Papst Leo X. große Geldsummen, die er im Jahr 1515 durch einen Ablass aufbringen wollte. Solche Ablassbriefe konnten Gläubige kaufen. Sie erlangten nach damaliger Auffassung dadurch den Erlass von Sündenstrafen, die nach kirchlicher Lehre im Diesseits oder Jenseits abzubüßen waren. Der Ablasshandel bildete eine sprudelnde Einnahmequelle für die Kirche.

Da die Kirche den von Sündenangst gepeinigten Menschen wenig half, unternahmen sie eigene religiöse Anstrengungen für ihr Seelenheil. Viele begaben sich auf Wallfahrten, andere stifteten kostbare Altäre oder unterstützten Arme und Alte. Volksprediger zogen durch das Land und hatten großen Zulauf. Doch hatte die Volksfrömmigkeit auch ihre bedenklichen Seiten, denn der Glaube an Hexen, Dämonen und Geister war weit verbreitet.

Enttäuscht von der Kirche wandten sich viele Leute Martin Luther zu, als dieser Kirche und Papst heftig kritisierte.

M 1 Am Ortseingang
Fotografie von 2005

M 2 Ein Spottbild
Während Hochmut, Ausschweifung und Habgier den Mönch am Gängelband halten, stopft ihm ein Bauer die Bibel in den Mund. Die Armut droht mit der Faust, Holzschnitt von 1521.

M 3 Martin Luther (1483–1546)
Gemälde von Lukas Cranach d. Ä.

M 4 Huldrich (Ulrich) Zwingli (1484–1531)
Gemälde von Hans Asper von 1531

M 5 Johann Calvin (1509–1564)
Gemälde von 1555

Drei Reformatoren: Luther – Zwingli – Calvin

Die herausragende Gestalt der Reformation war Martin Luther, der 1483 in Eisleben (Sachsen-Anhalt) geboren wurde. Nachdem er bei einem schweren Gewitter gelobt hatte, Mönch zu werden, trat er in das Augustinerkloster der Stadt Erfurt ein. Dort begann er ein Theologiestudium, wurde bald Priester und 1512 Professor für Theologie in Wittenberg. Luther hatte wie viele seiner Zeitgenossen große Angst um sein Seelenheil. Er fühlte sich als Sünder und fragte sich, wie die Gnade Gottes zu erreichen sei. Nach Auffassung der Kirche konnten sich die Menschen dieser Gnade vor allem durch „gute Werke" wie Almosen oder Stiftungen versichern.

Nach umfangreichem Bibelstudium kam Luther zu der Überzeugung, dass der sündige Mensch nicht durch gute Werke, sondern nur durch den Glauben der Gnade Gottes teilhaftig werden könne. Daher bekämpfte er den Ablasshandel, der kein Ersatz für echten Glauben und die persönliche Buße sein könne. Auch vertrat er die Ansicht, die Kirche bedürfe keines irdischen Hauptes, da ihr Haupt Jesus Christus sei.

Als Luther am 31. Oktober 1517 seine berühmten Thesen gegen den Ablasshandel in Wittenberg veröffentlichte, begann der folgenreiche Konflikt mit der katholischen Kirche.

Ulrich Zwingli

Der Schweizer Ulrich Zwingli (1484–1531) war ein Bauernsohn. Er studierte unter anderem Theologie und ging dann als Priester nach Zürich, wo er Anhänger Luthers wurde. Seine Glaubensvorstellungen zeigten jedoch deutliche Unterschiede. Zwar stellte auch Zwingli das Evangelium ins Zentrum des Glaubens und wandte sich gegen die Heiligenverehrung. Doch verbannte er aus den Kirchen auch Kruzifixe, Bilder und Altäre, da er sie nicht für biblisch begründet hielt. Ferner war er der Überzeugung, dass Brot und Wein beim Abendmahl nicht mit der realen Gegenwart Christi verbunden seien. Zwinglis Lehre verbreitete sich besonders in der Schweiz und in Süddeutschland.

Johann Calvin

Der Franzose Johann Calvin (1509–1564) bekannte sich nach dem Studium der Rechte zur Reformation und musste deshalb aus Paris in die Schweiz flüchten. Dort ließ er sich in Genf nieder, wo er als evangelischer Prediger wirkte. Sein Ziel war es, das gesamte Leben im Sinn der Reformation umzugestalten. Zu diesem Zweck arbeitete er eine strenge Gemeindeordnung aus. So war es unter Strafe verboten, Gasthäuser zu besuchen, Karten zu spielen, zu tanzen oder weltliche Lieder zu singen. Außerdem wurden alle Bilder aus den Kirchen verbannt.

Doch nicht nur darin bestand ein Unterschied zwischen Calvin und Luther: So waren die Calvinisten von der Vorherbestimmung (Prädestination) überzeugt. Gott habe, so glaubten sie, jeden Menschen von Geburt an entweder zum Heil oder zum Verderben bestimmt. Erfolg im Leben oder Beruf sei das sichtbare Zeichen seiner Gnade.

Verbreitung fand Calvins Lehre besonders in Frankreich, wo man seine Anhänger „Hugenotten" nannte, und in England, wo sie „Puritaner" hießen. Nach 1620 wanderten viele von ihnen als Glaubensflüchtlinge nach Nordamerika aus und gingen als erste Siedler Europas an Land.

Aufbruch in eine neue Zeit

Der Ablass – Bild- und Textquellen interpretieren

M 6 Eine Ablasspredigt

Die Predigt des Ablasskrämers Johann Tetzel:

Du Priester, du Edler, du Kaufmann, du Weib, Jungfrau, du Verheiratete, du Jüngling, du Greis, gehe doch hinein in deine Kirche, […] besuche das allerheiligste Kreuz, das für dich aufgerichtet ist, das immer schreiet und dich ruft.

[…] Bedenke, dass du auf dem tobenden Meer dieser Welt in so viel Sturm und Gefahr bist und nicht weißt, ob du zum Hafen des Heils kommen könntest. […]

Du sollst wissen, dass wer beichtet und in Reue Almosen in den Kasten legt, wie ihm der Beichtvater räth, vollkommene Vergebung aller seiner Sünden habe, und wenn er sowohl nach der Beichte als dem gehaltenen Jubeljahr täglich das Kreuz und die Altäre besucht, den Ablass erlangen wird, […] Was steht ihr also müßig? Laufet alle nach dem Heil eurer Seele. […]

Höret ihr nicht die Stimme eurer schreienden todten Eltern und anderer, die da sagen: Erbarmet, erbarmet euch doch meiner etc., weil die Hand Gottes uns berührt hat. Wir sind in schweren Strafen und Pein, davon ihr uns mit wenigen Almosen erretten könntet, und doch nicht wollt. Thut die Ohren auf, weil der Vater zu dem Sohn, und die Mutter zur Tochter etc. schreiet: […] Wir haben euch gezeuget, ernährt, erzogen und euch unser zeitlich Gut gelassen; warum seid ihr denn so grausam und hart, dass, da ihr uns jetzt mit leichter Mühe erretten könntet, ihr doch nicht wollt; und lasset uns in Flammen liegen, dass wir so langsam zu der uns verheißenen Herrlichkeit kommen. Ihr könnt ja Beichtzettel haben, kraft deren ihr im Leben und in der Todesstunde einmal […] volle Erlassung der Strafen, die den Sünden gebühren, erlangen könnet.

Walter Köhler, Dokumente zum Ablassstreit von 1517, Tübingen ²1934, S. 125f.

M 7 Thesen gegen den Ablass

Aus den Thesen Martin Luthers vom 31. Oktober 1517:

Aus Liebe zur Wahrheit und dem Eifer, sie zu ermitteln, soll über das Nachstehende in Wittenberg disputiert werden. […]

21. Daher irren all die Ablassprediger, welche erklären, dass der Mensch durch den Ablass des Papstes von jeder Strafe los und frei werde. […]

24. Folglich wird der größte Teil des Volkes betrogen, wenn man ihm schlankweg mit hohen Worten verspricht, es sei die Strafe los.

27. Man predigt Menschenlehre, wenn man sagt: sobald das Geld im Kasten klingt, entflieht die Seele [dem Fegefeuer].

28. Das ist gewiss, dass Gewinn und Habgier zunehmen können, wenn das Geld im Kasten klingt; ob die Kirche mit ihrer Fürbitte Erfolg hat, steht dagegen bei Gott. […]

32. Wer glaubt, durch Ablassbriefe seines Heils sicher zu sein, wird auf ewig mit seinen Lehrmeistern verdammt werden. […]

36. Jeder Christ, der wahrhaft Reue empfindet, hat einen Anspruch auf vollkommenen Erlass von Strafe und Schuld, auch ohne Ablassbrief. […]

67. Den Ablass, den die Ablassprediger als „größte Gnade" ausschreien, kann man insofern tatsächlich dafür ansehen, als er ein großes Geschäft bedeutet.

E. Büssem, M. Neher (Hg.), Arbeitsbuch Geschichte, Neuzeit 1, Quellen, München 1977, S. 1.

M 8 „Ohne Ablass von Rom kann man wohl selig werden"

Kritik am Handel mit Ablasszetteln. Unter dem Kreuz steht die Ablasskiste. Der Mönch verliest die päpstliche Ablassbulle, Holzschnitt von 1520.

Neue und alte Lehre – Ein Propagandaflugblatt analysieren

M 9 Ein Propagandaflugblatt

„Unterschied zwischen der waren Religion Christi und falschen Abgöttischen lehr des Antichrists in den fürnemsten stücken" ist die Überschrift dieses kolorierten Holzschnitts aus der Zeit um 1544 – ein Propagandaflugblatt der Lutheraner.

Neue Lehre	Alte Lehre
Vermittlung von Gnade nicht durch „gute Werke" oder Kirche, sondern nur durch den Glauben → Hinfälligkeit von Askese, Mönchtum und Priestertum	Vermittlung der Gnade Gottes durch die Kirche in Form der Spendung von Sakramenten und der Gewährung von Ablass sowie durch „gute Werke"
Keine Unterscheidung zwischen Geistlichen und Laien → Hinfälligkeit des Sakraments der Priesterweihe; aufgrund der direkten Beziehung zu Gott: Fähigkeit eines jeden zum Verständnis der Bibel, zur Predigt und Taufe, Wahl und Abwahl eines Predigers durch die Gemeinde	Unterscheidung zwischen Geistlichen und Laien
Irrtumsfähigkeit von Päpsten und Konzilien	Alleinige päpstliche Autorität bzgl. der Auslegung der heiligen Schrift
Heilige Schrift in ihrem urspr. Wortlaut als alleinige Glaubensgrundlage: deswegen nur zwei Sakramente statt sieben: Taufe, Abendmahl	Betonung der Heiligen Schrift und der Tradition (zusätzliche Glaubenssätze von Päpsten und Bischöfen) als Glaubensgrundlage

Aufgaben

1. Nenne die Kritikpunkte, die gegen die Kirche vorgebracht wurden. → Text, M2
2. Nenne die wichtigsten Grundsätze der reformatorischen Richtungen von Luther, Zwingli und Calvin. → Text
3. a) Erkläre den Begriff „Ablass".
   b) Wie versuchte Tetzel, die Menschen zum Erwerb von Ablässen zu überzeugen?
   c) Welche Argumente führte Luther gegen den Ablasshandel an? → Text, M6–M8
4. a) Beschreibe, was auf den beiden Hälften des Bildes dargestellt ist.
   b) Woran ist erkennbar, dass es sich um ein Propagandaflugblatt der Reformatoren handelt?
   c) Erkläre mithilfe der Erläuterung, wie das Verhältnis zu Gott auf den beiden Hälften des Bildes dargestellt ist.
   → M9

Methode: Umgang mit Bildern

M 1 Das siebenhäuptige Papsttier

Der Druck des Holzschnitts erfolgte 1530 in der Werkstatt des Nürnberger Druckers Wolf Resch. Die Kolorierung erfolgte nachträglich. Der Text „Das siebenhauptig pabstier Appocalipsis" stammt von Hans Sachs, Größe des Originals 32,2 x 22,9 cm.

M 2 Offenbarungen des Johannes

Der Text des Flugblattes bezieht sich auf eine Bibelstelle. In der Offenbarung des Johannes werden der Weltuntergang und das Jüngste Gericht in einer Vision geschildert:

Und ich sah: Ein Tier stieg aus dem Meer, mit zehn Hörnern und sieben Köpfen. An seinen Hörnern trug es zehn Diademe und auf seinen Köpfen Namen, die eine Gotteslästerung waren. Das Tier, das ich sah, glich einem Panther, seine Füße waren wie die Tatzen eines Bären und sein Maul wie das Maul eines Löwen. Und der Drache hatte ihm seine Gewalt übergeben, seinen Thron und seine große Macht. Einer seiner Köpfe sah aus wie tödlich verwundet.

Offenbarung des Johannes, 13,1 f.

Folgender Text steht im Original unter der Abbildung:

Schauet an das siben heubtig tier
Gantz eben der gstalt und manier
Wie Johannes gesehen hat
Ein tier an des meres gestat
5 Das hat siben ungeleicher haubt
Eben wie diß pabstier glaubt
Die waren all gekrönt bedeut
Die blatten der gaistlichen leut
Das thier das het auch schen horen
10 Deut der gastlig gwalt un rumoren
Das thier trüg Gottes lesterung
Bedeut ir verfürische zung
Das thier was aim pardel geleich
Bedeut des Bapst mordische reich
15 Das auch hinricht durch tiranney
Alles was im entgegen sey
Auch so hat das thier peren füß
Deut das das Evangeli süß
Ist von dem bastum undertretten
20 Verschart/verdecket un zerknetten
Das thier het auch ains löwen mund
Bedeut deß bapstum weiten schlund
Den doch gar nie erfüllen thetten
Aples/pallium noch annatten
25 Bann/opfer/peicht/stifft zu Gotsdienst
Land und leut Königreich rent un zinst
Das es alles hat in sich verschlunden
Das thier entpfieng ain tödlich wunden
Deut das Doctor Martin. hat geschriben
30 Das bapstum tödlich wund gehieben
Wie dem otten des Herren mund
Gott geb das es gar gee zu grund   Amen.

Worterklärungen
gestat – Strand, Ufer; blatten – Glatze, Tonsur; horen – Hörner; gastlich – geistlich; rumoren – Lärm, Toben; pardel – Panther; peren – Bären; bastum – Papsttum; Aples – Ablässe, peicht – Beichte; rent, zinst – Geldeinnahmen; otten – Atem; gee – gehen möge; Regnum diabol – Reich des Teufels; Stifft zu Gotsdienst – gegen eine Spende bestellte Messen; Pallium – Binde des Erzbischofs; anatten – Abgabe der Bischöfe nach Rom

Flugblätter als Propagandawaffe

Dass das reformatorische Gedankengut vom abgelegenen Wittenberg seinen Weg in das gesamte Reich und sogar darüber hinaus fand, hängt mit dem Buchdruck zusammen. Eine besondere Rolle spielten die Flugblätter. Im Gegensatz zu den mehrblättrigen Flugschriften handelt es sich dabei um Einblattdrucke mit Bilddarstellungen (Holzschnitt oder Kupferstich), die seit der zweiten Hälfte des 15. Jahrhunderts hergestellt wurden. Sie waren kostengünstig zu produzieren und ebenso günstig zu verkaufen, da das reformatorische Gedankengut auf fruchtbaren Boden fiel und die Nachfrage nach solchen Flugblättern groß war.

Schon allein aufgrund der geringen Zahl an Lesekundigen waren die Flugblätter auch für Leseunkundige gemacht. Allerdings ebenso für Lesekundige, da die Bilder den Text näher erläutern und umgekehrt. Zudem erfuhren Leseunkundige den Inhalt nicht nur über das Bild: Die Texte auf Flugblättern wurden öffentlich vorgelesen und diskutiert. Sie hingen aber auch an Rathaus- und Kirchentüren, in Wirtsstuben und an Wänden oder Schränken in Privatwohnungen.

Da Flugblätter aus vergänglichem Material bestanden, von Hand zu Hand weitergereicht und damit schnell abgenutzt wurden, existieren heute von einem Flugblatt oft nur noch wenige Exemplare. Dass zumindest diese überliefert sind, verdanken wir der Sammelleidenschaft städtischer Oberschichten und fürstlicher Bibliotheken.

M 3 Luther – des Teufels Dudelsack
Flugblatt von 1521

Fragen an bildliche Quellen

1. Entstehung des Bildes
a) Was erfährst du in der Bildunterschrift (M1) über die Entstehungszeit und den Entstehungsort?
b) Suche – zum Beispiel im Internet, in Lexika – weitere Informationen über den Künstler.
c) Ordne die Entstehungszeit historisch ein.

2. Beschreibung des Bildes
a) Aus welchen Teilen besteht das Flugblatt?
b) Benenne, was im Einzelnen auf dem Bild dargestellt ist.

3. Deutung des Bildes
a) Versuche, die Bedeutung der einzelnen Bestandteile zu erklären.
b) Woran erinnert die Truhe mit Kreuz und Flamme?
c) In der Mitte des Kreuzes hängt ein gesiegelter Brief mit der Aufschrift „Umb gelt ein sack vol ablas." Was bedeutet dieser Brief? Was will der Künstler damit aussagen, dass er ihn an dieser Stelle platziert hat?
d) Lies den Bibelauszug und vergleiche ihn mit dem Text auf dem Flugblatt. Wie deutet der Autor des Textes auf dem Flugblatt die einzelnen Merkmale des in der Bibel beschriebenen Tieres?
e) Welches Thema hat das Flugblatt?
f) Ordne das Flugblatt aufgrund deiner Analyse einer Glaubensrichtung in Deutschland des 16. Jahrhunderts zu.
g) Erläutere, welches Ziel der Künstler mit diesem Flugblatt verfolgte.

Aufbruch in eine neue Zeit

Reformation und Politik

Der Streit um Luther weitet sich aus

Nachdem Luther 1517 seine Thesen gegen den Ablasshandel veröffentlicht hatte, weitete sich der Konflikt schnell aus. Aus einer religiösen Streitfrage wurde ein politischer Konflikt. Luther wurde bereits 1518 in Augsburg vom Kardinal Cajetan verhört, widerrief seine Auffassungen allerdings nicht. Das päpstliche Schreiben mit der Bannandrohung, das heißt mit der Drohung des Ausschlusses aus der Kirchengemeinschaft, verbrannte Luther 1520. Wenig später wurde Luther vom Papst mit dem Kirchenbann belegt.

M 1 **Martin Luther auf dem Reichstag zu Worms 1521**
Historiengemälde von Anton von Werner (1843–1915)

Auf dem Reichstag in Worms verweigerte Luther 1521 vor Kaiser Karl V. und den Reichsfürsten den Widerruf. Er wurde daraufhin mit dem Wormser Edikt vom Kaiser geächtet, das heißt für rechtlos erklärt. Der Landesherr des Reformators, Kurfürst Friedrich der Weise von Sachsen, ließ ihn nach der Abfahrt von Worms zum Schein überfallen und auf die Wartburg bringen, um ihn zu schützen. Dort übersetzte Luther, als „Junker Jörg" verkleidet, das Neue Testament ins Deutsche. 1522 kehrte Luther schließlich nach Wittenberg zurück und setzte seine Arbeit als Professor für Theologie fort. 1546 starb er in Eisleben.

Die neue Lehre gewinnt an Boden

Eine Reihe von Landesherren schloss sich der neuen Lehre an. Dabei spielten neben der religiösen Überzeugung auch machtpolitische Überlegungen eine Rolle. So konnten die Fürsten durch die Einführung der Reformation ihre Eigenständigkeit gegenüber dem Kaiser betonen und durch die Aufhebung der Klöster finanzielle Gewinne erzielen. Neben Sachsen, der Kurpfalz und Hessen bekannten sich insbesondere viele Städte zur Reformation, während Bayern neben anderen süd- und westdeutschen Gebieten katholisch blieb.

Die Verfestigung der Spaltung

1526 legte der Reichstag zu Speyer fest, dass sich die Fürsten in der Religionsfrage bis zu einem späteren Konzil zur Wiederherstellung der kirchlichen Einheit so verhalten sollten, wie sie es vor Gott und dem Kaiser verantworten könnten. Dies bedeutete die vorübergehende Duldung der neuen Glaubensrichtung. Infolge dieser Atempause entstanden die evangelischen Stadt- und Landeskirchen.

1529 protestierten die evangelischen Landesherren auf einem erneuten Reichstag zu Speyer gegen den Versuch, den Beschluss von 1526 aufzuheben. Sie begründeten ihre Haltung damit, dass jeder Herrscher vor Gott verantwortlich sei und deswegen in Glaubensangelegenheiten zu nichts gezwungen werden dürfe. Die Bezeichnung „Protestanten" leitet sich von diesem Ereignis ab.

Kaiser Karl V.

Der 1519 zum Kaiser gewählte Karl V. aus der Dynastie der Habsburger beherrschte ein riesiges Reich, das auch überseeische Besitzungen umfasste. In religiösen Belangen verstand sich Karl als Bewahrer der alten katholischen Lehre. In Luthers Haltung sah er nur eine Abweichung von der wahren Lehre, die unterdrückt werden müsse. Dies machte Karl in Worms 1521 unmissverständlich deutlich, als er Luther mit der Reichsacht belegte. Aber seine harte Haltung gegenüber der neuen Lehre wich immer wieder einer Politik des Ausgleichs, um mit einem befriedeten Reich im Rücken andere Probleme außerhalb des Reiches bewältigen zu können.

Der Kaiser, Franz I., die Türken und die Reichsfürsten

Widersacher Karls war der französische König Franz I., der die Umklammerung seines Landes durch den Habsburger als große Gefahr betrachtete. Aus diesem Grund kam es immer wieder zu Kriegen gegen Frankreich, was die Abwesenheit des Kaisers in Deutschland zur Folge hatte. Dies begünstigte die Ausbreitung der Reformation. Auch der Abwehrkampf gegen den Vorstoß der Türken in Südosteuropa kam der neuen Lehre zugute, da sich der Kaiser die finanzielle Unterstützung der evangelischen Reichsstände durch Gewährung eines zeitlich befristeten Religionsfriedens erkaufen musste.

Erst als Karl V. mit dem französischen König Franz I. Frieden und einen Waffenstillstand mit den Türken geschlossen hatte, wandte er sich ab 1544 mit ganzer Kraft gegen den Protestantismus. 1546 besiegte der Kaiser das Bündnis der Protestanten, den so genannten Schmalkaldischen Bund.

Karl V. war damals auf dem Höhepunkt seiner Macht angelangt, und genau darin lag auch der Grund seines Scheiterns. Denn evangelische wie katholische Fürsten fürchteten um ihre Eigenständigkeit. Das Ergebnis war ein Aufstand der Fürsten und deren Sieg über den Kaiser.

Der Augsburger Religionsfrieden von 1555 und die Folgen

Ein endgültiger Ausgleich zwischen dem Kaiser Karl V. und den protestantischen und katholischen Ständen kam auf dem Reichstag von 1555 mit dem Augsburger Religionsfrieden zu Stande.

M 2 Karl V. (1500–1558)
Das Gemälde zeigt den Kaiser etwa zur Zeit des Wormser Reichstags von 1521.

Aufbruch in eine neue Zeit

Der Kaiser und die Reichsstände einigten sich auf folgende Punkte:
- Das lutherische Bekenntnis wird neben dem katholischen anerkannt. Andere Bekenntnisse sind ausgeschlossen.
- Nur Fürsten und Reichsstände haben das Recht zur freien Konfessionswahl und zur Bestimmung der Konfession ihrer Untertanen; geistliche Fürsten dürfen mit ihren Untertanen nicht konvertieren, um die katholische Mehrheit im Reichstag und im Kurkolleg nicht zu gefährden.
- Die evangelische und katholische Religionsausübung wird in gemischt-konfessionellen Reichsständen garantiert.
- Wenn ein Fürst die Konfession wechselt, müssen ihm alle Untertanen folgen. Wollen sie das nicht, können sie in ein anderes Land ihrer Konfession auswandern.

Die Folge war eine dauerhafte Glaubensspaltung in Deutschland. Die katholischen und evangelischen Gebiete unterschieden sich nicht nur in ihrer religiösen Ausrichtung. Da die Religion damals das Leben der Menschen entscheidend bestimmte, waren die Auswirkungen auch im Alltag spürbar. Es gab unterschiedliche Formen von Frömmigkeit, zum Teil andere kirchliche Feiertage und konfessionell getrennte Schulen.

Gegenreformation und Reformbestrebungen

Die Antwort der katholischen Kirche auf die Ausbreitung und Festigung der Reformation folgte mit dem Konzil von Trient, welches von 1545 an mit Unterbrechungen bis 1563 abgehalten wurde. Es hatte zwei Stoßrichtungen: die Zurückdrängung des Protestantismus, die so genannte Gegenreformation, und eine Reform der Kirche. Diese war unter anderem geprägt durch die Förderung der Priesterausbildung sowie durch die Betonung der höchsten Lehrautorität des Papstes. Der neu gegründete Jesuitenorden sollte bei der Verwirklichung dieser Ziele eine entscheidende Rolle spielen.

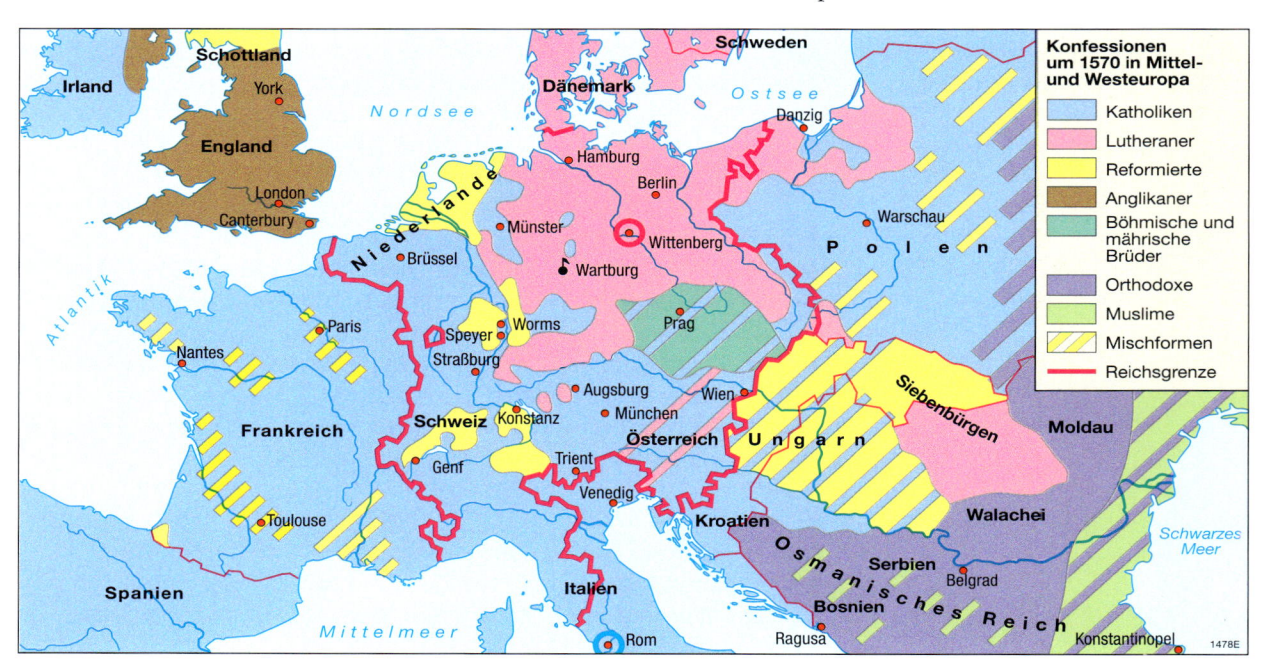

M 3 Glaubensflüchtlinge
Der Augsburger Religionsfrieden hatte weitreichende Folgen. Noch 1731 wurden protestantische Bauern aus Salzburg vertrieben. Sie fanden als Glaubensflüchtlinge eine neue Heimat in Brandenburg-Preußen, Darstellung aus dem 18. Jahrhundert.

Der Reichstag zu Worms 1521 im Spiegel der Quellen

M 6 Luther und Karl V. in Worms

a) Nach Zusicherung freien Geleites reiste Luther von Wittenberg nach Worms, wo er am 16. April 1521 eintraf. Am 17. April stand Luther erstmals vor dem Kaiser Karl V. und den Reichsständen. Der Leiter der bischöflichen Gerichtsbehörde, Johannes Eck, fragte ihn, ob er zum Widerruf des Inhalts seiner Schriften bereit sei. Nach einer Bedenkzeit trug Luther am 18. April seine Antwort vor:

Weil Eure geheiligte Majestät und Eure Herrlichkeiten es verlangen, so will ich eine schlichte Antwort geben, die weder Hörner noch Zähne hat: Es sei denn, dass ich durch das Zeugnis der Heiligen Schrift oder vernünftige Gründe überwunden werde – denn weder dem Papst, noch den Konzilien allein vermag ich zu glauben, da es feststeht, dass sie wiederholt geirrt und sich selbst widersprochen haben –, so halte ich mich überwunden durch die Schrift, auf die ich mich gestützt, so ist mein Gewissen im Gotteswort gefangen, und darum kann und will ich nichts widerrufen, weil gegen das Gewissen zu handeln gefährlich ist. Gott helf mir! Amen.

Zit. nach: Deutsche Geschichte in Quellen und Darstellung, Bd.3, hrsg. von Ulrich Köpf, Stuttgart 2001, S. 175.

b) Am folgenden Tag (19. April) ließ der Kaiser vor den Kurfürsten und vielen Fürsten eine feierliche Erklärung verlesen:

Wie ihr wisst, stamme ich von den allerchristlichsten Kaisern der edeln deutschen Nation, den gläubigen Königen von Spanien, den Erzherzogen von Österreich und den Herzogen von Burgund. Sie alle waren bis in den Tod treue Söhne der römischen Kirche; denn stets verteidigten sie den christlichen Glauben, die geheiligten Zeremonie, die Dekrete, Verordnungen und heiligen Bräuche zur Ehre Gottes, zum Wachstum des Glaubens und Heil der Seelen. Sie hinterließen Uns als natürliches Erbe die Erfüllung jener heiligen christlichen Pflichten, nach ihrem Beispiel zu leben und zu sterben; und in wahrer Nachahmung dieser Unserer Vorfahren haben Wir durch Gottes Gnade bisher gelebt.
Aus diesem Grunde bin ich entschlossen, alles aufrecht zu erhalten, was meine Vorfahren und ich bis zum gegenwärtigen Augenblick aufrechterhalten haben [...].
Denn es ist gewiss, dass ein einziger Bruder irrt, dessen Meinung gegen die der gesamten, über tausend Jahre alten Christenheit steht – eine Meinung, nach der die Christenheit sich zu jeder Zeit im Irrtum befunden hätte. Deshalb bin ich ganz und gar entschlossen, hierfür meine Reiche und Herrschaften, meine Freunde, Leib und Blut, Leben und Seele einzusetzen. [...]
Und nachdem ich die Antwort Luthers gehört habe, die er gestern in unser aller Gegenwart gab, erkläre ich Euch, dass ich bereue, so lange das Vorgehen gegen Luther und seine falsche Lehre aufgeschoben zu haben, und dass ich entschlossen bin, ihn nicht weiter anzuhören.

Zit. nach: Deutsche Geschichte in Quellen und Darstellung, Bd.3, hrsg. von Ulrich Köpf, Stuttgart 2001, S. 176f.

Aufgaben

1. a) Stelle dar, wie sich die Reformation ausbreitete. Orientiere dich dabei an den Jahreszahlen 1517 – 1521 – 1526 – 1529 – 1555.
   b) Nenne die Bestimmungen des Augsburger Religionsfriedens.
   → Text
2. a) Erläutere, warum sich manche Landesfürsten der Reformation anschlossen.
   b) Warum ging Kaiser Karl V. nicht konsequent gegen die Reformation vor?
   c) Was versteht man unter „Gegenreformation"?
   → Text
3. a) Wie begründete Luther, dass er an seiner Position festhielt und nicht widerrief?
   b) Erkläre, wie Kaiser Karl sein Vorgehen gegen Luther begründete.
   → M6
4. a) Beschreibe, was auf dem Bild zu erkennen ist. Welche Szene ist dargestellt?
   b) Handelt es sich deiner Meinung nach um eine verlässliche Darstellung der damaligen Ereignisse? Begründe deine Einschätzung.
   → Text, M1

Aufbruch in eine neue Zeit

Der Dreißigjährige Krieg

Der Beginn eines langen Krieges

Seit 1617 war der Habsburger Ferdinand II. böhmischer König. Die Vertreter des protestantischen Adels in Böhmen betrachteten seine gegenreformatorische Politik als Verletzung ihrer Rechte, die ihnen von Kaiser Rudolf im „Majestätsbrief" von 1609 zugesichert worden waren. 1618 drangen Vertreter der böhmischen Stände in die Prager Burg ein und warfen die kaiserlichen Statthalter aus dem Fenster. Diese überlebten den Fall, aber der „Prager Fenstersturz" löste einen der grausamsten Kriege der deutschen und europäischen Geschichte aus.

M 1 Der „Prager Fenstersturz"
Kolorierter Kupferstich von Matthaeus Merian, 1635

Der Böhmisch-Pfälzische Krieg

Die böhmischen Stände setzten Ferdinand II. als böhmischen König ab und wählten den Führer der protestantischen „Union", den calvinistischen Kurfürsten von der Pfalz Friedrich V., zum neuen König. Ferdinand erhielt zur Niederschlagung der „Rebellion" Unterstützung durch das Heer der katholischen „Liga". 1620 wurde das böhmische Heer vernichtend geschlagen. Die Führer des Aufstandes wurden hingerichtet und ihr Besitz fiel an den Kaiser und seine Verbündeten. Trotzdem wurde der Krieg weitergeführt.

Das Reich wird zum europäischen Kriegsschauplatz

1625 griff der dänische König Christian IV., unterstützt von England und den Niederlanden, auf protestantischer Seite in den Krieg ein. Zu diesem Schritt veranlassten ihn sowohl konfessionelle als auch machtpolitische Gründe. Bis 1629 erlitt Christian IV. aber schwere Niederlagen gegen die katholische „Liga" und den kaiserlichen Feldherrn Wallenstein. Dieser kämpfte zwar im Auftrag seines Herrn, betrieb aber den Krieg als Unternehmer auf eigene Rechnung. Seine Armee bestand aus Söldnern unterschiedlichster Herkunft und Konfession. Für Bezahlung, Unterkunft und Verpflegung seiner Soldaten wurde während der Feldzüge gesorgt. Es kam zu Zwangseinquartierungen, Plünderungen und Raubzügen.

Der Sieg des Kaisers und seiner Verbündeten bedeutete für die deutschen Protestanten den Verlust aller Gebietsgewinne seit 1555. Die Erzbistümer Magdeburg und Bremen, 12 Bistümer und 500 Abteien und Klöster mussten zurückerstattet werden. Dieses „Restitutionsedikt" veranlasste die protestantischen Reichsfürsten, sich aus Angst um ihre Eigenständigkeit mit ausländischen Gegnern des Kaisers, vor allem mit Schweden und Frankreich, zu verbünden.

M 2 Albrecht von Wallenstein
Zeitgenössisches Gemälde von Anthonis van Dyck (1599–1641)

Die Schweden im Reich

König Gustav Adolf von Schweden, dessen Land sich seit der Mitte des 16. Jahrhunderts zu einer Großmacht im Ostseeraum entwickelt hatte, landete 1630 mit seinem Heer an der Odermündung. Er begründete sein Eingreifen mit konfessioneller Solidarität mit seinen deutschen Glaubensgenossen. Ein weiteres Ziel war aber, Schwedens Macht weiter auszubauen. Die Schweden blieben in mehreren Schlachten siegreich und drangen bis nach Südwest- und Süddeutschland vor. In dieser Notlage holte der Kaiser seinen Feldherrn Wallenstein zurück,

M 3 **Plünderung eines Dorfes**
Zeitgenössischer Stich von Jacques Callot (1592–1635)

den er zuvor aus Misstrauen entlassen hatte, da er zu mächtig geworden war. Wallenstein konnte sich 1632 bei Lützen nahe Leipzig gegen die Schweden behaupten. In dieser Schlacht fiel Gustav Adolf. Wallenstein nahm in der Folgezeit eigenmächtig Kontakt mit den Schweden und den Franzosen auf, woraufhin der Kaiser ihn zum Hochverräter erklärte. Im Februar 1634 wurde Wallenstein in Eger von eigenen Offizieren ermordet.

Frankreich greift in den Krieg ein

Frankreich hatte bereits Gustav Adolf finanziell unterstützt. Nach einer Niederlage der Schweden und ihrer protestantischen Verbündeten ging der französische König nun von der verdeckten zur offenen Kriegsführung über, da er den Krieg als Entscheidungskampf zwischen den Häusern Habsburg und Bourbon, das die französischen Könige stellte, betrachtete. Noch dreizehn weitere Jahre tobte der Krieg, in dem das katholische Frankreich gegen den katholischen Kaiser kämpfte. Im Vordergrund standen zunehmend die Interessen der europäischen Großmächte – und nicht mehr religiöse Fragen.

Die Folgen des Krieges waren in Deutschland katastrophal. Handel, Gewerbe und Landwirtschaft kamen zum Erliegen. Seuchen und Hunger führten zum Massensterben. Nach Schätzungen ging die Einwohnerzahl des Reiches von 21 auf 13 Millionen zurück.

Der Westfälische Frieden von 1648

Nach langwierigen Verhandlungen kam es 1648 zum Friedensschluss in den westfälischen Städten Münster und Osnabrück. Der Krieg wurde beendet und die Religionskonflikte zwischen den Reichsständen beigelegt. Die Calvinisten wurden als dritte Konfession anerkannt. Innerhalb des Reiches konnten sich die Reichsstände als Sieger fühlen. Sie erhielten die volle Landeshoheit und konnten jetzt selbstständig Bündnisse abschließen. Frankreich ging als kontinentale Vormacht aus dem Krieg hervor, da das französische Staatsgebiet bis an den Rhein vorgeschoben wurde. Schweden konnte seine Macht im Norden Deutschlands ausbauen. Die protestantischen Niederlande und die Schweizer Eidgenossenschaft schieden aus dem Reichsverband aus.

M 4 **Altes Rathaus in Münster**
In diesem Gebäude wurde der Friedensvertrag zwischen Spanien und den Niederlanden unterzeichnet, Foto von 2004.

Aufbruch in eine neue Zeit

Der Westfälische Frieden – Ein Flugblatt analysieren

Neuer Auß Münster vom 25. deß Weinmonats im Jahr 1648. abgefertigter Freud- vnd Friedenbringender Postreuter.

Ich komm von Münster her gleich Spor: nsleich geritten/
Vnd habe nun das meist deß Weges überschritten/
Ich bringe gute Post und neue Friedenszeit/
der Friede ist gemacht/ gewendet alles Leid.
Man bläst ihn freudig auß mit hellen Feldtrommeten/
mit Reffelpaucken Hall/ mit klaren Feld-Claretten.
Mercur flieget in der Lufft/ und auch der Friede; Jo!
Gantz Münster/ Oßnabrugg und alle Welt ist froh/
die Glocken thönen starck/ die Orgeln lieblich klingen/
Herr Gott wir loben dich/ die frohen Leute singen.
die Stücke donneren und sausen in der Lufft/
die Fahnen fliegen schön/ und alles jauchtzend rufft:
der Höchste sey gelobet/ der Friede ist getroffen/
fortan hat männiglich ein besser Jahr zu hoffen/
der Priester und das Buch/ der Rath err und das Schwerdt/
der Bauer und der Pflug/ der Ochse und das Pferd.

Die Kirchen werden fort in voller Blüte stehen/
Man wird zum Hauß deß Herrn in vollen Sprüngen gehen/
und hören Gottes Wort: Kunst wird seyn hochgeacht/
die Jugend wird studiren bey Tag und auch bey Nacht/
Man wird deß Herren Ruhm auff Psalter und auff Seiten/
In Osten und in West/ in Süd und Nord außbreiten:
die Saine und Paris/ die Donau und ihr Wien/
der Belth und sein Stockholm sind friedlich/ frisch und grün.

Der Friede kömt Gott lob mit schnellem Flug geflogen/
mit ihm kommt alles Glück und Segen eingezogen/
Er bringet Friedenspostand güldene Friedens Zeit/
der Krieg ist nun gestillt/ geendet alles Leid.
Spieß/ Bogen/ Schild und Schwerdt/ und Lantzen sind zerschmissen/
Gerechtigkeit und Fried sich miteinander küssen/
Wo Mars der Landsknechts Gott/ die Oberherrschafft hat/
da herrschet Lasterschwarm/ und Tugend hat nicht statt.
Drum freuet/ freuet Euch/ ihr hohen Potentaten/
und alle die ihr müst den grossen Städten rahten/

Fortan wird Land und Sand und Dörffer nehmen zu/
und Herr und Knecht wird sein in angenehmer Ruh.
Es werden Fürsten nicht in Cantzeleyen schwitzen/
und der Rath nicht in die Nacht mit schweren Sorgen sitzen/
und dencken/ wo doch Rath wol herzunehmen sey/
damit betreuet werd deß Krieges Tyranney.
Man wird stäts seyn bedacht/ wie rechte Sach mög bleiben/
Wie man/ was unrecht ist/ recht möge hindertreiben/
Man wird nicht so verseh n was böses wird verricht/
wie sonst zu Kriegeszeit/ doch ohne Lust geschicht.
Es werden Obrigkeit und Unterthanen wohnen
in Einigkeit und Fried: das gute wird man lohnen/
das böse straffen ab: Kurtz/ es wird friede seyn/
im Rathhauß/ in der Stadt/ wo man geht auß und ein/
Ihr Obern dancket Gott/ der Friede ist gerichtet/
Ihr Untern lobet Ihn/ das wild ist geschlichtet/
Es lebe in Fried und Freud der Rathsherr und die Stadt/
Biß das was in der Welt und Sie ein Ende hat.

Auch/ Ich der Kauffleut Gott Mercur komm hergebringen/
und hab mit dem Brieff durch Lufft und Lufft geschwungen/
Ihr Kauffleut seyt wolauff und habt ein guten Muth/
Ihr Handwerksleute auch/ es wird alls werden gut.
Fort wird man sicherlich zu Wasser können handeln/
und ohne noht zu Land auff Messen ruhig wandeln/
die Wahren werden wol zu reissen abgehn/
die Läden und Gewölb voll lauter Kauffer stehn/
Man wird ja Tag für Tag den Seidenzeug außmessen/
und zu Mittag für Müh nicht einen bissen essen/
Gewürtz und Specerey verlauffen wol mit Macht/
bey lauter Centnern wegträgen Tag und Nacht.
Der Schuster wird sein Gelde vor Schuh nicht können zehlen/
Den Schneider wird das Volck umb neue Kleider quelen/
Der Breuer nimbt nicht ab/ der Becker der wird reich/
Der Kirschner fattert stäts/ und feyret keinen Streich/
Es hangen bey dem Feur die Schmid/ die Amboßschläger/
Es tauren mich allein die armen Degenfeger/

Die haben nichts zu thun: Laßt Degen/ Degen seyn/
macht einen Pflug darfür/ und eine Pflugschar drein.

Ihr Bauren spannet an die starcken Acker Pferde/
klatscht mit der Peitschen scharff/ die Pflugschar in die Erde/
Säet/ Hirschen/ Heidel Korn/ Hanff/ Weitzen/ Gersten auß/
Kraut/ Ruben/ Zwiebeln/ Köhl/ füllt Keller/ Boden/ Hauß.

Ihr Gärtner werden dann zu Marckt können fahren/
und lösen manchen Batz auß euren grünen Wahren/
dann kehret ihr mit Lust sein in ein Küchlein ein/
und esst ein stäcklein Wurst und lescht den Durst mit Wein:
Juch/ Juch/ ihr seyt befreyt von tausend Nöthen/
und schlaffet biß es tag wird mit euren Bauren Greten.

Ihr Wirthe freut euch auch/ der Friede trägt euch ein/
die keiner überschreit der Erbarkeiten Schrancken/
Voraus die ihr wol liegt/ beym weiß und roten Hahnen/
Beim Baum/ Bärn/ Engel/ Stern/ Wolff/ Lame/ Thürnen/ Schwa-
Beim Bitterhold/ beim Creutz/ Gantz/ Rudfuß/ Rädlein/ Tisch/ nen
beim wilden Mann/ Kron/ Mond/ beim güldnen Ochsen/ Fisch/
Beim Ochsenfelder auch: Ihr krieget gute sachen/
Ihr wolt denn selbsten nicht/ die Zech Wirthlich machen/
doch glaub ichs gäntzlich nicht: Nun es hat keine Noth/
Ein jeder gebe mir ein gutes Botenbrodt.

Doch dieses alles recht mit beten vnd mit dancken/
daß keiner überschreit der Erbarkeiten Schrancken/
Es dancke alles Gott/ es danck Ihm frü und spat/
was kreucht/ fleugt/ lebt und schwebt/ und was nur Odem hat.

Gedruckt im Jahr nach der Geburt vnsers Herrn Jesu Christi 1648.

M 5 Flugblatt mit dem „Friedenbringenden Postreiter"
Kupferstich von 1648

M 6 Ein Flugblatt zum Frieden

Die Nachricht vom Friedensschluss in Münster und Osnabrück wurde 1648 in ganz Europa durch Zeitungen und Flugblätter verbreitet. Die folgenden Auszüge aus dem Text des Flugblattes wurden der heutigen Sprache angepasst:

Ich komm von Münster her gleich Sporenstreich [spornstreichs = sofort] geritten,
und habe nun das meist' des Weges überschritten.
Ich bringe gute Post und neue Friedenszeit,
5 der Frieden ist gemacht, gewendet alles Leid.
Man bläst ihn freudig aus mit hellen Feldtrommeten [= Trompeten], mit Kesselpaucken Hall, mit klaren Feld-Clareten [= Musikinstrument].
Mercur fliegt in der Luft, und auch der Friede. Ja,
10 ganz Münster, Osnabrück und alle Welt ist froh,
die Glocken tönen stark, die Orgeln lieblich klingen, Herr Gott wir loben dich, die frohen Leute singen. [...]
Der Höchste sei gelobt, der Friede ist getroffen,
15 fortan hat männiglich [= jeder] ein besser Jahr zu hoffen:
der Priester und das Buch, der Ratsherr und das Schwert, der Bauer und der Pflug, der Ochse und das Pferd. Die Kirchen werden fort [=fortan] in
20 voller Blüte stehen.
Man wird zum Haus des Herrn in vollen Sprüngen gehen und hören Gottes Wort. [...]
Es werden Obrigkeit und Untertanen wohnen
in Einigkeit und Fried': das Gute wird man lohnen,
25 das Böse strafen ab [= bestrafen]: Kurz, es wird Friede sein, im Rathaus, in der Stadt, wo man geht aus und ein. [...]
Auch Ich, der Kaufleut' Gott Mercur, komm' hergedrungen, und hab mich mit dem Brief durch Luft und Tuft geschwungen.
30 Ihr Kaufleut', seid wohlauf und habt ein' guten Mut, Ihr Handwerksleute auch, es wird all's werden gut.
Fort[an] wird man sicherlich zu Wasser können handeln, und ohne Not zu Land auf Messen [= 35 Handelsmessen] ruhig wandeln. [...]
Der Schuster wird sein Geld für Schuh nicht können zählen. Den Schneider wird das Volk um neue Kleider quälen.
Der Brauer nimmt nicht ab, der Bäcker der wird 40 reich. Der Kürschner füttert stets, und feiert keinen Streich [hat genug zu tun]. [...]
Es dauern mich allein die armen Degenfeger [= Degenmacher]. Die haben nichts zu tun: Lasst Degen Degen sein, macht einen Pflug dafür, und 45 eine Pflugschar drein.
Ihr Bauern spannet an die starken Ackerpferde,
klatscht mit der Peitschen scharf, die Pflugschar in die Erde,
Säet Hirse, Heidel [= Buchweizen], Korn, Hanf, 50 Weizen, Gersten aus, Kraut, Rüben, Zwiebeln, Kohl füllt Keller, Boden, Haus.
Ihr Gärtner werdet dann zu Markte können fahren, und [er]löset manchen Batz [Batzen = Geldeinheit] aus euren grünen Waren, 55
dann kehret ihr mit Lust fein in ein Küchlein [=Gasthaus] ein, und esst ein Stücklein Wurst und löscht den Durst mit Wein. [...]
Ihr Wirte freut euch auch, der Friede trägt euch ein, Es wird die Stub' und Stall voll Gäst' und 60 Pferde sein. [...]
Es danke alles Gott, es dank' Ihm früh und spat [spät], was kriecht, fliegt, lebt und schwebt und was nur Odem [=Atem] hat.

Aufgaben

1. Beschreibe anhand der zeitgenössischen Darstellung die Gräuel des Krieges für die Zivilbevölkerung.
   → M3
2. a) Versuche, den Text auf dem Flugblatt zu entziffern.
   b) Gib den Text des Flugblattes mit eigenen Worten wieder.
   c) An welche Personen bzw. Personengruppen wendet er sich?
   d) Welche Erwartungen formuliert der Bote jeweils?
   e) Verfasse Dialoge zwischen dem Boten und einzelnen von ihm angesprochenen Personen.
   f) Gestalte eine Spielszene, in der der Bote einzelnen Personen (aus verschiedenen Berufsgruppen) die Botschaft vom Friedensschluss in Münster mitteilt.
   → M5, M6

Aufbruch in eine neue Zeit

Renaissance >>>

Buchdruck

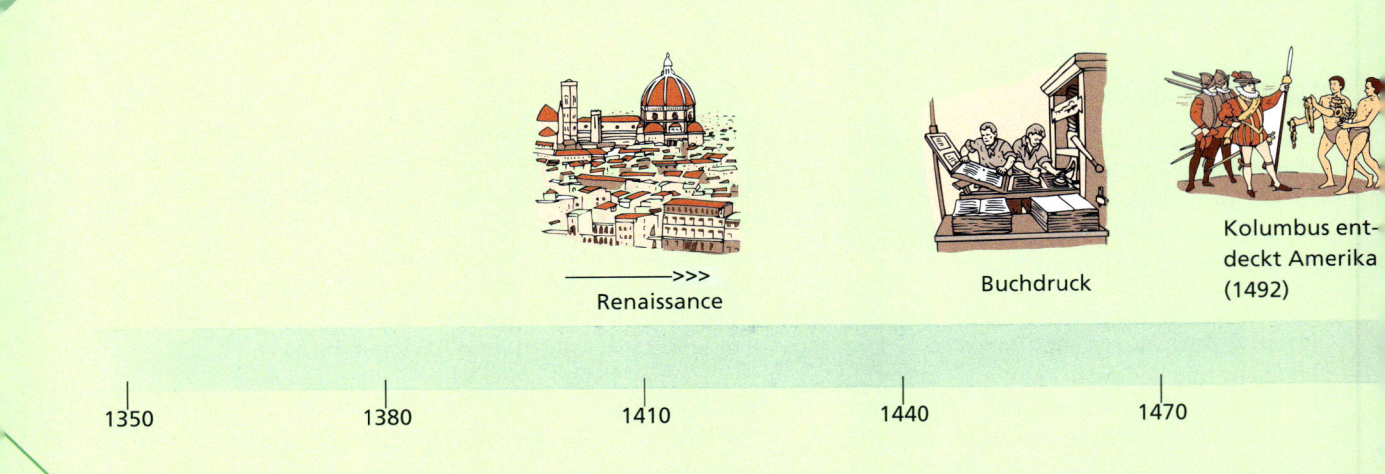

Kolumbus entdeckt Amerika (1492)

| 1350 | 1380 | 1410 | 1440 | 1470 |

Zusammenfassung

Zwischen 1350 und 1650 fanden in Europa zahlreiche Veränderungen statt. Am Anfang stand dabei die Erschütterung der festgefügten Vorstellungen von Mensch und Welt, die man im Mittelalter als unumstößliche Wahrheiten ansah. Die Erfindung des Buchdrucks eröffnete für Bildung, Wissenschaft und Politik völlig neue Perspektiven, die in ihrer Wichtigkeit kaum zu überschätzen sind.

Auch im Bereich der Wirtschaft kam es mit dem so genannten Frühkapitalismus zu Entwicklungen, die die Grenze des mittelalterlichen Vorstellungsvermögens überschritten.

Mit der Renaissance und dem Humanismus traten zwei eng verwandte geistige Bewegungen auf, in denen unter Rückbesinnung auf Autoritäten der Antike nicht mehr Gott, sondern der Mensch mit seinen Eigenschaften und Fähigkeiten im Mittelpunkt des Denkens stand. Es entstand ein neues Menschen- und Weltbild.

Durch die Entdeckung Amerikas 1492 und Entdeckungsfahrten in andere Regionen der Erde veränderten sich die geografischen Vorstellungen der Menschen grundlegend. Die europäischen Staaten gründeten überall auf der Welt Kolonien, was bis heute problematische Folgen für diese Gebiete hat. Auch Europa selbst wurde durch diese Entwicklung verändert.

Ferner kam es zu einer für die mittelalterliche Gedankenwelt unvorstellbaren Spaltung der abendländischen christlichen Kirche. Reformatoren wie Martin Luther interpretierten in ihrem Kampf gegen die Missstände der Kirche die Aussagen der Bibel neu und wurden zu Gründern eigenständiger, protestantischer Kirchen. Der Katholizismus war nun nur eine unter mehreren christlichen Konfessionen. Wegen dieser Veränderungen wird die Zeit um 1500 als Epochenwende und als Beginn der Neuzeit angesehen.

Die religiöse Spaltung führte zu gewaltigen Konflikten innerhalb Europas. Der Dreißigjährige Krieg im Heiligen Römischen Reich Deutscher Nation, eine konfessionelle wie machtpolitische Auseinandersetzung in der Mitte Europas, stellte für Deutschland eine der größten Katastrophen seiner Geschichte dar.

Beginn der
Reformation
(1517)

Augsburger Religionsfrieden (1555)

Westfälischer
Frieden (1648)

Dreißigjähriger Krieg

1530   1560   1590   1620   1650

Daten

Um 1450 Erfindung des Buchdrucks
1492 Entdeckung Amerikas durch Kolumbus
1517 Beginn der Reformation
1618–1648 Dreißigjähriger Krieg

Begriffe

Humanismus
Renaissance
Reformation
Protestanten
Konfession
Westfälischer Frieden

Personen

Johannes Gutenberg
Jakob Fugger
Christoph Kolumbus
Martin Luther
Karl V.

Tipps zum Thema: Aufbruch in eine neue Zeit

Filmtipp

Luther, 123 min, USA 2003.

Lesetipp

Anthony Mason:
Die Renaissance, Nürnberg 2006.
Rainer M. Schröder:
Das Geheimnis des Kartenmachers, Würzburg 2006.
Roland Mueller:
Die abenteuerliche Reise des Marco Polo, München 2007.
Christa Maria Zimmermann:
Das Gold des Columbus, München 2006.

Museen

Gutenberg Museum Mainz

Fuggerei und Fugger-Museum Augsburg

Museum des Dreißigjährigen Krieges, Wittstock/Dosse

Deutsches Historisches Museum, Berlin (DHM)

Kommentierte Links: www.westermann.de/geschichte-linkliste

2. Absolutismus, Aufklärung und Revolution

Arc de Triomphe in Paris, erbaut 1806 bis 1836

Versailles, um 1722

Hinrichtung Ludwigs XVI. im Jahre 1793

1770　1775　1780　1785　1790　1795　1800　1805　1810　1815　1820

Napoleon als Imperator, 1810

Paris am 14. Juli 2003

45

Absolutismus, Aufklärung und Revolution

Der Absolutismus in Frankreich

Was heißt Absolutismus?

„L' Etat, c'est moi" – Der Staat bin ich. Dieser Ausspruch wird dem französischen König Ludwig XIV. (1643–1715) zugeschrieben und kennzeichnet eine Herrschaftsform, die Historiker als Absolutismus bezeichnen. In der Sonne, die ihr Licht allen Gebieten der Erde zuteilt, sah Ludwig XIV. das Symbol seiner Herrschaft.

Der Begriff „Absolutismus" leitet sich von der Formel „Rex legibus absolutus" ab. Sie bedeutet, dass der Monarch von den menschlichen Gesetzen (leges) „losgelöst" und nur an das göttliche Recht gebunden ist.

Zu diesem politischen System gehören eine mit Beamten besetzte ständige Verwaltung, eine unter königlichem Befehl stehende Armee und eine glanzvolle fürstliche Hofhaltung. Der „Sonnenkönig" Ludwig XIV. galt den damaligen Fürsten als Vorbild. Sie ahmten das höfische Leben nach, das sich im Schloss Versailles abspielte, und trugen dazu bei, dass sich die französische Sprache in großen Teilen Europas verbreitete. Betrachtet man jedoch die starken Widerstände in Teilen des Adels und im Bürgertum, dann muss der Ausdruck „absolutistischer Staat" mit Vorsicht benutzt werden. Zumal es in einigen französischen Provinzen noch Ständeversammlungen oder lokale Parlamente gab, die das Recht der Steuerbewilligung hatten und die sich den königlichen Befehlen zu widersetzen suchten.

Alle Macht dem König

Ludwig XIV. regierte absolutistisch, indem er auf die Mitwirkung ständischer Gruppierungen wie Adel, Geistlichkeit oder Bürgertum verzichtete und sich stattdessen einer von ihm abhängigen Beamtenschaft bediente. Diese Staatsdiener fühlten sich allein den Weisungen ihres Monarchen verpflichtet. In seinem Namen versuchten sie, Befehle und Anordnungen durchzusetzen.

Persönliche Ratgeber Ludwigs XIV. waren seine Minister, von denen vor allem Jean Baptiste Colbert eine herausragende Stellung besaß. Er schickte dem König treu ergebene Intendanten in die Provinzen des Landes, die an Ort und Stelle die Verwaltung in den Bereichen Justiz, Polizei und Finanzen ausübten. Sie trieben die Steuern ein und sorgten dafür, dass die Verordnungen durchgesetzt wurden.

Auch die katholische Kirche Frankreichs hatte der absolutistischen Herrschaft des Königs zu dienen. Der Grundsatz „Un roi, une foi, une loi" (Ein König, ein Glaube, ein Gesetz) zeigt, dass Ludwig XIV. verschiedene Glaubensrichtungen in seinem Staat nicht tolerierte. Protestantische Hugenotten wurden mit Gewalt zum katholischen Glauben bekehrt.

Das Edikt von Nantes, in dem König Heinrich IV. 1598 den Hugenotten Freiheit in religiösen Angelegenheiten zugesichert hatte, hob Ludwig XIV. im Jahr 1685 auf. Viele hugenottische Glaubensflüchtlinge verließen daraufhin Frankreich und fanden in protestantischen Staaten Europas wie der Schweiz, den Niederlanden, Brandenburg-Preußen oder England Zuflucht. Durch die Massenauswanderung verlor Frankreich gut ausgebildete Fachleute, die für die neuen Heimatländer ein Gewinn waren. Denn sie brachten nicht nur ihre Sprache und Kultur mit, sondern auch ihr Wissen und ihre Arbeitskraft.

M 1 Le „Roi Soleil"
Medaille von 1674 mit der Devise Ludwigs XIV.: Nec pluribus impar (frei übersetzt: „Keiner kann sich mit ihm messen")

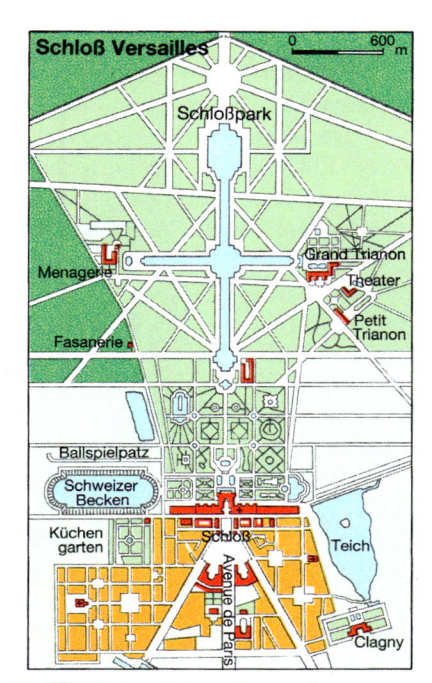

M 2 Versailles, Grundriss

M 3 Versailles
Gemälde von Pierre-Denis Martin, um 1722

Versailles – Die Hauptstadt im absolutistischen Frankreich

Das abseits von Paris in freier Ebene errichtete Schloss Versailles galt Ludwig als Ausdruck seiner Herrschaft. Dieser Herrschaftssitz mit einer Fassade von fast einem halben Kilometer Länge war der politische, gesellschaftliche und kulturelle Mittelpunkt des französischen Absolutismus. In Versailles lebten und arbeiteten mehr als 15 000 Menschen: Hofadel, Dienstpersonal und Truppenverbände.

Ludwig XIV. hatte seinen gesamten Hofstaat nach Versailles verlegt, um die Adligen in seiner unmittelbaren Nähe zu haben und sie seiner Kontrolle unterwerfen zu können. Nicht mehr die Geburt galt als Kennzeichen der Stellung am Hof, sondern die Nähe zum Herrscher. Man lebte als Mitglied einer Gesellschaft, in der alle von der Gunst des Königs abhängig waren. Adlige bewarben sich um Ämter, Posten und Pensionen. Auswärtige Gäste, Diplomaten und Fürsten aus ganz Europa machten Ludwig XIV. ihre Aufwartung.

Zentrum in Versailles war das nach Osten gelegene Schlafzimmer des Monarchen, in dem sich die Günstlinge versammelten, um an seiner Morgen- und Abendtoilette teilnehmen zu können. Der Tagesablauf, die Auswahl der Kleidung, die Umgangsformen und die Verhaltensweisen waren streng reglementiert.

Im Leben des Hofadels wechselten sich festliche Theater-, Opern- und Ballettaufführungen mit Banketten, Feuerwerken, Jagden, Glücksspielen und anderen Veranstaltungen ab. Intrigen, die Sucht nach Rang oder Ehre und der Wettlauf um die Gunst Ludwigs XIV. bestimmten den Alltag des französischen Adels in diesem Schloss.

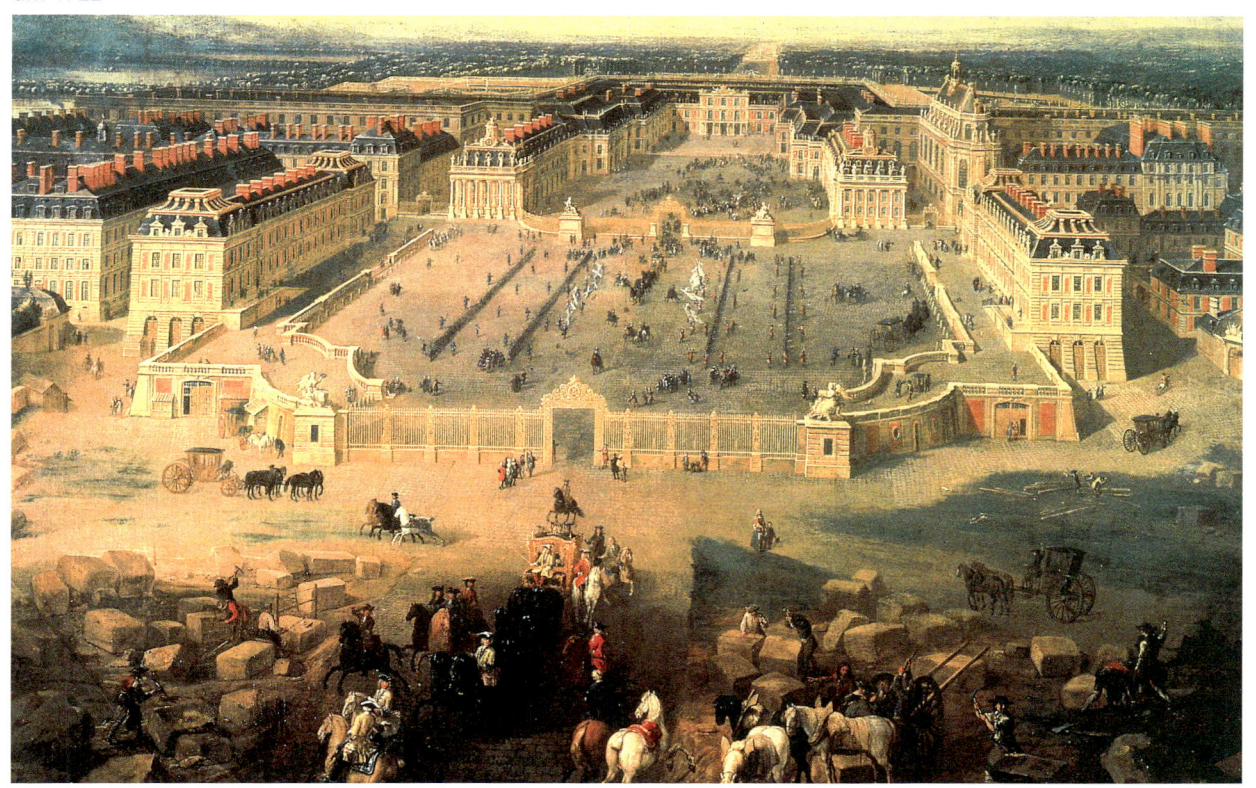

Absolutismus, Aufklärung und Revolution

M 4 Jean Baptiste Colbert
Von 1661 bis 1683 Erster Minister Ludwigs XIV., zeitgenössisches Gemälde

Wie wurde der Absolutismus finanziert?

Massenproduktion in Manufakturen ist ein Merkmal des Merkantilismus, des absolutistischen Wirtschaftssystems. Der bürgerliche Finanzminister Colbert vertrat die Auffassung, ein König sei nur mächtig, wenn er auch reich sei. Der Reichtum eines Staates zeige sich in seiner positiven Handelsbilanz, das heißt, wenn mehr exportiert (ausgeführt) als importiert (eingeführt) wird. So beschränkte man die Warenimporte durch Schutzzölle und förderte den Export hochwertiger Produkte unter anderem durch Prämien und Handelsverträge.

Rohstoffe aus den französischen Kolonien in Afrika und Ostindien wurden in Frankreich zu Fertigprodukten verarbeitet und im Land verkauft oder exportiert. In Manufakturen wurden die Güter in Arbeitsteilung hergestellt. Es handelte sich dabei nicht mehr um handwerkliche Produktionen, bei denen Einzelne einen Gegenstand vollständig herstellten, jedoch auch noch nicht um eine maschinelle Fertigung.

Um die eigene Wirtschaft zu stärken, schuf man eine starke Handelsflotte, gründete Niederlassungen im Ausland wie die „Ostindische Handelskompanie" und ließ im Innern des Landes Transportwege bauen. Einheitliche Maße und Gewichte vereinfachten den Handel innerhalb Frankreichs. Der Staat gründete Akademien, um in ihnen Fachkräfte und Wissenschaftler auszubilden.

Politik und Wirtschaft bildeten in dieser Wirtschaftsform eine Einheit: Der Staat förderte die Wirtschaft, um seine politische und militärische Macht zu steigern, die Wirtschaft profitierte von der staatlichen Zoll- und Steuerpolitik.

Die Kriege Ludwigs XIV.

In mehreren Kriegen versuchte Ludwig XIV., die Vormachtstellung Frankreichs auf dem europäischen Kontinent zu erringen. Für dieses Hegemoniestreben musste die französische Armee modernisiert und verstärkt werden. Es entstand ein in Kasernen untergebrachtes, stehendes Heer mit einheitlichen Uniformen und einer straffen Rangordnung. Durch militärischen Drill, Exerzieren auf dem Kasernenhof und Manöverübungen im Gelände konnten die Soldaten besser auf den Krieg vorbereitet werden. Neue Waffen erhöhten die Schlagkraft der fast 400 000 Mann starken Armee.

Ludwig XIV. wollte das linke Rheinufer von Basel bis Rotterdam in seinen Machtbereich eingliedern. Diplomaten und Juristen begründeten die Gebietsansprüche Frankreichs in vom König eingesetzten „Reunionskammern", die anhand alter Urkunden Besitzansprüche herausfinden sollten. In mehreren Kriegen gelangen Frankreich erhebliche Gebietsgewinne. So kamen auch das Elsass und die ehemalige deutsche Reichsstadt Straßburg in den Besitz Ludwigs XIV. Bis ins 20. Jahrhundert war dieses Gebiet ein Zankapfel zwischen Deutschland und Frankreich.

Frankreichs Streben nach Vorherrschaft auf dem europäischen Kontinent begegneten die bedrohten Staaten und England dadurch, dass sie sich zu Bündnissen zusammenschlossen. Ihr Ziel war es, ein System des Mächtegleichgewichts herzustellen. Als Ludwig XIV. 1715 starb, hinterließ er einen Staat, dessen Finanzen aufgrund der vielen kostspieligen Kriege zerrüttet waren.

Der Merkantilismus – Informationen aus Schaubild und Textquelle entnehmen

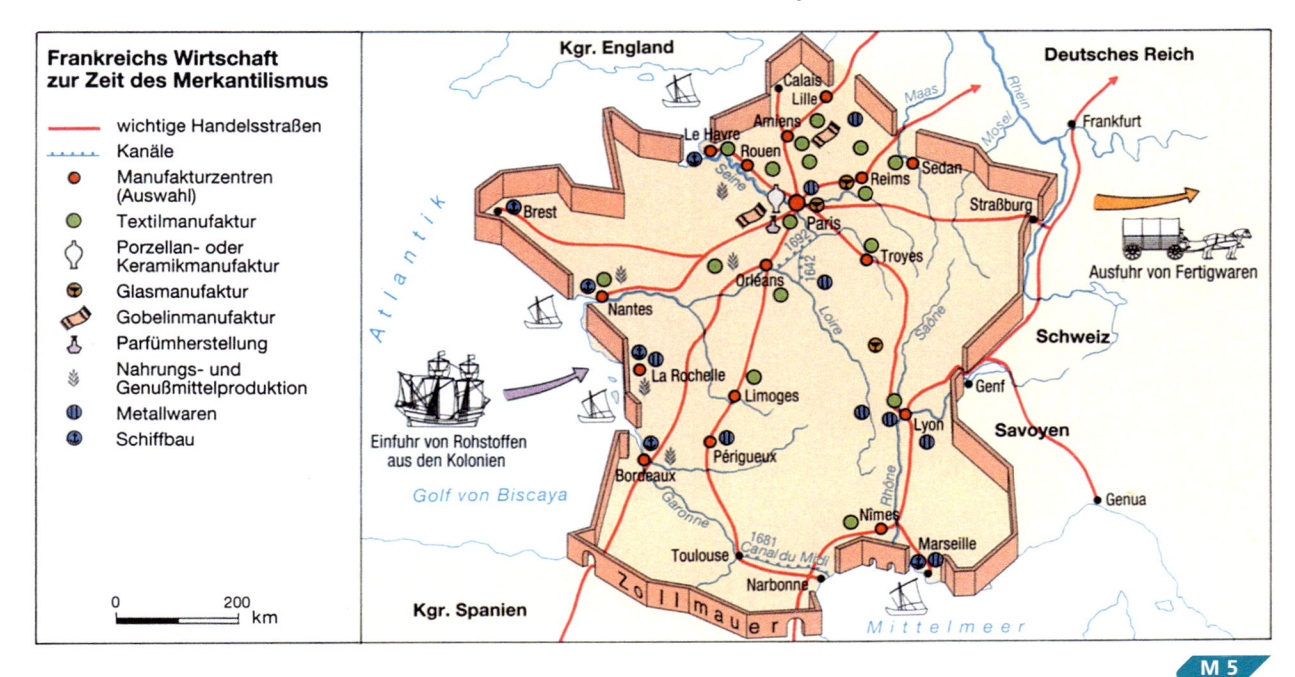

Frankreichs Wirtschaft zur Zeit des Merkantilismus

- — wichtige Handelsstraßen
- ··· Kanäle
- ● Manufakturzentren (Auswahl)
- ● Textilmanufaktur
- ◯ Porzellan- oder Keramikmanufaktur
- ● Glasmanufaktur
- ● Gobelinmanufaktur
- ● Parfümherstellung
- ● Nahrungs- und Genußmittelproduktion
- ● Metallwaren
- ● Schiffbau

M 5

M 6 Colberts Wirtschaftsprogramm (1664)

Colbert (1619–1683) war Leiter der französischen Finanz- und Wirtschaftspolitik:

Ich glaube, man wird ohne Weiteres in dem Grundsatz einig sein, dass es einzig und allein der Reichtum an Geld ist, der die Unterschiede an Größe und Macht zwischen den Staaten begründet. Was dies betrifft, so ist es sicher, dass jährlich aus dem Königreich einheimische Erzeugnisse [Wein, Branntwein, Weinessig, Eisen, Obst, Papier, Leinwand, Eisenwaren, Seide, Kurzwaren] für den Verbrauch im Ausland im Wert von 12 bis 18 Millionen Livres hinausgehen. Das sind die Goldminen unseres Königreiches, um deren Erhaltung wir uns sorgfältig bemühen müssen. [...] Je mehr wir die Handelsgewinne, die die Holländer den Untertanen des Königs abnehmen, und den Konsum der von ihnen eingeführten Waren verringern können, desto mehr vergrößern wir die Menge des hereinströmenden Bargeldes und vermehren wir die Macht, Größe und Wohlhabenheit des Staates. Denselben Schluss können wir hinsichtlich des Zwischenhandels ziehen, d. h. derjenigen Waren, die wir aus Ost- und Westindien holen und nach Nordeuropa bringen könnten, von wo wir die zum Schiffbau nötigen Materialien selber heranführen könnten, worauf zum anderen Teil Größe und Macht des Staates beruhen.

Außer den Vorteilen, die die Einfuhr einer größeren Menge Bargeld in das Königreich mit sich bringt, wird sicherlich durch die Manufakturen eine Million zurzeit arbeitsloser Menschen ihren Lebensunterhalt gewinnen. Eine ebenso beträchtliche Anzahl wird in der Schifffahrt und in den Seehäfen Verdienst finden. [...]
Als Mittel, sie zu erreichen, schlage ich vor: [...] Die am Hof erscheinenden Kaufleute sollten mit allen Anzeichen der Gewogenheit und des guten Willens empfangen, in allen Angelegenheiten ihres Handels unterstützt und [...] im Conseil Seiner Majestät gehört werden. [...] Alle Verwaltungsvorschriften im Königreich bezüglich der Wiederherstellung der Manufakturen sollten erneuert, die Ein- und Ausfuhrtarife überprüft [...], und es sollte jährlich eine bedeutende Summe für Wiederherstellung der Manufakturen und die Förderung des Handels [...] ausgeworfen werden. Desgleichen bezüglich der Schifffahrt: Zahlung von Gratifikationen an alle, die neue Schiffe kaufen oder bauen oder große Handelsreisen unternehmen. Die Landstraßen sollten ausgebessert, die Zollstationen an den Flüssen aufgehoben werden [...]. Man bemühe sich, die Flüsse im Innern des Königreiches schiffbar zu machen, soweit sie es noch nicht sind.

Geschichte in Quellen, Bd. III, hrsg. von Wolfgang Lautemann und Manfred Schlenke, München 1976, S. 448 f.

Absolutismus, Aufklärung und Revolution

Ludwig XIV. – Ein Herrscherbild interpretieren

M 7 **Ludwig XIV.,** Gemälde von Hyacinthe Rigaud, um 1700
- Hermelin: seit dem Mittelalter den Fürsten vorbehaltener kostbarer Pelz;
- Tanzmeisterschritt: Fußhaltung steht für Eleganz und Lebensart;
- Lilien: Symbol des französischen Herrscherhauses.

Grundsätze des Absolutismus – Textquellen vergleichen

M 8 Absolute Regierung

Der Prinzenerzieher und Theologe Jacques-Bénigne Bossuet (1627–1704):

Die königliche Autorität ist absolut. Um diese Behauptung als hässlich und unerträglich hinzustellen, verwechseln viele mit Vorliebe die absolute Regierung mit dem willkürlichen Regiment. Beides ist aber grundverschieden.

1. Satz: Der Fürst hat niemand Rechenschaft abzulegen von dem, was er anordnet. Ohne diese absolute Autorität kann er weder das Gute tun noch das Böse vernichten. Seine Macht muss so groß sein, dass niemand sich ihr entziehen kann. Der einzige Schutz des Privatmannes vor der öffentlichen Gewalt ist seine Unschuld.

2. Satz: Wenn der Fürst geurteilt hat, so gibt es kein höheres Urteil mehr. […] Sie sind von Gott eingesetzt und haben gleichsam Teil an der göttlichen Unabhängigkeit. Gott allein kann ihre Urteile und Handlungen richten […]. Daraus folgt, dass derjenige, der dem Fürsten nicht gehorchen will, nicht zu einem anderen Gerichtshof geschickt wird, sondern unweigerlich zum Tode verurteilt wird als Friedensstörer und Feind der menschlichen Gesellschaft.

A. Fitzek, Staatsanschauungen im Wandel der Jahrhunderte II., Paderborn, (4. Aufl.) 1977, S. 48.

M 9 Sonnenkönig

Ludwig XIV. schrieb über seine Herrschaft:

Als Sinnbild wählte ich die Sonne, die nach den Regeln der Wappenkunst das vornehmste Zeichen vorstellt.

Sie ist ohne Zweifel das lebendigste und schönste Sinnbild eines großen Fürsten, sowohl deshalb, weil sie einzig in ihrer Art ist, als auch durch den Glanz, der sie umgibt, durch das Licht, das sie den anderen Gestirnen spendet, die gleichsam ihren Hofstaat bilden, durch die gerechte Verteilung des Lichtes über die verschiedenen Himmelsgegenden der Welt, durch die Wohltaten, die sie überall spendet, durch das Leben, die Freude und die Tätigkeit, die sie überall weckt, durch ihre unaufhörliche Bewegung, bei der sie trotzdem stets in ständiger Ruhe zu schweben scheint, durch ihren ständigen und unveränderlichen Lauf, von dem sie niemals abweicht.

Gott, der die Könige über die Menschen gesetzt hat, wollte, dass man sie als seine Stellvertreter achte, und er selbst hat sich das Recht vorbehalten, über ihren Wandel zu urteilen. Es ist sein Wille, dass, wer als Untertan geboren ist, willenlos zu gehorchen hat.

Ludwig XIV., Memoiren, hrsg. von L. Steinfeld, Basel, Leipzig 1931, S. 187 und 271.

Aufgaben

1. a) Erkläre den Begriff „Absolutismus".
   b) Erläutere die Herrschaftsauffassung Ludwigs XIV.
   c) Welche Bedeutung hatte das Symbol der Sonne für Ludwig XIV.?
   → Text, M1, M8, M9
2. Zeige, wie Ludwigs Herrschaftsauffassung im Porträt von Rigaud zum Ausdruck kommt.
   → M7, M8, M9
3. a) Erläutere mithilfe des Schaubilds das System des Merkantilismus.
   b) Fasse das Wirtschaftsprogramm Colberts in Stichpunkten zusammen.
   → M5, M6
4. Erläutere, in welchem Verhältnis der französische Adel zu Ludwig XIV. stand.
   → Text
5. a) Nenne die außenpolitischen Ziele Ludwigs XIV.
   b) Erkläre, warum militärische Erfolge für Ludwigs Königsherrschaft so wichtig waren.
   → Text

51

Längsschnitt: Berühmte Frauen in ihrer Zeit

Theophanu – Die landfremde Kaiserin

Eine prachtvolle Heiratsurkunde
Die Heiratsurkunde der Kaiserin Theophanu ist eine der prächtigsten, die im Mittelalter im Heiligen Römischen Reich angefertigt wurden. Sie hielt fest, welche Schenkungen der Braut aus Anlass der Hochzeit gemacht wurden. Da Hochzeiten zwischen fürstlichen Häusern damals üblich waren, muss es andere Gründe dafür geben, dass eine so prachtvolle Urkunde ausgestellt wurde. Wer war diese Frau mit dem fremden Namen Theophanu?

Das Leben der Theophanu
Die junge Prinzessin Theophanu wurde am 14. April 972 in Rom mit dem bereits zum Mitkaiser gekrönten Thronfolger Otto II. verheiratet. Sie war damals etwa 13 Jahre alt, sodass sie in den Quellen als „puella", als Mädchen, bezeichnet wird. Theophanu war eine Nichte des Kaisers des Oströmischen Reiches, der in Byzanz, dem heutigen Istanbul, herrschte. Sie war mit allen wichtigen byzantinischen Familien verwandt. Trotzdem war sie manchen Menschen im Umfeld von Kaiser Otto I. nicht vornehm genug. Sie hätten lieber eine Tochter des vorherigen byzantinischen Kaisers als Braut des Thronfolgers gehabt und wollten Theophanu zurückschicken. Otto I. war diese Heirat aber politisch sehr wichtig, da er Byzanz nicht verärgern wollte. Außerdem heißt es, er sei von der Persönlichkeit Theophanus sofort beeindruckt gewesen.

Sie hatte in Byzanz eine Erziehung genossen, die sie dafür bestimmte, einen äußerst einflussreichen Mann zu heiraten und auch selbst Politik zu gestalten, wie es für Frauen aus dem byzantinischen Kaiserhaus durchaus üblich war. Theophanu war sehr gebildet, sie sprach und schrieb Griechisch und Latein und es scheint, als habe sie sich auch mit ihrem Ehemann, den sie nie zuvor gesehen hatte, von Anfang an gut verstanden. Zeitgleich zur Hochzeit wurde sie zur Mitkaiserin gekrönt.

Theophanu hatte mit Otto II. fünf Kinder: vier Töchter und einen Sohn, den Thronfolger Otto III. Als ihr Mann 980 starb, war sie 22 Jahre alt. Von den vier Töchtern verstarb eine. Die beiden ältesten Töchter, Sophie und Adelheid, wurden angesehene und einflussreiche Äbtissinnen; die Tochter Mathilde heiratete einen Adligen. Standesgemäße Heirat und Führung eines Klosters waren übliche Lebenswege für adlige Frauen.

Theophanu und ihr Ehemann Otto konnten die Kinder nicht immer selbst erziehen, denn das Kaiserpaar – und später die Kaiserin allein – befand sich fortwährend auf Reisen. Der Herrscher musste immer wieder in allen Gebieten des Reiches – von den heutigen Niederlanden bis nach Süditalien – nach dem Rechten sehen und auch selbst Feldzüge gegen Feinde anführen.

Bei den damaligen Reisebedingungen dauerten solche Züge oft Monate oder sogar mehrere Jahre. Waren die Reisen nur kurz oder war es für eine Sache erforderlich, dass der Thronfolger und die anderen kaiserlichen Kinder anwesend waren, nahmen ihre Eltern sie mit. Bei längerer Abwesenheit des Kaiserpaares vertraute man die Kinder einem Bischof, einem Adligen oder einer Äbtissin zur Erziehung an.

Am 25. Juni 991 starb Theophanu in Nimwegen, entweder eines natürlichen Todes oder durch Gift. Sie wurde höchstens 33 Jahre alt.

M 1 **Theophanu und Adelheid**
Die beiden Medaillons auf dem Rand einer Kölner Evangelienhandschrift sind kürzlich als Portraits der Kaiserinnen Theophanu (oben) und Adelheid aus der Zeit ihrer Regentschaft identifiziert worden.

M 2 **Heiratsurkunde der Theophanu**
Pergament, Länge: 144,5 cm, Breite: 39,5 cm,
um 972
Die Urkunde verzeichnet die reichen Schenkungen an die byzantinische Prinzessin Theophanu, die am Ostertag des Jahres 972 in Rom den Sohn Ottos des Großen, Otto II., heiratete. Der Text ist mit Goldtinte auf Purpur geschrieben. Der Purpurgrund ist in der Art kostbarer byzantinischer Seidenstoffe durch kreisrunde Medaillons gegliedert, die mit Darstellungen kämpfender Tiere gefüllt sind: Löwen, die ein Rind schlagen und Greifen mit einem Lamm in den Fängen – beides antike Motive, die sich in dieser Form bis in die altorientalische Kunst zurückverfolgen lassen. Der kostbar wirkende Purpurgrund entspricht dem Wunsch nach höchster Prachtentfaltung, mit der das ottonische Herrscherhaus die byzantinische Prinzessin in Rom empfing.

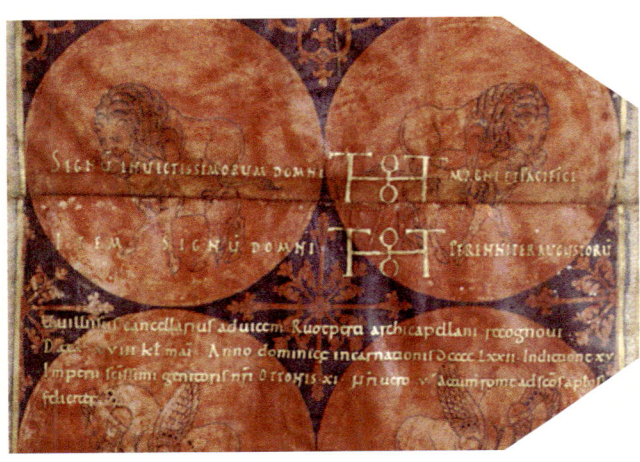

Ausschnittvergrößerung mit dem
Monogramm Ottos

Längsschnitt: Berühmte Frauen in ihrer Zeit

M 3 Lebensdaten der Theophanu

- geboren wahrscheinlich 959
- Hochzeit mit Otto II. am 14. April 972
- Regentschaftsregierung für Otto III. ab 984
- gestorben in Nimwegen am 25. Juni 991

Theophanu als Regentin

Im Byzantinischen Reich hatten Frauen als Kaiserinnen viel Macht und Einfluss. Auch deshalb hat Theophanu nicht gezögert, sich die Regentschaft für ihren nur dreijährigen Sohn Otto III. zu sichern. Das war im Heiligen Römischen Reich durchaus nicht selbstverständlich, wenn es auch seit dem 5. Jahrhundert im Abendland immer wieder Regentinnen gegeben hatte.

Normalerweise wurde aber der nächste männliche Verwandte Vormund beziehungsweise Regent, weshalb Heinrich der Zänker, der Herzog von Bayern und Neffe Ottos I., das königliche Kind in seine Gewalt brachte. Aber auch der König von Frankreich versuchte, sich die Regentschaft zu sichern. Beide wollten selbst anstelle des Kindes König werden.

Um ihr Ziel zu erreichen, reiste Theophanu von Rom aus sofort zu ihrer Schwiegermutter Adelheid nach Pavia und verständigte sich mit ihr, sodass beide Frauen gemeinsam das Ziel einer Regentschaft Theophanus für Otto III. verfolgten, obwohl sie sich nie besonders gut verstanden hatten. Dabei half ihnen Erzbischof Willigis von Mainz, dem der Kaiser die Verwaltung des Reiches während seiner Italienaufenthalte anvertraut hatte.

Heinrich der Zänker musste schließlich den jungen Otto III. an die beiden Kaiserinnen übergeben, weil die Großen des Reiches hinter der Regentschaft der Frauen standen.

Bereits im Juli 985 verdrängte Theophanu ihre Schwiegermutter aber wieder vom Königshof zurück nach Italien; anschließend machte sie sich mit ihrem Sohn auf den traditionellen Königsumritt durch das Reich, wodurch die Rechtmäßigkeit des Königtums Ottos III. symbolisch abgesichert wurde.

Theophanu gelang es, die Ostgrenze des Reiches gegen die Slawen abzusichern. Sie führte dazu sogar selbst ein Heer über die Elbe. Auch die Westgrenze konnte sie festigen. Dadurch erwarb sie sich großes Ansehen. 989/90 unternahm sie allein, ohne ihren Sohn, einen Italienzug, weil sie das ganze Reich und nicht nur Teile für ihn sichern wollte. Ob dies der Ausdruck eines „Regierungsprogramms" war, nämlich die verschiedensprachigen Völker des Reichsgebietes – vielleicht sogar alle des ehemaligen Karolingerreiches – unter dem Dach des Kaisertums (und auch der Kirche) zusammenzufassen, ist umstritten.

Allerdings würdigten schon ihre Zeitgenossen und sogar ihre Gegner die außerordentlichen Verdienste, die sie sich um das Reich und um das Kaisertum erworben hatte.

Theophanu – Eine Ausnahmeerscheinung?

Theophanu war im Mittelalter eine Ausnahme. Die meisten Frauen lebten als Bäuerinnen oder Mägde auf dem Lande. Über sie ist wenig bekannt, sodass ihr individueller Lebensweg nicht nachvollzogen werden kann. Aber auch über viele adlige Frauen gibt es nur wenige Informationen. Das Wissen über Theophanu dagegen beruht auf den Urkunden, die sie als coimperatrix, als Mitkaiserin, zusammen mit ihrem Mann und später auch alleine ausgestellt hat. Weiter haben der Geschichtsschreiber Thietmar von Merseburg und der Abt Odilo von Cluny, Biograf ihrer Schwiegermutter, der heiligen Adelheid, über sie berichtet. Dieser Abt war Theophanu gegenüber allerdings nicht wohlgesonnen.

M 4 **Ein Kaiserpaar**
Elfenbeintäfelchen (entstanden 982/983), vermutlich auf einem Buchdeckel angebracht. Der zusammengekauerte Mann verharrt in der orientalischen Untergebenheitshaltung, der Proskynese.

M 5 **Eine wissenschaftliche Sichtweise**

Die Amtsauffassung der Theophanu in der Sichtweise eines modernen Historikers:

In Italien trat Theophanu nicht nur im Auftrag ihres Sohnes auf. Am 2. Januar stellte sie in Rom als divina gratia imperatrix augusta [von göttlicher Gnade erhabene Kaiserin] eine Urkunde aus. Nun war die Rechtslage hier verwickelter, denn die Herrschaft über Rom war nicht ein Teil des Königreichs Italien, das Otto III. geerbt hatte, sondern kaiserliches Vorrecht. Kaiser wurde man aber nicht einfach durch Erbrecht, sondern erst durch die Krönung. Theophanu konnte also nicht einfach im Namen Ottos III. urkunden. Sie war jedoch selber bei ihrer Eheschließung zur Kaiserin gekrönt worden und sah sich nun als regierende Kaiserin. [...] Auf dem Rückweg stellte sie in Ravenna [...] sogar eine Urkunde aus, die mit Theophanius gratia divina imperator augustus gezeichnet und auf das achtzehnte Jahr ihrer Herrschaft datiert war. In Ravenna wurde auch in ihrem Auftrag und Namen, iussione domne Theophana imperatricis, Gericht gehalten. Das zeigt, dass Theophanu genug Selbstbewusstsein hatte, um sich als einzige derzeitige Vertreterin des kaiserlichen Purpurs und damit als regierende Kaiserin zu verstehen und zu betätigen. [...]
Der Inhalt des Regierens war ihr wichtiger als die Form, aber im Kaisertum sah sie sich nicht nur als consors [Teilhaberin] ihres Gatten, dessen Mandat mit seinem Tod erloschen war, sondern als eigenständige imperatrix [Kaiserin].

Hansjörg Frommer, Adelheid und Theophanu. Zwei Kaiserinnen des 10. Jahrhunderts. In: Adelheid. Kaiserin und Heilige. 931 bis 999. Impératrice et sainte. 931 à 999. Adélaide. Karlsruhe 1999, S. 76 ff.

Aufgaben

1. a) Vergleiche, wie Otto II. und Theophanu dargestellt werden. Was bedeutet diese Art der Darstellung?
   b) Wie lässt sich erklären, dass der Künstler byzantinische Bildelemente in seiner Darstellung verwendet hat?
   → M4
2. a) Stelle das Selbstverständnis der Theophanu dar.
   b) Charakterisiere Theophanus Regierungsweise.
   → M5
3. Welche Probleme ergeben sich, wenn man etwas über das Leben von Frauen im Mittelalter herausfinden will?

Längsschnitt: Berühmte Frauen in ihrer Zeit

M 1 Katharina von Bora
Gemälde von Lucas Cranach d. Ä., 1529

Katharina von Bora und Caritas Pirckheimer

Umbrüche vom Mittelalter zur Neuzeit
Im Übergang vom Mittelalter zur Neuzeit veränderte sich das Leben der Menschen durch Entdeckungen und viele neue Theorien in Philosophie und Theologie. Durch die Reformation veränderte sich auch das Leben des Einzelnen.

Zwei Frauen dieses Zeitalters, die sich in einer ähnlichen Situation jeweils ganz unterschiedlich verhalten haben, sind Katharina von Bora, die spätere Frau Martin Luthers, und Caritas Pirckheimer, eine gelehrte Nonne aus dem Klarissenkloster in Nürnberg.

Katharina von Bora – eine entlaufene Nonne
Katharina von Bora war noch ein kleines Kind, als ihre Mutter starb. Im Alter von fünf Jahren wurde Katharina in das Kloster Nimbschen (bei Grimma in Sachsen) gebracht. So konnte ihre Familie die Kosten für Erziehung, Verheiratung und Mitgift sparen. Katharina lernte im Kloster lesen und schreiben, musste aber die Ordensregeln einhalten.

Als die Reformation begann, hörte Katharina von den Lehren Luthers. Obwohl das Kloster versuchte, sämtliche Kontakte nach außen zu unterbinden und Fluchtversuche von Nonnen streng bestrafte, gelang es Katharina, Luther in einem Brief zu bitten, für sie und acht Mitschwestern eine Fluchtmöglichkeit zu organisieren.

Die Ehe der Luthers
1525 heirateten Katharina von Bora und Martin Luther. Er wollte demonstrieren, dass die Ehe für Pfarrer eine gottgefällige Institution ist. Katharina musste zeitlebens mit der Beschimpfung leben, sie als ehemalige Nonne habe den Mönch verführt.

Katharina war durch ihre Erziehung im Kloster gebildet und interessiert an den Themen der Reformation. Zugleich war sie sowohl in der Haus- und Landwirtschaft als auch im Bauwesen sehr kompetent. Das war hilfreich beim Umbau des ehemaligen Klosters in Wittenberg, in dem Martin Luther und Katharina lebten. So wie sie mussten damals viele Frauen aus allen Bevölkerungsschichten mit Ausnahme des hohen Adels und des reichen Bürgertums sehr hart arbeiten, um das Überleben ihrer Familie zu sichern. Katharina hielt Kühe, Schweine und Hühner und bewirtschaftete verschiedene Gärten. Auch zog sie Heilkräuter und stellte mithilfe ihrer Tante, die auch das Kloster verlassen hatte, Medizin her. Ferner braute sie Bier und kelterte Wein, damit sie ihre Familie – sie hatte im Laufe der Jahre fünf Kinder geboren – und die vielen Gäste ihres Mannes bewirten und während einer Pestepidemie auch pflegen konnte.

Die Ehe der Luthers galt als von gegenseitiger Zuneigung und von Respekt geprägt.

Katharina von Bora war in ihrer Wirtschaftsführung so tüchtig, dass Luther sie respektvoll „Herr Käthe" nannte und das Paar im Laufe der Jahre wohlhabend wurde. Insofern wird die Familie Luther heute in der Geschichtswissenschaft als Beispiel für eine Haushaltung zwischen Tradition und Moderne, zwischen Mittelalter und Neuzeit, gesehen. Luther war so von den Fähigkeiten seiner Frau überzeugt, dass er ein

M 2 Katharina von Bora

geboren in Lippendorf bei Leipzig:
29. Januar 1499

Flucht aus dem Kloster:
1523

Heirat mit Martin Luther:
13. Juni 1525

gestorben in Torgau:
20. Dezember 1552

M 3 **Lutherhaus in Wittenberg**
Ehemaliges Augustinereremitenkloster, Wohnhaus Martin Luthers und Katharina von Boras, heute Museum, Fotografie von 1995

für die damalige Zeit ganz ungewöhnliches Testament machte: Er setzte für seine Frau keinen Vormund ein, sondern ernannte sie selbst zum Vormund ihrer Kinder. Außerdem vermachte der Reformator seiner Frau einigen Besitz, obwohl nach damals geltendem Recht der Besitz den Kindern zufiel. Dieses Testament war so ungewöhnlich, dass es sofort angefochten wurde und nur Gültigkeit erhielt, weil der Kurfürst von Sachsen es persönlich bestätigte.

Die Quellenlage
Unseren heutigen Kenntnisstand über Katharinas Leben verdanken wir insbesondere den Aussagen ihres Mannes Martin Luther. So sind zum Beispiel seine Briefe an Katharina erhalten, ebenso die Mitschriften von Tischreden, in denen sich Luther über Katharina äußerte. Leider sind ihre Briefe an den Reformator nicht überliefert, sodass von ihr selbst verfasste Quellen nicht vorliegen.

Anders verhält es sich im Falle der Caritas Pirckheimer. Von ihr sind viele Briefe erhalten, die sie an ihre Verwandten und an Menschen, die für das Schicksal ihres Klosters wichtig waren, geschrieben hat. Sie hat auch ein Buch mit „Denkwürdigkeiten" über die Zeit des Glaubenskampfes verfasst. Zusätzlich verfügen wir über vieles, was andere an und über sie geschrieben haben.

Dafür gibt es im Gegensatz zu Katharina von Bora, die von dem befreundeten Maler Lucas Cranach porträtiert worden ist, keine zeitgenössischen Bilder von Caritas Pirckheimer. Da sie sich als Nonne aus der Welt zurückgezogen hatte und in Klausur lebte, sodass selbst ihre Verwandten lange Zeit bei Gesprächen an einem so genannten Besuchsgitter nicht einmal ihr Gesicht sehen konnten, war an ein Gemälde nicht zu denken.

Längsschnitt: Berühmte Frauen in ihrer Zeit

Caritas Pirckheimer – eine streitbare Äbtissin

Caritas Pirckheimer stammte aus einer angesehenen Nürnberger Patrizierfamilie, die viele gebildete Männer und Frauen hervorgebracht hatte. Bereits mit zwölf Jahren trat sie in das Kloster ein, in dem sie später Äbtissin wurde. Sie war eine hoch gebildete Frau und stand in brieflichem Kontakt mit vielen Humanisten, insbesondere mit ihrem Bruder Willibald Pirckheimer.

Nachdem die Reichsstadt Nürnberg die Reformation angenommen hatte, sollte das katholische Kloster aufgelöst werden. Dagegen wehrten sich Caritas und ihre Mitschwestern. In Nürnberg waren sich die Nonnen einig, im Kloster zu bleiben. Caritas als Äbtissin war beauftragt, diese Entscheidung durchzusetzen, und sie hoffte dabei auf die Hilfe ihrer Verwandten. Doch diese waren offen für reformatorische Ideen. Der zähe Widerstand aller Schwestern hatte jedoch teilweise Erfolg: Das Kloster blieb bis 1590 in seiner katholischen Form erhalten, durfte aber keine neuen Nonnen aufnehmen.

Vorurteile gegen Frauen in der Reformationszeit

Dass die Städte so hart gegen die Frauenklöster vorgingen, lag auch an den damaligen Vorstellungen über Frauen. In einer anonymen Schrift heißt es, es sei ein Unding, dass Frauen ein Kloster leiten, da sie schwächer als Männer seien und Paulus geschrieben habe, dass das Weib in der Gemeinde schweigen solle. In einem 1522 erschienenen „Frauen-Büchlin. Zu Ruhm und Ehre allen tugendsamen und ehrbaren Weibern" hieß es, dass Nonnen weder Gott noch dem Mann den gebührenden Gehorsam leisteten, da sie sich im Kloster einschlössen und so entgegen Gottes Gebot weder Kinder bekommen noch sich dem Mann unterwerfen würden.

Dennoch zeigt sich, dass mutige und tüchtige Frauen auch unter den schwierigen Umständen der damaligen Zeit einige Möglichkeiten hatten, eine gewisse Selbstständigkeit zu erlangen. Die meisten jedoch waren ihr Leben lang abhängig von ihren Eltern, Männern und Söhnen.

M 4 Caritas Pirckheimer
Stich aus späterer Zeit, da zeitgenössische Bilder von ihr nicht existieren.

M 5 Caritas Pirckheimer

geboren in Eichstätt:
21. März 1467

Wahl zur Äbtissin des Nürnberger Klarissenklosters:
1503

gestorben in Nürnberg:
19. August 1532

M 6 Caritas-Pirckheimer-Haus
Fotografie von 2003

M 7 Das Klarakloster, Stich von 1608

M 8 Luthers Frauenbild

Luther hält eine Tischrede zu „Eines frommen Weibes Lob":

Wo findet man ein tugendsam Weib? Ein fromm, gottfürchtig Weib ist ein seltsam Gut viel edler und köstlicher denn eine Perle, denn der Mann verlässt sich auf sie, vertrauet ihr alles. Da wird's an Nahrung nicht mangeln. Sie erfreuet und macht den Mann fröhlich und betrübt ihn nicht; tut ihm Liebes und kein Leides sein Leben lang; gehet mit Flachs und Wolle um und arbeit und schafft gern mit ihren Händen; zeuget ins Haus und ist wie ein Kaufmannsschiff, das aus fernen Landen viel War und Gut bringet. Frühe stehet sie auf, speiset ihr Gesinde und gibt den Mägden ihren bescheiden Teil, was ihnen gebühret. Denkt nach einem Acker und kauft ihn und lebt von der Frucht ihrer Hände; pflanzet Weinberge und richtet sie fein an; wartet und versorget mit Freuden, was ihr zusteht. Was sie nicht angehet, lässt sie unterwegen und bekümmert sich damit nicht. Sie gürtet ihre Lenden fest und stärkt ihre Arme; ist rüstig im Haus. Sie merkt, wie ihre Händel Frommen bringen, verhütet Schaden und siehet, was Frommen bringet. Ihre Leuchte verlischt nicht des Nachts. In der Not hat sie Notdurft, sie streckt ihre Hand nach dem Rocken und ihre Finger fassen die Spindel; arbeitet gern und fleißig. Sie breitet ihre Hände aus zu den Armen und reicht ihre Hand den Dürftigen, gibt und hilft gerne armen Leuten. Sie fürchtet ihres Hauses nicht vor dem Schnee, denn ihr ganzes Haus hat zwiefache Kleider; hält ihr Haus in baulichem Wesen mit Dachung und anderm. Sie macht ihr selbst Decke. Weiße Seiden und Purpur ist ihr Kleid; hält sich reiniglich und ihre Kleider wert; geht nicht schlammig und beschmutzt daher. Ihr Schmuck ist, dass sie reinlich und fleißig ist. Sie tut ihren Mund auf mit Weisheit und auf ihrer Zunge ist holdselige Lehre; zeucht ihre Kinder fein zu Gottes Wort. Sie schauet, wie es in ihrem Hause zugehet, und isset ihr Brot nicht mit Faulheit; nimmt sich fremder Händel nicht an. Ihre Söhne kommen auf und preisen sie selig; ihr Mann lobt sie. Viel Töchter bringen Reichtum; aber ein tugendsam Weib übertrifft sie alle. Lieblich und schöne sein ist nichts. Ein Weib, das den Herrn fürchtet, soll man loben.

Kluge, Manfred (Hg.), Luthers Tischreden mit Illustrationen von Lucas Cranach d.Ä., München 1983, S. 37 und 39.

M 9 Streitbare Äbtissin

Caritas Pirckheimer schreibt an ihren Schwager Martin Geuder, als den Franziskanerpatres die Seelsorge im Nürnberger Klarissenkloster entzogen werden soll:

Das mögt ihr mir, wahrlich und wirklich, mir als einer, die es fünfundvierzig Jahre erfahren hat, mehr glauben als denen, die aus Neid und Argwohn viel von uns und den armen Vätern sagen. Sie können uns wohl entbehren, wir aber sie nicht. Ihr könnt Euch wohl denken, welches Ärgernis unter dem einfachen Volk entstehen würde; es hätte ja den Anschein, als hätten wir Schande und Laster miteinander angestellt. Das Schwerste aber wäre mir und meinem Kloster, wenn man uns Laienpriester gäbe; so wie es jetzt mit diesen Leuten steht, wäre uns lieber und nützlicher, Ihr schicktet einen Henker ins Kloster, der uns allen die Köpfe abschlüg, als dass ihr uns betrunkene, unkeusche Pfaffen schickt. Keinen Knecht und keinen Bettler nötigt man, dort zu beichten, wo seine Herrschaft will. […] Ich bitte Euch, lasst Euch nicht dadurch bewegen, dass man jetzt mit Unwahrheit vorgibt, das klare, helle Gotteswort sei uns verborgen, denn das ist durch Gottes Gnade nicht wahr. Wir haben das Alte und Neue Testament ebenso wohl hier drinnen als ihr draußen, lesen es Tag und Nacht, im Chor, bei Tisch, lateinisch und deutsch, in der Gemeinde, und eine jegliche für sich, wie sie will.

Krabbel, Gerta, Caritas Pirckheimer. Ein Lebensbild aus der Zeit der Reformation, Münster: Aschendorf 1982. (Katholisches Leben und Kirchenreform im Zeitalter der Glaubensspaltung 7), S. 93.

Aufgaben

1. a) Fasse zusammen, welche Eigenschaften und Tätigkeiten Luther bei einer Frau schätzte.
   b) Inwiefern prägten seine Erfahrungen mit seiner eigenen Frau sein Frauenbild? Welche anderen Quellen beeinflussten seine Vorstellungen?
   c) Welche Aspekte dieses Frauenbildes sind heute noch zeitgemäß, welche nicht? → M8

2. a) Erkläre, aus welchen Gründen sich Caritas Pirckheimer dagegen wehrte, dass die Franziskaner nicht mehr Klosterseelsorger sein sollten.
   b) Was kann man aus dem Brief über die Bildung und das Leben der Nonnen erfahren?
   → M9

Längsschnitt: Berühmte Frauen in ihrer Zeit

Leben in Versailles: Liselotte von der Pfalz

Unbeschwerte Kindheit – reglementiertes Erwachsenenleben

Das Leben der Liselotte von der Pfalz teilt sich in zwei unterschiedliche Abschnitte: eine Kindheit, die ihr selbst als eine Art goldenes Zeitalter erschien, und ein Leben in einem goldenen Käfig am Hof des Sonnenkönigs Ludwig XIV. von Frankreich als Erwachsene.

Sie war eine Frau mit einer sehr starken Persönlichkeit, die ihre Gedanken deutlich mitteilte. Wir wissen über ihr Leben und ihre Ansichten sehr gut Bescheid, denn Liselotte war eine eifrige Briefschreiberin. Neben den etwa 5000 überlieferten Briefen sind viele Bilder von ihr erhalten, obwohl sie es nach eigener Aussage hasste, Modell zu sitzen.

Liselottes Kindheit

Liselotte von der Pfalz wurde 1652 als Elisabeth Charlotte im Heidelberger Schloss geboren. Einen Schatten auf Liselottes Kindheit warf das Zerwürfnis ihrer Eltern, das zur Auflösung der Ehe führte. In der Folge wurde die Tochter 22 Jahre von der Mutter getrennt. Ihr Vater ging eine neue Verbindung ein, aus der vierzehn Halbgeschwister Liselottes entstammten. Einige wurden zu ihren bevorzugten Briefpartnern.

Liselotte war ein wildes Kind und wäre nach eigenen Aussagen lieber ein Junge gewesen. Darauf wurde bei ihrer Erziehung aber keine Rücksicht genommen. Ihr Vater schrieb der Erzieherin genau vor, worauf sie zu achten habe: Die Bibel sollte in Deutsch und Französisch gelesen, daneben sollten auch Grundkenntnisse im Italienischen und im Englischen vermittelt werden. Weiter wurde Zeichen-, Gesangs-, Handarbeits- und Tanzunterricht erteilt. Außerdem durfte Liselotte Federball und Billard spielen. Beim Essen musste auf das richtige Maß geachtet werden, insbesondere durfte Liselotte nicht zu viel Fleisch essen. Weil sie

M 1 Lebensdaten Liselotte:

geboren:
27. Mai 1652 in Heidelberg

Heirat:
16. November 1671 in Metz mit dem Herzog von Orléans

gestorben:
8. Dezember 1722 in St. Cloud

M 2 Elisabeth Charlotte
Zeitgenössisches Gemälde von Hyacinthe Rigaud

zur Einhaltung dieser Diätvorschriften nicht willens war, fand sie viele Wege, sich von der Dienerschaft heimlich mit Essen versorgen zu lassen. Dies führte bei Entdeckung manchmal zu körperlichen Züchtigungen.

Heirat und Ehe
Auch wenn Liselotte lieber unverheiratet geblieben wäre, musste sie doch den Herzog von Orléans, den jüngeren Bruder des französischen Königs, heiraten. Für diese Ehe trat sie vom calvinistischen zum katholischen Glauben über. Sie fühlte sich aber weiterhin dem evangelischen Glauben verbunden und hatte deshalb oft Schwierigkeiten am französischen Königshof. Bei der Heirat am 16. November 1671 – Liselotte war 19 Jahre alt – war der Bräutigam nicht einmal selbst anwesend. Liselotte musste ihr Jawort stattdessen einem Stellvertreter geben und sah ihren Mann einige Tage nach der Hochzeit zum ersten Mal. Beide hatten zusammen drei Kinder, obwohl dem Herzog homosexuelle Neigungen nachgesagt wurden. Im Gegensatz zu seiner ersten Frau störte sich die Pfälzerin daran aber nicht, solange ihr Mann nicht zu viel Geld in seine Günstlinge investierte.

Leben und Stellung am Königshof
Liselotte verbrachte ihre Zeit am Hof mit den üblichen Vergnügungen der adligen Damen: Sie unterhielt sich, machte Spaziergänge, nahm an den Mahlzeiten teil oder vergnügte sich auf Bällen. Am liebsten aber ging sie auf die Jagd und ins Theater. Zudem zog sie sich auch gerne in ihre Privatgemächer zurück, um Briefe zu schreiben – meistens von den späten Abendstunden bis um fünf Uhr morgens. Die Briefe in deutscher Sprache dienten dazu, den Kontakt zu den Verwandten aufrechtzuerhalten und die Muttersprache nicht zu verlernen. Aber Liselotte schrieb auch vielen, die sie in Frankreich kennengelernt hatte.

Jeder ihrer Briefe – und dies galt für die Briefe aller Personen, die am Königshof lebten – unterlag der Zensur. Es wurde ein Dossier über den Inhalt angelegt, zu dem der König und andere wichtige Persönlichkeiten des Hofes Zugang hatten. Liselotte schrieb aber dessen ungeachtet fast immer, was sie dachte.

Als Herzogin von Orléans hatte Liselotte eine besondere Stellung am Königshof, denn offiziell war sie nach der Königin die ranghöchste Frau in Versailles. Der König schätzte sie lange Zeit sehr, weil sie politischen Sachverstand hatte, sich aber trotzdem nicht in die Politik einmischte. Später entfremdeten sich beide voneinander, weil Liselotte seine letzte Geliebte, Madame de Maintenon, nicht leiden konnte; außerdem war sie mit seiner Politik nicht immer einverstanden.

Dass der König aber dennoch viel von ihr hielt, zeigte sich nach seinem Tode. Liselottes Sohn wurde damals Regent für den erst fünfjährigen Ludwig XV. Ursprünglich hatte der König sogar überlegt, die politisch kluge Liselotte als Mitregentin einzusetzen. Das kommentierte diese 1717 so: „Der König hat eine bessere Meinung von meinem Hirnkasten als der das wert ist. Denn er wollte mich zusammen mit meinem Sohn zur Regentin mit aller Macht machen. Gott sei Dank, dass er das nicht getan hat, ich wäre sonst darüber zum Narren geworden." Diese Selbsteinschätzung hielt sie aber nicht davon ab, die Regentschaft ihres Sohnes stets sehr kritisch zu begleiten.

Längsschnitt: Berühmte Frauen in ihrer Zeit

M 3 Kleidung in Versailles

Die Kleidung der Damen am Hof des Sonnenkönigs beschreibt eine Historikerin folgendermaßen:

Die Grundausstattung der weiblichen Hoftracht zwischen 1644 und 1670 bestand aus dem steifen Mieder, das an der Vorderseite zur Taille hin spitz zulief, sowie aus mindestens drei übereinander
5 getragenen, weiten Röcken. Überdeckt wurden sie von dem Überrock, der vorne geschlitzt war und auch Mantel genannt wurde. Dieser manteau, der oft aus reich verziertem oder golddurchwirktem Stoff bestand, wurde an beiden Seiten
10 mit Schleifen gerafft und endete in einer Schleppe. Deren Länge verhielt sich proportional zum Rang derer, die sie trugen: neun Ellen [eine Elle = ca. 1,2 Meter] bei der Königin, „nur" drei Ellen bei einer Herzogin. Die langen und schweren Röcke verdeckten die Füße der Damen. Verständlich, 15 dass die feinen Damen des Hofes sich beim Spaziergang von Pagen begleiten ließen, die die hinderlichen Accessoires hochhalten mussten. Nach 1670 wurde diese Mode durch ein engeres Schnüren der Korsage noch steifer. 20
Im Winter trugen die Damen gefütterte Kleider und Muffe. Am Hof von Versailles waren jedoch das decolleté und kurze Ärmel obligatorisch selbst dann, wenn die Temperatur so weit sank, dass der Wein an der Tafel des Königs gefror. Eine Dame – 25 so wird berichtet – habe sich zum Kälteschutz in ein Bärenfell einnähen lassen, das sie unter ihrem Kleid trug. […]
Im Unterschied zu den Herren trugen die Damen keine Perücke. Allerdings wurden die aufwen- 30 digen Frisuren mit Haarteilen unterstützt und das eigene Haar je nach der Mode gefärbt.

Eine Anzahl von Accessoires vervollständigten die Bekleidung der Dame: 35 Handschuhe, Muff, Fächer und […]. Hündchen. Im Freien trugen die Damen gewöhnlich einen Sonnenschirm oder eine Maske, 40 um ihren Teint zu schützen. An der Maske war manchmal ein Knopf befestigt, damit man sie mit den Zähnen festhalten konnte. Ein 45 schneeweißer Teint galt vor allem bei den Damen, aber auch bei den Herren, als sichtbares Zeichen aristokratischen Lebens, dem 50 körperliche Arbeit im Freien erspart blieb. Daher war es üblich, sich stark zu schminken. Ziel des Schminkens war nicht etwa, die 55 natürlichen Gesichtszüge vorteilhaft zur Geltung zu bringen, sondern den majestätischen Ausdruck nach strikten Regeln zu 60 unterstreichen.

Loetz, Hélène: Die höfische Mode, in: Paas, Sigrun (Hg.), Liselotte von der Pfalz. Madame am Hof des Sonnekönigs. Heidelberg 1996, S. 193–198.

M 4 Elisabeth Charlotte
Gemälde, um 1667/68

M 5 Ein Brief

Ein Brief Liselottes von der Pfalz an ihre Tante, geschrieben nach den Zerstörungen Mannheims und Heidelbergs durch die französischen Truppen während des Pfälzischen Erbfolgekrieges, 20. März 1689:

Kaum hatte ich mich über des armen Carllutz [Liselottes Stiefbruder] Tod ein wenig erholt, so ist das erschreckliche und erbärmliche Elend in der armen Pfalz angegangen, und was mich am meisten
5 daran schmerzt, ist, dass man meinen Namen verwendet, um die armen Leute ins äußerste Elend zu stürzen, und wenn ich darüber schreie, so hält man das für großen Undank [...].
Sollte man mir aber das Leben darüber nehmen
10 wollen, so kann ich doch nicht lassen zu bedauern und zu beweinen, dass ich sozusagen meines Vaterlandes Untergang bin, und an dem armen Mannheim sehen zu müssen, wie die Sorge und Mühe des Kurfürsten, meines seligen Herrn Vaters,
15 auf einmal über den Haufen geworfen wird [Der Vater hatte Mannheim und Heidelberg nach Kriegszerstörungen wieder aufgebaut].
Ja, ich habe eine solche Abscheu vor allem, was man zerstört hat, dass es mir jede Nacht, sobald ich
20 ein wenig einschlafe, so scheint, als sei ich in Heidelberg oder Mannheim und sehe all die Verwüstung, und dann fahr ich im Schlaf auf und kann zwei Stunden lang nicht wieder einschlafen. Dann kommt mir in den Sinn, wie alles zu meiner Zeit war, in welchem Stand es nun ist, ja in welchem 25 Stand ich selber bin, und dann kann ich mich des Flennens nicht enthalten. Was mich noch mehr schmerzt ist, dass der König gerade damit gewartet hat, alles ins letzte Elend zu bringen, bis ich für Heidelberg und Mannheim gebeten hatte; und 30 noch dazu nimmt man mir übel, dass ich darüber betrübt bin.

Briefe der Liselotte von der Pfalz, hrsg. von Helmuth Kiesel. Frankfurt 1981, S. 72 (sprachlich vorsichtig modernisiert).

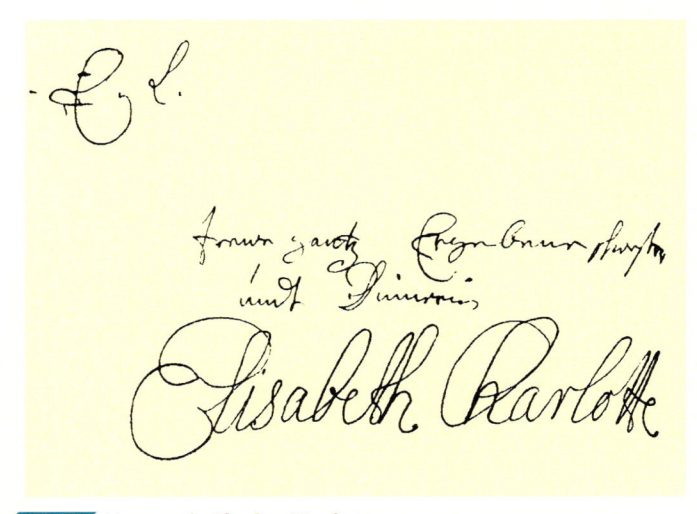

M 6 Unterschrift der Liselotte

Übersetzung: E.L. treue gantz ergebene Schwester undt Dinnerin Elisabeth Charlotte,
Faksimile eines Briefes von 1682 (Ausschnitt)

Aufgaben

1. a) Arbeite heraus, welche Funktion die Kleidung der Damen am Hofe des Sonnenkönigs hatte.
   b) Der König verlangte zu besonderen Anlässen eine noch prächtigere Kleidung. Was beabsichtigte er damit?
   → M3

2. Vergleiche die Darstellung mit dem Gemälde von Liselotte. Was stimmt überein, was fehlt?
   → M3, M4

3. a) Welche Rolle spielte Liselotte nach eigener Einschätzung im Pfälzischen Erbfolgekrieg?
   b) Wie beurteilte Liselotte ihre Stellung am Hof des Sonnenkönigs?
   c) Welches Verhältnis hatte Liselotte zu ihrer Heimat?
   → M5

4. Versuche, den Schriftzug auf dem Faksimile zu entziffern.
   → M6

Absolutismus, Aufklärung und Revolution

M 1 Immanuel Kant (1724–1804)
Zeitgenössischer Stich

Die Aufklärung

Der Begriff „Aufklärung"
Sexualaufklärung in der Schule, Feindaufklärung in der Armee, Verbrechensaufklärung bei der Polizei – mit dem Begriff „Aufklärung" verbinden sich höchst unterschiedliche Vorstellungen. Er lässt sich auf viele Lebensbereiche anwenden, denn er bezeichnet eine bestimmte Art des Denkens: Durch Anwendung der Vernunft gelangt der Mensch von der Unwissenheit zur Klarheit, tritt aus dem Dunkel ins Licht.

Aufklärung ist jedoch nicht nur eine Denkmethode, sondern auch Kennzeichen einer Epoche der europäischen Geistesgeschichte des 17. und 18. Jahrhunderts, die – ausgehend von England und Holland – vor allem die protestantischen Staaten erfasste. Träger dieser Bewegung war das in den absolutistischen Staaten lebende Bürgertum: Beamte, Geistliche, Gelehrte und Schriftsteller – und damit nur ein kleiner Teil der Bevölkerung.

Toleranz und Emanzipation
Die Aufklärung war eine gesamteuropäische Bewegung, die sich in einzelnen Ländern unterschiedlich ausprägte. In England war sie mehr politisch ausgerichtet, während sie sich in Frankreich eher auf die Gesellschaft bezog. In der deutschen Aufklärung spielten dagegen Religionsfragen eine wichtige Rolle, denn das Land war seit der Reformation konfessionell geteilt. Neben der vorherrschenden protestantischen gab es im Süden auch eine wenig beachtete katholische Form der Aufklärung. Ihre Kritik an Bibel und Kirche verbanden viele Aufklärer mit der Forderung nach religiöser Toleranz: Weil niemand im Besitz der Wahrheit ist, solle Toleranz herrschen.

Vernunft und Kritik
In seinem berühmten Aufsatz „Was ist Aufklärung?" aus dem Jahr 1784 forderte der Königsberger Philosoph Immanuel Kant: „Habe Muth, dich deines eigenen Verstandes zu bedienen!"

M 2 „Schulstunde"
Zeitgenössisches Gemälde

M 3 Dichterlesung in Paris
Die vornehme Pariser Gesellschaft trifft sich 1755 im Salon von Madame Geoffrin. Zu den Gästen zählen Diderot, Montesquieu und Rousseau. Die Büste zeigt den Philosophen Voltaire, zeitgenössisches Gemälde.

Jeder Mensch sollte sich seine eigene Meinung bilden und nicht vorgefasste Einstellungen übernehmen. Insofern konnte er auch bislang fraglos akzeptierte Autoritäten wie die Kirche oder die Herrscher infrage stellen. Der Vernunftgebrauch führte so zur Kritik an bestehenden Missständen. Um den Vernunftgebrauch zu schulen, bedurfte es der Erziehung. Vor allem im Bürgertum verbreitete sich die Einsicht von der Veränderbarkeit des Kindes durch eine „natürliche", auf seine Bedürfnisse ausgerichtete Erziehung. Dies hatte der französische Pädagoge Jean-Jacques Rousseau (1712–1778) in seiner berühmten Schrift „Emile" gefordert.

Verbreitung der Aufklärung
Das Bedürfnis nach Informationen und Bildung versuchten die mehr als 400 Lesegesellschaften in Deutschland zu befriedigen, in denen man sich zu gemeinsamer Lektüre von Zeitungen oder Journalen traf und über wichtige Themen diskutierte. Nach neuesten Forschungen konnten nur ungefähr zehn Prozent der erwachsenen Deutschen lesen. Im letzten Drittel des 18. Jahrhunderts nahm allerdings die Lesefähigkeit zu, und es entstand ein Buchmarkt.

Verbreitung fand die Aufklärung in Deutschland auch in Gesellschaften wie den „Freimaurern" oder in so genannten „patriotischen Gesellschaften", die Ideen wie Gleichheit und Brüderlichkeit vertraten. Die patriotischen Gesellschaften waren auf die Praxis ausgerichtet: Sie förderten landwirtschaftliche Projekte, richteten Schulen, Sparkassen und Badeanstalten ein und organisierten gemeinsame Veranstaltungen.

Revolution der Wissenschaften
Die französischen Aufklärer Diderot und d'Alembert haben das gesamte Wissen ihrer Zeit zusammengetragen. Ihre 34 Bände umfassende

M 4 Denis Diderot (1713–1784)
Zeitgenössisches Gemälde

Absolutismus, Aufklärung und Revolution

M 5 Erfindungen und Entdeckungen im Zeitalter der Aufklärung:

1666	Gravitationsgesetz
1693	Porzellan in Europa
1711	Dreifarbendruck
1718	Quecksilberthermometer
1735	Gussstahl
1738	Spinnmaschine
1752	Blitzableiter
1754	Eisenwalzwerk
1766	Wasserstoff
1769	Dampfmaschine
1771	Sauerstoff
1772	Stickstoff
1783	Heißluftballon
1785	Mechanischer Webstuhl

M 6 Jean-Jacques Rousseau
Zeitgenössisches Gemälde

„Enzyklopädie" enthält ungefähr 60 000 Artikel von mehr als 170 Autoren und gilt als Vorbild für die bis heute existierenden Universallexika.

Die Wissenschaft, vor allem die experimentelle Naturwissenschaft, nahm in der Zeit der Aufklärung einen ungeheuren Aufschwung. Hauptmittel, um zu Erkenntnissen zu gelangen, waren die Beobachtung der Natur und das Experiment. Als Ergebnisse dieser durch Erfahrung gewonnenen Erkenntnisse kamen Erfindungen und Entdeckungen zustande, die das Leben der Menschen grundlegend veränderten. Diese wiederum schufen die Voraussetzung für eine moderne Industrie, die – von England ausgehend – ihren Siegeszug durch Europa antrat.

Der schottische Philosoph Adam Smith gilt als Begründer einer modernen Marktwirtschaft, die auf Arbeitsteilung beruht und deren Triebkraft das wirtschaftliche Interesse des Einzelnen ist. Er war davon überzeugt, dass der wirtschaftliche Egoismus des Einzelnen Vorteile für die gesamte Gesellschaft bringt.

Staatslehren der Aufklärung

Wie lässt sich staatliche Herrschaft rechtfertigen? Dies war eine damals viel erörterte Frage. Die politischen Denker der Aufklärung gingen davon aus, dass vor der Bildung des Staates ein „Naturzustand" existiert habe, in dem alle Menschen frei und gleich gewesen seien.

Für den Engländer Thomas Hobbes (1588–1679) war dieser Naturzustand durch einen ständigen Kampf aller gegen alle gekennzeichnet. Dieser könne nur überwunden werden, wenn die Menschen einen Vertrag schließen, in dem sie ihre uneingeschränkte Freiheit an eine Macht abtreten, die sie schützt. Dadurch entsteht der souveräne Staat, der eine absolute Macht besitzen müsse. So ließ sich die absolutistische Monarchie rechtfertigen.

Demgegenüber forderte sein Landsmann John Locke (1632–1704) den Schutz der naturgegebenen Rechte des Einzelnen durch Gesetze. Durch einen Vertrag sollte auch der Herrscher an das Recht gebunden und seine Herrschaft durch eine Verfassung geregelt werden. Insofern spricht man von einer konstitutionellen Monarchie.

Der französische Staatstheoretiker Charles de Montesquieu (1689–1755) machte die Lehre von der Gewaltenteilung auf dem europäischen Kontinent populär. Er unterschied im Staat die gesetzgebende, die ausführende und die rechtsprechende Gewalt. Ihre strikte Trennung sollte Machtmissbrauch, Korruption und den Verfall der politischen Ordnung verhindern.

Ob der Vertrag zwischen Bevölkerung und Herrscher gekündigt werden dürfe oder ob die Bürger ein Widerstandsrecht gegen staatliche Maßnahmen haben, war umstritten. Jean-Jacques Rousseau (1712–1778) vertrat die Auffassung, dass die Menschen selbst ihre Angelegenheiten regeln konnten, also keinen Vertrag mit dem Herrscher abschließen müssten. Diese Lehre der Volkssouveränität stellte die Herrschaftsform der Monarchie in Frage. In seinem Buch „Der Gesellschaftsvertrag" aus dem Jahr 1762 vertrat er die Auffassung, dass alle Menschen ihr Recht auf Freiheit und Gleichheit verwirklichen können, wenn sich alle Einzelnen der Gemeinschaft unterwerfen.

Ein Lesebuch der Aufklärungszeit – Eine Textquelle analysieren

M 7 Titelblatt der Erstausgabe von 1776

M 8 Der Kinderfreund

Der preußische Pädagoge Friedrich Eberhard von Rochow (1734–1805) verfasste 1776 ein Lesebuch für die Landschule, das als erstes deutsches Volkslesebuch gilt. Von diesem Buch sind bis 1880 etwa eine Million Exemplare gedruckt worden:

Vorbericht:
Dieses Buch ist der Armen wegen wohlfeil. Denn es muss in jedes Schulkindes Händen seyn. Sonst könnten viel Kinder zugleich daraus nicht lesen
5 lernen.
Ich habe durch dieses Buch Übungen der Aufmerksamkeit, dadurch dass, wenn ein Kind laute liest, ein anderes außer der Reihe, und oft mitten in der Periode, zum Fortlesen aufgerufen wird;
10 Sprachübungen, in deutlichen und verständlichen Ausdrücken;
Einen leichten Erzählungs- und Gesprächston; und Vorbereitungen zur christlichen Tugend befördern wollen. […]
15 Übrigens hat der Verfasser geglaubt, dass dieses Buch so lange, bis ein besseres da ist, geschickt sey, die große Lücke zwischen Fibel und Bibel auszufüllen.
20 […]

Vom Nutzen des Lesens und Schreibens:
Ein verschuldeter, aber arglistiger Bürger erfuhr, dass Hanns, der weder
25 Schreiben noch Lesen konnte, Geld geerbt hätte, und es gern auf Zinsen ausleihen wollte. Er ging also zu Hanns und versprach ihm sechs Thaler für jedwedes hundert Reichs-
30 thaler jährlich an Zinse zu geben, ihm sein Brauhaus zu verschreiben, auch das geliehene Geld in einem Jahr wieder zu bezahlen; doch mit dem Bedinge, dass Hanns es nicht
35 unter die Leute bringen sollte. Das gefiel Hanns wohl; er holte das Geld nebst Feder, Papier und Tinte. Der Bürger schrieb einen ganzen Bogen voll nichtwürdiger Possen hin, und,
40 statt seines Namens, einen Namen, den keiner aussprechen konnte. Der Bauer nahm diesen Bogen sorgfältig, und der Bürger nahm das Geld. Kurz darauf ging der Bürger in die weite Welt. Lass ihn Laufen, sprach Hanns, ist mir doch
45 das Haus verschrieben, und das ist mehr werth als die Schuld. Da machte sich Hanns auf den Weg und meldete sich bey dem Rathe der Stadt. Aber als er den Bogen in den Gerichten vorzeigte, so ward er abgewiesen, weil nicht ein Wort von einer
50 Schuldverschreibung darauf stand. Des Bürgers anderweitige Schulden wurden bezahlt, denn die hatten sich besser als Hanns vorgesehn. Nur Hanns ging leer aus. Als er nun traurig nach Hause kam, sprach er: ach hätte ich doch Schreiben und Lesen
55 gelernt! Und von der Zeit an schickte er alle Tage seine Kinder in die Schule, wo sie Schreiben und Lesen lernen konnten.

Friedrich Eberhard von Rochow, Der Kinderfreund. Faksimiledruck der Ausgabe: Frankfurt 1776, in: Quellen und Studien zur Berlin-Brandenburgischen Bildungsgeschichte, Bd. 1, hrsg. von Hanno Schmitt und Frank Tosch, Potsdam 1995.

Absolutismus, Aufklärung und Revolution

Montgolfiere über Versailles – Ein Ereignis rekonstruieren

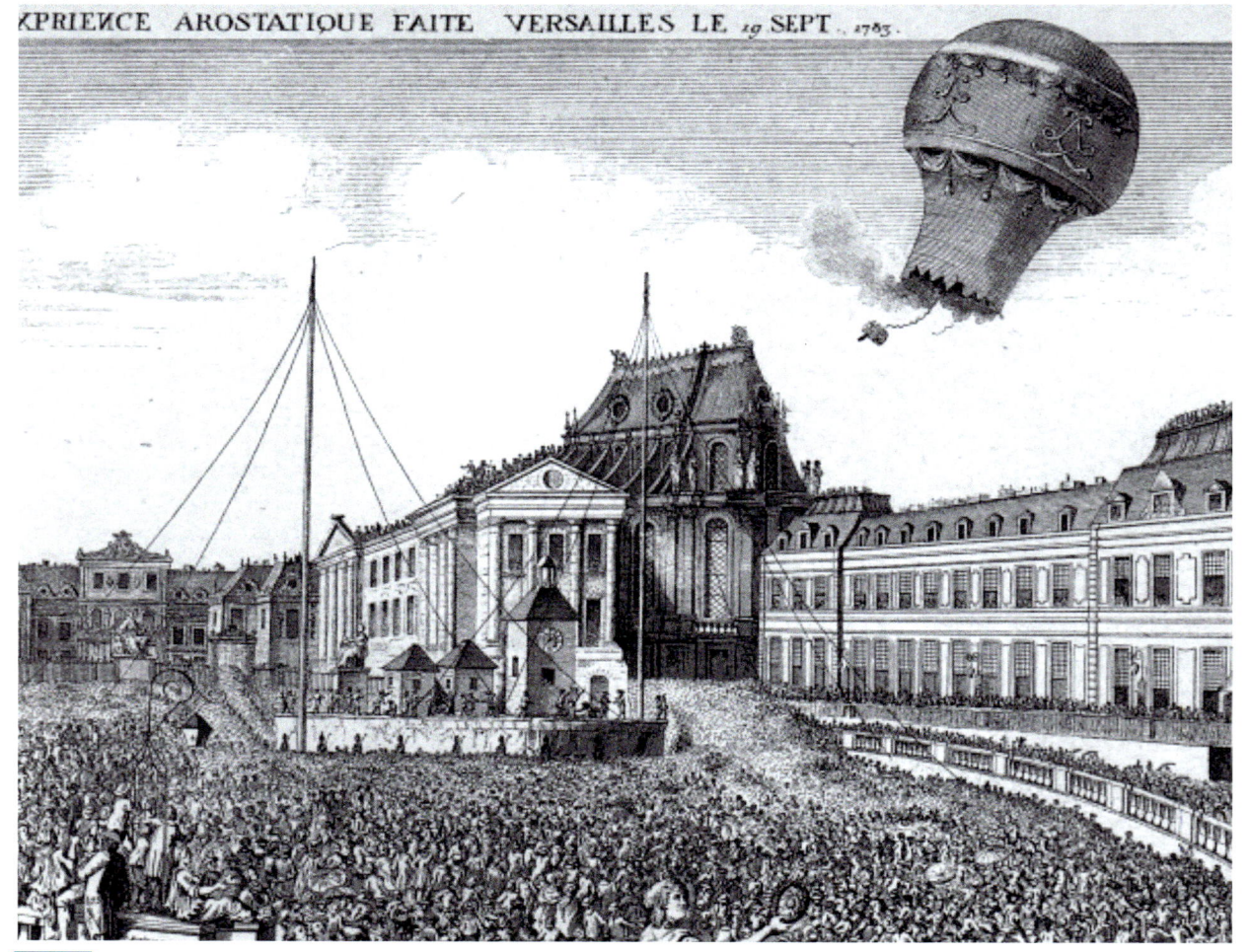

M 9 **Montgolfiere über Versailles am 19. September 1783**
Die Erfindung der Brüder Montgolfier erregte großes Aufsehen. Mithilfe von Stichen und Drucken wurden Bilddarstellungen vom Aufstieg ihrer „Apparate" verbreitet, Kupferstich von 1783.

M 10 **Zeitgenössischer Bericht**

Die Nachricht von dem erfolgreichen Aufsteigen der Ballone verbreitete sich rasch über Frankreich hinaus. In Deutschland berichtete die „Vossische Zeitung" im September 1783 Folgendes:

Den 19. dieses Monats ist der Versuch mit der ärostatischen Kugel [Aerostatik: hier Luftfahrt] des Herrn Montgolfier in Gegenwart des Königs wirklich vor sich gegangen. Nachdem sie innerhalb
5 zehn Minuten mit der brennbaren Luft angefüllt war, wurde das Abhauen des Tauwerks durch einen Kanonenschuss angekündigt und alsbald stieg sie vom Gerüste mit allergrößter Schnelligkeit unter allgemeinem Jauchzen ohngefähr 260 Klafter [etwa 650 m] in die Höhe. Da sie aber nicht 10 schwer genug belastet war, so bekam sie der starke Westwind in seine Gewalt und zwang sie, einen horizontalen Lauf zu nehmen, worauf sie sich merklich senkte und ohngefähr sieben Minuten nach ihrem Aufsteigen im Gehölz von Vaucresson 15 in ziemlich gutem Zustand wieder fiel. Man hatte einen großen Korb an der Maschine befestigt; welcher einem Hammel, einem Hahn und einer Ente zum Postwagen diente, und alle diese drei Tiere sind von dieser Luftreise lebendig und wohl- 20 behalten wieder zurückgekommen.

In: Helmut Christmann, Technikgeschichte, Düsseldorf 1987, S. 53.

Staatslehren der Aufklärung – Begriffe erarbeiten

M 11 Gewaltenteilung

Der Franzose Charles de Montesquieu (1689–1755) schreibt in seinem Hauptwerk „Vom Geist der Gesetze" 1748 über die Gewaltenteilung:

Die Demokratie und die Aristokratie sind ihrer Natur nach keine freien Staaten. Die politische Freiheit findet sich nur bei den gemäßigten Regierungen. Aber auch in den gemäßigten Staaten ist
5 sie nicht immer vorhanden, sondern nur dann, wenn die Gewalt nicht missbraucht wird; es ist aber eine ständige Erfahrung, dass jeder Mensch geneigt ist, die Gewalt, die er hat, zu missbrauchen, es geht so weit, bis er Schranken findet. Wer
10 sollte es sagen, selbst die Tugend hat Schranken nötig.
Um den Missbrauch der Gewalt unmöglich zu machen, müssen die Dinge so geordnet werden, dass die eine Gewalt die andere im Zaume hält.
15 Eine Verfassung kann nämlich derart sein, dass niemand gezwungen wird, etwas zu tun, wozu ihn das Gesetz nicht verpflichtet, noch etwas zu unterlassen, was das Gesetz ihm erlaubt. […]

Alfons Fitzek, Staatsanschauungen im Wandel der Jahrhunderte II, Paderborn 1977, S. 87.

M 12 Gesellschaftsvertrag

In seinem Werk „Der Gesellschaftsvertrag" von 1762 schreibt der Philosoph Jean-Jacques Rousseau (1712–1778) Folgendes:

Jeder von uns stellt gemeinschaftlich seine Person und seine ganze Kraft unter die oberste Leitung des allgemeinen Willens, und wir nehmen jedes Mitglied als untrennbaren Teil des Ganzen auf. An
5 die Stelle der einzelnen Person jedes Vertragsabschließers setzt solcher Gesellschaftsvertrag sofort einen geistigen Gesamtkörper, dessen Mitglieder aus sämtlichen Stimmabgebenden bestehen und der durch eben diesen Akt seine Einheit, sein
10 gemeinsames Ich, sein Leben und seinen Willen erhält.
Diese öffentliche Person, die sich auf solche Weise aus der Vereinigung aller übrigen bildet, wurde ehemals Stadt genannt und heißt Republik oder
15 Staatskörper. Seine Mitglieder nennen ihn im […] Staat, […] im Vergleiche mit anderen seiner Art Macht.

Alfons Fitzek, a.a.O., S. 99.

Aufgaben

1. a) Erläutere mit eigenen Worten den Begriff „Aufklärung".
   b) Welche historischen Erscheinungen lassen sich als typisch für die Aufklärung bezeichnen?
   → Text
2. a) Erkläre den Begriff „Gewaltenteilung".
   b) Wie begründet Montesquieu die Notwendigkeit der Gewaltenteilung?
   → Text, M11
3. a) Erkläre, wie Rousseau sich das Verhältnis zwischen dem Einzelnen und der Gemeinschaft vorstellt.
   b) Worin unterscheidet sich seine Auffassung von der Montesquieus?
   → Text, M11, M12
4. a) Überlege, warum Rochow sein Lesebuch „Der Kinderfreund" nannte.
   b) Welche Ziele verfolgte Rochow mit seinem Lesebuch?
   c) Erschließe, worin der „Nutzen des Lesens und Schreibens" besteht.
   d) Erkläre, warum Rochow die Vorteile des Lesens mittels einer kleinen Geschichte zu vermitteln versucht.
   → M7, M8
5. a) Welche wissenschaftlichen Überlegungen waren notwendig, um einen Heißluftballon zu bauen?
   b) Fasse kurz zusammen, wie der erste Flug verlief.
   c) Erläutere, warum diese Flüge so viel Aufregung verursachten.
   → M9, M10

Absolutismus, Aufklärung und Revolution

Der Reformabsolutismus in Preußen

Ein umstrittener König
König Friedrich II. von Preußen (1740–1786) ist einer der umstrittensten deutschen Herrscher. Er gilt den einen als „Philosoph auf dem Königsthron", weil er selbst komponierte und Flötenkonzerte gab, als Schriftsteller unter anderem eine Reihe politischer Schriften verfasste und in Briefwechsel mit Gelehrten in ganz Europa stand. Andere hielten ihn für ein „Ungeheuer" und einen „Schinder der Völker", weil er zahlreiche Kriege anzettelte. Wie ist seine Regierungstätigkeit einzuschätzen?

Die Ausgangslage
Als Friedrich 1740 König wurde, hatte Preußen einen bemerkenswerten Aufstieg hinter sich. Seit dem Dreißigjährigen Krieg war unter seinen Vorgängern aus einem armen, zersplitterten Land ein wohlhabender, geschlossener Staat mit einer ständigen Verwaltung und einem großen, gut ausgebildeten stehenden Heer geworden. Preußen wurde absolutistisch regiert. Auch wenn die Herrscher inzwischen den Königstitel führen durften, galt Preußen als zweitrangige Macht in Europa.

Friedrichs Reformen im Inneren
Im Gegensatz zu Ludwig XIV. von Frankreich behauptete Friedrich nicht mehr „Der Staat bin ich!", sondern verstand sich im Sinne der Aufklärung als „erster Diener des Staates". Da er die Regierungstätigkeit sehr ernst nahm und sich um vieles selbst kümmerte, sind von ihm viele Anweisungen und Stellungnahmen überliefert.

Friedrich führte während seiner langen Regierungszeit umfassende Reformen durch, die auf Ideen der Aufklärung zurückgingen. Er förderte den Landesausbau, Sumpfgebiete wurden trockengelegt und das Land mithilfe von Einwanderern besiedelt. Auf Friedrich geht auch die

M 1 Friedrich als Feldherr
Reiterstandbild in Berlin, Unter den Linden, von Christian Rauch aus dem Jahre 1851

M 2
Der Aufstieg Brandenburg-Preußens 1525 – 1795

M 3 „Schloss Sanssouci"
Das Sommerschloss Friedrichs II. errichtete der Baumeister Georg Wenzeslaus von Knobelsdorf 1745–1747, Foto von 2003.

Einführung der Kartoffel als Grundnahrungsmittel zurück. Auf diese Weise wollte er den Wohlstand des Staates und der Untertanen erhöhen. Außerdem führte der König eine Reform der Justiz durch. Die Gesetze wurden schriftlich festgelegt, juristische Verfahren vereinfacht und einem klaren Rechtsweg untergeordnet. Er selbst wollte sich als aufgeklärter König nicht in strafrechtliche Verfahren einmischen, hielt sich aber nicht immer daran. Ganz im Sinne der Aufklärung akzeptierte Friedrich die Freiheit des Glaubens: Jeder seiner Untertanen sollte, wie die berühmte Formulierung heißt, „nach seiner Fasson selig" werden.

Andere Maßnahmen Friedrichs, wie die Schulbildung des Volkes, blieben Stückwerk, da die Lehrkräfte schlecht bezahlt wurden. Zudem erhielten vor allem ehemalige Unteroffiziere Landschullehrerstellen, was für den Lernerfolg an den Schulen negative Folgen hatte.

Friedrichs Kriege
Obwohl Friedrich sich, bevor er König wurde, gegen einen Eroberungskrieg aussprach, marschierte er kurz nach seinem Regierungsantritt in Schlesien ein, das zu Österreich gehörte. In mehreren Kriegen, in denen manchmal die Existenz des Staates auf dem Spiel stand, erreichte er, dass Preußen nicht nur dieses Gebiet dauerhaft zugesprochen erhielt, sondern auch als fünfte europäische Großmacht neben Österreich, Russland, England und Frankreich anerkannt wurde. Galt er wegen seiner militärischen Erfolge lange als großer Herrscher, so ist seine Außenpolitik heute äußerst umstritten, da er seine Truppen rücksichtslos für die Machterweiterung Brandenburg-Preußens einsetzte.

Aufklärung und Absolutismus
Absolutistische Herrschaftsausübung und aufklärerische Reformen kennzeichnen die Regierungszeit Friedrichs. Deshalb wurde diese Zeit oft als „aufgeklärter Absolutismus" bezeichnet. Allerdings war Friedrich nicht bereit, seine Herrschaft etwa mit einer Vertretung des Volkes zu teilen. Bestimmend blieb für ihn die Steigerung der Macht des Staates nach außen und im Inneren. Deshalb sprechen Historiker lieber von „Reformabsolutismus". Die Bewertung der Regierungszeit Friedrichs fällt bis heute sehr zwiespältig aus.

Absolutismus, Aufklärung und Revolution

Aufklärung und Absolutismus – Ein Widerspruch?

M 4 Friedrichs Testament

Aus dem politischen Testament Friedrichs II. (1752):

Eine gut geleitete Staatsregierung muss ein ebenso fest gefügtes System haben wie ein philosophisches Lehrgebäude. Alle Maßnahmen müssen gut durchdacht sein, Finanzen, Politik und Heerwesen auf ein gemeinsames Ziel steuern: nämlich die Stärkung des Staates und das Wachstum seiner Macht. Ein System kann aber nur aus einem Kopfe entspringen; also muss es aus dem des Herrschers hervorgehen. [...]
Ein Herrscher ist nicht zu diesem hohen Rang erhoben, man hat ihm nicht die höchste Macht anvertraut, damit er in Verweichlichung lebt, sich vom Mark des Volkes mästet und glücklich ist, während alles leidet. Der Herrscher ist der erste Diener seines Staates.

Zit. nach: Gustav Berthold Volz (Hg.), Die Werke Friedrichs des Großen. In deutscher Übersetzung, Bd. 7, Berlin 1913, S. 153 f.

M 5 Eine Randbemerkung Friedrichs II.

Von Friedrich eigenhändig angefertigte Bemerkung am Rande eines Berichts eines Ministers vom 22. Juni 1740: „Die Religionen müssen alle tolerieret werden, und muss der Fiskal [hier: Beamte] nur das Auge darauf halten, dass keine der anderen Abbruch tut, denn hier muss ein jeder nach seiner Fasson selig werden."

M 6 Ein königlicher Erlass

In einem Erlass schrieb Friedrich II. 1768:

Ohngeachtet Euch durch die unter dem 5. April 1757, 3. November 1762 und 27. Februar 1766 wie auch noch neuerlich unter dem 13. Februar 1767 ergangenen Verordnungen zu erkennen gegeben worden, wie sehr wir den Kartoffelbau in hiesigen Landen befördert wissen wollen, da diese Frucht nicht allein sehr nützlich zu gebrauchen, sondern auch dergestalt ergiebig ist, dass die darauf verwandte Mühe sehr gut belohnt wird, so haben wir doch aus den davon eingerichteten jährlichen Tabellen mit nicht geringem Missfallen ersehen müssen, dass der Anbau dieses sehr nützlichen Erdgewuchses noch sehr schlecht betrieben wird. [...]
Es wird darin nun befohlen: die Landräte sollen darauf halten, dass von einem jeden Bauern wenigstens 1/2 Scheffel [...] ausgesetzt werden.
Friedrich

Zit. nach: Bardong, Otto (Hg.), Friedrich der Große, Darmstadt 1982, S. 453.

M 7 Eroberungskriege

a) Kronprinz Friedrich schrieb 1739 kurz vor seiner Krönung zum König über einen Eroberungskrieg:

Neue Eroberungen eines Herrschers machen die Staaten, die er bislang nicht besaß, nicht gesegneter und reicher; nichts haben seine Völker davon, und wenn er sich einbildet, er werde dadurch glücklicher werden, so täuscht er sich. [...]
Ruhm gewinnt sich allein, wer seine Kräfte daran setzt, dass Recht Recht bleibe, und zum Eroberer nur wird, wenn die Not, nicht aber sein wilder Sinn es gebietet.

Gustav Berthold Volz (Hg.), Die Werke Friedrichs des Großen. In deutscher Übersetzung, Bd. 7, Berlin 1913, S. 11.

b) König Friedrich II. schrieb 1746 über seinen Kriegsentschluss von 1740:

Dieses Geschehen [das Preußen von anderen Staaten nicht ernst genommen worden war] und noch viele andere, die ich der Kürze halber übergehe, zeigten dem König [Friedrich], dass ein Fürst sich selbst und vor allem seinem Volke Respekt verschaffen muss, dass die Mäßigung eine Tugend ist, die Staatsmänner in dieser verderbten Zeit nicht immer streng ausüben können, und dass es beim Thronwechsel nötiger war, Beweise von Entschlossenheit als von Sanftmut zu geben.

Gustav Berthold Volz (Hg.), Die Werke Friedrichs des Großen. In deutscher Übersetzung, Bd. 2, Berlin 1912, S. 58.

Friedrich II. im Porträt – Vergleich von Herrscherdarstellungen

M 8 Friedrich II. 1736
„Friedrich der Große als Kronprinz", Gemälde von Antoine Pesne, 1736

M 9 Friedrich II. 1764
Gemälde von Johann Heinrich Christian Franke, 1764

Aufgaben

1. a) Welches Verhältnis hatte Friedrich zur Aufklärung?
   b) Welche politischen Ziele verfolgte Friedrich?
   c) Erläutere, warum Historiker heute den Begriff „Reformabsolutismus" bevorzugen.
   → Text

2. a) Erkläre, wie Friedrich die Rolle des Herrschers im Staat sah.
   b) Informiere dich, weshalb Herrscher politische Testamente verfassten. Worin unterscheiden sie sich von persönlichen Verfügungen?
   → Text, Lexikon oder Internet

3. a) Versuche, die Handschrift Friedrichs zu entziffern.
   b) Die Bewertung befindet sich am Rand eines Aktenstücks. Welche Rückschlüsse auf die Regierungsweise Friedrichs sind möglich?
   → M5

4. Erschließe aus dem Erlass, wie Friedrich versuchte, den Kartoffelanbau durchzusetzen.
   → M6

5. a) Zeige, wie Friedrich den Einmarsch in Schlesien begründete.
   b) Vergleiche diese Aussage aus dem Jahr 1746 mit der Meinung von 1739.
   c) Prüfe, ob und wie sich beide Aussagen miteinander vereinbaren lassen.
   → M7

6. a) Vergleiche die Herrscherporträts. Nenne Unterschiede und Gemeinsamkeiten. Achte dabei auf Kleidung und Körperhaltung.
   b) Welche Vorstellungen von politischer Herrschaft lassen sich in den Bildern erkennen?
   → M8, M9

Methode: Umgang mit schriftlichen Quellen

M 1 Protokoll über das erste Verhör Friedrichs nach Entdeckung des Fluchtversuchs

Friedrich gibt zu, dass er nach Frankreich fliehen wollte (12. August 1730):

Gefraget: Warum er einen so bösen Vorsatz gefasset?
Respond.: Weil S.K.M. [seine Königliche Majestät: der Vater Friedrich Wilhelm] ihm immer ungnä-
5 diger geworden, und ihm davon viele empfindliche Marquen gegeben; daher ihn die desperation auf die Gedanken der Flucht gebracht.

M 2 Ausschnitt aus dem Protokoll über das Verhör Friedrichs durch die Untersuchungskommission

In diesem Verhör musste Friedrich auf 185 von dem König festgesetzte „Articuls" antworten (16. September 1730):

180. Was ein Mensche, der seine Ehre bricht und zur Desertion complot macht, was der meritiret?
R. Er habe seine Ehre nicht gebrochen, nach seiner Meinung. [...]
5 185. Dieweil er sich der Succession unfähig gemacht hätte, durch Brechung seiner Ehre, sein Leben zu behalten, ob er wolle die Succession abtreten oder renunciiren, dass es vom ganzen Römischen Reiche confirmiret werde, um sein
10 Leben zu behalten?
R. Sein Leben wäre ihm so lieb nicht, aber Se. Königl. Maj. würden so sehr ungnädig nicht auf ihn werden.

M 3 Eid Friedrichs

Friedrich schwört vor einer Kommission am 19. November 1730:

Demnach Seine Königl. Maj. Mein Allergnädigster König, Vater und Herr, die schwere Beleidigung, so Ich Deroselben durch Meine vorgehabte desertion zugefüget, und weshalb Ich eine aufrichtige
5 und herzliche Reue trage, Mir aus Königl. und Väterlicher Mildigkeit verziehen und darunter Gnade vor Recht ergehen lassen [...]; also schwöre Ich, Friedrich, Kronprinz von Preußen, hiermit einen körperlichen Eid zu Gott dem Allwissenden
10 und Allmächtigen, dass Ich Seiner Königl. Majest. Meinem Allergnädigsten Könige, Vater und Herrn, wie Ich ohne dem, bei Verlust meiner Seelen Heil und Seligkeit, schuldig und verbunden bin, allemal getreu, gehorsam und untertänig sein, auch
15 nimmer mit Vorsatz etwas tun oder vornehmen, noch mit anderen verabreden, vielweniger vollstrecken will, so dem zuwider sein könnte.

M 4 Brief an den Vater

Friedrich bittet um Aufhebung des Arrests (19. August 1730):

Mein lieber Papa, ich nehme mir nochmalen die Freiheit, meinem lieben Papa zu schreiben und ihn hierbei alleruntertänigst um Erlassung meines Arrests zu bitten, versichernd dass Alles, was ich
5 meinem lieben Papa gesaget oder sagen lassen, wahr sei. [...]
Ich bitte also meinen lieben Papa um seine Gnade und verbleibe zeitlebens mit untertänigstem Respekt. Meines lieben Papas gehorsamster Diener und Sohn Friedrich.

M 5 Brief an Wilhelmine

Ende Oktober 1730:

Liebste Schwester, man wird mich verketzern in dem Kriegsgericht, das jetzt gleich abgehalten wird; um als Ketzer zu gehen, braucht man nur nicht in allen Dingen mit der Ansicht des Meisters
5 übereinzustimmen. Du kannst Dir also ohne Mühe die nette Art denken, mit der man mich behandeln wird. [...] Welche Freude für mich, dass weder Schloss noch Riegel mich hindern können, Dir meine vollkommene Freundschaft zu versichern! [...]
10 Lebe wohl!
Der Gefangene

M 6 Schlusserklärung Friedrichs zum Protokoll seiner Vernehmung

Friedrich erklärt, Katte sei durch ihn verführt worden (2. September 1730):

Nach geschlossenem Verhör bittet der Kronprinz, dass S. K. M. geruhen möchten, Ihn als den Schuldigen anzusehen, und Katten als den Verführten, und wann dieser gestraft werden sollte, solches in
5 allergnädigster Consideration zu ziehen, indem Katte genug garaten, abzustehen. Er aber dem ohngeachtet allezeit bei seiner Meinung und Vorhaben geblieben wäre; und im Fall S. K. M. den Katten am Leben strafen wollten, bäte Er, die Strafe eher über Ihn ergehen zu lassen, weil er als
10 eines Königes Sohn mehr gesündiget hätte.

Friedrich der Große, hrsg. v. Otto Bardong, Darmstadt 1982, M1 S. 18 f.; M2 S. 22; M3 S. 25 f.; M4 S. 21; M5 S. 24 f.; M6: S. 21.

Ein tödlicher Streit im Spiegel der Quellen

In den seltensten Fällen findet der Historiker eine geschlossene Darstellung vergangener Ereignisse vor. Vielmehr sind in der Regel nur Bruchstücke vorhanden, die einzeln untersucht und dann in die richtige Reihenfolge gebracht werden müssen. Erst nach einer solchen Rekonstruktion ist es möglich, eine zusammenhängende Geschichte zu erzählen. Hilfreich sind dabei Quellensammlungen, die eine Auswahl wichtiger Dokumente enthalten.

Der Hintergrund der hier vorliegenden Texte ist eine heftige Auseinandersetzung zwischen dem König Friedrich Wilhelm und seinem Sohn Friedrich, dem späteren König Friedrich II. Als dieser Preußen heimlich verlassen wollte, wurde der Fluchtplan entdeckt. Der Komplize und Freund des Kronprinzen, Hans Hermann Katte, wurde deswegen 1730 hingerichtet. Wie sich der Konflikt zwischen Vater und Sohn entwickelte, lässt sich anhand der Quellen nachvollziehen.

M 7 Hinrichtung des Freundes
Hans Hermann Katte, der Jugendfreund Friedrichs, wurde am 6. November 1730 als Mitwisser der Fluchtpläne vor den Augen des Kronprinzen in Küstrin hingerichtet, kolorierter Kupferstich, 1790.

Fragen an schriftliche Quellen

1. Entstehung der Quelle
a) Bringe die einzelnen Texte in die richtige zeitliche Reihenfolge.
b) Überlege, aus welchem Anlass die einzelnen Quellen entstanden.

2. Art der Quelle
a) Um welche Arten von Texten handelt es sich? Suche passende Begriffe dafür.

3. Inhalt der Quelle
a) Fasse den Inhalt der Quellen jeweils in einem Satz knapp zusammen.
b) Welche Einstellung Friedrichs gegenüber seinem Vater ist erkennbar? Suche Belege im Text.
c) Welche Einstellung Friedrich Wilhelms gegenüber seinem Sohn ist erkennbar? Suche ebenfalls Belege im Text.

4. Glaubwürdigkeit der Quelle
a) Überlege, ob die Texte die Ereignisse objektiv wiedergeben.
b) Vergleiche die einzelnen Texte. Welche sind deiner Meinung nach eher objektiv, welche eher subjektiv?

5. Bedeutung der Quelle
a) Wodurch wurde der Konflikt zwischen Vater und Sohn ausgelöst, und wie wurde er beigelegt?
b) Stelle die Ereignisse im Herbst 1730 in einem selbst geschriebenen kurzen Text dar.
c) Beurteile das Verhältnis von Vater und Sohn.
d) Untersuche, welche Bedeutung bei diesem Konflikt das Staatsinteresse und welche der Familienzusammenhalt hatte.

Längsschnitt: Kriege im Wandel

Der Hundertjährige Krieg

Warum beschäftigen wir uns mit Krieg?
Immer wieder ist im Zusammenhang mit geschichtlichen Ereignissen von Schlachten und Kriegen die Rede. Gewaltsame Auseinandersetzungen gehören zu den Konstanten der Geschichte. Bei einer näheren Beschäftigung lassen sich viele Informationen über die Zeit, in der sie stattfanden, gewinnen: Über den Stand der (Waffen-)Technik, über die politischen Ziele der Krieg Führenden, über die Erfahrungen der Beteiligten und Betroffenen, über die Auswirkungen militärischer Auseinandersetzungen und vieles mehr.

M 1 Schlacht bei Crécy 1346
Das Bild zeigt die Endphase der Schlacht. Da die Miniatur im 15. Jahrhundert entstand, vermittelt sie aber eher ein Bild der Ausrüstung der Entstehungszeit.

M 2 Rüstung aus dem Jahr 1523

Ritterlicher Kampf?

Im „Hundertjährigen Krieg" zwischen England und Frankreich (1339–1453) zeigt sich, dass von ritterlichem Kampf, falls es ihn je gegeben haben sollte, kaum mehr etwas feststellbar ist. Zwei Schlachten waren für den Kriegsverlauf bedeutend: Die Schlacht von Crécy 1346 und die Schlacht von Azincourt 1415. In Crécy setzten die Engländer Fußsoldaten ein, die regelmäßig besoldet wurden und unter dem Kommando erfahrener Berufsoffiziere standen. Zu ihrem Sieg trug die Verwendung des Langbogens bei. Mit den über 190 cm hohen Bögen konnte bis auf etwa 240 Meter Entfernung ein gezielter Schuss abgegeben werden. Der Pfeil konnte die Panzerung eines Ritters durchschlagen. Auf diese Weise starben über 1 500 französische Ritter.

Die Schlacht von Azincourt, 25. Oktober 1415

Die Franzosen reagierten auf die Niederlage bei Crécy mit einer Verbesserung ihrer Panzerung. Statt des Kettenhemdes trug man nun Plattenpanzer, die den Ritter von Kopf bis Fuß schützten. Das höhere Gewicht der Rüstung bedeutete aber auch einen erheblichen Verlust an Beweglichkeit.

In Azincourt rückte die Mitte der Franzosen in voller Rüstung zu Fuß vor, während die Reiterei die englischen Flügel angriff. Der Angriff auf den Flügeln scheiterte an den englischen Bogenschützen; das Zentrum drang aber kurz in die Mitte der englischen Linie ein. Viele der gepanzerten Franzosen verloren nun das Gleichgewicht und wurden liegend erschlagen. Der englische König Heinrich V. gab zudem den Befehl, alle Gefangenen zu töten. Seine Soldaten folgten dem Befehl nur widerstrebend, da ein Gefangener die Aussicht auf Lösegeld bedeutete. Während der Nacht wurden auf dem Schlachtfeld weitere französische Verwundete, die nicht zur Erpressung eines Lösegeldes geeignet schienen, ermordet.

Etwa 6 000 Franzosen wurden bei Azincourt getötet. Die Mehrzahl der Verwundeten hatte nur geringe Überlebenschancen, da Pfeilschüsse oder Stiche in Brustkorb oder Bauch zu einer Blutvergiftung führten, die damals nicht behandelt werden konnte. Stürze vom Pferd in voller Rüstung führten zu Schädel- und Rückgratbrüchen. Die Nachttemperatur trug zusammen mit dem Wundschock zu weiteren Todesfällen bei.

Aufgaben

1. a) Beschreibe die Miniatur der Schlacht bei Crécy. Worin unterscheidet sich die Bewaffnung der beiden Heere?
   b) Was sagen die Fahnen über die Parteien aus?
   → M1
2. Beschreibe Vor- und Nachteile der Rüstung.
   → Text, M2
3. a) Wer gewann jeweils die Schlacht von Crécy und die Schlacht von Azincourt?
   b) Erläutere die Gründe für den jeweiligen Sieg.
   → Text
4. a) Welche Erkenntnisse lassen sich aus der Beschäftigung mit Kriegen gewinnen?
   b) Hältst du es für sinnvoll, sich mit diesem Thema zu beschäftigen?

Längsschnitt: Kriege im Wandel

Der Dreißigjährige Krieg

Im 17. Jahrhundert nahmen die Mannschaftsstärken der Armeen wesentlich zu. Das führte aber nicht zur Auflösung der Gesellschaftsordnung, da der Adel den Offiziersberuf als Vorrecht seines Standes betrachtete. Neue Taktiken erforderten längere Ausbildungszeiten und mit der Ausweitung der Kriege wuchs ihre wirtschaftliche Bedeutung. So verbrauchte zum Beispiel der schwedische König Gustav Adolf die Hälfte seines Staatsbudgets für militärische Zwecke.

Die Vergrößerung der Armeen und die Ausweitung der strategischen Ziele trugen dazu bei, dass die Waffen vereinheitlicht wurden. Das bedeutete, dass die Waffen nun vom Staat und nicht mehr vom einzelnen Soldaten gestellt werden mussten.

M 1 Laden einer Muskete
Zeitgenössische Stiche

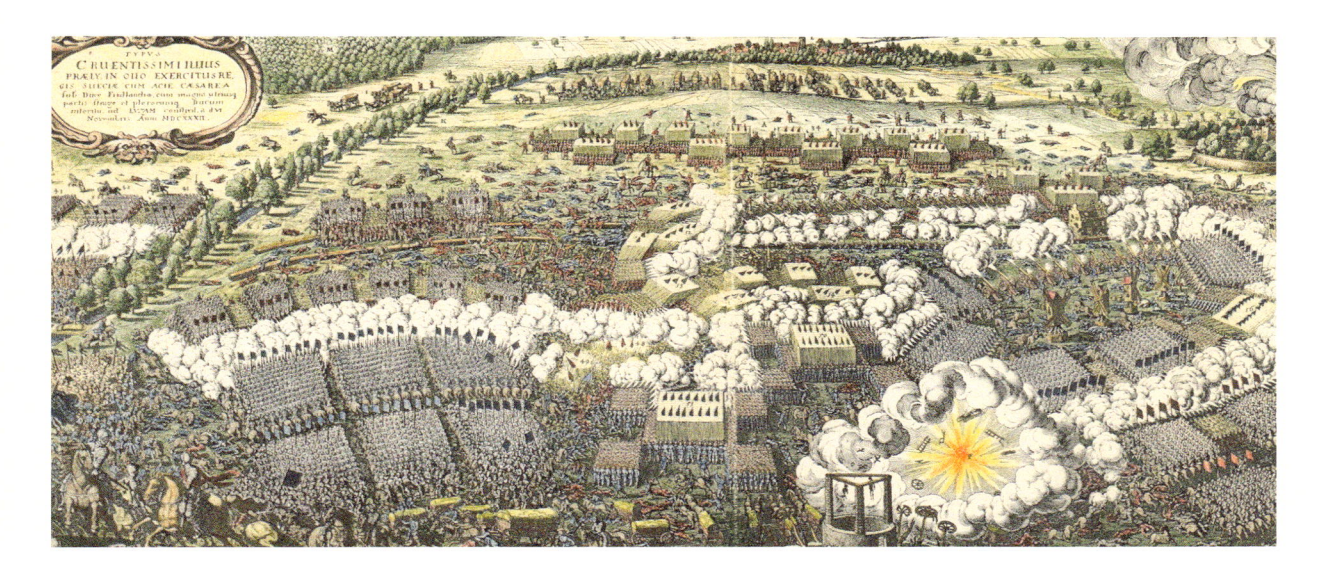

M 2 Schlacht bei Lützen am 16. November 1632
Kolorierter Kupferstich von Matthaeus Merian von 1637

M 3 Pikenier
Zeitgenössischer Stich

Die Armeen des Dreißigjährigen Krieges

Feuerwaffen erhöhten die Kampfkraft der Fußsoldaten. Die neuen Musketen waren leicht zu bedienen, trotzdem feuerten die Gewehre nur langsam: Ein Schuss erforderte etwa zwei Minuten Ladezeit. Während der Ladepausen schützten Pikeniere die Musketiere. Die optimale Schussweite lag bei etwa 50 Metern. Das Risiko eines direkten Duells „Mann gegen Mann" wurde so ausgeschaltet und das Töten zunehmend anonymisiert.

Die Entscheidung in der Schlacht wurde meist über die an den Flügeln postierte Reiterei gesucht, die mit Säbel und Pistole bewaffnet war. Es war allerdings ein Problem, die vielen Pferde zu versorgen. So verendeten schon beim Anmarsch zur Schlacht von Lützen im Jahre 1632 etwa 4 000 von 9 000 Pferden der schwedischen Armee.

Die Artillerie nahm im Laufe des Krieges an Bedeutung zu. Die Kaliber der Geschütze wurden zunehmend vereinheitlicht; die Geschütze wurden leichter und beweglicher. Die massiert aufgestellten Truppen waren besonders verwundbar und bildeten trotz der mangelnden Zielgenauigkeit und langsamen Schussfolge der Artillerie leichte Ziele.

Die Soldaten waren Söldner und gehorchten nur, wenn sie regelmäßig bezahlt wurden. So musste der Feldherr den Unterhalt seiner Truppen in den Vordergrund seiner Überlegungen stellen, was im geplünderten und gebrandschatzten Deutschland zunehmend Schwierigkeiten bereitete. Die Loyalität der Truppen wurde auf Kosten der Bevölkerung durchgesetzt. Große Armeen ab etwa 40 000 Mann konnten jedoch auch so nicht versorgt und somit nicht kontrolliert werden.

Aufgaben

1. Beschreibe die Vorgänge beim Laden einer Muskete. Was sagt das über die Probleme der Kriegführung aus?
→ M1

2. Beschreibe die Aufstellung der Armeen. Welche Rolle spielten die einzelnen Soldaten?
→ M2

Längsschnitt: Kriege im Wandel

Krieg im 18. Jahrhundert

Zur Zeit des Absolutismus ging man davon aus, dass die Operationen eines Krieges wissenschaftlich berechenbar und damit planbar seien. Die hohen Kosten, die Ausbildung und Unterhalt von Soldaten erforderten, ließen viele Heerführer aber zögern, dieses wertvolle Kapital in Schlachten aufs Spiel zu setzen. Die Auseinandersetzung zwischen England und Frankreich um den Besitz von Kolonien und das Streben Preußens um territoriale Ausdehnung und Durchsetzung gegenüber Österreich führten im 18. Jahrhundert zu blutigen Konflikten. Insbesondere der preußische König Friedrich II. zeigte, dass er den Tod Hunderttausender von Menschen zur Durchsetzung seiner Großmachtziele in Kauf nahm.

> Allein in der Schlacht bei Kunersdorf am 12. August 1759 starben in jeder Minute des siebenstündigen Kampfes 100 Menschen.

Die Armeen der Zeit

Die Masse des Heeres stellte die Infanterie, deren nun in großer Anzahl benötigte Gewehre in Manufakturen hergestellt wurden. Die Vereinheitlichung der Kaliber erleichterte den Nachschub. Statt der Luntenzündung, die im Dreißigjährigen Krieg überwog, hatte man das Steinschloss eingeführt. Diese einfache, billige und zuverlässige Technik blieb bis etwa 1840 Standard in allen deutschen Heeren.

Da die Zielgenauigkeit gering war, wurde eine Beschleunigung der Feuerfolge durch erhöhten Drill angestrebt.

M 1 Schlacht bei Rossbach am 5. November 1757
Gefecht im Siebenjährigen Krieg zwischen der preußischen Armee unter Friedrich II. sowie einem französischen Heer und der Reichsarmee. Die siegreichen Preußen führten 22 000 Mann ins Feld, denen 41 000 gegnerische Soldaten gegenüberstanden. Der Ort Rossbach liegt zwischen Halle und Weißenfels, Stahlstich, 1757.

M 2 O König von Preußen

Dieses weitverbreitete Lied entstand um 1800 und wurde wohl von marschierenden Soldaten gesungen. Gemeint ist Friedrich der Große:

O König von Preußen
du großer Potentat,
wie sind wir deines Dienstes
so überdrüssig satt!
5 Was fangen wir nun an
in diesem Jammertal,
allwo ist nichts zu finden
als lauter Not und Qual.

10 Und kommt das Frühjahr an,
dann ist die große Hitz',
da muss man exerzieren
dass eim der Buckel schwitzt.
Da muss man exerzieren
15 von Morgen bis Mittag,
und das verfluchte Leben,
das währt den ganzen Tag.

Vom Exerzieren weg
20 geht's wieder auf die Wacht,
kein Teufel tut nicht fragen,
ob man gefressen hat.
Kein Branntwein in der Flaschen,
kein weißes Brot dabei;
25 ein schlechtes Tabakrauchen,
das ist der Zeitvertreib.

Dann kommt ein' frisch Parad';
tut man ein' falschen Tritt,
so hört man es schon rufen:
30 Der Kerl muss aus dem Glied!
Patronentasche runter,
den Säbel abgelegt,
und tapfer draufgeschmissen,
35 bis er sich nicht mehr regt!

Ihr Herren, nehmt's nicht Wunder,
wenn einer desertiert,
wir werden wie die Hunde
40 mit Schlägen strapliziert;
und bringen sie uns wieder,
sie henken uns nicht auf,
das Kriegsrecht wird gesprochen:
Der Kerl muss Gassenlauf!

45 Und wann wir Gassen laufen,
so spielet man uns auf
mit Waldhorn und Trompeten,
da geht es wacker drauf;
da werden wir gehauen
50 von manchem Musketier,
der eine hat's Bedauern,
der andre gönnt es mir.

Und werden wir dann alt,
55 wo wenden wir uns hin?
Die Gesundheit ist verloren,
die Kräfte sind dahin!
Und endlich wird es heißen:
Ein Vogel und kein Nest!
60 Geh', Alter, nimm den Bettelsack,
bist auch Soldat gewest!

Thomas Friz u.a. (Hg.), Es wollt ein Bauer früh aufstehen, Dortmund 1978.

M 3 Das Reglement

Aus dem preußischen Exerzierreglement von 1726:

Es muss einem jeden Kerl wohl gelernt werden, wie er geschwinde laden und sein Gewehr im Chargieren [Vorrücken] recht gebrauchen soll, dass er nicht mehr oder weniger Tempos macht, als wie nötig sind, und es muss geladen werden wie folgt: 5
Die Kerls müssen sehr geschwinde, indem das Gewehr an die rechte Seite gebracht wird, den Hahn in die Ruhe bringen, hernach sehr geschwinde die Patron ergreifen. Sobald die Patron ergriffen müssen die Burschen dieselbige sehr geschwinde 10 abbeißen, dass sie Pulver ins Maul bekommen, darauf geschwinde Pulver auf die Pfanne schütten, die Pfanne geschwinde schließen, das Gewehr hurtig zur Ladung herumwerfen, aber die Patron nicht verschütten. 15

Hans-Dieter Götz, Mit Pulver und Blei, München 1972, S. 38 f.

Aufgaben

1. Beschreibe anhand des Bildes und des Liedes den Alltag der Soldaten im preußischen Heer. → M1, M2
2. Nimm Stellung zum Exerzierreglement. Welches Wort herrscht vor, welche Rolle wird dem Einzelnen zugewiesen? → M3
3. Informiere dich über die Schauplätze des Siebenjährigen Krieges. Worin liegt seine weltgeschichtliche Bedeutung?
   → Geschichtsatlas und Internet

Absolutismus, Aufklärung und Revolution

Revolution in Frankreich

Ein weltgeschichtliches Ereignis

Der französische Nationalfeiertag wird jedes Jahr am 14. Juli mit Aufmärschen und Paraden gefeiert. Er erinnert daran, dass Pariser Bürger an diesem Tag des Jahres 1789 die Bastille, das französische Staatsgefängnis, gewaltsam eroberten. Deshalb gilt der 14. Juli 1789 oft als Beginn der Französischen Revolution – eines der wichtigsten weltgeschichtlichen Ereignisse. Danach verbreitete sich die Revolution in ganz Frankreich, führte zum Ende des Absolutismus und schließlich zur Ausrufung der Republik und Hinrichtung des Königs Ludwig XVI.

Die Revolution begann jedoch früher. Im August 1788 berief der französische König die Generalstände ein, die seit 1614 nicht mehr getagt hatten. Es handelte sich dabei um eine Versammlung der Vertreter einzelner Bevölkerungsgruppen: des Adels, des Klerus, das heißt der kirchlichen Würdenträger, und des Bürgertums, das die Mehrheit der Bevölkerung vertrat. Da der französische Staat hoch verschuldet war, sollten die Steuern erhöht werden. Dafür war die Zustimmung der Generalstände erforderlich.

Als die Versammlung am 5. Mai 1789 in Versailles zusammentrat, hatten der erste und zweite Stand je 300, der Dritte Stand 600 Vertre-

M 1 Sturm auf die Bastille am 14. Juli 1789, zeitgenössisches Gemälde

ter. Ursprünglich sollten den Dritten Stand nur 300 Abgeordnete vertreten, doch wurde die Zahl nach Protesten bürgerlicher Abgesandter verdoppelt. Nach der feierlichen Eröffnung kam es zum Streit über das Abstimmungsverfahren: Sollte nach Ständen oder nach Köpfen abgestimmt werden? Im ersten Fall hätten Adel und Klerus, im zweiten Fall das Bürgertum nicht überstimmt werden können.

Der „Ballhausschwur"

Als es zu keiner Einigung kam, beanspruchten die Vertreter des Dritten Standes für das ganze Volk zu sprechen und erklärten sich am 17. Juni 1789 zur Nationalversammlung, das heißt zur Vertretung der ganzen französischen Nation. Als der König sie aussperren wollte, zogen sie am 20. Juni in ein Ballspielhaus und schwuren, erst wieder auseinanderzugehen, wenn eine Verfassung verabschiedet sei.

Dieser „Ballhausschwur" bildete eine wichtige Station in der weiteren Entwicklung. Der Versuch, die finanziellen Schwierigkeiten mithilfe der Generalstände zu bewältigen, war gescheitert. Die Krise hatte sich sogar verschärft.

Bisher war Versailles der Schauplatz der Ereignisse, nun wurde es Paris. Aus Angst vor einem militärischen Eingreifen des Königs bildete sich eine Bürgerwehr, die sich bewaffnete und am 14. Juli 1789 die Bastille stürmte. Der König kam drei Tage später nach Paris und gestand den Revolutionären die Beratung einer Verfassung zu. Aufgrund dieser Ereignisse flohen die ersten Adligen ins Ausland. Die Revolution verbreitete sich in ganz Frankreich.

M 2 **Der Ballhausschwur** am 20. Juni 1789, Gemälde von Jacques-Louis David

Absolutismus, Aufklärung und Revolution

Der Sturm auf die Bastille – Ein weltgeschichtliches Ereignis rekonstruieren

M 3 Der Sturm auf die Bastille

a) Als das wichtigste Ereignis der Französischen Revolution gilt heute der Sturm auf die Bastille. Aber auch schon damals sah man die Eroberer des Staatsgefängnisses als Helden an. Damit niemand zu Unrecht diese Ehre für sich in Anspruch nahm, wurden Beweise gefordert. In diesem Zusammenhang entstand am 12.8.1789 die Aussage eines Beteiligten, des Uhrmachers Humbert:

Jeder von uns gab ungefähr sechs Schüsse ab. Dann wurde ein Papier durch ein ovales Loch geschoben, das ein paar Zoll breit war. Wir stellten das Feuer ein; einer von uns löste sich aus der Rei-
5 he und holte aus der Küche ein Brett, um das Papier in Empfang nehmen zu können. Wir schoben das Brett über die Schutzwehr; viele von uns stellten sich darauf, um ein Gegengewicht zu bilden; einer wagte sich auf das Brett vor, aber in
10 dem Moment, wo er nach dem Papier griff, traf ihn ein Gewehrschuss tödlich […].
Sofort ließ ein Standartenträger seine Fahne fallen und holte das Papier, das laut und verständlich vorgelesen wurde. Da der
15 Inhalt, eine Aufforderung zur Kapitulation, uns nicht zufriedenstellte, beschlossen wir, das Artilleriefeuer zu eröff-
20 nen; jeder stellte sich auf, um die Kanonenkugel durchzulassen.
In dem Augenblick, als wir die Lunte anzünden wollten, wurde die
25 kleine Zugbrücke heruntergelassen; kaum dass sie unten war, besetzten wir sie; ich
30 etwa als zehnter. Wir fanden die Tür verschlossen; nach etwa zwei Minuten machte ein Invalide auf und fragte, was wir wollten: „Man soll die Bastille übergeben", antwortete ich mit
35 den anderen zusammen; da ließ er uns hinein. Als erstes rief ich, man solle die [große] Brücke herunterlassen, was auch geschah.

Die französische Revolution. Ein Lesebuch mit zeitgenössischen Berichten und Dokumenten, ausgew., übers. u. komm. v. Chris E. Paschold und Albert Gier, Stuttgart 1989, S. 80.

b) Der Historiker Ernst Schulin fasst die Ereignisse so zusammen:

Für die Ausrüstung dieser Bürgerwehr wurde von den Bürgern nach Waffen und Munition gesucht, – am 14. Juli zunächst im Hôtel des Invalides, dann in der Bastille; – bei der letzteren kam dann allerdings hinzu, dass dieses berüchtigte Staatsgefäng- 5 nis für die Pariser eine militärische Bedrohung und vor allem der Inbegriff des „Despotismus" war. Die Bastille wurde belagert, es kam zu viel zu langen Verhandlungen, man drang ein, der Kommandant ließ schießen, es gab 98 Tote, 73 Verwun- 10 dete unter den Bürgern, die entsprechend aufgebracht waren. Daraus ist nach dem Fall der Bastille zu erklären, dass man sieben Garnisonsleute erschlug und den Kommandanten lynchte. Insofern wurde dies das erste der schaurigen Ereig- 15 nisse der Revolution, als solches von den Gegnern übertrieben, aber nicht hinwegzuleugnen, und der Anfang späterer Gewaltmaßnahmen.
Auf der anderen Seite wurde dieser Bastillesturm durch seinen Erfolg sofort zum Mythos des Volkes, 20 das seine Ketten zerbricht. Der Erfolg war wirklich erstaunlich. Der nie sehr schnelle König gab sofort nach, so als sei ihm der gegenrevolutionäre Versuch von vornherein unsympathisch gewesen; er bat die Nationalversammlung, die er dabei zum 25 ersten Mal so nennt, ihm bei der Wiederherstellung der Ordnung zu helfen.

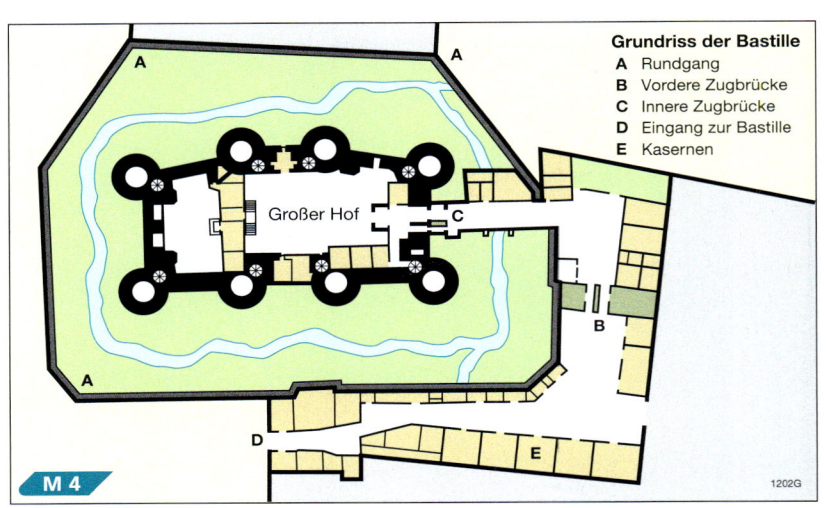

Ernst Schulin, Die Französische Revolution, 4. Aufl., München 2004, S. 73.

M 4

Grundriss der Bastille
A Rundgang
B Vordere Zugbrücke
C Innere Zugbrücke
D Eingang zur Bastille
E Kasernen

Der Ballhausschwur – Eine Textquelle erschließen

M 5 Der Ballhausschwur

Am 20. Juni 1789 leisteten die Vertreter des Dritten Standes den Eid, sich erst dann wieder zu trennen, wenn eine Verfassung verabschiedet sei. Von diesem Ereignis gibt es eine Fülle von Berichten und bildlichen Darstellungen. Berühmt ist das Bild von Jacques-Louis David (1748–1825). Die gleiche Szene schilderte zwei Jahre später der Schriftsteller Nicolas-Sébastien Chamfort, der für den Dritten Stand Mitglied der Generalstände war:

Die Abgeordneten der Nation werden vom Sitzungsort abgedrängt. Der Präsident, M. Bailly, erscheint und verlangt den wachhabenden Offizier. Dieser hat die Frechheit, ihm zu befehlen, niemanden in den Saal der Generalstände hineinzulassen. „Ich protestiere gegen solche Befehle", antwortet der Präsident, „und ich werde die Versammlung davon unterrichten." Die Abgeordneten kommen in Scharen, […] erregen sich und äußern ihre Empörung. […]

Unter diesem Geschrei und Tumult hatte der Präsident einen Ort gesucht, wo man ruhig und vernünftig beraten könnte. Ein Ballspielhaus wird vorgeschlagen. Die Umstände machten jeden Ort erhaben, der der Nationalversammlung Asyl zu gewähren vermochte. Man fordert einander auf, dorthin zu gehen. Die Anordnung wird gegeben, alle eilen dorthin. Einer der Abgeordneten, der krank war und sich von Stunde zu Stunde über die Vorgänge in der Versammlung unterrichten ließ, springt aus dem Bett und lässt sich hintragen; er ist bei dem Aufruf zugegen, auf den der nationale Eid folgt; er bittet darum, die Reihenfolge möge mit Rücksicht auf seinen Zustand umgekehrt werden, sodass er als einer der Ersten diesen Eid leisten könne. Seinem Wunsch wird entsprochen; er spricht die Eidesformel mit lauter Stimme: „Dem Himmel sei Dank!", sagt er beim Weggehen, „wenn ich sterbe, hat mein letzter Eid meinem Vaterland gegolten!"

Hier das Dekret, das über das Geschick Frankreichs entschieden hat: „Die Nationalversammlung hat beschlossen – in der Erwägung, dass angesichts ihres Auftrags, die Verfassung des Reiches festzulegen, die öffentliche Ordnung wiederherzustellen und die wahren Grundsätze der Monarchie aufrechtzuerhalten, nichts sie hindern kann, ihre Beratungen fortzusetzen und das bedeutende Werk zu vollbringen, zu dem sie sich versammelt hat, wo auch immer sie sein mag zu tagen, ferner, dass überall dort, wo ihre Mitglieder sich versammeln, die Nationalversammlung ist –, dass alle ihre Mitglieder auf der Stelle den Eid leisten, sich niemals zu trennen, so lange bis die Verfassung des Reiches und die Sanierung der allgemeinen Lage erreicht und auf feste Grundlagen gestellt worden sind, und dass nach der Eidesleistung alle Abgeordneten, jeder für sich, durch ihre Unterschrift diese unumstößliche Entschließung bestätigen."

Der Präsident leistete der Versammlung als Erster diesen Eid und unterzeichnete ihn. Die Mitglieder leisteten ihn in die Hand ihres Präsidenten, und jeder setzte seine Unterschrift unter dieses bedeutende Dokument.

Die Französische Revolution. Ein Lesebuch mit zeitgenössischen Berichten und Dokumenten, ausgew. v. Chris E. Paschold u. Albert Gier, Stuttgart 1989, S. 70.

Aufgaben

1. a) Weshalb wurde die Bastille von den Aufständischen angegriffen?
   b) Fasse mit eigenen Worten zusammen, wie die Erstürmung der Bastille verlief.
   c) Worin bestand die historische Bedeutung dieser Aktion?
   → Text, M1, M3, M4

2. a) Vergleiche den Bericht der Erstürmung mit der bildlichen Darstellung. Welche Phase ist zu sehen?
   b) Informiere dich, seit wann der 14. Juli 1789 Nationalfeiertag ist und ob es noch Spuren der Bastille im heutigen Paris gibt.
   → M1, M3, M4, Lexikon, Internet

3. a) Erkläre den Begriff „Ballhausschwur".
   b) Erläutere, wie es zum Auszug der Abgeordneten kam.
   c) Untersuche, wie der Maler David die Dramatik der Situation darstellt. Achte auf den Bildaufbau und die Farbgebung.
   → Text, M2, M5

Absolutismus, Aufklärung und Revolution

Wie kam es zur Revolution?

Wirtschaftliche Gründe

Im 18. Jahrhundert kam es in Frankreich zu einschneidenden Veränderungen. Die Bevölkerung stieg kontinuierlich auf etwa 25 Millionen Menschen an. In der Landwirtschaft versuchten die Grundeigentümer mehr zu erwirtschaften und verlangten von ihren Bauern höhere Abgaben. Allmählich setzte sich der freie Handel innerhalb Frankreichs und mit anderen Ländern durch. Das System des Merkantilismus löste sich schrittweise auf.

Textilimporte aus England gefährdeten die Arbeitsplätze der französischen Spinner und Weber. Eine schlechte Ernte und der Export von Getreide führten zur Knappheit von Brot und ließen die Preise dieses Grundnahrungsmittels explodieren. Die wirtschaftlichen Veränderungen verunsicherten viele Franzosen.

M 1 Ein Bauer zahlt Abgaben
Zeitgenössischer Stich

Soziale Ursachen

Frankreich war zu dieser Zeit eine Ständegesellschaft, die aber nur auf den ersten Blick übersichtlich gegliedert war:

- Der erste Stand, der Klerus, bestand aus insgesamt etwa 130 000 Personen (= ca. 0,5 % der Bevölkerung). Zum Klerus gehörten die hohen geistlichen Würdenträger wie Kardinäle, Bischöfe und Äbte, die meist adliger Herkunft waren.
  Der niedere Klerus (Dorfgeistliche, Mönche) stammte dagegen meist aus bürgerlichen Familien. Der gesamte erste Stand war von der Steuer befreit.
- Der zweite Stand, der Adel, bildete zwar die politisch bestimmende Schicht, war aber in sich ebenfalls nicht einheitlich. Zum Adel gehörten etwa 370 000 Personen (= ca. 1,5 % der Bevölkerung). Er bestand aus dem alten, so genannten Schwertadel, der seine herausgehobene Stellung noch dem früheren Kriegsdienst verdankte, und dem neuen, so genannten Amtsadel, der durch Übertragung staatlicher Aufgaben sozial aufgestiegen war. Es gab reiche und arme, mächtige und unbedeutende Familien, solche, die von ihrem großen Grundbesitz lebten oder ihr Geld auch in der Wirtschaft investierten, und solche, die auf die Gunst des Königs angewiesen waren.
  Erster und zweiter Stand machten jeweils nur etwa 2 % der Gesamtbevölkerung Frankreichs aus.
- Der Dritte Stand, der mit etwa 24,5 Millionen Menschen insgesamt ca. 98 % der französischen Bevölkerung umfasste, trug die Hauptlast der Abgaben. Er setzte sich aus sehr unterschiedlichen Gruppen zusammen.
  Neben dem wohlhabenden Bürgertum (Unternehmer und Grundbesitzer, Rechtsanwälte, Ärzte oder Beamte) gab es auch einfache Ladenbesitzer, Handwerker oder Gesellen.
  Zum Dritten Stand gehörten aber auch die Bauern, die noch den größten Teil der Bevölkerung stellten. Sie verfügten teils über großen eigenen Besitz und großen Reichtum, teils lebten sie aber auch in ärmlichen Verhältnissen oder unterstanden einem Grundherrn.

M 2 Festtracht der drei Stände
Zeitgenössische Darstellung

Schließlich gab es die Unterschichten, vor allem in Paris. Dazu zählten unter anderem Tagelöhner, Bettler und die wenig angesehenen Manufakturarbeiter.

Im 18. Jahrhundert verhärtete sich diese Ständegesellschaft. Viele Adlige versuchten ihre Stellung zu stärken, um sich von den Bürgern abzugrenzen. Das ging auf Kosten der Bauern, die sich darauf gegen ihre adligen Grundherren wandten. Die wachsende Schicht der Bürger nahm Anstoß an den Vorrechten des Adels und der Kirche und kritisierte die Ungerechtigkeit etwa bei den Steuern. Die Unzufriedenheit wuchs.

Politische Ursachen

Den verantwortlichen Politikern blieb diese Situation nicht verborgen, aber ihre Reformversuche scheiterten. Woran lag das?

Im Absolutismus beanspruchte der König zwar die alleinige Macht, war aber zur Durchsetzung seiner Entscheidungen auf diejenigen angewiesen, die in seinem Namen handelten. Die Ämter konnten gekauft werden, was dem König viel Geld einbrachte, jedoch eine wirksame Kontrolle erschwerte. So gelang es den französischen Königen und ihren Ministern immer weniger, ihre Entscheidungen durchzusetzen. Adel und Kirche konnten immer wieder eine gerechtere und für sie höhere Besteuerung verhindern und ihre Vorrechte (Privilegien) bewahren. Hinzu kam, dass sich der Staat zusehends verschuldete, mehr ausgab als er einnahm und schließlich kurz vor dem Bankrott stand. Diese Unfähigkeit des Staates zu Reformen stieß auf Kritik.

Kulturelle Ursachen

Im 18. Jahrhundert hatte sich in Frankreich die geistige Strömung der Aufklärung entwickelt. Die Forderung der Aufklärer, die politischen Verhältnisse zu hinterfragen, führte zur Kritik an der Ständegesellschaft Frankreichs und besonders an der Stellung der Kirche.

Diese Gedanken wurden zuerst von Einzelnen formuliert und von wenigen gelesen. Allmählich entstanden jedoch bürgerliche Kreise, die solche Gedanken diskutierten und verbreiteten. In den „Salons" trafen sich Künstler, Schriftsteller, Politiker und andere interessierte Menschen. Es entstanden Akademien der Künste und Wissenschaften, ferner politische Clubs. In diesen Zirkeln fanden sich Adlige und Bürgerliche zusammen, ohne dass soziale Unterschiede eine Rolle spielten. Allmählich entwickelte sich eine öffentliche Diskussion auch in Zeitungen, Magazinen, Flugblättern, Broschüren und Büchern. Die Zensur, also das Verbot kritischer Schriften, wirkte immer weniger, sodass in Frankreich seit 1770 praktisch Pressefreiheit herrschte.

Schwierigkeiten historischer Erklärung

Die Frage nach den Gründen der Revolution ist bis heute aktuell. Die seit 1789 gefundenen Antworten fielen dabei ganz unterschiedlich aus. In der historischen Forschung hat sich die Meinung herausgebildet, dass ein Zusammenwirken vieler Gründe für den Ausbruch und den Verlauf der Revolution verantwortlich war. Welche Ursachen nun im Einzelnen entscheidend oder eher nebensächlich waren, ist unter Geschichtswissenschaftlern bis heute umstritten.

M 3 Ein Salon in Paris
Ein Schriftsteller liest um 1775 aus seinem Roman im Salon der Madame Necker, Holzstich, 19. Jh.

Absolutismus, Aufklärung und Revolution

Beschwerden des Dritten Standes in zeitgenössischen Dokumenten

M 4 Beschwerdehefte

Im Frühjahr 1789 wurden die Vertreter der Generalstände gewählt. Die Stimmberechtigten stellten als Grundlage für die Beratungen so genannte Beschwerdehefte (Cahiers de doléances) zusammen, die die Probleme im jeweiligen Gebiet auflisteten. Aus dem Cahier der Gemeinde Etrépagny (Département Eure) vom 22./25. März 1789:

Das Kriminalgerichtsverfahren soll reformiert werden, der Angeklagte soll einen Rechtsbeistand und das Protokoll seines Verhörs bekommen und nach der Verhandlung volle Akteneinsicht neh-
5 men können, und vor der Vollstreckung des Urteils soll ihm ein Aufschub gewährt werden. [...]
Alle Richterämter sollen nicht mehr käuflich sein; sie sollen nach Verdienst verliehen werden, nach der Entscheidung der Bürger, die dadurch das
10 Recht bekommen, die Richter des Gebiets zu wählen, in dem sie leben. [...]
Alle finanziellen Privilegien des geistlichen Standes und des Adels sollen abgeschafft werden, sodass alle Franzosen durch eine Geldabgabe und
15 Kopfsteuer den Satz entrichten, der für den Grund und Boden festgesetzt wird, und somit jede Steuer für die drei Stände von Bürgern gleich ist. [...]
Kein Bürger im Alter zwischen zwanzig und dreißig Jahren soll davon befreit sein, am Losentscheid
20 über die Einberufung zur Miliz teilzunehmen, es sei denn, er hat eine wichtige Stellung in der Gesellschaft oder ist verheiratet. [...]
Im Abstand von je vier Meilen sollen Balkenwaagen errichtet werden, um die Wagen mit ihrer Ladung zu wiegen, damit sie das festzusetzende
25 Gewicht nicht überschreiten. [...]
Es soll verboten sein, Kaninchen anders als in mit Mauern umgebenen Gehegen zu halten, und die wilden Kaninchen in den Wäldern des Königs sollen ausgerottet werden.
30 Frankreich soll nur ein einziges Recht, ein Gesetz, die gleichen Maße und Gewichte und eine einheitliche Eichabgabe haben.
Die Generalstände sollen das Recht haben, alle zwanzig Jahre zu tagen, um Missstände zu besei-
35 tigen und dem Herrscher ihre Vorstellungen zu unterbreiten.
In allen Provinzen sollen alle drei Jahre Abgeordnete bestimmt werden, um die Generalstände in kleinerem Rahmen zu repräsentieren; sie
40 sollen sich an dem Ort versammeln, den der Herrscher ihnen zuweist, und jeder Bürger soll diesen Abgeordneten seine Ansichten und Beschwerden vortragen können.
Diesen Abgeordneten soll das Recht zugestanden
45 werden, alle Pensionen zu bewilligen oder abzulehnen, die vom Herrscher erbeten werden.

Die französische Revolution. Ein Lesebuch mit zeitgenössischen Berichten und Dokumenten, ausgew., übers. u. komm. v. Chris E. Paschold und Albert Gier, Stuttgart 1989, S. 53 ff.

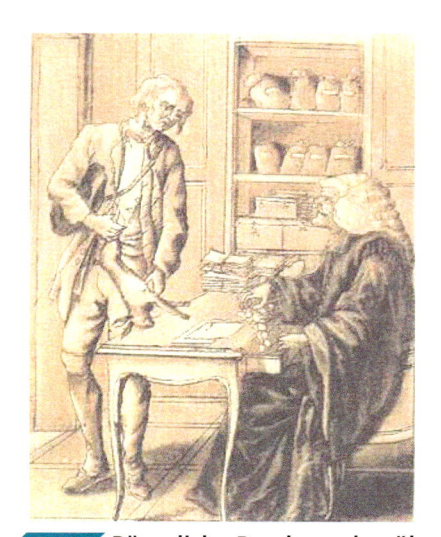

M 5 Bäuerliche Beschwerden über grundherrliche Belastungen, zeitgenössische anonyme Kupferstiche

M 6 „Das wird nicht ewig dauern."
Karikatur von 1789

M 7 Was ist der Dritte Stand?

Emmanuel-Joseph Sieyès (1748–1836), ein Geistlicher aus Chartres, beeinflusste mit seiner im Januar 1789 veröffentlichten Flugschrift „Qu'est-ce que le Tiers Etat?" („Was ist der Dritte Stand?") die öffentliche Meinung nachhaltig und spielte eine wichtige Rolle in der Nationalversammlung:

Was ist der Dritte Stand?
Der Plan dieser Schrift ist sehr einfach. Wir müssen uns drei Fragen stellen.
1. Was ist der Dritte Stand? – ALLES.
5 2. Was ist er bis jetzt in der politischen Ordnung gewesen? – NICHTS.
3. Was verlangt er? – ETWAS ZU SEIN.
Wer wagt also zu behaupten, dass der Dritte Stand nicht alles in sich hat, was erforderlich ist, um eine
10 vollständige Nation zu ergeben? Er ist der starke und kräftige Mann, dessen einer Arm noch angekettet ist. Wenn man den privilegierten Stand wegnähme, wäre die Nation nicht etwas weniger, sondern etwas mehr. Also, was ist der Dritte Stand? Alles, aber ein gefesseltes und unterdrück- 15 tes Alles. Was wäre er ohne den privilegierten Stand? Alles, aber ein freies und blühendes Alles. Nichts geht ohne ihn; alles ginge unendlich viel besser ohne die anderen. [...]
Erste Forderung: 20
Die Vertreter des Dritten Standes sollen nur aus den Bürgern gewählt werden, die wirklich zum Dritten Stand gehören.
Zweite Forderung:
Seine Abgeordneten sollen an der Zahl denen der 25 beiden privilegierten Stände entsprechen.
Dritte und letzte Forderung des Dritten Standes:
Die Generalstände sollen nicht nach Ständen, sondern nach Köpfen abstimmen.

Die französische Revolution. Ein Lesebuch mit zeitgenössischen Berichten und Dokumenten, ausgew. v. Chris E. Paschold und Albert Gier, Stuttgart 1989, S. 49 u. 51.

Aufgaben

1. Erläutere, welche Schwierigkeiten Historiker haben, wenn sie die Ursachen der Französischen Revolution erklären wollen.
   → Text
2. a) Lege zwei Spalten an: Schreibe in die linke Spalte die in dem Beschwerdeheft erhobene Forderung, in die rechte den damit zusammenhängenden Missstand.
   b) Welche Beschwerden werden auf den Bildern von den Bauern erhoben?
   → M5, M6
3. a) Nenne die zentralen Forderungen, die Sieyès in seiner Flugschrift erhebt.
   b) Bei welchem Ereignis spielen seine Forderungen eine entscheidende Rolle?
   c) Achte auf die Sprache der Flugschrift. Welche Formulierungen können die große Wirkung des Textes erklären?
   → M7

Methode: Umgang mit den Schulbuchtext

Umgang mit historischen Darstellungen

Hinweis

Unterstreiche bitte nicht im Schulbuch, sondern kopiere vorher die Seite!

Bei der Auswertung von historischen Darstellungen kommt es darauf an, die wichtigsten Informationen zu entnehmen. Außerdem sollen diese Informationen so aufbereitet werden, dass sie möglichst gut gelernt und behalten werden können.

Im Fall der Darstellungen, wie sie in diesem Lehrbuch vorkommen, wird die Arbeit dadurch erleichtert, dass die Texte bereits durch mehrere Zwischenüberschriften gegliedert sind. Ist dies bei anderen Texten nicht der Fall, solltest du versuchen, für bestimmte Textabschnitte passende Überschriften zu formulieren.

1. Verfahren: Lesen und Markierungen vornehmen

Erster Schritt: Lies den Text ein erstes Mal gründlich durch. Dadurch bekommst du einen guten Überblick über den Inhalt. Markiere oder notiere dir Begriffe, die du nicht kennst oder verstehst, und kläre diese. Hierzu kannst du das Minilexikon am Ende des Buches oder andere Nachschlagewerke nutzen.

Zweiter Schritt: Lies den Text ein zweites Mal und nimm nun systematisch Markierungen im Text vor. Verwende hierzu einen Bleistift, farbige Stifte oder farbige Textmarker. Gehe bei den Unterstreichungen und Markierungen sparsam vor, d.h. unterstreiche und markiere nur die Begriffe oder Wortgruppen, die dir wichtig erscheinen.

2. Verfahren: Eine strukturierte Stichwortsammlung anlegen

Um die wichtigsten Informationen aus einer historischen Darstellung zu entnehmen, kannst du eine Stichwortliste anlegen, die du nach bestimmten Gesichtspunkten ordnen, also strukturieren kannst.

3. Verfahren: Eine Mindmap entwerfen

Eine Mindmap („Gedanken-Karte") ist eine grafische Darstellung, die die Beziehungen zwischen verschiedenen Begriffen aufzeigt. Hierzu schreibt man das Hauptthema in die Mitte eines Blattes und notiert weitere Schlüsselbegriffe oder Stichworte, die von der Mitte der Mindmap ausgehen. Von einem solchen Knoten aus können dann weitere Begriffe oder Gedanken notiert werden. Die Abbildung zeigt, wie eine Mindmap zu dem Kapitel „Wie kam es zur Revolution?" (in diesem Schulbuch) aussehen kann:

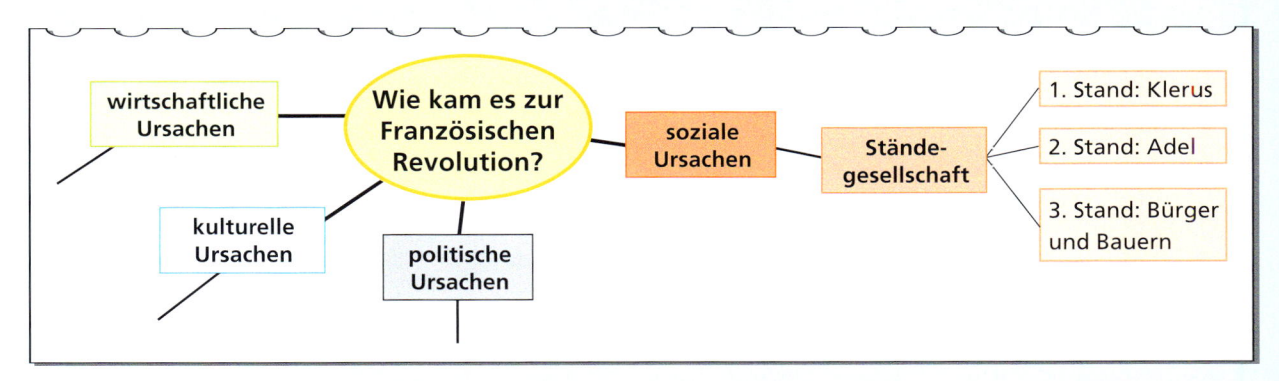

- Wie kam es zur Französischen Revolution?
  - wirtschaftliche Ursachen
  - kulturelle Ursachen
  - politische Ursachen
  - soziale Ursachen
    - Ständegesellschaft
      - 1. Stand: Klerus
      - 2. Stand: Adel
      - 3. Stand: Bürger und Bauern

4. Verfahren: Informationen aus dem Text in eine Grafik umwandeln

Bei vielen Texten bietet es sich an, die vorhandenen Informationen in eine übersichtliche grafische Darstellung zu überführen. Die folgende Abbildung zeigt, wie die Informationen zur Ständegesellschaft in Frankreich vor der Revolution übersichtlich geordnet werden können.

Die Ständegesellschaft in Frankreich vor der Revolution 1789

1. Stand: Klerus 130 000 0,5 % der Bevölkerung Bischöfe, Äbte, Pfarrer, Mönche, Nonnen	2. Stand: Adel 370 000 1,5 % der Bevölkerung Schwertadel, Amtsadel
3. Stand: Bürger und Bauer 24,5 Millionen 98 % der Bevölkerung	

5. Verfahren: Abläufe oder Zusammenhänge grafisch darstellen

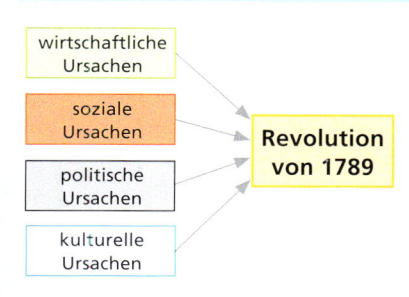

Um Abläufe oder Zusammenhänge besser deutlich zu machen, kann man diese oft in einfacher Form grafisch darstellen. Bei der Aufeinanderfolge von Geschehnissen bietet sich ein Zeitstrahl an, wenn man dagegen Ursachen bzw. Gründe und Folgen miteinander in Beziehung setzen will, kann man das durch Pfeile (unterschiedlicher Stärke) oder andere Verbindungslinien tun. Für die Revolution in Frankreich im Jahre 1789 werden im Text mehrere Ursachen und Gründe angeführt. Diese lassen sich beispielsweise folgendermaßen darstellen:

- wirtschaftliche Ursachen
- soziale Ursachen
- politische Ursachen
- kulturelle Ursachen

→ Revolution von 1789

6. Verfahren: Karteikarten anlegen

Um die Informationen beispielsweise eines Lehrbuchtextes für sich zugänglich zu machen, kann man sich mithilfe von Karteikarten einen Bestand an Grundbegriffen oder von Namen wichtiger historischer Personen anlegen. Die Karteikarten können von Kapitel zu Kapitel ergänzt werden. Infrage kommen bei dem vorliegenden Kapitel Begriffe wie **Aufklärung**, **Ständegesellschaft** oder **Privilegien**. Die jeweiligen Erläuterungen kannst du aus dem Lehrbuchtext ermitteln, du kannst aber auf das Minilexikon zurück greifen, wenn die Begriffe dort verzeichnet sind, oder andere Informationsquellen nutzen, z. B. das Internet.

Umgang mit Darstellungen

1. Verstehen von Darstellungen

Wende das Verfahren des Unterstreichens/Markierens auf das Kapitel „Wie kam es zur Revolution?" (in diesem Schulbuch) an.

2. Ordnen von Informationen

a) Lege eine strukturierte Stichwortsammlung für das Kapitel „Wie kam es zur Revolution?" an. Verwende hierbei die markierten Schlüsselbegriffe.

b) Vervollständige die Mindmap, die auf dieser Doppelseite aufgezeichnet ist.

c) Lege Karteikarten zu den genannten Begriffen an. Suche in den übrigen Abschnitten des Kapitels „Wie kam es zur Revolution?" bzw. in Folgekapiteln weitere Namen und Begriffe und lege dazu Karteikarten an.

Absolutismus, Aufklärung und Revolution

Die Revolution hat Erfolg

Das Ende des Absolutismus

Nach dem 14. Juli 1789 brach die absolutistische Herrschaft Stück für Stück zusammen. Die Bauern setzten ihre Forderungen häufig gewaltsam durch, indem sie ihre Herren davonjagten und deren Schlösser zerstörten. Unter dem Eindruck der Bauernunruhen schaffte die Nationalversammlung am 4. August die „Feudalität" ab, d.h. die Vorrechte des Adels. Dieser verlor die Rechtsprechung über die bäuerlichen Untertanen, die Käuflichkeit der Ämter wurde aufgehoben und jeder sollte – unabhängig von seiner durch Geburt erworbenen Stellung – Zugang zu allen Ämtern haben. Am 26. August 1789 verabschiedete die Nationalversammlung die Erklärung der Menschenrechte nach dem Vorbild der USA.

In der Folge fasste sie noch weitere grundlegende Beschlüsse: Die Einführung der Gewerbefreiheit bedeutete, dass jeder Beruf ergriffen und jedes Gewerbe ausgeübt werden durfte. Grundsätzlich änderte sich die Stellung der Kirche, die die Herrschaft des Königs gestützt hatte. Ihr Besitz wurde am 2. November 1789 verstaatlicht und die kirchlichen Würdenträger verloren ihre Vorrechte. Frankreich wurde schließlich neu gegliedert und in Departements eingeteilt.

Eine Verfassung für Frankreich

Den Abschluss dieser Reformen bildete die Verfassung vom 3. September 1791. Sie beruhte auf den Prinzipien der Gewaltenteilung, an die auch der König gebunden war, und machte Frankreich zur konstitutionellen Monarchie. Wahlberechtigt waren nur etwa 4 Millionen Bürger mit hohem Steueraufkommen, so genannte Aktivbürger. Ohne Stimmrecht blieben 3 Millionen Passivbürger, ferner alle Frauen sowie Männer unter 25 Jahren. Die Wahlordnung schloss damit über zwei Drittel der Bevölkerung von politischer Mitwirkung aus.

M 1 Die Verfassung von 1791

(Schaubild: Richterliche Gewalt – Kassationshof, Hochgericht, Richter und Geschworene der Gerichte, Friedensrichter; Gesetzgebende Gewalt – Nationalversammlung 745 Abgeordnete, Wahl für 2 Jahre, 45000 Wahlmänner; Ausführende Gewalt – König, Minister, Militär, Departementsverwaltungen, Bischöfe, Priester, Gemeindeverwaltungen; Aktivbürger: 4 Mio. Männer über 25 Jahre; Wahlrecht aufgrund der Steuerleistung; Gesamtbevölkerung: ca. 25 Millionen)

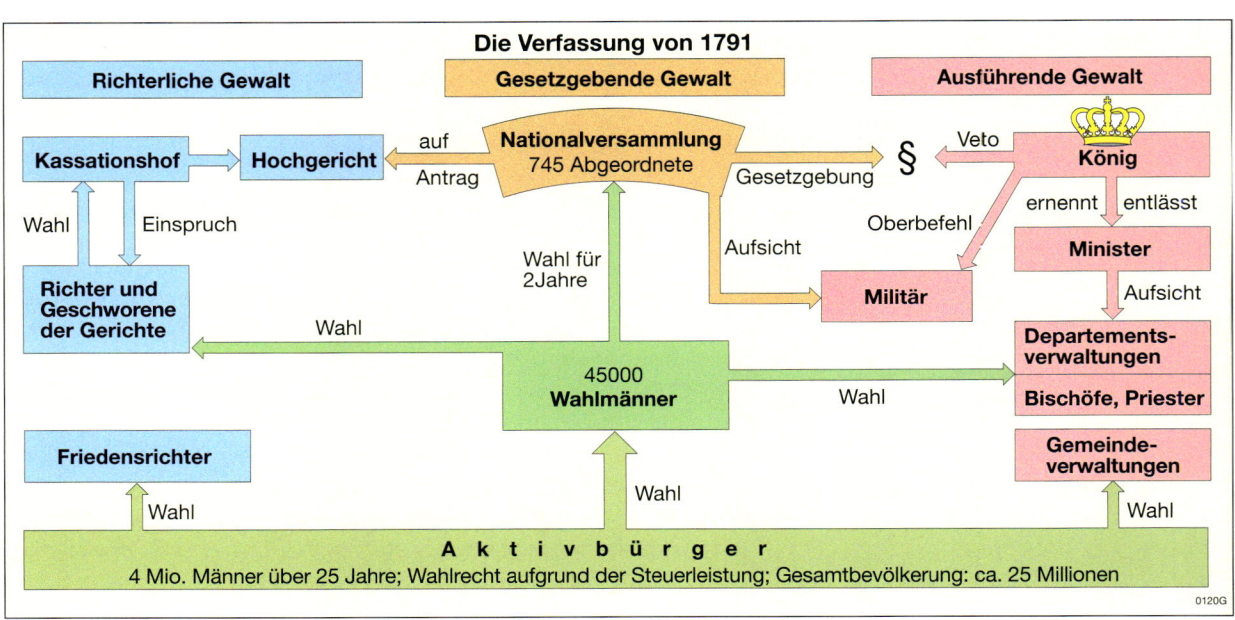

M 2 Symbole der Revolution
„Einheit, Unteilbarkeit der Republik", zeitgenössisches Plakat

Die Rolle des Königs

Ludwig XVI. verhielt sich seit Ausbruch der Revolution zwiespältig. Einerseits machte er den Revolutionären neue Zugeständnisse, wie zum Beispiel nach dem Sturm auf die Bastille; andererseits versuchte er, die Entwicklung zu bremsen oder gar aufzuhalten.

Der König blieb zunächst in Versailles und konnte so die Ereignisse in Paris nicht beeinflussen. Seine Weigerung, das Gesetz über die Abschaffung der Stände zu unterzeichnen, verschärfte die Lage. Als dann Gerüchte aufkamen, Ludwig XVI. ziehe Truppen zusammen, und zudem das Brot in Paris knapp wurde, kam es zu einem Aufruhr. Am 5. Oktober 1789 zogen Tausende von Frauen aus allen Bevölkerungsschichten nach Versailles und zwangen den König, nach Paris überzusiedeln. Dort stand er künftig unter Beobachtung der Öffentlichkeit und unter Kontrolle der Revolutionäre.

Im Juni 1791 versuchte der König mit seiner Familie zu fliehen, wurde aber kurz vor der Grenze bei Varennes entdeckt und unter demütigenden Umständen zurückgebracht. Er und seine Frau Marie Antoinette – eine Tochter der österreichischen Kaiserin Maria Theresia – hatten ihr Ansehen in der Öffentlichkeit verspielt. Daher gab es Diskussionen, den König abzusetzen und eine Republik einzuführen. Um seinen Thron zu retten, leistete Ludwig XVI. den Eid auf die neue Verfassung vom 3. September 1791, die Frankreich zur konstitutionellen Monarchie machte.

Offiziell stand der König damit an der Spitze des Staates, dessen neue Ordnung er aber innerlich ablehnte und derzufolge er nach den vergangenen Ereignissen nur noch geringen politischen Einfluss besaß.

Die politischen Kräfte

„Liberté – Égalité – Fraternité" – „Freiheit – Gleichheit – Brüderlichkeit" lauteten die Parolen der Französischen Revolution. Auf diese allgemeinen Ziele konnten sich die Revolutionäre einigen. Allerdings zeigte die weitere Entwicklung, dass die politischen Vorstellungen zum Teil weit auseinandergingen.

Zunächst gab es nur Gegner oder Befürworter der Revolution. Das zeigte sich auch in der Nationalversammlung. Im Unterschied zu heute gab es damals allerdings keine Parteien, sondern verschiedene Gruppen mit eigenen politischen Zielen, die sich immer wieder veränderten. Um sie genauer bezeichnen zu können, orientierte man sich an der Sitzordnung im Versammlungssaal, ob sie „rechts" oder „links" vom Vorsitzenden saßen.

Auf der rechten Seite saßen Gegner der Revolution, die entweder die alte Ordnung wiederherstellen oder nur einzelne Reformen durchführen wollten. Auf der linken Seite saßen die Anhänger der Revolution, die sich jedoch im Lauf der Zeit zu verschiedenen Gruppen zusammenschlossen und unterschiedliche politische Ziele verfolgten.

Zunächst hatten einzelne Politiker großen Einfluss. So spielte zum Beispiel Lafayette, der im amerikanischen Unabhängigkeitskrieg mitgekämpft hatte und Chef der Pariser Nationalgarde war, eine wichtige Rolle. Er suchte den Ausgleich zwischen dem König und der Nationalversammlung, konnte aber die weitere Entwicklung immer weniger beeinflussen.

M 3 Marquis de Lafayette (1757–1834). Der gemäßigte Politiker wurde von den Radikalen verdrängt und floh 1792 nach Österreich.

93

Absolutismus, Aufklärung und Revolution

Menschenrechte – Frauenrechte?

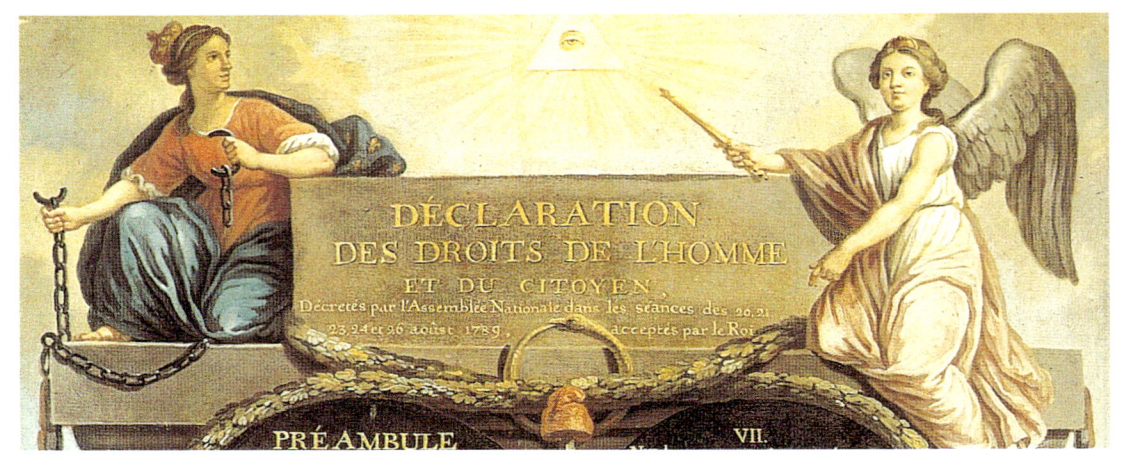

M 4 Menschen- und Bürgerrechte, Gemälde von 1790

M 5 Erklärung der Menschenrechte

Die im August 1789 verabschiedete Erklärung hat folgenden Wortlaut:

Daher erkennt und erklärt die Nationalversammlung, in Gegenwart und unter dem Schutz des Höchsten Wesens, folgende Menschen- und Bürgerrechte:

Artikel 1. Die Menschen werden frei und gleich an Rechten geboren und bleiben es für immer. Standesunterschiede dürfen nur im allgemeinen Nutzen begründet sein.

Art. 2. Das Ziel jeder politischen Vereinigung ist die Erhaltung der natürlichen und unveräußerlichen Rechte des Menschen. Diese Rechte sind Freiheit, Eigentum, Sicherheit und Widerstand gegen Unterdrückung.

Art. 3. Der Ursprung jeder Souveränität liegt wesentlich in der Nation. Keine Körperschaft, kein Individuum kann eine Gewalt ausüben, die nicht ausdrücklich von ihr ausgeht.

Art. 4. Die Freiheit besteht darin, alles tun zu können, was einem anderen nicht schadet. So haben die natürlichen Rechte jedes Menschen keine anderen Grenzen als die, die den anderen Mitgliedern der Gesellschaft den Genuss der gleichen Rechte sichern. Diese Grenzen können nur durch das Gesetz bestimmt werden.

Art. 6. Das Gesetz ist der Ausdruck des allgemeinen Willens. Alle Bürger haben das Recht, persönlich oder durch ihre Vertreter an seiner Formulierung Anteil zu nehmen. Es soll für alle gleich sein, sowohl wenn es beschützt, als auch wenn es bestraft. Da alle Bürger in seinen Augen gleich sind, sind sie gleichermaßen zu allen Würden, Posten und öffentlichen Ämtern nach ihren Fähigkeiten zugelassen, ohne andere Unterschiede als die, die sich aus ihren Tugenden und Talenten ergeben. […]

Art. 9. Da jeder Mensch so lange für unschuldig gehalten wird, bis er schuldig gesprochen worden ist, soll, wenn seine Verhaftung als unumgänglich betrachtet wird, jede Härte, die nicht unabdingbar ist, um sich seiner Person zu versichern, durch das Gesetz streng unterdrückt werden.

Art. 10. Niemand darf wegen seiner Meinungen, selbst in religiösen Fragen, behelligt werden, solange ihre Äußerung nicht die durch das Gesetz festgelegte öffentliche Ordnung stört.

Art. 11. Der freie Austausch der Gedanken und Meinungen ist eines der kostbarsten Menschenrechte. Jeder Bürger kann also frei reden, schreiben, drucken, mit der Einschränkung, dass er die Verantwortung für den Missbrauch dieser Freiheit in den durch das Gesetz bestimmten Fällen übernehmen muss.

Art. 17. Da das Eigentum ein unverletzliches und heiliges Recht ist, kann es niemandem weggenommen werden, wenn es nicht die nach dem Gesetz festgestellte, öffentliche Notwendigkeit offensichtlich erfordert, und auch dann nur unter der Bedingung einer gerechten Entschädigung im Voraus.

Die französische Revolution. Ein Lesebuch mit zeitgenössischen Berichten und Dokumenten, ausgew., übers. u. kommentiert v. Chris E. Paschold und Albert Gier, Stuttgart 1989, S. 96 ff.

M 6 Frauenrechte

Die Schriftstellerin Olympe de Gouges (1748–1793) verfasste während der Revolution zahlreiche Flugschriften. Die Erklärung „Die Rechte der Frau" wurde im September 1791 veröffentlicht:

Infolgedessen erkennt und erklärt das an Schönheit und Mut angesichts der Schmerzen der Mutterschaft überlegene Geschlecht, in Gegenwart und unter dem Schutz des Höchsten Wesens, fol-
5 gende Rechte der Frau und Bürgerin:
Artikel 1. Die Frau ist von Geburt frei und bleibt dem Manne gleich an Rechten. Soziale Unterschiede dürfen nur im gemeinen Nutzen begründet sein.
10 Art. 2. Das Ziel jeder politischen Vereinigung ist die Erhaltung der natürlichen und unveräußerlichen Rechte von Mann und Frau. Diese Rechte sind Freiheit, Eigentum, Sicherheit und Widerstand gegen Unterdrückung.
15 Art. 3. Der Ursprung jeder Souveränität ruht wesentlich in der Nation, die nur die Gemeinschaft aller Frauen und Männer ist. Keine Körperschaft, kein Individuum können eine Gewalt ausüben, die nicht ausdrücklich von ihr ausgeht.
20 Art. 4. Freiheit und Gerechtigkeit bestehen darin, den anderen alles zurückzugeben, was ihnen gehört. So wird die Frau in der Ausübung ihrer natürlichen Rechte nur durch die fortdauernde Tyrannei beschränkt, die der Mann ihr entgegen-
25 setzt. Diese Beschränkungen müssen durch Gesetze der Natur und Vernunft abgeschafft werden.
[...]
Art. 6. Das Gesetz ist der Ausdruck des allgemeinen Willens. Alle Bürgerinnen und Bürger sollen persönlich oder durch ihre Vertreter an seiner For-
30 mung mitwirken. Es soll für alle gleich sein: Da alle Bürgerinnen und Bürger in seinen Augen gleich sind, sollen sie gleichermaßen zu allen Würden, Posten und öffentlichen Ämtern nach ihren Fähigkeiten zugelassen werden, ohne andere Unter-
35 schiede als die ihrer Tugenden und Talente.

Die französische Revolution. Ein Lesebuch mit zeitgenössischen Berichten und Dokumenten, ausgew., übers. u. komm. v. Chris E. Paschold und Albert Gier, Stuttgart 1989, S. 185.

M 7 Olympe de Gouges
Zeitgenössisches Porträt

Aufgaben

1. a) Erkläre den Begriff „konstitutionelle Monarchie".
   b) Untersuche anhand des Verfassungsschemas, wem die größte Macht zukam.
   c) Wieso stimmte die Einteilung in Aktiv- und Passivbürger nicht mit den Menschen- und Bürgerrechten überein? Vgl. mit Art. 1 und Art. 6.
   → Text, M1, M5

2. a) Suche für jeden Artikel der Erklärung der Menschenrechte einen passenden Begriff.
   b) Weshalb war eine Erklärung der Menschenrechte mit dem Prinzip der Ständegesellschaft unvereinbar?
   c) Die Verfassung der Bundesrepublik ist das Grundgesetz. Informiere dich, welche Rechte der Erklärung von 1789 in Deutschland gelten.
   d) Erläutere die Illustration der Menschenrechtserklärung.
   → M4, M5, Grundgesetz der Bundesrepublik

3. a) Vergleiche die Erklärung „Die Rechte der Frau" mit der Erklärung der Menschenrechte. Nenne Gemeinsamkeiten und Unterschiede.
   b) Wie sieht Olympe de Gouges die Rolle der Frauen?
   c) Begründe, ob ihre Erklärung deiner Meinung nach heute noch aktuell ist.
   → M5, M6

95

Absolutismus, Aufklärung und Revolution

Die Revolution geht weiter

Das Ende der Monarchie

Mit der Verabschiedung der Verfassung am 3. September 1791 war die Revolution nicht beendet – im Gegenteil. In der neu gewählten Nationalversammlung waren Anhänger der alten Ordnung und diejenigen, die wie Lafayette einen Ausgleich mit dem König suchten, nicht mehr vertreten. Den größten Einfluss hatten hier die Jakobiner. Die Bezeichnung geht zurück auf ihren Versammlungsort, das ehemalige Kloster St. Jakob in Paris. Hier trafen sich die meisten Anhänger der Revolution, um aktuelle Ereignisse zu besprechen und das weitere Vorgehen zu diskutieren.

Von den Jakobinern getrennt hatten sich die Feuillants. Sie trafen sich ebenfalls in einem verlassenen Kloster, dem des Mönchsordens der Feuillants, die zu den Zisterziensern gehörten. Für sie war die Revolution mit dem Inkrafttreten der Verfassung beendet, während die Jakobiner die Revolution fortsetzen wollten.

Zwei Fragen bestimmten in diesen Monaten die politische Diskussion: Sollte die Monarchie erhalten bleiben? Und: Sollte Krieg geführt werden? Die Revolutionäre befürchteten nämlich ein militärisches Eingreifen ausländischer Mächte, was die aus Frankreich geflohenen Adligen seit langem forderten.

Den europäischen Monarchen schien die Entwicklung in Frankreich eine bedenkliche Richtung zu nehmen, denn sie sahen die Herrschaft des französischen Königs gefährdet. Ludwig selbst erhoffte sich von einem Krieg das Ende der Revolution. Aber auch viele Revolutionäre stimmten für einen Angriffskrieg, weil sie die Bedrohung von außen abwehren wollten und eine Ausbreitung der Revolution in Europa erhofften. Im April 1792 erklärte Frankreich Österreich den Krieg, da man dort das Zentrum der Revolutionsgegner sah.

M 1

Die Tuilerien und ihre Umgebung
- (A) Tuilerienschloss
- (A1) Sitz des Königs bis 1792
- (A2) Nationalkonvent
- (A3) Wohlfahrtsausschuss
- (B) Manège: Nationalversammlung
- (C) Jakobinerclub
- (D) Club der Feuillants

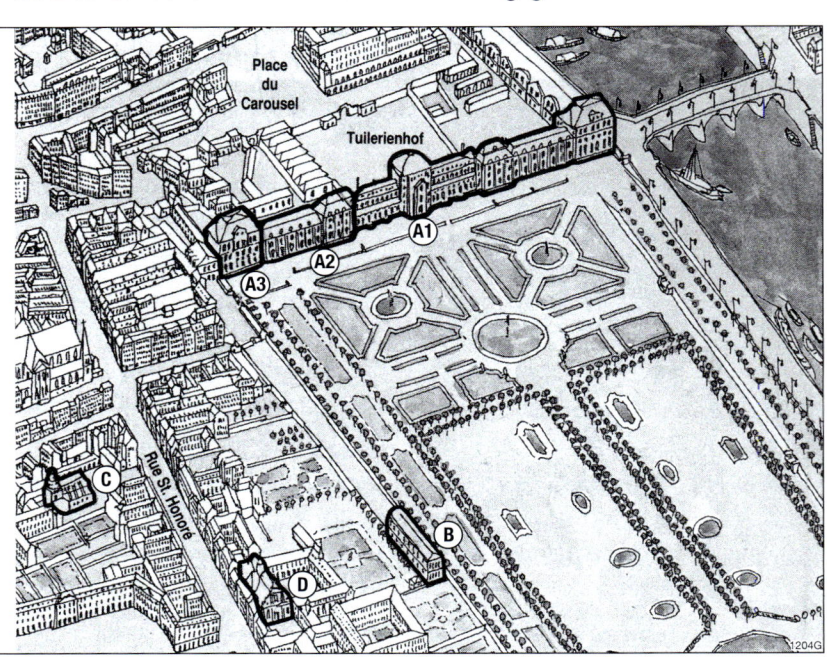

M 2 Georges Jacques Danton (1759–1794)

In Frankreich wuchs die Kritik an Ludwig XVI. und Königin Marie Antoinette unterdessen weiter, da er zunächst mit den gemäßigten Anhängern der Revolution zusammengearbeitet, sich dann aber von ihnen getrennt hatte.

Das Misstrauen entlud sich am 10. August 1792. Eine aufgebrachte Menge stürmte das Pariser Stadtschloss, die Tuilerien. Bei den Kämpfen gab es viele Tote und Verletzte. Die königliche Familie wurde gefangen genommen, die Monarchie am 21. September 1792 abgeschafft.

Die Herrschaft des Konvents

Nach der Gefangennahme des Königs wurde die seit einem Jahr bestehende Nationalversammlung aufgelöst und durch einen Nationalkonvent ersetzt. Dieser wurde nach dem allgemeinen Wahlrecht bestimmt und sollte eine neue Verfassung ausarbeiten. Anhänger der Monarchie waren nicht mehr vertreten.

Unter den Anhängern der Revolution hatten sich inzwischen verschiedene politische Gruppen herausgebildet:

- Die gemäßigten Jakobiner wurden nach der Herkunft ihrer Führer aus der Gironde, einer Landschaft in Südwestfrankreich, „Girondisten" genannt. Sie waren für den Krieg und betrachteten die Revolution mit der Abschaffung der Monarchie als beendet.
- Die radikalen Jakobiner wurden nach ihren Plätzen im oberen Teil des Versammlungssaals als „Montagnards", als „Bergpartei", bezeichnet. Sie wollten die Revolution noch weitertreiben. Führende Vertreter waren Danton, Marat und Robespierre, die in der Folgezeit eine entscheidende Rolle spielten.
- Daneben gab es eine Gruppe nicht organisierter Abgeordneter.

Der Konvent setzte die Verfassung wegen des Krieges nie in Kraft. Es wurde deshalb auch keine Regierung gebildet, sondern einzelne Ausschüsse des Konvents übten die Macht aus. Vor allem der so genannte „Wohlfahrtsausschuss" hatte großen Einfluss.

Zwischen 1792 und 1794 war die politische Situation sehr unübersichtlich. Es herrschte Krieg und es kam immer wieder zu Aufständen und Machtkämpfen zwischen einzelnen Gruppen.

M 3 Maximilien Robespierre (1758–1794)

M 4 Louis Antoine Saint-Just (1767–1794)

M 5 Jean Paul Marat (1743–1793)

M 6 Camille Desmoulins (1760–1794)

Absolutismus, Aufklärung und Revolution

Die französische Nationalhymne – Die Entstehungsgeschichte nachvollziehen

M 7 Die Marseillaise

Der „Chant de guerre pour l'armée du Rhin", wie das Lied zunächst hieß, wurde Ende April 1792 nach der Kriegserklärung an Österreich von Claude-Joseph Rouget de Lisle (1760–1836) gedichtet. Die Freiwilligen aus Marseille brachten es im Juli nach Paris. Es ist heute die Nationalhymne:

Vorwärts, Kinder des Vaterlandes,
der Tag des Ruhms ist da.
Gegen uns hat die Tyrannei
ihre blutigen Standarten erhoben.
5 Hört ihr im Gelände
die wilden Soldaten brüllen?
Sie kommen,
um unsere Söhne und Frauen in unseren Armen zu töten.
10 Zu den Waffen, Bürger! Stellt eure Bataillone auf;
wir wollen marschieren, unreines Blut soll unsere Acker tränken.

Was will diese Horde von Sklaven,
15 von Verrätern und Königen, die sich verschworen haben?
Für wen sind diese schändlichen Fesseln,
Die seit langem vorbereiteten Ketten bestimmt?
Für uns Franzosen; oh, was für eine Beleidigung!
20 Wie muss sie unser Blut in Wallung bringen!
Man wagt daran zu denken, gerade uns
wieder in die alte Sklaverei zu bringen.

Was denn! diese ausländischen Kohorten
25 sollten in unserer Heimat gebieten!
Was denn! Söldnerscharen
sollten unsere stolzen Krieger niederwerfen!
Großer Gott! von gebundenen Händen
sollte unsere Stirn unter das Joch gebeugt werden!
30 Gemeine Despoten sollten
die Herren über unser Schicksal werden!

Zittert, Tyrannen, und ihr, Verräter,
der Schandfleck aller Parteien:
35 Zittert, eure verruchten Pläne
werden endlich ihren Lohn empfangen.
Alles ist Soldat, um euch zu bekämpfen;
wenn unsere jungen Helden fallen,
bringt Frankreich neue hervor,
40 die bereit sind, gegen euch zu streiten. [...]

Heilige Liebe zum Vaterland,
führe und stärke unsere rächenden Arme;
Freiheit, süße Freiheit, kämpfe an der Seite deiner Verteidiger.
45 Der Sieg möge beim männlichen Klang deiner Stimme unter unsere Fahnen eilen.
Deine sterbenden Feinde
sollen deinen Triumph und unseren Ruhm sehen.

Die französische Revolution. Ein Lesebuch mit zeitgenössischen Berichten und Dokumenten, ausgew., übers. u. komm. v. Chris E. Paschold und Albert Gier, Stuttgart 1989, S. 210 ff.

M 8 Reaktionen auf die Marseillaise

a) Die Zeitung „Cronique de Paris" schrieb am 20.8.1792:

Man hört, dass gegenwärtig in allen Theatern das Lied: „Allons enfants de la Patrie" verlangt wird. Die Melodie [...] ist zugleich ergreifend und kriegerisch. Die Verbündeten haben es von Marseille, wo es sehr in Mode war, mitgebracht. Sie singen es 5 sehr wirkungsvoll, und die Stelle, wo sie ihre Hüte und Säbel schwingen und im Chor rufen: „Aux armes, Citoyens!" lässt einen wirklich erschauern. Sie haben das Lied in allen Dörfern gesungen, durch die sie gezogen sind, und auf diese Weise 10 haben die neuen Barden vaterländische und kriegerische Gefühle entfacht.

b) Der französische General Thiébault (1769–1846) schrieb über seine Eindrücke:

Es war am 30. Juli, als diese scheußlichen Verbündeten, der Auswurf von Marseille, in Paris ankamen. Das Eindringen der Briganten [Aufständischen] entfesselte den Pöbel und das Verbrechen vollends. Ich glaube, man kann sich nichts 5 Abscheulicheres vorstellen als diese fünfhundert tollen Menschen, die zu drei Vierteln betrunken sind, fast alle in roten Mützen, mit nackten Armen und zerlumpt [...].
In dieser Weise gaben die Marseiller den Ton an, 10 und wenn Paris seit dem 20. Juli jeden Tag trister wurde, so ist es seit dem Erscheinen dieser höllischen Sippschaft schauerlich geworden. Sie vollführte ihr Mordwerk mit Gebrüll von „Ça ira" und der Marseillaise, Liedern, von denen das erste für 15 das Vergnügen des Tanzes und das zweite für einen würdigeren Zweck gemacht war.

Die Französische Revolution in Augenzeugenberichten, hrsg. von G. Pernoud u. S. Flaissier, 7. Aufl., München 1989, S. 142 f.

Die Rolle des Königs – Verschiedene Bildquellen vergleichen

M 9 Ludwig XVI., um 1777

M 10 Der König im Käfig der Verfassung, um 1791

M 11 Die Hinrichtung Ludwigs XVI. am 21. Januar 1793, zeitgenössisches Gemälde

Aufgaben

1. a) Erläutere, wie es zum Ende der Monarchie kam.
   b) Welche Bedeutung hatte das Verhalten des Königs, welche die außenpolitische Lage bei dieser Entwicklung?
   → Text
2. Informiere dich über die wichtigsten Revolutionäre. → M2–M6, Lexikon, Internet
3. a) Stelle die Begriffe zusammen, die in der Marseillaise für die revolutionären Franzosen und die für die Gegner der Revolution verwendet werden.
   b) Erkläre anhand sprachlicher Besonderheiten die mitreißende Wirkung der Hymne.
   c) Welche Einstellung gegenüber der Hymne kommt in den zeitgenössischen Berichten zum Ausdruck?
   → M7, M8
4. a) Beschreibe, wie Ludwig XVI. auf den einzelnen Abbildungen dargestellt wird.
   b) Vergleiche die Bilder untereinander. Achte auf den jeweiligen Bildtyp.
   c) Stelle anhand der Abbildungen wichtige Ereignisse der Revolution dar.
   d) Beurteile die Rolle des Königs.
   → M9–M11

Absolutismus, Aufklärung und Revolution

M 1 Sansculotten
Die radikalen Revolutionäre aus den Unterschichten, zeitgenössische Zeichnung

Die Revolution ufert aus

Krieg und Bürgerkrieg

Nach der Gefangennahme des Königs und der Abschaffung der Monarchie stellte sich die Frage, was mit Ludwig XVI. geschehen sollte. Gegen die Girondisten, die einen Prozess ablehnten, da sie ein Eingreifen des Auslands befürchteten, setzten sich die Montagnards durch. So wurde der König im Dezember 1792 angeklagt und am 21. Januar 1793 durch die Guillotine hingerichtet.

Die Tötung eines Monarchen empfanden die europäischen Herrscher als Bedrohung und bildeten eine Koalition gegen Frankreich. Zugleich nahm der Widerstand im Innern zu. In der Vendée und anderen Gegenden Frankreichs kam es zu Aufständen gegen die Herrschaft des Konvents. Es herrschte Bürgerkrieg. Die Revolutionsregierung war 1793 von innen und außen massiv bedroht.

Hinzu kam, dass Teile der Pariser Bevölkerung radikalere Maßnahmen forderten und den Konvent unter Druck setzten. Es handelte sich dabei um die Sansculotten, die, anders als Adel und Bürgertum, „sans culottes", das heißt „ohne Bundhosen", auftraten, und „pantalons", d. h. lange Hosen trugen. Sie waren kompromisslose Anhänger der Revolution und zu ihnen gehörten Handwerker ebenso wie Bettler. Sie forderten vor allem eine Verbesserung ihrer wirtschaftlichen Lage und unterstützten die nun entstehende „Schreckensherrschaft".

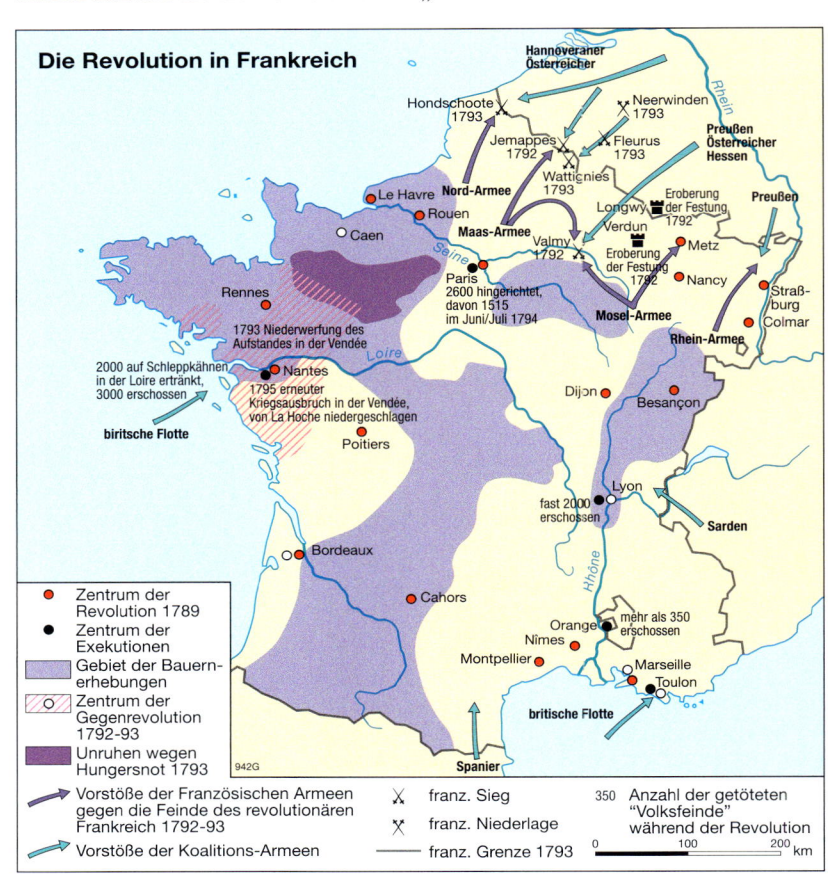

M 2 Die Revolution in Frankreich

Vendémiaire	Brumaire	Frimaire	Nivôse	Pluviôse	Ventôse
„Weinlese"	„Nebel"	„Frost"	„Schnee"	„Regen"	„Wind"
22.9. – 21.10.	22.10. – 20.11.	21.11. – 20.12.	21.12. – 19.01.	20.01. – 18.02.	19.02. – 20.03.
Germinal	Floréal	Prairial	Messidor	Thermidor	Fructidor
„Saat"	„Blüten"	„Wiesen"	„Ernte"	„Hitze"	„Früchte"
21.03. – 19.04.	20.04. – 19.05.	20.05. – 18.06.	19.06. – 18.07.	19.07. – 17.08.	18.08. – 16.09.

1 Monat = 30 Tage = 3 Dekaden zu 10 Tagen – letzter Tag einer Dekade: Ruhetag; Feiertage 17.– 21.09.

M 3 Der Revolutionskalender
Mit dem Sturz des Königs am 22. September 1792 ließen die Revolutionäre das Jahr I beginnen.

Die Schreckensherrschaft

In dieser Situation griff die Revolutionsregierung zum Mittel des Terrors und richtete im März 1793 das Revolutionstribunal ein: einen Gerichtshof, der Gegner der Revolution, aber auch Preistreiber verurteilte. In den Jahren 1793 und 1794 wurden Tausende hingerichtet, auch dann noch, als die innere und äußere Bedrohung nachgelassen hatte. Die Todesurteile vollstreckte die Guillotine, ein vom Arzt Guillotin erfundenes Fallbeil.

Zwischen den verschiedenen Revolutionsparteien brach in dieser angespannten Situation ein mörderischer Machtkampf aus. Zuerst wurden die Girondisten verfolgt und größtenteils hingerichtet, danach Danton mit seinen Anhängern sowie weitere Gruppen, sodass schließlich der Kreis um Robespierre die alleinige Macht besaß.

Bevor Robespierre am 28. Juli 1794 selbst gestürzt und hingerichtet wurde, kam es im letzten Monat seiner Regierung noch zu einer Steigerung der Schreckensherrschaft, der „Grande Terreur". Gleichzeitig versuchte Robespierre eine neue Religion zu begründen: Im Juni 1794 fand eine aufwändige Feier zu Ehren des „Höchsten Wesens" statt, das die menschliche Vernunft verkörperte. Auf diese Weise sollte ein Ersatz für die christliche Religion geschaffen werden.

Die Bewertung der Schreckensherrschaft war stets umstritten. Gegner der Revolution sahen in ihr eine logische Fortsetzung der Entwicklung seit 1789, Anhänger hingegen erblickten darin einen Verrat an den ursprünglichen Idealen.

M 4 Opfer der Terrorherrschaft
Abtransport von Hingerichteten 1793, zeitgenössisches Gemälde

Absolutismus, Aufklärung und Revolution

Kritik und Rechtfertigung des Terrors – Arbeiten mit Bild- und Textquellen

Die Schrifttafeln lauten:
Clergé
Parlement
Noblesse
Constituante
Legislature
Convention
Peuple

M 5 Karikatur von 1794

M 6 Gedanken eines Henkers

Die Familie Sanson stellte seit dem 17. Jahrhundert die Henker von Paris. In der Familiengeschichte, die ein Nachkomme verfasste, sind die Aufzeichnungen von Charles-Henri Sanson enthalten. Dieser war in der Zeit der Französischen Revolution als Henker tätig:

29. Prairial [17. Juni 1794]. Ein schrecklicher Tag! Die Guillotine hat vierundfünfzig vernichtet! Ich bin mit meinen Kräften am Ende und wäre beinahe ohnmächtig geworden. Man zeigte mir eine
5 Karikatur, die in der Stadt kursiert und auf der ich dargestellt bin, wie ich mich inmitten einer Ebene, die, soweit das Auge reicht, mit Leichen ohne Köpfe und mit Köpfen ohne Körper bedeckt ist, selbst guillotiniere. Wenn nur mein Hals nötig wäre, um die Guillotine zu beseitigen, ich bin bereit, und 10 der Zeichner soll nicht gelogen haben. Ich rühme mich nicht einer Sensibilität, die ich nicht besitzen kann; ich sah zu oft und aus zu großer Nähe die Leiden und den Tod meiner Mitmenschen mit an, als dass ich leicht zu beeindrucken wäre. Wenn 15 mein Gefühl aber nicht Mitleid ist, dann muss es das Ergebnis einer Nervenkrankheit sein; vielleicht straft mich die Hand Gottes für meinen feigen Gehorsam gegen etwas, was so wenig der Gerechtigkeit ähnelt, der zu dienen ich geboren war? 20

Die Französische Revolution. Ein Lesebuch mit zeitgenössischen Berichten und Dokumenten, ausgew., übers. u. komm. v. Chris E. Paschold und Albert Gier, Stuttgart 1989, S. 356.

M 7 Eine Rede Robespierres

Robespierre hielt am 5.2.1794 im Konvent die folgende Rede:

Was ist also das grundlegende Prinzip der demokratischen Regierung oder der Volksregierung, das heißt, was ist die wichtigste Kraft, die sie unterstützen und antreiben soll? Es ist die Tugend! Und ich meine damit die öffentliche Tugend, die 5 in Griechenland und Rom so viele Wunder vollbracht hat und die noch weit Erstaunlicheres im republikanischen Frankreich vollbringen soll. Ich meine jene Tugend, die nichts anderes ist, als die Liebe zum Vaterland und zu seinen Gesetzen. 10 […]
Von außen werden wir von allen Tyrannen umzingelt; im Innern konspirieren [verschwören sich] alle Freunde der Tyrannen gegen uns: Sie werden so lange konspirieren, bis dem Verbrechen jede 15 Hoffnung genommen ist. Man muss die inneren und äußeren Feinde der Republik beseitigen oder mit ihr untergehen. Deshalb sei in der gegenwärtigen Lage der erste Grundsatz eurer Politik, das Volk durch Vernunft und die Volksfeinde durch 20 Terror zu lenken.
Wenn in friedlichen Zeiten der Kraftquell der Volksregierung die Tugend ist, so sind es in Zeiten der Revolution Tugend und Terror zusammen. Ohne die Tugend ist der Terror verhängnisvoll, 25 ohne den Terror ist die Tugend machtlos. Der Terror ist nichts anderes als die unmittelbare, strenge und unbeugsame Gerechtigkeit; er ist also eine Emanation [hier: Folge] der Tugend.

Maximilien Robespierre, Ausgewählte Texte, Hamburg 1971, S. 587 f., S. 594 f.

Die Beurteilung der Schreckensherrschaft – Unterschiedliche Perspektiven erfassen

M 8 Zwei Stellungnahmen

a) *Der deutsche Schriftsteller Adolph von Knigge (1752–1796) beurteilte die Entwicklungen in Frankreich in einer Schrift aus dem Jahr 1794 folgendermaßen:*

Alle Gewalttätigkeiten aber, die vorgegangen sind, alle Ermordungen, alle Plünderungen, Mordbrennereien, Ausschweifungen und überhaupt alle gesetzlosen Handlungen sind, in Vergleichung
5 mit den Unordnungen und Gräueln, womit von jeher ähnliche, ja! viel geringere Vorfälle bezeichnet gewesen, für nichts zu rechnen. Die Revolution ist eine große, beispiellose und, sie falle aus, wie sie wolle, sie sei rechtmäßig oder widerrecht-
10 lich unternommen worden, der ganzen Menschheit wichtige Begebenheit. Ein Krieg, den irgendein ehrgeiziger Despot zur Befriedigung seiner kleinen Leidenschaften führt, [...] kostet tausendmal mehr Blut und unschuldiges Blut, und
15 zu welchem Zwecke? Ob Gibraltar den Engländern oder den Spaniern gehört, das ist gewiss für die Welt und vielleicht für das wahre Glück der beiden streitenden Nationen selbst ein ziemlich unbedeutender Umstand; und dennoch hat der
20 Kampf um diesen Felsen [im Spanischen Erbfolgekrieg, der 1713 beendet wurde] in einigen Stunden mehr Menschen, die gar nicht dabei interessiert waren, das Leben geraubt als ein jahrelanger Kampf um Freiheit und Gesetze in Frankreich.

Adolph Freiherr Knigge, Josephs von Wurmbrand politisches Glaubensbekenntnis mit Hinsicht auf die Französische Revolution, hrsg. von G. Steiner, Frankfurt/M. 1968, S. 53 f.

b) *Der berühmte deutsche Dichter Friedrich Schiller (1759–1805) nahm in einem Brief aus dem Jahre 1793 zu den Ereignissen in Frankreich Stellung:*

Der Versuch des französischen Volkes, sich in seine heiligen Menschenrechte einzusetzen und eine politische Freiheit zu erringen, hat bloß das Unvermögen und die Unwürdigkeit desselben an den Tag gebracht und nicht nur dieses unglückliche 5 Volk, sondern mit ihm auch einen beträchtlichen Teil Europas, und ein ganzes Jahrhundert, in Barbarei und Knechtschaft zurückgeschleudert. Der Moment war der günstigste, aber er traf eine verderbte Generation, die ihn nicht wert war und 10 weder zu würdigen noch zu benutzen wusste. Der Gebrauch, den sie von diesem großen Geschenk des Zufalls macht und gemacht hat, beweist unwidersprechlich, dass […] das liberale Regiment der Vernunft da noch zu frühe kommt, wo man kaum 15 damit fertig wird, sich der brutalen Gewalt der Tierheit zu erwehren […]. In den niederen Klassen sehen wir nichts als rohe gesetzlose Triebe, die sich nach aufgehobenem Band der bürgerlichen Ordnung entfesseln und mit unlenksamer Wut ihrer 20 tierischen Befriedigung zueilen. [...] Es waren also nicht freie Menschen, die der Staat unterdrückt hatte, nein, es waren bloß wilde Tiere, die er an heilsame Ketten legte.

Brief Friedrich Schillers an den Herzog Friedrich Christian von Augustenburg, in: Briefe deutscher Klassiker, Leipzig 1946, S. 281 f.

Aufgaben

1. Erläutere die Bedeutung des Begriffs „Schreckensherrschaft" im Zusammenhang mit der Französischen Revolution. → Text
2. a) Weshalb wurde in Frankreich eine Kalenderreform durchgeführt und die Jahreszählung neu begonnen?
   b) Erläutere den Sinn der Monatsnamen im Revolutionskalender.
   c) Versuche, deinen Geburtstag „umzurechnen".
   → M3
3. Vergleiche die Karikatur mit dem Tagebuch des Henkers und erläutere die Zusammenhänge.
   → M5, M6
4. Wie begründete Robespierre die Notwendigkeit des Terrors?
   → M7
5. Vergleiche die beiden Stellungnahmen zur Schreckensherrschaft.
   a) Erläutere, welche Position die beiden Autoren gegenüber der Schreckensherrschaft einnehmen.
   b) Suche in den Quellen Textstellen, die die jeweilige Perspektive aufzeigen.
   → M8

Absolutismus, Aufklärung und Revolution

Die Revolution scheint beendet und breitet sich aus

Die Herrschaft des Direktoriums
Nach der Schreckensherrschaft war der Schrecken noch nicht zu Ende. Zwar war die Verfolgung und Hinrichtung vermeintlicher Feinde der Revolution vorbei, doch kam es nun zur grausamen Rache an den Jakobinern. Erst Ende 1795 kehrte allmählich Ruhe ein.

Im gleichen Jahr erhielt Frankreich eine neue Verfassung, die wieder Gewaltenteilung vorsah. Sie machte das Wahlrecht der Bürger erneut vom Einkommen abhängig und beschränkte den Einfluss ärmerer Bevölkerungsschichten. Somit profitierten vor allem reiche Bürger vom Sturz des Terrorregimes. An der Spitze des Staats stand ein fünfköpfiges Direktorium. Das gesellschaftliche Leben blühte wieder auf. Nach dem Zusammenbruch der radikalen revolutionären Phase wurde das Bürgertum zur bestimmenden politischen Kraft.

Die Ausbreitung der Revolution in Europa
Seit 1789 gab es in den Ländern Europas Anhänger der Französischen Revolution. Allerdings kam es in keinem anderen Land zu einer ähnlichen Entwicklung. Dies änderte sich nach 1792, als Krieg zwischen Frankreich und den anderen europäischen Mächten ausbrach.

Diese hatten sich zu einer Koalition, zu einem Bündnis zusammengeschlossen und waren zunächst erfolgreich. Spätestens seit 1794 gelangen jedoch der französischen Armee glänzende Erfolge.

Die eroberten Länder wurden in Republiken umgewandelt. So konnten nun auch außerhalb Frankreichs die Ziele der Revolution verwirklicht werden.

M 1 Verteidigung der Verfassung
Die Bildunterschrift lautet: Das Heilige Bataillon der 500 000 Republikaner verteidigt unsere Verfassung gegen die Sklaven der vereinigten Tyrannen, zeitgenössischer Stich.

Eine revolutionäre Armee
Die militärischen Siege lassen sich darauf zurückführen, dass in Frankreich zu dieser Zeit ein modernes Militärwesen entstand. Das einstige Heer des Königs wurde zum „Volksheer". Das heißt: Für alle Männer zwischen 18 und 25 Jahren galt die allgemeine Wehrpflicht. Auf diese Weise verfügte Frankreich über eine große Zahl von Soldaten, die von den Zielen der Revolution überzeugt waren und begeistert für ihr Vaterland kämpften. Auch ehrgeizige Soldaten aus dem Bürgertum, die sich in Schlachten bewährt hatten, konnten nun zu Offizieren und Generälen aufsteigen. Der berühmteste von ihnen war Napoleon Bonaparte.

Die Bedeutung der Französischen Revolution
Worin liegt die historische Bedeutung der Revolution?
- Republik als Staatsform: An die Stelle der absoluten Monarchie trat zunächst eine konstitutionelle. Dann wurde die Monarchie ganz abgeschafft und es entstand eine Republik. Heute sind Frankreich und viele andere europäische Staaten Republiken.
- Demokratische Verfassung: Die Nationalversammlung und die französische Verfassung von 1791 galten lange Zeit als Vorbild. Besonders die Erklärung der Menschen- und Bürgerrechte und die in der Verfassung verankerte Volkssouveränität hatten nachhaltige Auswirkungen.
Politische Parteien: Der Streit um die Französische Revolution führte dazu, dass sich politische Strömungen und später Parteien bildeten, die für das 19. und 20. Jahrhundert bestimmend blieben:
Die Konservativen waren Gegner der Revolution und überzeugte Anhänger einer starken Monarchie.
Die Liberalen bekannten sich zu den Zielen der Anfangsphase. Für sie war eine konstitutionelle Monarchie, wie sie die Verfassung von 1791 vorsah, das Ideal.
- Die Sozialisten wollten nicht nur die politische Freiheit, sondern auch die soziale Gleichheit erreichen. Für sie war die Französische Revolution unvollendet geblieben.
- Ende der Ständegesellschaft: Durch Geburt erworbene Vorrechte wurden immer unwichtiger, Leistung und Reichtum gewannen eine immer größere Bedeutung. Damit löste sich eine Gesellschaftsordnung auf, die seit Beginn des Mittelalters, also seit einem Jahrtausend bestimmend war.
- Wirtschaftliche Freiheit: Die Bauern wurden aus ihrer Abhängigkeit von den Grundherren befreit und konnten selbstständig wirtschaften. Dies galt auch für ehrgeizige Bürger, die leichter Handel treiben und Betriebe aufbauen konnten. Das war eine wichtige Voraussetzung für die Industrialisierung.
- Kultureller Umbruch: Neue Kleidersitten, neue Formen von Festen und Feiern sowie die gestiegene Bedeutung von Symbolen und nationalen Liedern sind Beispiele dafür. Die Begriffe „Vaterland" und „Nation" gewannen an Bedeutung.

M 2 Nationalfeiertag in Paris
Militärparade zum 14. Juli 2003

Diese politischen, sozialen, wirtschaftlichen und kulturellen Umwälzungen blieben nicht auf Frankreich beschränkt, sondern erfassten viele Länder Europas. So ist die Französische Revolution ein entscheidender Schritt auf dem Weg zur modernen Welt.

Absolutismus, Aufklärung und Revolution

„Eine neue Epoche der Weltgeschichte" – Ein Augenzeugenbericht

M 3 Kanonade von Valmy, 1792
Zeitgenössisches Gemälde

M 4 Die Kanonade von Valmy

a) *Der deutsche Dichter Johann Wolfgang Goethe erinnert sich an seine Kriegserlebnisse während des Feldzuges. Am 20.9.1792 kam es zur so genannten Kanonade von Valmy, der Entscheidungsschlacht des Krieges, die die Franzosen gewannen:*

So war der Tag hingegangen; unbeweglich standen die Franzosen, Kellermann hatte auch einen bequemen Platz genommen; unsere Leute zog man aus dem Feuer zurück, und es war eben, als
5 wenn nichts gewesen wäre. Die große Bestürzung verbreitete sich über die Armee. Noch am Morgen hatte man nicht anders gedacht, als die sämtlichen Franzosen anzuspießen und aufzuspeisen, ja mich selbst hatte das unbedingte Vertrauen auf
10 ein solches Heer, auf den Herzog von Braunschweig zur Teilnahme an dieser gefährlichen Expedition gelockt; nun aber ging jeder vor sich hin, man sah sich nicht an, oder wenn es geschah, so war es um zu fluchen, oder zu verwünschen.
15 Wir hatten, eben als es Nacht werden wollte, zufällig einen Kreis geschlossen, in dessen Mitte nicht einmal wie gewöhnlich ein Feuer konnte angezündet werden, die meisten schwiegen, einige sprachen, und es fehlte doch eigentlich einem
20 jeden Besinnung und Urteil. Endlich rief man mich auf, was ich dazu denke, denn ich hatte die Schar gewöhnlich mit kurzen Sprüchen erheitert und erquickt; diesmal sagte ich:

„Von hier und heute geht eine neue Epoche der Weltgeschichte aus, und ihr könnt sagen, ihr seid 25 dabei gewesen."

Goethes Werke, Band 10, Hamburg 1959, S. 234 f.

b) *Ein preußischer Offizier zog die Schlussfolgerung aus den Enttäuschungen, die die Verbündeten erfuhren. Auszug aus einem Brief, der bei einem Toten 1792 gefunden wurde:*

Die französischen Emigranten haben unseren guten König und alle Ausländer auf infame Weise getäuscht. Sie hatten versichert, die Gegenrevolution würde stattfinden, sobald wir uns zeigten; sie hatten gesagt, die Linientruppen seien ein Haufen 5 hergelaufenes Gesindel und die Nationalgarden liefen beim ersten Schuss davon. Nichts davon ist wahr. Die Emigranten haben uns nichts geliefert, und die französischen Truppen ähneln keineswegs dem Bild, das man uns von ihnen entworfen hat- 10 te. Wir haben schöne Menschen gefunden und vollendet gut berittene Kavallerie. Ihre Disziplin ist ebenso gut wir die unserer Truppen; wir haben sie Manöver ausführen sehen, die unsere Generäle nur bewundern konnten. Ihre Artillerie wird 15 sehr gut bedient; das haben wir am 20. September [dem Tag, an der die so genannte Kanonade von Valmy stattfand] erfahren, denn sie hat viele tapfere Leute von uns getötet.

Zit. nach: Die Französische Revolution in Augenzeugenberichten, hrsg. von Georges Pernoud und Sabine Flaissier, München 1989.

Die Französische Revolution – Verschiedene Deutungen

M 5 Die Beurteilung der Revolution

a) *Der englische Politiker Thomas Paine (1737–1809) hatte sich für die amerikanische Unabhängigkeit eingesetzt und äußerte sich in einer Schrift zur Französischen Revolution:*

Eine der ersten Taten der Französischen Revolution war es, dass sie eine Erklärung der Menschenrechte veröffentlichte, auf deren Grundlage die neue Verfassung errichtet werden sollte […].
In der Präambel, die der Erklärung der Rechte vorangestellt ist, erscheint die Nation feierlich und eindrucksvoll, und sie bekennt sich unter der Schirmherrschaft Gottes zu ihrem Auftrag, eine Regierung zu schaffen. Das ist ein derart neues und in der europäischen Welt völlig beispielloses Ereignis, dass das Wort „Revolution" seinem Charakter nicht angemessen ist; es handelt sich vielmehr um eine „Wiedergeburt des Menschen".

Thomas Paine, Rights of Man, 1. Teil, Februar 1791, in: Common Sense and Other Political Writings, New York 1953, S. 95 ff.

b) *Der französische Politiker Joseph de Maistre (1753–1821) emigrierte 1792 und veröffentlichte seine Schrift „Betrachtungen zur Französischen Revolution" in London:*

Was die Französische Revolution kennzeichnet und zu einem einzigartigen Ereignis in der Geschichte macht, ist, dass sie durch und durch böse ist; nicht eine Spur von Gutem mag den Schmerz des Betrachters zu mildern; sie hat den höchsten Grad der Verderbtheit erreicht, sie ist reinster Schmutz. Auf welcher Seite der Geschichte findet man eine derartige Fülle von Lastern verzeichnet, die sich auf dem gleichen Schauplatz austoben? Welch grauenvolle Ansammlung von Gemeinheit und von Grausamkeit! Welch äußerste Sittenlosigkeit!

Joseph de Maistre, Considérations sur la France, Ausgabe von Johannet und Vermale, Paris 1936, S. 56 ff.

c) *Der deutsche Schriftsteller Ernst Moritz Arndt (1769–1860) äußerte sich 1806 zur Französischen Revolution:*

Ich lasse es mir daher nicht nehmen, dass die ersten Jahre der Revolution wirklich ein höherer und enthusiastischer Geist im Volke war, dass viele entschlossen waren und hofften, es werde und solle eine besondere und glückliche Verfassung aus dem Chaos der Verwirrung und dem Kampf so mancher Ideen hervorgehen. […]
Der Geist des Bösen, der so reichlich in allen Revolutionen ist und aus so wenigen wirklich das Gute und Große kommen lässt, begann nach einigen Jahren zu herrschen und herrschte bis 1795 wütend. Er fuhr in das große Volk und versteckte sich hinter einer Masse von Millionen. Nachdem Thron, Adel und Priestertum und der Bau der ersten losen Verfassung mit allem Alten gestürzt und vernichtet war, da machte die Revolution den Pöbel zum Herrn, jenes Ungeheuer, […] das zuweilen mit hunderttausend Armen alles umwirft, zuweilen mit hunderttausend Füßen nur kriecht. Es ist unmöglich, aus jener abscheulichen Zeit Licht und Klarheit zu finden und Schuld und Unschuld auseinander zu flechten und zu enträtseln. Solche Epoche klärt keine Geschichte auf. Wahn und Absicht, Schwärmerei und Bosheit, Zufall und Plan, Heroismus und Niederträchtigkeit liegen einander oft so nahe, dass nur ein Gott das Urteil sprechen möchte.

Ernst Moritz Arndt, Geist der Zeit, 1. Band, Berlin 1806, S. 172 ff.

Aufgaben

1. Erläutere die Bemerkung Goethes, „Von hier und heute geht eine neue Epoche der Weltgeschichte aus …". → M4
2. a) Fasse zusammen, wie Goethe die Ereignisse in Valmy beurteilt.
   b) Wie nahm der preußische Offizier die Schlacht in Valmy wahr?
   c) Erläutere, worin sich die beiden Einschätzungen unterscheiden. → M4
3. Stelle die wichtigsten Folgen der Französischen Revolution zusammen.
   → Text
4. a) Fasse die Urteile der drei Autoren in kurzer Form zusammen.
   b) Welche Unterschiede und welche Gemeinsamkeiten gibt es bei den Bewertungen?
   c) Ordne die Autoren den im Text genannten politischen Strömungen zu.
   d) Formuliere ein eigenes Urteil über die Bedeutung der Französischen Revolution. → M5

Absolutismus, Aufklärung und Revolution

Napoleon – Vom Landadligen zum Kaiser

Ein grandioser Aufstieg

1804 krönte sich Napoleon Bonaparte zum Kaiser der Franzosen und begründete damit das Kaisertum Napoleons. Er stammte aus einer verarmten korsischen Adelsfamilie und hatte keine Verbindung zu Europas Königshäusern. Wie war ein solch grandioser Aufstieg möglich? Um diese Frage zu beantworten, muss man den Lebensweg Napoleons und die damalige Situation in Frankreich betrachten. Erst das Zusammenspiel von persönlichem Ehrgeiz und sozialem Aufstieg, den nur die Revolution ermöglichte, kann seine Karriere erklären.

Napoleons Lebensweg

Der 1769 auf Korsika geborene Napoleon erhielt mit zehn Jahren ein Stipendium an der Militärschule von Brienne, wechselte wegen guter Leistungen nach Paris und wurde 1785 Leutnant. Danach verbrachte er einige Jahre auf Korsika und kehrte 1793 ohne feste Anstellung nach Paris zurück. Als begeisterter Anhänger der Revolution erhielt er ein militärisches Kommando und eroberte die Hafenstadt Toulon von den Royalisten zurück. Wegen dieser glänzenden militärischen Leistung beförderte ihn Robespierre 1794 – also mit 25 Jahren – zum General. Napoleon verdankte seinen Aufstieg somit der Revolution.

Da auch das Direktorium fähige Offiziere brauchte, erhielt Napoleon schon 1796 den Oberbefehl über die Italienarmee. Seine mitreißenden Reden, die Ruhm und Reichtum verkündeten, motivierten die Soldaten so sehr, dass die französische Armee die österreichischen Truppen aus Norditalien verdrängen konnte.

Ohne Rücksprache mit dem Direktorium schloss Napoleon 1797 den Frieden von Campoformio und errichtete in Oberitalien Republiken, die Frankreich kontrollierte. Der Sieg in Italien und die ihm treu ergebene Italienarmee bildeten die Grundlage seiner Macht.

Nach Paris zurückgekehrt, forderte er einen Feldzug nach Ägypten, um Englands Handel mit Indien zu stören. Napoleons Armee begleiteten Wissenschaftler, die Ägyptens Kultur erforschen und Errungenschaften der Aufklärung vermitteln sollten. Zwar konnte die Armee Ägypten erobern, doch vernichtete der englische Admiral Lord Nelson die französische Flotte 1798 bei Abukir im Mittelmeer.

Napoleon wird Konsul

Inzwischen geriet das Direktorium in Bedrängnis, da österreichische und russische Truppen Erfolge erzielten. Zudem gelang es nicht, den Aufständen der Royalisten und der Wirtschaftskrise Herr zu werden. Diese äußere und innere Krise führte am 9. November 1799 zum Sturz des Direktoriums, an dem sich Napoleon aktiv beteiligte.

Mit 30 Jahren wurde Napoleon „Erster Konsul" der neuen Regierung, was praktisch die Alleinherrschaft bedeutete, denn Napoleon hatte das Ernennungsrecht der Minister und Mitkonsuln und ein Vorschlagsrecht bei Gesetzen. Obwohl die Revolution nicht lang zurücklag, zeigte sich ein Großteil der Bevölkerung mit Napoleons Alleinherrschaft einverstanden. Besonders das Besitzbürgertum wünschte eine starke Regierung, die den Schutz des Eigentums garantierte.

M 1 Napoleon als Erster Konsul
Gemälde von Jean-A.-Dominique Ingres, 1804

M 2 „Code civil" Ausgabe von 1804

Eine Politik des Ausgleichs

Napoleon gelang es, durch verschiedene Maßnahmen sowohl Befürworter wie Gegner der Revolution für sich zu gewinnen:

- Der „Code civil" (auch: Code Napoleon), ein auf Napoleon zurückgehendes fortschrittliches Gesetzbuch, sicherte revolutionäre Errungenschaften wie Freiheitsrechte des Einzelnen und Rechtsgleichheit.
- Das Verbot von Arbeitervereinigungen, die Wiedereinführung der Sklaverei in den Kolonien, die Einführung von Schutzzöllen sowie günstige Kredite für Betriebe erfüllten Forderungen der wohlhabenden Besitzbürger.
- Ein Konkordat, das heißt ein Vertrag mit dem Papst, führte zum Ausgleich mit der Kirche. Der katholische Glaube wurde zwar als offizielle Staatsreligion anerkannt, aber der Treueid der Geistlichen auf die Verfassung, die Einsetzung der Bischöfe durch Napoleon und die Entlohnung der Geistlichen durch den Staat sicherten die staatliche Kontrolle über die Kirche.
- Geflohene Adlige erhielten das Recht zur Rückkehr.
- Staatliche Arbeitsbeschaffungsmaßnahmen, zum Beispiel der Bau von Straßen, linderten die wirtschaftliche Not vieler Franzosen.

Napoleon wird Kaiser

Schließlich ließ sich Napoleon 1804 zum „Kaiser der Franzosen von Gottes Gnaden und aufgrund der Konstitution der Republik" krönen. Damit kam er den Anhängern einer Republik entgegen. Um seine Macht zu sichern, erhob er verdiente Personen wie Minister, Militärs und Bischöfe in den Adelsstand.

Napoleon nutzte also die Umbruchsituation der Französischen Revolution für seinen persönlichen politischen Aufstieg. Dies gelang ihm nur, weil er militärisch außerordentlich erfolgreich war und durch politische Maßnahmen einen Ausgleich herbeiführen konnte. Als Kaiser wollte Napoleon seine Macht weiter steigern, die Vorrangstellung Frankreichs in Europa ausbauen und die Errungenschaften der Revolution verbreiten.

M 3 Kaiserkrönung Napoleons in der Kathedrale Notre-Dame

Absolutismus, Aufklärung und Revolution

Der Kult um Napoleon – Herrscherdarstellungen kritisch beleuchten

M 4 Caesar
Statue, Rom, Ende des 1. Jahrhunderts v. Chr., Kapitolinisches Museum

M 5 Napoleon
Skizze der zerstörten Statue auf der Vendôme-Säule in Paris

M 6 Napoleons Erfolg

Der Historiker E. Weis schreibt über Napoleon:

Seine militärische Stärke lag in seiner Fähigkeit, mit Armeen von einer in Europa bis dahin unbekannten Größe von zweihunderttausend Mann oder mehr über Entfernungen von vielen hundert Kilometern in kürzester Zeit zu operieren, diese Einheiten in günstige Ausgangspositionen zu manövrieren, um die feindlichen Heere entweder von den Flanken her zu umfassen oder sie im Zentrum auseinanderzubrechen und deren Bestandteile dann einzeln zu besiegen. [...]
Er hätte diese Erfolge wohl nicht erzielt, wäre er nicht in der Lage gewesen, sich meisterhaft auf die Psyche seiner Soldaten einzustellen und sie zu höchsten Leistungen mitzureißen. Hierzu trug bei, dass er stets unter ihnen war, mit ihnen sprach und auch die Gefahren weitgehend mit ihnen teilte [...]. Bonaparte arbeitete häufig achtzehn Stunden am Tag; man schätzt, dass er in den fünfzehn Jahren seiner Herrschaft ungefähr achtzigtausend Briefe und Befehle diktiert hat. Auch während seiner zahlreichen Feldzüge regierte er persönlich und mit Erfolg. Er konnte vier Sekretären gleichzeitig diktieren, ohne auch nur einen Augenblick die Übersicht zu verlieren. Seine vielleicht größte Stärke bestand darin, dass er alle Möglichkeiten, die in einer Situation lagen, blitzschnell analysieren, entsprechende Pläne fassen und sofort detaillierte Befehle mit staunenswerter Sicherheit und Präzision erteilen konnte. [...]

E. Weis, Der Durchbruch des Bürgertums, Frankfurt/M. 1992 (Nachdruck der 2. Aufl. 1981), S. 225f.

M 7 Napoleon als General
Auf der Brücke von Arcole, 1796, Gemälde von Antoine-Jean Gros

M 8 Napoleon als Imperator
Im Krönungsornat, Gemälde von François Gérard, 1810

Aufgaben

1. a) Stelle Gründe für den Aufstieg Napoleons zusammen.
   b) Welche besondere Fähigkeit spricht der Historiker Eberhard Weis Napoleon zu?
   → Text, M6

2. a) Vor welchem Problem stand Napoleon, als er sich zum Kaiser krönte? Wie versuchte er, dieses Problem zu lösen?
   b) Erkläre den Kaisertitel, den sich Napoleon zulegte.
   → Text

3. Untersuche die Stellung der einzelnen Personen auf dem Krönungsbild.
   → M3

4. Wieso ließ sich Napoleon als römischer Imperator darstellen? Erläutere das Bild.
   → Text, M4, M5

5. a) Zeige auf, inwieweit Napoleon den Idealen der Französischen Revolution verbunden war.
   b) Ist Napoleon deiner Meinung nach Vollender oder Zerstörer der Revolution? Begründe deine Meinung.
   → Text

6. Erläutere, wie sich die bildliche Darstellung Napoleons änderte.
   → M1, M3, M5, M6, M7

111

Absolutismus, Aufklärung und Revolution

Europa verändert sein Gesicht

Napoleon herrscht über Europa

Im Laufe weniger Jahre gelang es Napoleon, durch Feldzüge, Verträge und Bündnisse Frankreich zur führenden Macht des Kontinents zu machen. Viele Staaten Europas wurden von Frankreich abhängig. Allerdings musste Napoleon die französische Herrschaft über dieses gewaltige Gebiet sichern. Dabei wandte er verschiedene Methoden an, war aber nicht immer erfolgreich.

Territoriale Neuordnung: Das Beispiel Deutschland

Im Heiligen Römischen Reich Deutscher Nation, das aus einer Vielzahl von Herrschaften bestand, spielte Österreich die entscheidende Rolle. Nachdem die linksrheinischen Gebiete des Reichs 1801 an Frankreich gefallen waren, wurden im Frieden von Lunéville denjenigen deutschen Fürsten, die Verluste erlitten hatten, rechtsrheinische Länder als Entschädigung versprochen. Eine Kommission des Reichstags, eine so genannte Reichsdeputation, hatte die Vorgaben Napoleons umzusetzen und beschloss 1803 eine grundlegende Neuordnung Deutschlands in seinem Sinne. Die territorialen Veränderungen hatten zur Folge, dass von den über 300 eigenständigen Herrschaften nur noch 40 übrig blieben.

M 1 Europa zur Zeit Napoleons I. (1812)

- Frankreich 1812
- von Verwandten Napoleons regierte Staaten
- von Napoleon abhängige Staaten
- Napoleons Russlandfeldzug 1812
- X wichtige Schlacht

Baden, Württemberg und Bayern wurden beträchtlich vergrößert, denn sie sollten künftig ein Gegengewicht zu Österreich und Preußen bilden. Diese Staaten waren von Napoleon abhängig, verdankten sie ihm doch ihren Machtzuwachs. Säkularisation und Mediatisierung waren die dabei angewandten Mittel:

- Säkularisation bedeutet die Auflösung geistlicher Herrschaften, in denen etwa ein Bischof oder Abt die politische Macht ausübte, und ihre Eingliederung in weltliche Fürstentümer. Kirchliches Eigentum wurde enteignet und in weltlichen Besitz überführt.
- Mediatisierung bedeutet die Beseitigung kleinerer weltlicher Herrschaften wie zum Beispiel Reichsstädte, Reichsritter oder Grafschaften. Sie kamen unter die Staatshoheit größerer Landesherrschaften.

Das Ende des Heiligen Römischen Reiches

Zur Auflösung des Reichs trugen die Bündnisse Badens, Württembergs und Bayerns mit Frankreich bei, da das Reich damit seine Geschlossenheit verlor. Mit der von Napoleon 1806 vorgenommenen Rangerhöhung Bayerns, Württembergs und Sachsens zu Königreichen gewannen diese Staaten größere Bedeutung. Die Auszeichnung war Napoleons Dank für die Unterstützung gegen Österreich.

1806 sagten sich 16 west- und süddeutsche Staaten vom Reich los und schlossen einen Bündnisvertrag mit Frankreich: den Rheinbund. Das war das Ende des Heiligen Römischen Reichs. Kaiser Franz II. legte daraufhin die deutsche Kaiserkrone nieder, nahm aber den Kaisertitel für Österreich an, um Napoleon ebenbürtig zu sein.

Auch Preußen geriet nach einer vernichtenden Niederlage bei Jena und Auerstedt 1806 unter die Kontrolle Napoleons. Preußen musste, um künftig keine Gefahr mehr für Frankreich darstellen zu können, alle Gebiete links der Elbe abtreten und eine hohe Kriegsentschädigung zahlen.

Absolutismus, Aufklärung und Revolution

M 3 **Jerôme Bonaparte**
König von Westfalen, Gemälde von François Baron Gérard, 1811

M 4 **Verbrennung geschmuggelter Waren in Frankfurt am Main 1810**
Geschmuggelt wurden neben Erzeugnissen aus englischen Kolonien (Kaffee, Zucker, Tee, Rum, Arrak, Tabak oder Seide) englische Tuche und hochwertige Stahlerzeugnisse wie zum Beispiel Rasiermesser.

Heiratspolitik

Um seine Herrschaft in Europa zu sichern, griff Napoleon auf ein bewährtes Mittel zurück: Er verheiratete Familienangehörige mit Mitgliedern führender Fürstenhäuser. Da er selbst eine Dynastie gründen wollte, trennte er sich von seiner ersten Frau Josephine, mit der er keine Kinder hatte, und heiratete Marie-Luise, eine Tochter des österreichischen Kaisers. Nun stand er mit einem der vornehmsten und mächtigsten europäischen Herrscherhäusern auf gleicher Stufe.

Reformpolitik

Napoleon wollte auch die Bevölkerung in den besetzten Gebieten für sich gewinnen. Deshalb drängte er die Verbündeten zur Einführung des Code Napoleon sowie zu Reformen. Das neu gegründete Königreich Westfalen, über das sein Bruder Jerôme herrschte, sollte als Musterstaat die anderen Länder von den Vorzügen der Französischen Revolution überzeugen. Hier wurde die erste Verfassung auf deutschem Boden erlassen und der Code civil eingeführt. Allerdings war der Adel bei der Machtausübung unverzichtbar. So blieb die Reformpolitik Napoleons widersprüchlich: einerseits gesellschaftliche Neuerung, andererseits Erhaltung der privilegierten Stellung des Adels.

Wirtschaftskrieg gegen England

England blieb Napoleons großer Widersacher. Da nach der vernichtenden Niederlage in der Seeschlacht von Trafalgar 1805 ein militärisches Vorgehen ausschied, wollte Napoleon das Land wirtschaftlich schwächen. Er verbot daher jeden Handel mit England und verhängte eine Wirtschaftsblockade: die Kontinentalsperre.

Die französische Wirtschaft sollte davon profitieren, dass die Verbündeten nun verstärkt französische Waren kaufen mussten. Zugleich schützte Napoleon die heimische Wirtschaft vor der Konkurrenz verbündeter Staaten durch Schutzzölle. Mit dieser Politik wollte der Kaiser die Kriegsbelastung der Franzosen verringern und die Bündnispartner wirtschaftlich abhängig machen. Allerdings gelang es nicht, den lebhaften Schmuggel mit englischen Waren zu unterbinden.

Der Rheinbund – Eine späte Rechtfertigung nachvollziehen

M 5 Der Rheinbund

Der bayerische Minister Maximilian Graf von Montgelas (1759–1838) äußerte sich nach Napoleons Sturz folgendermaßen zum Rheinbund:

Nicht zu leugnen ist, dass sich Deutschland fortan bei allen Kriegen Frankreichs auf dem Kontinent beteiligt fand, und diese Bestimmung hatte wohl allein unter allen übrigen etwas Missliches an sich;
5 hätte man aber bei der Machtstellung, zu welcher Frankreich emporgestiegen war, sich dieser Verpflichtung entziehen können, und war nicht jederzeit dasselbe als Freund oder als Feind ins Auge zu fassen? War nicht die im letzteren Fall
10 drohende Gefahr durch den Gang der Ereignisse hervorgetreten? Um einen politischen Entschluss unbefangen zu würdigen, muss man sich vor allem in die Zeitverhältnisse, unter denen er gefasst wurde, zurückzuversetzen wissen. Übrigens wäre
15 die Frage berechtigt, ob denn zu irgendeiner Zeit Deutschlands geografische Lage und politische Ohnmacht ihm gestatteten, sich diesen verderblichen Einwirkungen zu entziehen. Eher durfte man hoffen, dem Lande die Möglichkeit dazu zu
20 verschaffen, indem man ihm die Gewährschaft und den Schutz des damals so mächtigen Kaiserreiches verschaffte, welches hinreichend vergrößert erschien, um keinem ferneren Wunsch in dieser Beziehung mehr Raum zu geben, und von dem
25 man deshalb voraussetzen durfte, es werde allein bestrebt sein, das Bestehende zu erhalten und die schwächeren Staaten zu beschützen, durch welche es von jenen mächtigeren getrennt war, die etwa noch geneigt sein mochten, sich mit ihm zu messen. Die Missbräuche des zugestandenen
30 Einflusses waren freilich damals noch nicht so fühlbar geworden, wie dies später geschah.

Denkwürdigkeiten des Bayerischen Staatsministers Maximilian Grafen von Montgelas, übers. von M. v. Freyberg-Eisenberg, Stuttgart 1887, S. 142.

M 6 Der Rheinbund, Silbermedaille von 1806

Aufgaben

1. a) Erstelle eine Tabelle, in der du in der linken Spalte die Jahreszahlen und in der rechten Spalte die eroberten Gebiete einträgst.
   b) Erschließe, in welchen Phasen sich die Eroberungen Napoleons vollzogen.
   → Text, M1

2. a) Vergleiche die Situation in Deutschland vor und nach den durch Napoleon verursachten Gebietsveränderungen.
   b) Erkläre die Begriffe Säkularisation und Mediatisierung.
   → Text, M2

3. a) Erkläre den Begriff Rheinbund.
   b) Erkläre, wieso die Errichtung des Rheinbundes das Ende des Heiligen Römischen Reiches bedeutete.
   → Text, M5, M6

4. a) Wie beurteilte Montgelas den Rheinbund?
   b) Warum befinden sich in seinem Text so viele Fragen?
   → M5

5. Erläutere, warum Napoleon gegen England einen Wirtschaftskrieg führte.
   → Text, M4

Absolutismus, Aufklärung und Revolution

Preußen zwischen Niederlage und Widerstand

Eine verheerende Niederlage

Auch in Preußen kam es um 1800 zu umfassenden Reformen. Allerdings war die Ausgangslage eine andere. Preußen hatte sich seit 1795 um Frieden mit Frankreich bemüht und Neutralität gewahrt. Als Napoleon den politischen Druck verstärkte, verlangte Preußen den Abzug aller französischen Truppen rechts des Rheins. Das bedeutete Krieg. Doch die als unbesiegbar geltende preußische Armee, die den Aufstieg zur Großmacht ermöglicht hatte, erlitt 1806 bei Jena und Auerstedt eine vernichtende Niederlage. Im Frieden von Tilsit musste Preußen alle Gebiete links der Elbe abtreten, aus denen Napoleon das Königreich Westfalen bildete.

Teile der preußischen Bevölkerung begrüßten den Einmarsch der Franzosen, da sie hofften, dass Napoleon auch in Preußen Reformen anstoßen würde. Doch regte sich bald Widerstand gegen die Fremdherrschaft: hohe Kriegsentschädigungen, die Folgen der Kontinentalsperre und Zwangsrekrutierungen riefen Unmut hervor.

M 1 Übergabe Berlins
Am 27.10.1806 übergeben Abgesandte Berlins Napoleon die Schlüssel der Stadt. Die bronzene Siegesgöttin auf dem Brandenburger Tor ließ Napoleon nach Paris bringen, kolorierter Kupferstich von Edme Bovinet (1767–1837).

M 2 Karl Freiherr vom Stein (1757–1831)

M 3 Karl August von Hardenberg (1750–1822)

M 4 Wilhelm von Humboldt (1767–1835)

Das Ziel der Reformen

Preußens Zusammenbruch hatte gezeigt, dass nur radikale Reformen das Überleben des Staats und der Monarchie garantieren konnten. Befreiung von französischer Fremdherrschaft hieß das Ziel.

Die Reformen konzentrierten sich auf die Gesellschaft, die Wirtschaft und das Militär. Sie sollten bewirken, dass sich das Volk für den Staat und die Monarchie einsetzte. Der Einzelne sollte seine Fähigkeiten frei entfalten und Eigentum erwerben können, die so entstehende Konkurrenz zu wirtschaftlichem Aufschwung führen.

Auch war man davon überzeugt, dass ein Bürger, der über Eigentum und Rechte verfügt, die Vorteile eines starken Staats zu schätzen weiß, da nur dieser das Eigentum schützen kann. Deshalb würde er auch bereit sein, für diesen Staat zu kämpfen.

Nicht mehr der Untertan, sondern der Bürger war das Ziel.

Die Reformmaßnahmen

Die wichtigsten Reformen leiteten zwei fortschrittliche hohe Beamte ein. Bis 1808 wirkte der preußische Staatsmann Karl Freiherr vom Stein, danach Staatskanzler Karl August von Hardenberg:

- Ein Edikt über die Bauernbefreiung hob die Erbuntertänigkeit der Bauern auf und beendete ihre Abhängigkeit vom Gutsherrn. Die Bauern mussten keine Abgaben und Dienste mehr leisten und konnten Beruf und Wohnort frei wählen. Sie hatten jedoch – falls sie Bauern blieben – dem ehemaligen Herrn eine Entschädigung zu zahlen, was viele Bauern für Jahrzehnte in Schulden stürzte.
- Eine Städteordnung verwirklichte den Gedanken der städtischen Selbstverwaltung und förderte das Engagement der Bürger.
- Die Einführung der Gewerbefreiheit erlaubte es den Bürgern, jedes Gewerbe und jeden Beruf auszuüben. Der seit dem Mittelalter bestehende Zunftzwang wurde aufgehoben.
- Eine Heeresreform wurde von General Scharnhorst vorangetrieben. Allgemeine Wehrpflicht, Abschaffung der Prügelstrafe und die Öffnung der Offizierslaufbahn auch für Bürgerliche beseitigten die schlimmsten Übelstände.
- Eine Bildungsreform leitete Wilhelm von Humboldt ein. Sie verbesserte die Lehrerausbildung, verankerte das Abitur als Studienvoraussetzung und förderte die Freiheit von Lehre und Forschung. Ziel war die Entfaltung der Anlagen und Fähigkeiten eines jeden Menschen.

Bedeutung der Reformen

Die preußischen Reformen bildeten einen radikalen Einschnitt, denn sie lösten die Ständegesellschaft auf: Nicht mehr die Herkunft war künftig entscheidend, sondern die Leistung. Obwohl sich beim Adel Widerstand regte, blieb dem König angesichts der Notlage des Staates keine andere Wahl.

Die Reformen sorgten für eine schnelle Erholung Preußens und bildeten die Grundlage für den wirtschaftlichen Aufschwung und die künftige militärische Stärke des Staates.

In verschiedenen Teilen Deutschlands kam es aus unterschiedlichen Gründen zu umfassenden Reformen.

Absolutismus, Aufklärung und Revolution

Reformen in Preußen – Ursache und Wirkung

M 5 Maueranschlag des Berliner Polizeipräsidenten nach der Niederlage der preußischen Armee bei Jena und Auerstedt.

> Der König hat eine Bataille verlohren. Jetzt ist Ruhe die erste Bürgerpflicht. Ich fordere die Einwohner Berlins dazu auf. Der König und seine Brüder leben!
>
> Berlin, den 17. October 1806.
>
> Graf v. d. Schulenburg.

M 6 Reorganisation des preußischen Staates

Reformdenkschrift von Karl August Freiherr von Hardenberg „Über die Reorganisation des Preußischen Staats", verfasst auf Befehl des preußischen Königs Friedrich Wilhelm III. vom 12. September 1807:

Die Französische Revolution, wovon die gegenwärtigen Kriege die Fortsetzung sind, gab den Franzosen unter Blutvergießen und Stürmen einen ganz neuen Schwung. Alle schlafenden Kräfte
5 wurden geweckt, das Elende und Schwache, veraltete Vorurteile und Gebrechen wurden – freilich zugleich mit manchem Guten – zerstört. Die Benachbarten und Überwundenen wurden mit dem Strome fortgerissen. […]
10 Der Wahn, dass man der Revolution am sichersten durch Festhalten am Alten und durch strenge Verfolgung der durch solche geltend gemachten Grundsätze entgegenstreben könne, hat besonders dazu beigetragen, die Revolution zu befördern und derselben eine stets wachsende Ausdeh- 15
nung zu geben. Die Gewalt dieser Grundsätze ist so groß, sie sind so allgemein anerkannt und verbreitet, dass der Staat, der sie nicht annimmt, entweder seinem Untergange oder der erzwungenen Annahme derselben entgegensehen muss. […] 20
Also eine Revolution im guten Sinn, hinführend zu dem großen Zwecke der Veredelung der Menschheit, durch Weisheit der Regierung und nicht durch gewaltsame Impulsion von innen oder außen, – das ist unser Ziel, unser leitendes Prinzip. 25
Demokratische Grundsätze in einer monarchischen Regierung: Dieses scheint mir die angemessene Form für den gegenwärtigen Zeitgeist. Die reine Demokratie müssen wir noch dem Jahre 2440 überlassen, wenn sie anders je für den Menschen 30
gemacht ist. […]

Deutsche Geschichte in Quellen und Darstellung, hrsg. von Walter Demel und Uwe Puschner, Bd. 6, Stuttgart 1995, S. 87 f.

M 7 Bildung für alle

Der Reformer Wilhelm von Humboldt schrieb 1809:

Die Section des öffentlichen Unterrichts […] berechnet ihren allgemeinen Schulplan auf die ganze Masse der Nation und sucht diejenige Entwicklung der menschlichen Kräfte zu fördern, welche allen Ständen gleich notwendig ist […].
Es gibt schlechterdings gewisse Kenntnisse, die allgemein sein müssen, und noch mehr eine gewisse Bildung der Gesinnungen und des Charakters, die keinem fehlen darf. Jeder ist offenbar nur dann ein guter Handwerker, Kaufmann, Soldat und Geschäftsmann, wenn er an sich und ohne Hinsicht auf seinen besonderen Beruf ein guter, anständiger, seinem Stande nach aufgeklärter Mensch und Bürger ist.

Wilhelm von Humboldt, Schriften zur Politik und zum Bildungswesen, Bd. 4, Hrsg. v. A. Filtner u. K. Giel, Darmstadt 1969, S. 217 ff.

M 8 Die Einführung des Abiturs in Preußen

„Edict wegen Prüfung der zu den Universitäten übergehenden Schüler" vom 12. Oktober 1812:

Instruktion:
Der Zweck, einem nicht genugsam vorbereiteten Besuch der Universität bei der studierenden Jugend vorzubeugen, hat die Prüfungen der Schüler vor ihrer Entlassung zur Universität herbeigeführt, welche durch das Circulär vom 23. Dezember 1788 angeordnet sind. Die seitdem darüber gesammelten Erfahrungen und die neuerdings erteilte Freiheit, auch ausländische Universitäten besuchen zu dürfen, machen neue und vollständigere Bestimmungen über diese Prüfungen notwendig, welche durch gegenwärtige Instruktion gegeben werden.

§ 1. Wie es schon bei der frühern Verordnung nicht die Absicht war, das Abgehen eines zur Zeit noch unreifen Jünglings auf die Universität unbedingt zu verbieten, wenn dessen Eltern oder Vormünder sich dazu durch irgend einen ihrem Gewissen zu überlassenden Grund bestimmt glaubten, so soll auch fernerhin eine solche freie Wahl unbeschränkt bleiben, nur dass durch zweckmäßige Prüfungen und demnächst auszufertigende Zeugnisse die Beschaffenheit der jedes Mal zur Universität übergehenden Schüler bekannt werde. […]
§ 3. Aus diesem Grunde wird die Erforderlichkeit eines, auf die gleich näher zu bestimmende Art erhaltenen und abgefassten, Entlassungs-Zeugnisses hiermit für alle von den Gymnasien und gelehrten Schulen des Preußischen Staats zur Universität abgehenden Jünglinge allgemein gemacht, und es werden deshalb die Abiturienten-Prüfungen auch bei allen denjenigen gelehrten Schulen ohne Ausnahme hierdurch angeordnet, bei welchen sie durch das Circulär vom 23. Dezember 1788 noch nicht eingeführt waren. […]
§5. Die Entlassungs-Zeugnisse sind in drei Abstufungen, nach der unbedingten Tüchtigkeit, der bedingten Tüchtigkeit, und der Untüchtigkeit der Individuen, geteilt […].

Deutsche Geschichte in Quellen und Darstellung, hrsg. von Walter Demel und Uwe Puschner, Bd. 6, Stuttgart 1995, S. 374 ff.

Aufgaben

1. a) Warum waren in Preußen Reformen notwendig?
   b) Stelle in einer Tabelle die wichtigsten Reformen in Preußen zusammen.
   → Text
2. Vergleiche den öffentlichen Aufruf mit der tatsächlichen Situation Preußens 1806.
   → Text, M5
3. a) Welche Ziele verfolgte Hardenberg mit seinen Reformen?
   b) Wie beurteilt Hardenberg die Französische Revolution?
   → M6
4. Die Reformen in Preußen werden als „eine Revolution von oben" bezeichnet. Wie ist das zu verstehen?
   → Text
5. a) Welches Bildungsziel formulierte Wilhelm von Humboldt?
   b) Erläutere, weshalb sich seine Vorstellungen als „Allgemeinbildung" bezeichnen lassen.
   → M7
6. a) Warum wurde die Abiturprüfung eingeführt?
   b) Worin unterscheidet sich die heutige Abiturprüfung von der damaligen?
   → M8

Das Ende Napoleons

Guerillakrieg in Spanien

Der heute oft benutzte Begriff „Guerilla", das heißt wörtlich „kleiner Krieg", geht auf die Zeit Napoleons zurück. Als Napoleon 1808 Spanien besetzte, um die Kontinentalsperre gegen England besser überwachen zu können, zwang er den spanischen König zum Rücktritt und setzte an dessen Stelle seinen Bruder Joseph Bonaparte auf den Thron. Die Unzufriedenheit der Spanier entlud sich in einem Aufstand, den britische Truppen unter dem Herzog von Wellington unterstützten.

M 1 Das Massaker von Madrid
Am 3. Mai 1808 wurden 800 spanische Freiheitskämpfer von französischen Soldaten erschossen, zeitgenössisches Gemälde von Francisco José de Goya.

Trotz brutaler Unterdrückung gelang es den Aufständischen, Joseph Bonaparte zu vertreiben. Sie formierten sich dabei nicht als große Armee, sondern in kleinen beweglichen Kampfverbänden. Es kam nicht zu Schlachten, sondern zu einem „kleinen Krieg" mit begrenzten Gefechten, dem die Franzosen nichts entgegensetzen konnten.

So wurde das Jahr 1808 zu einem Wendepunkt für Napoleons Herrschaft: Ein spanischer Volksaufstand hatte sich gegen die französische Fremdherrschaft erhoben und der Kaiser erlitt erstmals eine militärische Niederlage. Napoleons Ruf der Unüberwindbarkeit war dahin.

Widerstand in Tirol

Der Versuch Österreichs, Napoleons Niederlage in Spanien auszunutzen, schlug fehl: Alle wichtigen deutschen Staaten gehörten dem Rheinbund an und Preußen litt noch unter seiner Niederlage. Allerdings kam es in Tirol zu einem Volksaufstand.

Tirol gehörte damals zu Bayern, das dieses Gebiet von Napoleon als Dank für seine Unterstützung im Kampf gegen Österreich erhalten hatte. Verschiedene Maßnahmen der bayerischen Regierung provozierten die Einheimischen zum Widerstand. Unter ihrem Anführer Andreas Hofer gelang es den Tirolern, die französischen und bayerischen Truppen mehrfach zu schlagen, doch unterlagen sie schließlich der französischen Übermacht. Andreas Hofer wurde durch Verrat gefangen genommen und 1810 in Mantua erschossen.

Katastrophe in Russland

Der Russlandfeldzug 1812 führte zum endgültigen Scheitern Napoleons. Er griff an, um Russland zum Wirtschaftsboykott gegen England zu zwingen, denn der Zar erlaubte die Getreideausfuhr nach England, da das französische Exportverbot die russischen Bauern stark belastete. Napoleon bildete die „Große Armee" mit 610 000 Mann aus 20 Nationen – darunter 21 000 Sachsen – und marschierte im Juni 1812 in Russland ein. Nach der Einnahme Moskaus im September musste er jedoch den Rückzug antreten, da die Russen Moskau in Brand steckten, und kein Winterquartier mehr zur Verfügung stand.

M 2 Rückzug der Grande Armée
Zeitgenössisches Gemälde

Auf dem Rückmarsch erlitt Napoleons Armee gewaltige Verluste, denn der harte Winter forderte zahlreiche Opfer und russische Reitertruppen griffen ständig an. Besonders die Überquerung des Flusses Beresina geriet zur Katastrophe. Nur 40 000 Soldaten kehrten zurück.

Die Befreiungskriege

Nach dem Untergang der „Großen Armee" schlossen sich Russland, Österreich, Preußen, England und andere Staaten zu einer antifranzösischen Koalition zusammen. Auch der Rheinbund löste sich rasch auf. Die nun ausbrechenden Befreiungskriege wurden von einer patriotischen Begeisterung getragen, die alle Volksschichten ergriff. Viele Freiwilligenverbände beteiligten sich an den Kämpfen.

Nach der Niederlage in der Völkerschlacht bei Leipzig 1813, in der über 500 000 Soldaten aus vielen Nationen kämpften, floh Napoleon nach Paris. Dort zwangen ihn einrückende Armeen zur Abdankung und er wurde auf die Insel Elba verbannt.

Napoleons Versuch, 1815 noch einmal zurückzukehren, scheiterte. Die Alliierten besiegten ihn in der Schlacht bei Waterloo. Danach wurde er auf die ferne Insel St. Helena im Atlantik verbannt, wo er 1821 starb. Seit 1840 befindet sich Napoleons Grab im Pariser Invalidendom.

M 3 Napoleon auf St. Helena
Zeitgenössisches Bild von Samuel William Reynolds

Absolutismus, Aufklärung und Revolution

Der Russlandfeldzug – Zeitzeugen berichten

M 4 Kürassier im Schneesturm
Gemälde von Albrecht Adam, der selbst am Russlandfeldzug teilnahm.

M 5 Bericht über den Feldzug

Am 2. Dezember 1812 schreibt die junge Philippine von Griesheim in einem Brief:

Einige Zeilen von Werner, auf dem Schlachtfelde von Smolensk auf der Trommel geschrieben, benachrichtigen uns, dass er lebt, aber in der Schulter verwundet ist und nun fürchtet, dass diese Blessur uns mit einigen Vergrößerungen geschildert wird, daher er selbst einige Worte schreibt. [...]
In seinen Briefen spricht sich Missmut aus, er, der sonst immer heldenmütig gegen die Lasten des Lebens streitet, muss hier vielen Kummer zu ertragen haben. Er schreibt, dass sie nicht allein mit der großen Übermacht einer kolossalen Nation, sondern mit Unkenntnis des Landes, mit den Elementen und mit Hunger, Not, Mangel an Kräften und Lebensmitteln zu kämpfen hätten, sich daher selbst ihr Grab bereiten müssten, ohne den raschen Lauf des Schicksals aufhalten zu können. Dennoch sprechen die Moniteurs von Siegen auf Siegen, die ihnen den Weg nach Moskau gebahnt haben.

Und am 16. Dezember:

Allerdings sind die Glücksräder des Triumphwagens des Eroberers gebrochen und die Pferde beim Fackelzuge der Russen flüchtig geworden. Die Franzosen sind ohne Schwertschlag in Moskau eingerückt, doch was haben sie erobert? Nichts als – Rauch und Dampf!!! Wie viele Opfer wird dieser Krieg noch fordern!
Ach, wäre doch mein armer Werner erst hier, wie sollte er gepflegt werden.

Zit. nach: Eckart Kleßmann (Hg.), Deutschland unter Napoleon in Augenzeugenberichten, München 1982 (2. Auflage), S. 398.

Ein Denkmal untersuchen

M 6 Schaurig schön

In einem modernen Reiseführer steht zum Völkerschlachtdenkmal Folgendes:

Bedrohlich und düster thront das kompakte Mahnmal über Leipzigs Südosten. 300 000 Tonnen Stein lasten auf den tragenden Betonpfeilern. Die nachgedunkelte Verblendung aus heimischem Granit-
5 porphyr mit den Kolossalfiguren gibt dem Denkmal sein martialisches [kriegerisches] Gesicht.
Kein Bauwerk der Stadt polarisiert seine Besucher so wie das Völkerschlachtdenkmal, das 1913, hundert Jahre nach dem siegreichen Befreiungskampf
10 gegen Napoleon, eingeweiht wurde. 1813 hatten die verbündeten preußischen, russischen, schwedischen und österreichischen Heere die Franzosen geschlagen. Schon mit der pompösen Einweihung durch den deutschen Kaiser im Beisein anderer
15 europäischer Staatsoberhäupter begann am Vorabend des Ersten Weltkrieges die ideologische Vereinnahmung des mit 91 Metern höchsten Denkmals in Deutschland. Das setzte sich fort in der Zeit der Nationalsozialisten, in den Jahrzehnten der
20 DDR bis in die Gegenwart, wenn Rechtsradikale vor dem Denkmal aufmarschieren.
Wer das Bauwerk unvoreingenommen besucht, kann sich weder innen noch außen seiner Ästhetik entziehen. Der 68 Meter hohe Innenraum ist in
25 drei Teile gegliedert: In der Krypta halten übermannshohe, auf Schwerter gestützte Krieger vor riesigen Masken Totenwache für die Gefallenen. Darüber liegen die Ruhmeshalle und die Kuppelhalle. Der Aufstieg zur Aussichtsplattform führt über enge Steintreppen. Oben erwartet den Besu- 30
cher ein grandioser Blick über Leipzig. Im Wasserbecken vor dem Denkmal, das die Tränen der Völker symbolisiert, findet jährlich im Juni das Internationale Badewannenrennen statt – ein Happening der besonderen Art. 35

Merian, Heft 4, 2004, Hamburg, S.125.

M 7 Das Völkerschlachtdenkmal
Erbaut 1913 in Leipzig

Aufgaben

1. Stelle zusammen, in welchen Etappen sich das Ende Napoleons vollzog.
   → Text
2. Erläutere, warum der Russlandfeldzug für die Armee Napoleons so folgenschwer war.
   → Text, M2
3. a) Wie ist der Feldzug auf dem Gemälde dargestellt?
   b) Welche Informationen über den Feldzug enthält der Brief der Frau?
   → M4, M5
4. a) Beschreibe das Völkerschlachtdenkmal in Leipzig mit eigenen Worten.
   b) Überlege, warum es 1913 errichtet wurde.
   c) Das Denkmal ist bis heute umstritten. Erkläre – ausgehend vom Text aus dem Reiseführer – die Gründe hierfür.
   d) Wie sollte man deiner Meinung nach heute mit dem Denkmal umgehen?
   → M6, M7
   e) Kennst du ein anderes Denkmal mit ähnlicher Wirkung wie das Völkerschlachtdenkmal?

Methode: Umgang mit darstellenden Texten

M 1 Ein Buch über Napoleon

Der folgende Auszug entstammt einer Biografie über Napoleon, die der Historiker Volker Ullrich im Jahr 2004 veröffentlicht hat. Der Text findet sich im letzten Kapitel, das die Überschrift „Die Legende" trägt:

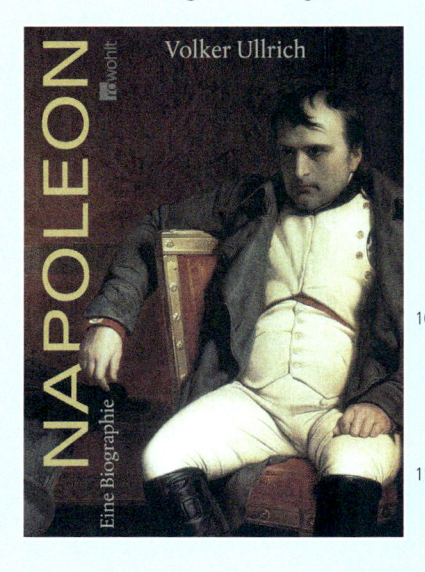

„Welch ein Roman ist doch mein Leben", soll Napoleon kurz vor seinem Tod ausgerufen
5 haben.[253] Der Zwangsaufenthalt auf der Felseninsel gab ihm Gelegenheit, dieses Leben immer wieder in allen
10 Facetten zu erzählen, und seine Gefolgsleute waren begierig, jedes seiner Worte aufzuschnappen, um sie der
15 Nachwelt zu überliefern. Nicht dass die Napoleon-Legende erst auf Sankt Helena entstanden wäre – bereits seit den ersten Tri-
20 umphen des jungen Feldherrn in Italien hatte die propagandistische Überhöhung seines Wirkens begonnen –, doch am Ort der Verbannung erhielt sie ihre endgültige, vom entmachteten Herrscher selbst fixierte Form. Die letzten Jahre seines Lebens
25 galten der Organisation des Nachruhms.

Im Wesentlichen aus drei Elementen setzte sich das Bild zusammen, das Napoleon von sich selbst entwarf und das über seine Jünger, allen voran Las Cases, seinen „Eckermann", nach seinem Tod
30 popularisiert wurde.[254] Erstens stilisierte sich der Überwinder der Revolution von 1789 zu ihrem Testamentsvollstrecker, der die Bewegung von ihren Kinderkrankheiten gereinigt und damit erst ihren eigentlichen Zwecken zugeführt habe: „Ich
35 habe den Abgrund der Anarchie zugeschüttet, ich habe Ordnung in ein Chaos gebracht. Ich habe die Revolution geläutert, habe die Völker veredelt, die Könige auf ihrem Thron gesichert. Ich habe die guten Bestrebungen gefördert, jedes Verdienst
40 belohnt, die Grenzen des Ruhms erweitert. Das ist doch immerhin etwas!"[255]

Zweitens machte sich der Eroberer, der zuallererst Frankreichs Großmachtinteressen im Auge gehabt hatte, nun zum Anwalt der „Völkerfreiheit". Seine Hegemonialpolitik wurde europäisch verbrämt
45 und umgedeutet in ein zukunftsweisendes Konzept, das angeblich auf eine Konföderation gleichberechtigter Nationalstaaten gezielt habe.

Und drittens wurde Napoleon nicht müde zu betonen, dass der Krieg für ihn niemals Selbst-
50 zweck gewesen sei, sondern ein Mittel, dauerhaft Frieden zu stiften. „Ich wollte redlich den allgemeinen Frieden, er sollte ehrenvoll für alle sein und die Ruhe Europas sichern."[256] Der Verwirklichung dieses Wunsches habe sich jedoch die eng-
55 lische Politik in den Weg gestellt; sie habe ihm keine andere Wahl gelassen, als immer wieder zu den Waffen zu greifen.

Das alles war eine ziemlich dreiste Verdrehung der historischen Tatsachen. Die liberalen Freiheiten,
60 die Napoleon abgeschafft, die nationalen Bestrebungen, die er bekämpft hatte – sie wurden nun als eigentliche Zielmarken seiner Politik ausgegeben. Offensichtlich spekulierten Napoleon und die eifrigen Verbreiter seiner Legenden auf die Ver-
65 gesslichkeit des Publikums. Und tatsächlich setzte seit 1815 ein erstaunlicher Wandel im Urteil über den einstigen Franzosen-Kaiser ein. Seine Popularität nahm von Jahr zu Jahr zu. Daran hatten die Bourbonen selbst einen entscheidenden Anteil.
70 Denn statt eine Politik der nationalen Versöhnung zu betreiben, übten sie kleinliche Rache. So wurde Marschall Ney, der in der Schlacht von Waterloo vergeblich den Tod gesucht hatte, hingerichtet, was in der französischen Bevölkerung heftigen
75 Unmut auslöste. Vor allem unter den Veteranen der napoleonischen Armee, den „grognards", deren Loyalität zuletzt harte Belastungsproben ausgesetzt gewesen war, grassierte eine kultartige Verehrung des „petit caporal". Die Leiden der
80 Feldzüge waren bald vergessen; es blieben die Erinnerungen an die glorreichen Schlachtensiege, die Weltgeschichte geschrieben hatten.

Volker Ullrich: Napoleon, Eine Biographie, Reinbek bei Hamburg 2004, S. 144 f.

Anmerkungen

253 Zit. n. E. Kleßmann: Napoleon [Ein Charakterbild, Weimar 2000], S. 5.

254 Vgl. zum Folgenden J. Willms: Napoleon [Verbannung und Verklärung, München 2000], S. 129–166.

255 Las Cases [Napoleon I. Tagebuch von St. Helena, übertragen und bearbeitet von Oskar Marschall von Bieberstein, 2 Bde.], Bd. 1, S. 146 (1.5.1816) […].

256 Montholon, [General: Geschichte der Gefangenschaft auf St. Helena, ins Deutsche übertragen und mit historischen Anmerkungen begleitet von A. Kühn, Leipzig 1846], S. 108 […].

Umgang mit darstellenden Texten

Den direkten Zugang zur Vergangenheit bieten Quellen schriftlicher, bildlicher oder gegenständlicher Art. Geschichtswissenschaftler greifen, wenn sie etwas erforschen, auf Überlieferungen zurück. Ihre Ergebnisse präsentieren sie dann in selbstverfassten, so genannten darstellenden Texten. Die von ihnen verwendeten Quellen finden sich darin nur in Auszügen. So genannte Anmerkungen – im Text durch hochgestellte Ziffern gekennzeichnet – geben Aufschluss über die Herkunft dieser Zitate.

Wer kein Historiker ist, kann sich geschichtliches Wissen nur selten aus Quellen selbst erarbeiten, sondern greift zu Darstellungen. Auch das Geschichtsschulbuch ist eine Darstellung, allerdings ergänzt um Quellen und andere Materialien. Aber auch Geschichtswissenschaftler greifen auf die Ergebnisse ihrer Kollegen zurück, denn oft sind die Quellen weit verstreut an verschiedenen Orten, nicht ohne Weiteres zugänglich oder sehr umfangreich. So gibt es zu Napoleon unüberschaubar viel Material. Allein die Sammlung seiner privaten Briefe, die zwischen 1854 und 1870 erfolgte, umfasst insgesamt 32 Bände.

Darstellungen können umfangreiche Bücher oder kurze Aufsätze sein; sie richten sich an Experten oder historisch interessierte Leser. Deshalb sind oft Vorkenntnisse nötig, und manchmal erschließt sich der Sinn des Textes erst bei genauem Lesen und etwas Nachdenken.

Fragen an darstellende Texte

1. Verständnisprobleme
a) Lies den Text – eventuell mehrmals – aufmerksam durch.
b) Was verstehst du nicht? Ziehe zur Erklärung das Minilexikon oder ein anderes Nachschlagewerk heran.

2. Thema der Darstellung
a) Worum geht es in dem Text?
b) Begründe, ob die Überschrift deiner Meinung nach passend ist.

3. Gliederung der Darstellung
a) An welchen Stellen könnten noch zusätzliche Absätze eingefügt werden?
b) Suche für jeden Abschnitt des Textes eine passende Zwischenüberschrift.
c) Erstelle eine stickpunktartige Gliederung.

4. Inhalt und Aussage der Darstellung
a) Aus welchen Elementen setzt sich das Bild zusammen, das Napoleon der Nachwelt vermitteln wollte?
b) Wie beurteilt der Autor die Selbsteinschätzung Napoleons?
c) Wie begründet er seine Meinung? Suche passende Textstellen.

5. Sprache der Darstellung
a) Der Autor verwendet einen sachlichen Stil. Suche Beispiele.
b) „Der Verwirklichung dieses Wunsches habe sich jedoch die englische Politik in den Weg gestellt" (Zeile 54). Um welche Art von Aussage handelt es sich?
c) Suche die Stellen, in denen der Autor seine persönliche Meinung äußert. Weicht er hier von seinem sachlichen Stil ab?
d) Suche im Text Aussagen, die von Napoleon selbst stammen.
e) Weshalb verwendet der Autor solche Zitate?
f) Welche Angaben finden sich in den Anmerkungen? Erläutere die Abkürzungen.

Absolutismus, Aufklärung und Revolution

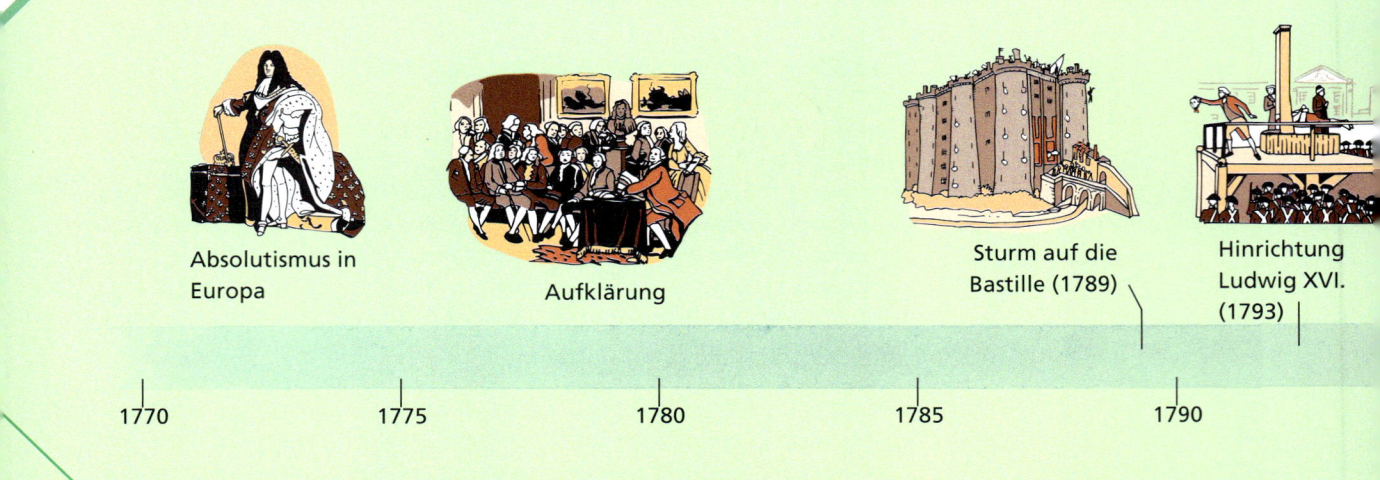

Absolutismus in Europa

Aufklärung

Sturm auf die Bastille (1789)

Hinrichtung Ludwig XVI. (1793)

1770 1775 1780 1785 1790

Zusammenfassung

Ende des 17. Jahrhunderts gelang es dem französischen König Ludwig XIV., die politische Mitbestimmung des Adels und der Stände zu beseitigen. Die Adligen wurden zu Höflingen, die ohne politischen Einfluss in Versailles lebten. Als Stützen seiner Macht entwickelte Ludwig XIV. ein stehendes Heer, die Beamtenschaft und den Merkantilismus. Ludwig XIV. fühlte sich bei seiner Regierung nur Gott gegenüber verantwortlich und betrachtete sich als losgelöst (lat. = absolutus) von den Gesetzen. Man bezeichnet daher diese Regierungsform, die eine ganze Epoche prägte, als „Absolutismus".

Im 18. Jahrhundert übten Aufklärer wie Montesquieu, Rousseau und Voltaire Kritik am Absolutismus. Sie erklärten, jeder Mensch besitze grundsätzliche Freiheitsrechte, und wandten sich gegen Fanatismus, Intoleranz und Unwissenheit.

Die 1789 ausbrechende Französische Revolution bildet einen tiefen historischen Einschnitt. Sie markiert das Ende der ständischen Gesellschaft und den Durchbruch des Bürgertums. Wegen einer Finanzkrise berief der französische König Ludwig XVI. 1789 die Generalstände ein. Die Abgeordneten des Dritten Standes forderten eine Abstimmung nach Köpfen und erklärten sich, als das unerfüllt blieb, am 20. Juni 1789 zur Nationalversammlung. Diese verabschiedete eine Erklärung der Menschen- und Bürgerrechte und eine Verfassung, die auf der Volkssouveränität beruhte. Die Erstürmung der Bastille am 14. Juli 1789 markierte den Beginn der Französischen Revolution. Radikale Strömungen führten 1792 zur Republik und zu einer Welle revolutionären Terrors. Sie endete erst 1795 mit der Übernahme der Regierung durch ein Direktorium.

Militärische Erfolge führten zum Aufstieg von Napoleon Bonaparte. Mit seiner Kaiserkrönung 1804 begründete er eine neue Monarchie und zwang Europa unter französische Vorherrschaft. Napoleon brachte das Heilige Römische Reich zum Einsturz, womit auch die deutsche Kleinstaaterei endete. Das geschlagene Preußen führte Reformen durch, während England das Zentrum des Widerstands bildete. Napoleons Russlandfeldzug scheiterte 1812 und leitete seinen Sturz ein. Europas Staaten verbündeten sich, besiegten ihn 1813 in der Völkerschlacht bei Leipzig. 1815 wurde er auf die Insel St. Helena verbannt.

Kaiserkrönung Napoleons (1804)

Kontinentalsperre
Ende des Heiligen Römischen Reiches (1806)

Russlandfeldzug

Wiener Kongress (1815)

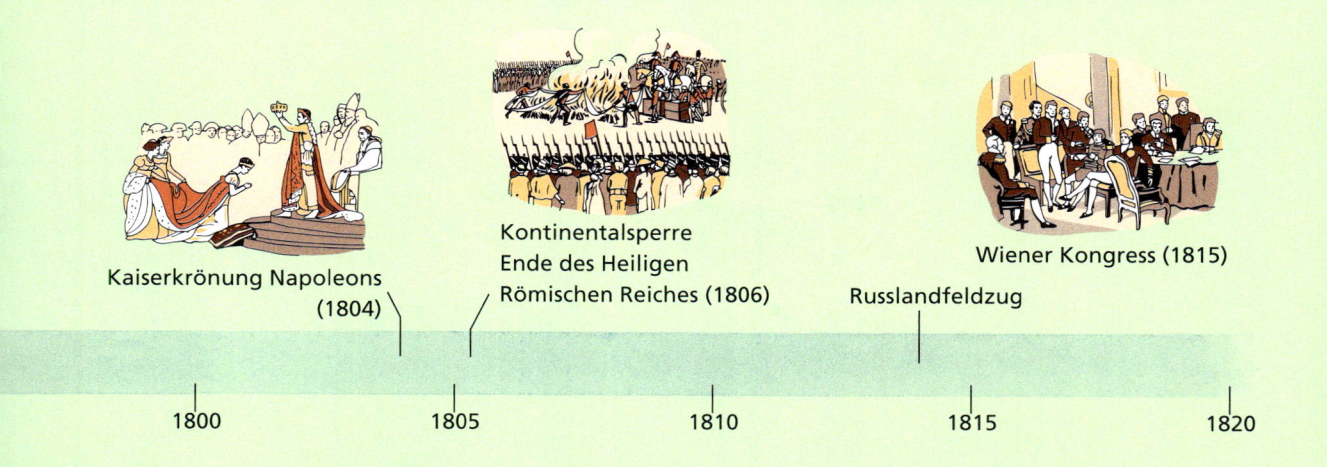

1800 — 1805 — 1810 — 1815 — 1820

Daten

1715 Tod Ludwigs XIV.
1740–1786 Friedrich der Große
1789 Erstürmung der Bastille
1791 Französische Verfassung
1804 Kaiserkrönung Napleons
1813–1815 Befreiungskriege
1815 Sturz Napoleons

Begriffe

Absolutismus
Merkantilismus
Aufklärung
Gewaltenteilung
Nation
Menschenrechte
Jakobiner
Verfassung

Personen

Ludwig XIV.
Friedrich II. (der Große)
Olympe de Gouges
Robespierre
Napoleon

Tipps zum Thema: Absolutismus, Aufklärung und Revolution

Filmtipp

Absolutismus – Ludwig XIV. und Europa, Deutschland (FWU) 2007.

Die Französische Revolution 1789, Teil I und II, Deutschland.

Napoleon Bonaparte – Von der Revolution zum Wiener Kongress, Deutschland (FWU) 2005.

Lesetipp

Anne Pietri: Die Spionin des Sonnenkönigs, Berlin 2007.

Karla Schneider: Die abenteuerliche Geschichte der Filomena Findeisen, 2002.

Alois Prinz: Die Lebensgeschichte des Georg Forster, 2008.

Museen

Sclösser und Gärten in der Mark Brandenburg: Rheinsberg, Königs Wusterhausen, Oranienburg, Caputh, Paretz u.a.

Schlösser und Gärten in Potsdam: Babelsberg, Glienicke, Sacrow, Sanssouci, Marmorpalais u.a.

DHM, Berlin

Kommentierte Links: www.westermann.de/geschichte-linkliste

3. Staat und Nation

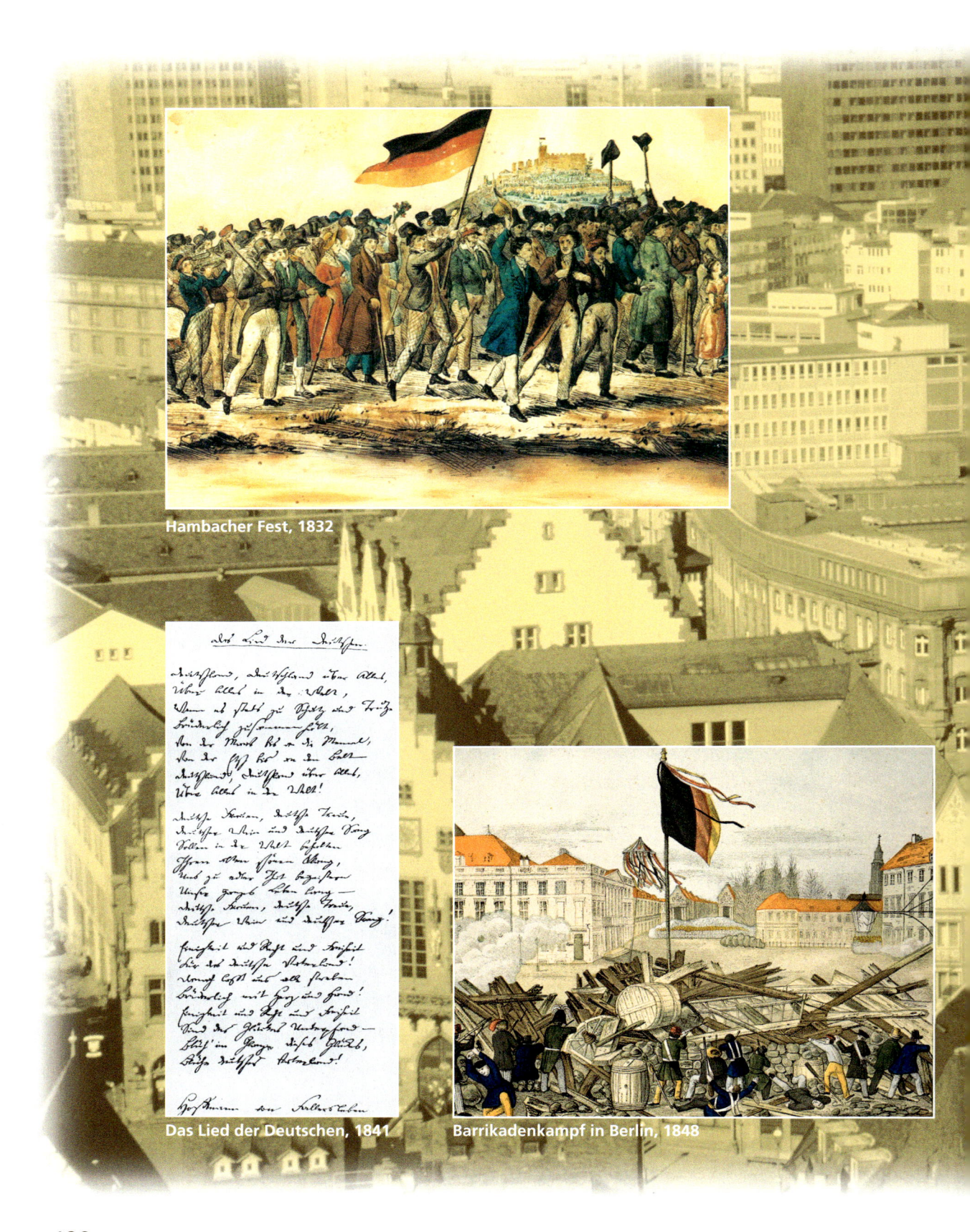

Hambacher Fest, 1832

Das Lied der Deutschen, 1841

Barrikadenkampf in Berlin, 1848

| 1800 | 1810 | 1820 | 1830 | 1840 | 1850 | 1860 | 1870 | 1880 | 1890 | 1900 |

Die Paulskirche in Frankfurt

Wartburgfest, 1817

Die Proklamierung des deutschen Kaiserreiches, 1871

Staat und Nation

Neuordnung Europas auf dem Wiener Kongress

Eine internationale Konferenz
Nichts erscheint heute selbstverständlicher als der Frieden in Europa. Das war zu Beginn des 19. Jahrhunderts anders: Erst mit dem Sturz Napoleons bot sich die Chance eines dauerhaften friedlichen Miteinanders. Die europäische Allianz aus England, Russland, Österreich und Preußen ließ Frankreich als Großmacht bestehen: Die Herrscher verloren trotz ihrer eigenen Machtinteressen nie den Gesichtspunkt des europäischen Gleichgewichts aus den Augen. Die Neuordnung Europas nach dem Friedensschluss sollte auf dem Wiener Kongress gestaltet werden, der von September 1814 bis Juni 1815 stattfand.

Grundsätze der Neuordnung …
Die Konferenz erreichte wichtige Ergebnisse. Das lag vor allem an dem österreichischen Staatskanzler Fürst Metternich (1773–1859). Metternich wollte eine „Restauration", das heißt eine weitgehende Wiederherstellung der alten vorrevolutionären Verhältnisse in Europa, die durch die Französische Revolution in Politik und Gesellschaft in Frage gestellt waren.

Ein weiterer Grundsatz seiner Politik war die „Legitimität" der Herrschaft: Metternich ging davon aus, dass nur die Herrschaft legitim, also rechtmäßig sei, die sich auf die alten fürstlichen Familien stützte. Er vertrat somit die Idee des Gottesgnadentums.

M 1 Fürst von Metternich (1773–1859)
Zeitgenössisches Gemälde

M 2 „Der große Wiener Friedens=Congress zur Wiederherstellung von Freiheit und Recht in Europa"
Satire von Josef Zutz, kolorierte Radierung, um 1815. Folgende Personen sind dargestellt: 1. Kaiser Franz, 2. Kaiser Alexander, 3. König v. Preußen, 4. Wellington für England, 5. König v. Dänemark, 6. König v. Bayern, 7. König v. Württemberg, 8. Kurfürst v. Hessen, 9. Herzog v. Braunschweig, 10. Talleyrand für Frankreich, 11. Mediatisierte Fürsten und Staatsminister.

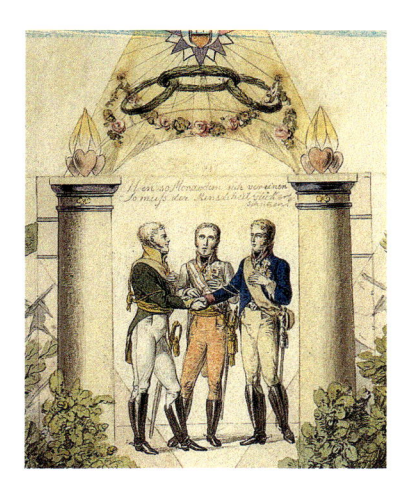

M 3 Heilige Allianz
Symbolische Darstellung der Allianz zwischen Zar Alexander I. (links), Kaiser Franz I. (Mitte) und König Friedrich Wilhelm III. (rechts), zeitgenössisches Bild.

Darüber hinaus waren sich die Kongressteilnehmer einig in ihrem Kampf gegen politische Freiheit oder nationale Einheit. Der Grundsatz der wechselseitigen Verpflichtung gegen die Revolution wird als „Solidarität" bezeichnet.

… und ihre Umsetzung
Die drei Grundsätze „Restauration", „Legitimität" und „Solidarität" wurden aber nicht vollkommen in die Tat umgesetzt. Die Veränderungen, die in Europa seit 1789 stattgefunden hatten, waren zu tief greifend. Dies galt sowohl für die territorialen Gegebenheiten als auch für die Regierungsformen. Nur dort, wo der Fürst über die nötige Macht verfügte, ließ sich eine absolute Regierung wieder aufrichten. Zudem bestand das wichtigste Ziel des Wiener Kongresses darin, ein politisches Gleichgewicht in Europa herzustellen, und das konnte nur mit Staaten erreicht werden, die politisch überlebensfähig waren. Das hatte zur Folge, dass Bayern, Württemberg und Baden ihre territorialen Gewinne weitgehend behalten durften. Preußen gewann Teile Sachsens und große Gebiete am Rhein. Österreich erhielt Gebiete in Norditalien, verzichtete aber auf Besitzungen in Südwestdeutschland. Russland erhielt Teile Polens, die man als Kongresspolen bezeichnete, da der Wiener Kongress dies Gebilde geschaffen hatte.

Um ihrem Kampf gegen die Ideale der Französischen Revolution Ausdruck zu verleihen, schlossen der preußische König, der österreichische Kaiser und der russische Zar die „Heilige Allianz". Sie verpflichteten sich zu gegenseitigem Beistand im Falle revolutionärer Erhebungen. Diesem Bündnis traten nach und nach die meisten europäischen Herrscher bei.

Der Deutsche Bund
Entsprechend den Grundsätzen des Wiener Kongresses entstand kein deutscher Nationalstaat, den sich viele erhofft hatten, sondern nur ein lockerer Zusammenschluss: der Deutsche Bund. Dieser Staatenbund von zunächst 34 Fürsten und vier Freien Städten besaß keine zentrale Regierungsgewalt. Sein einziges Organ war der Bundestag in Frankfurt, ein Gesandtenkongress, der die Politik koordinieren sollte. Die einzelnen Staaten waren grundsätzlich gleichberechtigt und blieben souverän, mussten also keine Rechte an eine übergeordnete Instanz abgeben. Preußen und Österreich gehörten überdies nur mit einem Teil ihres Gebietes dem Bund an. Zudem waren auch der König von England für Hannover, der König von Dänemark als Landesherr in Holstein und der König der Niederlande als Regent in Luxemburg Mitglieder im Deutschen Bund.

Mehr als dieses Bündnis war aufgrund der beginnenden Rivalität zwischen Preußen und Österreich und wegen des Widerstands der süddeutschen Staaten nicht möglich. Zudem hätte ein deutscher Nationalstaat in der Mitte Europas das mühsam erreichte Machtgleichgewicht empfindlich gestört.

Trotz aller Kritik an der Neuordnung ist bemerkenswert, dass der Deutsche Bund den Föderalismus, das heißt die Eigenständigkeit der einzelnen deutschen Staaten, festigte, und dass Europa in der Folgezeit eine außergewöhnlich lange Friedenszeit erlebte.

Staat und Nation

Der Deutsche Bund – Karte und Textquelle auswerten

M 4

Legende:
- Grenze des Deutschen Bundes
- Staatsgrenze
- Provinzgrenze
- 1848–1851 zum Deutschen Bund
- Teilreichsgrenze
- Freie Stadt

Abkürzungen der Staatsnamen:
H.-H. Lgft. Hessen-Homburg
Lau. Hzm. Lauenburg
L.-D. Fsm. Lippe-Detmold
L. Fsm. Liechtenstein
M.-Str. Ghzm. Mecklenburg-Strelitz
S.-L. Fsm. Schaumburg-Lippe
W. Fsm. Waldeck

M 5 Der Deutsche Bund

Auszug aus der Gründungsurkunde des Deutschen Bundes vom 8. Juni 1815:

Art. 1. Die souveränen Fürsten und freien Städte Deutschlands mit Einschluss ihrer Majestäten des Kaisers von Österreich und der Könige von Preußen, von Dänemark und der Niederlande [...] ver-
5 einigen sich zu einem beständigen Bunde, welcher der deutsche Bund heißen soll.

Art. 2. Der Zweck desselben ist Erhaltung der äußeren und inneren Sicherheit Deutschlands und der Unabhängigkeit und Unverletzbarkeit der
10 einzelnen deutschen Staaten.

Art. 3. Alle Bundesglieder haben als solche gleiche Rechte; sie verpflichten sich alle gleichmäßig, die Bundesakte unverbrüchlich zu halten. [...]

Art. 11. Alle Mitglieder des Bundes versprechen, sowohl ganz Deutschland als jeden einzelnen 15 Bundesstaat gegen jeden Angriff in Schutz zu nehmen und garantieren sich gegenseitig ihre sämtlichen unter dem Bunde begriffenen Besitzungen.

Bei einmal erklärtem Bundeskrieg darf kein Mit- 20 glied einseitige Unterhandlungen mit dem Feinde eingehen, noch einseitig Waffenstillstand oder Frieden schließen. Die Bundesglieder behalten zwar das Recht der Bündnisse aller Art, verpflichten sich jedoch, in keine Verbindungen einzuge- 25 hen, welche gegen die Sicherheit des Bundes oder einzelner Bundesstaaten gerichtet wären.

Zit. nach: W. Lautemann, M. Schlenke (Hg.), Geschichte in Quellen, Das bürgerliche Zeitalter 1815–1914, München 1980, S. 23 ff.

Bewertung des Deutschen Bundes – Arbeiten mit Darstellungen

M 6 Zwei Stellungnahmen

a) Der Deutsche Bund wurde im Laufe der Zeit von Historikern unterschiedlich beurteilt. Heinrich von Treitschke schrieb in seiner 1879 erschienenen und weit verbreiteten „Deutschen Geschichte im Neunzehnten Jahrhundert":

So entstand die Bundesakte, die unwürdigste Verfassung, welche je einem großen Kulturvolk von eingeborenen Herrschern auferlegt ward, ein Werk, in mancher Hinsicht noch kläglicher als das
5 Gebäude des alten Reichs in den Jahrhunderten des Niedergangs. Ihr fehlte jene Majestät der historischen Größe, die das Reich der Ottonen noch im Verfalle umschwebte. Blank und neu stieg dies politische Gebilde aus der Grube, das Werk einer
10 kurzlebigen, in sich versunkenen Diplomatie, die aller Erinnerungen des eigenen Volkes vergessen hatte; kein Rost der Jahrhunderte verhüllte die dürftige Hässlichkeit der Formen. Von Kaiser und Reich sang und sagte das Volk; bei dem Namen des
15 Deutschen Bundes hat niemals ein deutsches Herz höher geschlagen. […] Die neue Bundesakte wusste gar nichts mehr von einem deutschen Volke; sie kannte nur Bayern, Waldecker, Schwarzburg-Sondershausener Untertanen jener deutschen Fürs-
20 ten, welche nach Gefallen zu einem völkerrechtlichen Vereine zusammengetreten waren. Die Nation musste den Becher der Demütigung bis zur Hefe leeren; jene württembergische Mahnung: „man werde doch nicht aus verschiedenen Völker-
25 schaften sozusagen eine Nation bilden wollen", hatte vollständig recht behalten. […]

Heinrich von Treitschke, Deutsche Geschichte im Neunzehnten Jahrhundert, Erster Teil, Leipzig, 1927, S. 690 f.

b) Der Bielefelder Historiker Hans-Ulrich Wehler beurteilte 1987 im zweiten Band seiner „Deutschen Gesellschaftsgeschichte", einem Standardwerk der Geschichtswissenschaft, den Deutschen Bund so:

Die ungeschriebenen Spielregeln des europäischen Staatensystems, die Interessenlagen sowohl der deutschen Einzelstaaten als auch der außerdeutschen Großmächte, nicht zuletzt aber die
5 jahrhundertealten Traditionen einer lockeren, international garantierten Föderation der deutschen Staaten und Herrschaftsverbände bestimmten den Erfahrungshorizont der politisch handelnden Akteure. Insofern setzte sich mit innerer,
10 interessenadäquater [mit den Interessen übereinstimmender] Konsequenz die staatenbündische Lösung durch. In veränderter Form knüpfte der neugegründete Bund an Kooperationsformen des alten Reichs und des Rheinbunds an […]. Der Hete-
15 rogenität [Ungleichartigkeit] der Bundesmitglieder, zu denen Großmächte und Zwergstaaten, konstitutionelle Monarchien und Stadtrepubliken gehörten, entsprach der Staatenbund als allgemein akzeptable, zweckmäßige Verfassungsform.
20 Sie wurde auch dem Stabilitätsprinzip und Sicherheitsbedürfnis der post[=nach]revolutionären deutschen und europäischen Staatengemeinschaft am ehesten gerecht, da diese Lösung der deutschen Frage – wie seit 1648 – unter die Garan-
25 tie der umliegenden Staaten gestellt und damit ein potenzieller Krisenherd entschärft wurde.

Hans-Ulrich Wehler, Deutsche Gesellschaftsgeschichte, Bd. 2, München 1987, S. 325.

Aufgaben

1. Wie stellt sich der Wiener Kongress nach außen dar? → M1
2. a) Welche Staaten haben von den Entwicklungen in Deutschland in Hinblick auf Gebietserweiterungen gewonnen? Welche haben verloren?
   b) War der Gebietsbesitz für Preußen im Deutschen Bund zufriedenstellend? Begründe deine Meinung mithilfe der Karte.
   → M4
3. Fasse den Inhalt der Gründungsurkunde mit eigenen Worten zusammen. Inwiefern entsprechen die Regelungen den Prinzipien des Wiener Kongresses, inwiefern nicht?
   → M5, Text
4. Vergleiche die beiden Stellungnahmen zum Deutschen Bund. Welche Aspekte bilden jeweils den Schwerpunkt der Argumentation?
   → M6

Staat und Nation

Liberale und nationale Bewegung in Deutschland

Ein politischer Mord …

Am 23. März 1819 erstach der Theologiestudent Carl Ludwig Sand den erfolgreichen Schriftsteller August von Kotzebue, bekannt als Gegner der deutschen Einheit, in dessen Mannheimer Wohnung. Er wollte damit einen angeblichen russischen „Spion und Vaterlandsverräter" beseitigen, um den Weg für Deutschlands Einheit und Freiheit zu ebnen. Sand, der für seine Tat hingerichtet wurde, galt als Symbolfigur und Märtyrer der Nationalbewegung, die die politische Einheit Deutschlands forderte. Wie war es dazu gekommen?

M 1 Hinrichtung des Attentäters Carl Ludwig Sand am 20. Mai 1820 in Mannheim. Sand wurde 1795 in Wunsiedel geboren und studierte seit 1814 evangelische Theologie in Tübingen, zeitgenössische Abbildung.

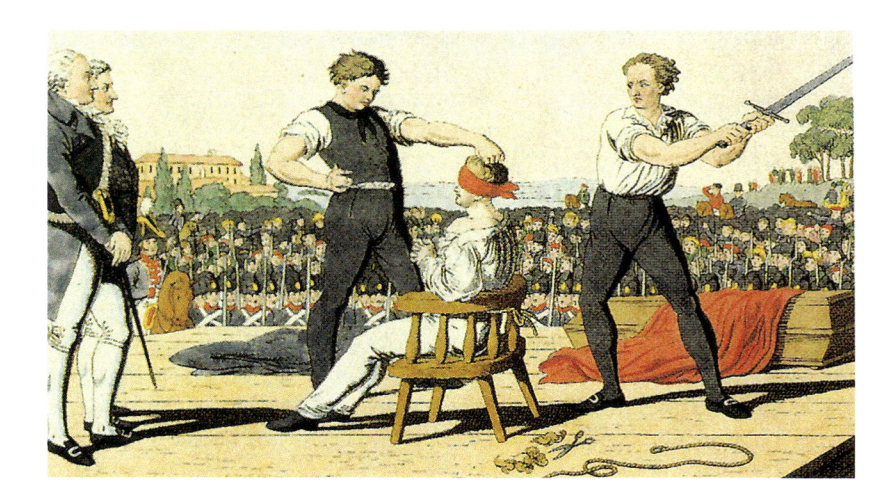

… und die Hintergründe

Aus Enttäuschung über den Deutschen Bund machten vor allem Studenten Front gegen die Restauration und das so genannte System Metternich. Ihre politische Einstellung war durch die Befreiungskriege gegen Napoleon geprägt. Da sie sich als Deutsche fühlten und vom Gedanken des Nationalismus erfüllt waren, schlossen sie sich nicht mehr nach regionalen Gesichtspunkten in Landsmannschaften wie Mecklenburger, Hessen oder Franken zusammen, sondern organisierten sich nun als eine nationale deutsche Burschenschaft.

Auch die Erwartungen der Studenten auf Gewährung von Freiheitsrechten wie Presse- oder Versammlungsfreiheit und auf politische Mitbestimmung hatten sich nicht erfüllt. Zwar sah Artikel 13 der Bundesakte für alle Staaten des Deutschen Bundes landständische Verfassungen vor, doch wollten die Fürsten ihre Macht von gewählten Volksvertretern nicht einschränken lassen.

Die Bürger, die Freiheitsrechte und Mitbestimmung forderten, galten als Vertreter des Liberalismus, was vom lateinischen Wort „liber" (= frei) abgeleitet ist. Immerhin erließen einige deutsche Fürsten in ihren Ländern Verfassungen, wie zum Beispiel 1816 der Herzog von Sachsen-Weimar, unter dem Johann Wolfgang von Goethe ein Ministeramt bekleidete, oder der König von Bayern, der seine „Verfassungsurkunde" 1818 ausstellte. Preußen und Österreich als größte deutsche Staaten ließen jedoch bis 1848 keine Verfassungen zu.

Ein nationales Fest …

Für den 18. und 19. Oktober 1817 lud die Jenaer Burschenschaft Gleichgesinnte aus ganz Deutschland zu einem Fest auf die Wartburg. Man wollte dort den vierten Jahrestag der Leipziger Völkerschlacht und den 300. Jahrestag der Reformation feiern. Luther galt mit seiner Bibelübersetzung, die eine einheitliche hochdeutsche Sprache förderte, als Vorkämpfer nationaler Einheit. 500 Teilnehmer aus elf Universitäten – unter ihnen Sand – kamen zusammen.

Am Abend entzündeten die Studenten ein Feuer und verbrannten symbolisch als „un-deutsch" und reaktionär bezeichnete Schriften wie den Code civil, einen Zopf sowie Uniformstücke, um gegen Fürstenwillkür zu protestieren.

… und die Reaktion

Das Wartburgfest ließ die Polizeibehörden in Preußen und Österreich aufmerksam werden: Teilnehmer wurden verhört, Polizeiakten angelegt. Der Mord an Kotzebue zwei Jahre später bot Metternich die Gelegenheit zur systematischen Überwachung und Verfolgung national und liberal Eingestellter. Dazu zählten vor allem Studenten, Professoren, Journalisten und Schriftsteller.

Metternich berief im gleichen Jahr die Karlsbader Konferenzen ein. Dort wurden Beschlüsse gefasst, die für den ganzen Deutschen Bund Gültigkeit hatten und alle liberalen und nationalen Bestrebungen unterdrückten. Betroffen waren vor allem Universitäten, Professoren und Studenten, denn die Freiheit der Lehre wurde eingeschränkt. Die Burschenschaften und die von Friedrich Ludwig Jahn (1778–1852) angeregten, national eingestellten „Turnvereine" wurden verboten, Presse und Bücher unterlagen der Zensur. Oppositionelle verunglimpfte man als „Demagogen", das heißt als Volksverhetzer.

Revolutionen in Europa

Europaweit herrschte Unzufriedenheit mit den restaurativen politischen Zuständen. Das zeigte sich 1830: In Paris entbrannte die Julirevolution, weil Pressefreiheit und Wahlrecht eingeschränkt werden sollten. Die Abgeordneten setzten Louis Philippe (1773–1850) als „Bürgerkönig" anstelle des geflohenen Königs ein.

Von Paris sprang der Funke der Revolution auf das Königreich der Vereinigten Niederlande über. Katholiken und Liberale des Südens erhoben sich, setzten den König ab und erklärten ihren Landesteil zum souveränen Staat Belgien. In Italien gründete der Genuese Giuseppe Mazzini (1805–1872) den Geheimbund „Junges Italien", der sich die nationale Einheit Italiens zum Ziel setzte.

In Polen vertrieben patriotische Offiziere und Intellektuelle die Russen. Nach der Niederschlagung des Aufstands flohen über 9000 polnische Freiheitskämpfer nach Westeuropa und galten vielen Deutschen als Vorbild für den eigenen Freiheitskampf.

In Deutschland gab es Aufstände vor allem in jenen Staaten, die bislang ohne Verfassung geblieben waren: in Hannover, Hessen-Kassel, Sachsen sowie im Herzogtum Braunschweig.

Nach jahrelangem Freiheitskampf gelang es den Griechen, die Unabhängigkeit vom Osmanischen Reich zu erreichen.

M 2 Die Freiheit führt das Volk an
Gemälde von Eugène Delacroix aus dem Jahr 1830, Ausschnitt

Staat und Nation

Das Wartburgfest – Ein geschichtliches Ereignis nachvollziehen

M 3 **Wartburgfest**
Studenten verbrennen die Wiener Bundesakte und den Schnürleib einer preußischen Ulanenuniform, zeitgenössische Abbildung.

M 4 **Eine auf der Wartburg gehaltene Rede**

Aus der Ansprache des Studenten Heinrich Herrmann Riemann als Vertreter der Jenaer Burschenschaft auf dem Wartburgfest am 18. Oktober 1817:

Vier lange Jahre sind seit jener Schlacht [bei Leipzig] verflossen; das deutsche Volk hatte schöne Hoffnungen gefasst, sie sind alle vereitelt; alles ist anders gekommen, als wir erwartet haben; viel
5 Großes und Herrliches, was geschehen konnte und musste, ist unterblieben; mit manchem heiligen und edlen Gefühl ist Spott und Hohn getrieben worden. Von allen Fürsten Deutschlands hat nur einer sein gegebenes Wort gelöst, der, in dessen
10 freiem Lande wir das Schlachtfest begehen. Über solchen Ausgang sind viele wackere Männer kleinmütig geworden, meinen, es sei eben nichts mit der viel gepriesenen Herrlichkeit des deutschen Volkes, ziehn sich zurück vom öffentlichen Leben,
15 das uns so schön zu erblühen versprach, und suchen in stiller Beschäftigung mit der Wissenschaft Entschädigung dafür. Andere sogar ziehn vor, in ferneren Weltteilen, wo neues Leben sich regt, ein neues Vaterland zu suchen.
20 Nun frage ich euch, die ihr hier versammelt seid in der Blüte eurer Jugend, mit allen den Hochgefühlen, welche die frische junge Lebenskraft gibt, euch, die ihr dereinst des Volkes Lehrer, Vertreter und Richter sein werdet, auf die das Vaterland seine Hoffnung setzt, euch, die ihr zum Teil schon mit den 25 Waffen in der Hand, alle aber im Geist und mit dem Willen für des Vaterlandes Heil gekämpft habt; euch frage ich, ob ihr solcher Gesinnung beistimmt? Nein! Nun und nimmermehr!
In den Zeiten der Not haben wir Gottes Willen 30 erkannt und sind ihm gefolgt. An dem, was wir erkannt haben, wollen wir aber auch nun halten, solange ein Tropfen Bluts in unsern Adern rinnt; der Geist, der uns hier zusammengeführt, der Geist der Wahrheit und Gerechtigkeit, soll uns lei- 35 ten durch unser ganzes Leben, dass wir, alle Brüder, alle Söhne eines und desselben Vaterlandes, eine eherne Mauer bilden gegen jegliche äußere und innere Feinde dieses Vaterlandes, dass uns in offner Schlacht der brüllende Tod nicht schrecken 40 soll, den heißesten Kampf zu bestehen, wenn der Eroberer droht; dass uns nicht blenden soll der Glanz des Herrscherthrones, zu reden das starke freie Wort, wenn es Wahrheit und Recht gilt; dass nimmer in uns erlösche das Streben nach Erkennt- 45 nis der Wahrheit, das Streben nach jeglicher menschlichen und vaterländischen Tugend.
Mit solchen Grundsätzen wollen wir einst zurücktreten ins bürgerliche Leben, fest und unverrückt vor den Augen als Ziel das Gemeinwohl, tief und 50 unvertilgbar im Herzen die Liebe zum einigen deutschen Vaterlande. Du Mann Gottes [Luther], du starker Fels der Kirche Christi, der du mit eisernem Mut gegen die Finsternis ankämpftest, der du auf dieser Burg den Teufel bezwangst, 55 nimm unser Gelübde an, wenn dein Geist noch in Gemeinschaft mit uns steht! […]
Verderben und Hass der Guten allen denen, die in niedriger schmutziger Selbstsucht das Gemeinwohl vergessen, die ein knechtisches Leben einem Grab 60 in freier Erde vorziehn, die lieber im Staube kriechen, als frei und kühn ihre Stimme erheben gegen jegliche Unbill, die, um ihre Erbärmlichkeit und Halbheit zu verbergen, unserer heiligsten Gefühle spotten, Begeisterung und vaterländischen Sinn 65 und Sitten für leere Hirngespinste, für überspannte Gedanken eines krankhaften Gemütes ausschreien! Ihrer sind noch viel; möchte bald die Zeit kommen, wo wir sie nicht mehr nennen dürfen! […]

Deutsche Geschichte in Quellen und Darstellung, hrsg. von Wolfgang Hardtwig und Helmut Hinze, Bd. 7, Stuttgart 1997, S. 66 ff.

Reaktion in Deutschland – Eine Karikatur analysieren

M 5 **Der Denker-Club**
Anonyme Karikatur, um 1820

Texttafel oben: „Wichtige Frage welche in heutiger Sitzung bedacht wird. Wie lange möchte uns das Denken wohl noch erlaubt bleiben?"

Texttafel rechts: Gesetze des Denker-Clubs.
I. Der Präsident eröffnet präcise 8 Uhr die Sitzung.
II. Schweigen ist das erste Gesetz dieser gelehrten Gesellschaft.
III. Auf dass kein Mitglied in Versuchung gerathen möge, seiner Zunge freyen Lauf zu lassen: so werden beim Eintritt Maulkörbe ausgetheilt.
IV. Der Gegenstand, welcher in jedesmaliger Sitzung durch ein reifes Nachdenken gründlich erörtert werden soll, befindet sich auf einer Tafel mit grossen Buchstaben deutlich geschrieben.
V. Zum Mitgliede dieses [Vereins] kann nur derjenige [...]

Aufgaben

1. a) Welche Gründe im engeren wie im weiteren Sinn führten zum Mord an Kotzebue?
   b) Nimm Stellung, ob eine Person wie Carl Ludwig Sand als positive Figur in der Geschichte gesehen werden kann.
   → Text

2. Erarbeite aus dem Text der Rede, warum sich die Studenten 1817 auf der Wartburg trafen.
   → M4

3. Bearbeite die Quelle zum Wartburgfest.
   a) Welche Ansprechpartner nennt der Redner?
   b) Gegen wen richtet sich seine Ansprache?
   c) Welche Ziele nennt der Redner?
   d) Wie sollen sie erreicht werden?
   → M4

4. a) Entziffere die Aufschriften der Karikatur. Welche Funktionen haben sie?
   b) Vergleiche die Aussagen der Texttafeln in der Karikatur mit den Gesten der Clubmitglieder.
   c) Was will der anonyme Autor mit seiner Karikatur aussagen?
   → M5

137

Staat und Nation

Auf dem Weg zur Revolution

Das Hambacher Fest
Am 27. Mai 1832 versammelten sich über 30 000 Bürger, Arbeiter und Bauern an der Ruine des Schlosses Hambach bei Neustadt a. d. Haardt. Wie war es in einer Zeit, in der es keine Massentransportmittel und keine elektronischen Medien gab, zu einem derartigen Volksauflauf gekommen?

Hambach lag in der Rheinpfalz, die erst durch den Wiener Kongress an Bayern gefallen war. Über ein Jahrzehnt hatte sie zur französischen Republik gehört, sodass die Bevölkerung mit politischen Freiheitsrechten vertraut war. Die wenig liberale bayerische Verfassung entsprach daher nicht den Vorstellungen der Einwohner.

Als im April 1832 in einigen Blättern Aufrufe zu einer Verfassungsfeier am Hambacher Schloss erschienen, nutzen das zwei liberale Journalisten, Johann Georg Wirth (1798–1848) und Jakob Siebenpfeiffer (1789–1845), um zu einer Gegenveranstaltung aufzurufen. Sie luden in Flugblättern zu einem Volksfest „Der deutsche Mai". Aus Angst vor revolutionären Umtrieben zunächst verboten, ließ die Obrigkeit dieses Fest schließlich doch zu.

Wie befürchtet, entwickelte sich die Veranstaltung zu einer politischen Demonstration: Um die Verbundenheit mit den polnischen Aufständischen des Jahres 1830 zu zeigen, hissten die Teilnehmer die polnische Flagge. Auch zogen sie die schwarz-rot-goldene Fahne auf und forderten die Gründung eines deutschen Nationalstaates. Er sollte auf einer Verfassung und der Volkssouveränität basieren und in ein friedliches und geeintes Europa eingebettet sein. Aus Angst vor einer revolutionären Bewegung reagierten die deutschen Staaten auf diese Demonstration äußerst scharf und verfolgten alle tatsächlichen oder vermeintlichen Anhänger der liberalen Nationalbewegung.

M 1 Zug zum Hambacher Schloss
Collage nach einem kolorierten Stahlstich von 1832.
Die Farben der schwarz-rot-goldenen Flagge werden mit den Uniformfarben des Lützow'schen Freikorps während des Befreiungskriegs in Zusammenhang gebracht. Die Lützow'schen Jäger trugen einen schwarzen Rock mit roten Säumen und goldenen Knöpfen. 1817 auf dem Wartburgfest dienten diese Farben als Erkennungszeichen der deutschen Burschenschaft. Im Revolutionsjahr bestimmte die Frankfurter Nationalversammlung Schwarz-Rot-Gold zur Fahne des Deutschen Bundes.

M 2 Frankfurter Wachensturm am 3. April 1833. Nach Niederschlagung des Putschs gelang einigen die Flucht, die anderen erhielten lange Strafen. Die Freie Stadt Frankfurt wurde mit Bundestruppen belegt, was einer Besetzung gleichkam, zeitgenössische Abbildung.

Der Frankfurter Wachensturm

Demonstrierten Liberale beim Hambacher Fest für die Umgestaltung Deutschlands, so glaubten einige Revolutionäre, die politischen Veränderungen im Handstreich herbeiführen zu können. Sie hofften, dass die Revolution losbrechen werde, wenn in Frankfurt – dem Sitz des Deutschen Bundestags – ein erfolgreicher Aufstand stattfände. Dabei zählten sie auf die Mithilfe der unzufriedenen ärmeren Bevölkerung Frankfurts und der hier untergekommenen polnischen Flüchtlinge. Etwa 50 Männer besetzten im April 1833 die Frankfurter Hauptwache, doch kam niemand den Revolutionären zu Hilfe, sodass die Aktion in wenigen Stunden zusammenbrach.

Die Göttinger Sieben

Als Königin Viktoria 1837 den englischen Thron bestieg, konnte sie im Königreich Hannover – das damals in Personalunion mit England verbunden war – nicht regieren. Dies verbot das deutsche Fürstenrecht, das eine weibliche Erbfolge nicht zuließ. Deshalb gelangte 1837 Viktorias Onkel Ernst August auf den hannoverschen Thron. Dem ihm vorauseilenden schlechten Ruf schien er bald gerecht zu werden.

Er stellte die alte Verfassung von 1819 wieder her und entband seine Beamten vom Eid auf die neue liberale Verfassung. Sieben berühmte Professoren der Göttinger Universität – unter ihnen Jakob und Wilhelm Grimm – fühlten sich jedoch an ihren Eid gebunden. Der König entließ daraufhin alle sieben, vier von ihnen mussten innerhalb von drei Tagen das Land verlassen. Diese Willküraktion des Königs rief bei Radikalen, Liberalen und gemäßigten Konservativen im ganzen Deutschen Bund Mitleid, Bewunderung oder auch helle Empörung hervor. Der Ruf nach Veränderung erhielt neue Nahrung.

Der Aufstand der schlesischen Weber

Auch die wirtschaftlichen und sozialen Verhältnisse verlangten Veränderungen. Wer kein Vermögen oder Land besaß, verdiente sein Geld als Knecht, Besenbinder, Holzhacker, Tagelöhner oder als Fabrik- und Manufakturarbeiter. Bei wachsender Bevölkerung und Missernten kam es rasch zu Hungersnöten und Epidemien, was die Unterschichten in Armut und Elend stürzte, denn staatliche Hilfsprogramme wie heute gab es nicht.

Ein besonders wichtiges Produkt war Leinen. Die deutschen Weber konnten jedoch trotz langer Arbeitszeiten und der Mithilfe ihrer Kinder nicht mit den billigen, industriell gefertigten Baumwollstoffen aus England konkurrieren. Die Folge war, dass die Weber Not litten. Insbesondere in Schlesien drohte sogar eine Hungerkatastrophe, da die Weber auch noch durch Abgaben an die Grundherren belastet waren.

Es kam zu einem Verzweiflungsakt: Etwa 300 Weber protestierten gegen die unhaltbaren Zustände, stürmten die Fabrik eines Textilunternehmers und zerschlugen Gebäude und Maschinen. Allerdings kam keine Person zu Schaden. Der Aufstand, der sich rasch ausbreitete, wurde unter Einsatz des Militärs blutig niedergeschlagen. Zehn Weber fanden den Tod, zahlreiche andere wurden verhaftet und verurteilt. Die Not der Weber und die brutale Beendigung der Hungerrevolte fanden überregionale Beachtung.

Staat und Nation

Die nationale Bewegung – Dokumente auswerten

M 3 Das Hambacher Fest

Aus der Festrede des demokratischen Publizisten Johann Georg August Wirth vom 27. Mai 1832 auf dem Hambacher Schloss:

Das Land, das unsere Sprache spricht, das Land, wo unsere Hoffnung wohnt, wo unsere Liebe schwelgt, wo unsere Freuden blühen, das Land, wo das Geheimnis aller unserer Sympathien und all unserer Sehnsucht ruht, dieses schöne Land wird verwüstet und geplündert, zerrissen und entnervt, geknebelt und entehrt. Reich an allen Hilfsquellen der Natur, sollte es für alle seine Kinder die Wohnung der Freude und der Zufriedenheit sein, allein ausgesogen von 34 Potentaten, ist es für die Mehrzahl seiner Bewohner der Aufenthalt des Hungers, des Jammers und des Elends. […] Die Ursache der namenlosen Leiden der europäischen Völker liegt einzig und allein darin, dass die Herzöge von Österreich und die Kurfürsten von Brandenburg den größten Teil von Deutschland an sich gerissen haben und unter dem Titel der Kaiser von Österreich und der Könige von Preußen nicht nur ihre eigenen Länder nach orientalischen Formen beherrschen und deren Kräfte zur Unterdrückung der Freiheit und Volkshoheit der europäischen Nationen verwenden, sondern auch ihr Übergewicht über die kleineren Länder Deutschlands benützen, um auch die Kräfte dieser dem Systeme fürstlicher Alleinherrschaft und despotischer Gewalt dienstbar zu machen.

Bei jeder Bewegung eines Volkes, welche die Erringung der Freiheit und einer vernünftigen Staatsverfassung zum Ziel hat, sind die Könige von Preußen und Österreich durch Gleichheit der Zwecke, Gesinnungen und Interessen an Russland geknüpft, und so entsteht jener furchtbare Bund, der die Freiheit der Völker bisher immer noch zu töten vermochte. […]

In dem Augenblick, wo die deutsche Volkshoheit in ihr gutes Recht eingesetzt sein wird, in dem Augenblick ist der innigste Völkerbund geschlossen, denn das Volk liebt, wo Könige hassen, das Volk verteidigt, wo die Könige verfolgen, das Volk gönnt das, was es selbst mit seinem Herzblut zu erringen trachtet, und, was ihm das Teuerste ist, die Freiheit, Aufklärung, Nationalität und Volkshoheit, auch dem Brudervolk: Das deutsche Volk gönnt daher diese hohen, unschätzbaren Güter auch seinen Brüdern in Polen, Ungarn, Italien und Spanien.

Wenn also das deutsche Geld und das deutsche Blut nicht mehr den Befehlen der Herzöge von Österreich und der Kurfürsten von Brandenburg, sondern der Verfügung des Volkes unterworfen sind, so werden Polen, Ungarn und Italien frei, weil Russland dann der Ohnmacht verfallen ist und sonst keine Macht mehr besteht, welche zu einem Kreuzzug gegen die Freiheit der Völker verwendet werden könnte.

Deutsche Geschichte in Quellen und Darstellung, hrsg. von Wolfgang Hardtwig und Helmut Hinze, Bd. 7, Stuttgart 1997, S. 95 ff.

M 4 Das Lied der Deutschen

Heinrich Hoffmann von Fallersleben (1798–1874) dichtete das „Lied der Deutschen" 1841:

Deutschland, Deutschland über alles,
über alles in der Welt,
Wenn es stets zu Schutz und Trutze
brüderlich zusammenhält.
Von der Maas bis an die Memel,
von der Etsch bis an den Belt:
Deutschland, Deutschland über alles,
über alles in der Welt!

Deutsche Frauen, deutsche Treue,
deutscher Wein und deutscher Sang
Sollen in der Welt behalten
ihren alten schönen Klang.
Uns zu edler Tat begeistern,
unser ganzes Leben lang:
Deutsche Frauen, deutsche Treue,
deutscher Wein und deutscher Sang!

Einigkeit und Recht und Freiheit
für das deutsche Vaterland!
Danach lasst uns alle streben
brüderlich mit Herz und Hand!
Einigkeit und Recht und Freiheit
sind des Glückes Unterpfand:
Blüh' im Glanze dieses Glückes,
blühe, deutsches Vaterland!

Aufstand der Schlesischen Weber – Eine Bildquelle interpretieren

Das Elend in Schlesien.

Hunger und Verzweiflung.

Offizielle Abhülfe.

M 5 „Das Elend in Schlesien und dessen Offizielle Abhülfe" Holzschnitt aus: „Fliegende Blätter", 1848

Aufgaben

1. a) Erarbeite aus dem Text, wie Johann Georg Wirth die Lage Deutschlands sah.
   b) Welche Ursachen machte Wirth für den von ihm angeprangerten Zustand verantwortlich?
   c) Wie sollte die von ihm geforderte neue politische Ordnung aussehen? Gibt es heute Organisationen, die den Vorstellungen von Wirth entsprechen?
   → M3

2. a) Fasse jede der drei Strophen vom „Lied der Deutschen" mit eigenen Worten zusammen.
   b) Welcher politischen Richtung lässt sich Heinrich Hoffmann von Fallersleben aufgrund des Textes zuordnen?
   → M4

3. Nenne Übereinstimmungen und Unterschiede zwischen den Aussagen von Johann Georg Wirth und Heinrich Hoffmann von Fallersleben.
   → M3, M4

4. a) Wieso wird heute nur noch die dritte Strophe des „Liedes der Deutschen" bei offiziellen Anlässen gesungen?
   b) Entscheide: Soll man in der Schule die Nationalhymne auswendig lernen? Sind dergleichen nationale Symbole nötig oder überholt?
   → M4

5. Vergleiche Zielsetzung und Ablauf des Hambacher Festes mit dem Wartburgfest.
   → M3, M4 (Seite 136)

Staat und Nation

Die Revolution von 1848/49

Der Ausbruch der Revolution

Die „Deutsche Tribüne", die der Mitorganisator des Hambacher Fests Johann Georg Wirth herausgab, prophezeite 1832, dass bis zum Jahr 1850 ein Kampf zwischen Reaktion und Liberalismus stattfinden werde: „1819: untätiges Murren; 1832: Widerstand; 1840 oder 1850: Sieg. So wird es kommen!" Den Kampf brachte das Jahr 1848 tatsächlich.

Am 23. Februar 1848 brach in Paris ein Aufstand aus: Kleinbürger, Arbeiter und Bauern forderten das allgemeine Wahlrecht und stürmten das Schloss. „Bürgerkönig" Louis Philippe (1773–1850), der 1830 selbst durch eine Revolution an die Macht gelangt war, floh nach England. Die Republik wurde ausgerufen und eine provisorische Regierung eingesetzt – diese Nachricht verbreitete sich sofort in ganz Europa.

Ein „heißer März"

Auch in Deutschland flammten überall Aufstände auf. Die Menschen forderten Freiheitsrechte, politische Mitwirkung und die schon 1815 zugesagten Verfassungen. In den deutschen Klein- und Mittelstaaten fanden im März Volksversammlungen und Demonstrationen statt. Die Fürsten reagierten hilflos und überrascht auf die so genannten Märzforderungen und gaben nach. Fast ohne Gewalt und Blutvergießen hatten die Revolutionäre ihre Ziele durchgesetzt.

M 1 Revolutionen und Verfassungen in Europa (1814–48)

Aufstände in Wien und Berlin

In Wien kam es am 13. März zu blutigen Unruhen mit Toten und Verwundeten. Noch in der Nacht erklärte Metternich seinen Rücktritt und floh ins Londoner Exil. Am 15. März ließ der Kaiser verkünden, dass die Zensur abgeschafft werde. Er versprach eine Verfassung, die Aufstellung einer Nationalgarde und die Einberufung einer Ständeversammlung aus allen Landesteilen der Habsburger Monarchie. Besonders die nichtdeutschen Nationalitäten im Habsburgerreich erkannten in der Revolution die Chance, ihre Unabhängigkeit zu erringen: Ungarn, Tschechen und Italiener erhoben sich gewaltsam gegen Habsburgs Herrschaft. Da die österreichische Monarchie erheblich gefährdet war, scheute der kaiserliche Hof nicht vor militärischem Einsatz zurück, der mit russischer Unterstützung schließlich zum Erfolg führte.

Am 16. März erreichte die Nachricht, dass die Wiener Regierung kapituliert hatte, Berlin. Auch hier brachen nun Straßenkämpfe aus. Angesichts der 254 Todesopfer – darunter acht Frauen und drei Kinder – lenkte König Friedrich Wilhelm IV. (1840–1861) ein. Er versprach, alle Forderungen der Aufständischen, die „Märzforderungen", zu erfüllen, Preußen in Deutschland aufgehen zu lassen und selbst die politische Führung zu übernehmen.

Revolution in München

Einen besonderen Verlauf nahm die Revolution in Bayern. München war als Haupt- und Residenzstadt das Zentrum der Ereignisse, aber auch in anderen Landesteilen kam es zu Unruhen und Aufständen. Schon vor dem Ausbruch der Revolution in Paris war die Unzufriedenheit mit König Ludwig I. groß. Dieser hatte wegen eines Konflikts mit katholischen Professoren die Münchner Universität schließen lassen. Auch stieß sein zusehends eigenmächtiger Regierungsstil auf Kritik. Dass er überdies seine Geliebte Lola Montez besonders bevorzugte, erregte große Empörung. Hinzu kamen wirtschaftliche Probleme der Bevölkerung. Schließlich dankte Ludwig verbittert ab. Sein Nachfolger Max II. ging auf viele Forderungen der Revolutionäre ein.

Auf dem Weg zu Verfassung und Nationalstaat

Zwar hatten im März 1848 die Revolutionäre in den einzelnen Staaten gesiegt, allerdings war Deutschland noch nicht geeint. Ende März 1848 trafen sich in Frankfurt die Abgeordneten aus den einzelnen Landtagen und andere bekannte Politiker. Dieses „Vorparlament" beschloss, dass im Mai 1848 ein deutsches Nationalparlament in Frankfurt zusammentreten sollte. Seine Abgeordneten wurden in allgemeinen, freien und gleichen Wahlen bestimmt.

Am 18. Mai 1848 kamen über 600 Vertreter des deutschen Volks in der Frankfurter Paulskirche zusammen. Sie sollten eine Verfassung für alle Deutschen und einen nationalen Staat schaffen. Doch über die politische Gestalt und den Aufbau dieses „Deutschen Reichs" gab es unterschiedliche Vorstellungen: Sollte der neue Staat eine Republik oder eine Monarchie sein? Welche Rechte sollte die neue Zentralregierung erhalten, welche sollten bei den Einzelstaaten verbleiben? Sollte auch Österreich einbezogen werden? Wer sollte Staatsoberhaupt sein?

M 2 Der König verneigt sich vor den gefallenen Revolutionären, die in den Hof des Berliner Schlosses gebracht werden, zeitgenössische Abbildung.

M 3 Frankfurter Paulskirche
Am 30. März 1848 treffen sich die Delegierten zum Frankfurter Vorparlament in der Paulskirche, zeitgenössische Abbildung.

Die Revolution in Bildern – Den Verlauf rekonstruieren

M 4 Die Ereignisse in Berlin am 18. und 19. März 1848 sind in Bildern des zeitgenössischen „Neuruppiner Bilderbogens" festgehalten.

Erster Angriff der Kavallerie auf das unbewaffnete Volk vor dem königlichen Schloss in Berlin

M 5 Barrikade in der neuen Königs-Straße am 19. März 1848

M 6 Seine Majestät Friedrich Wilhelm IV. König von Preußen verkündet in den Straßen seiner Hauptstadt die Einheit der deutschen Nation.

Großdeutsche oder kleindeutsche Lösung? – Unterschiedliche Perspektiven erfassen

M 7 Zwei Stellungnahmen

Der Abgeordnete Joseph von Würth hielt im Januar 1849 vor der deutschen Nationalversammlung in Frankfurt folgende Rede:

Wir werden aufgefordert, eine Teilung von Deutschland vorzunehmen, wie sie in der deutschen Geschichte noch nicht vorgekommen ist. […] Lassen Sie sich nicht von der Hoffnung täuschen, dass das, was Sie jetzt gewaltsam trennen, so schnell sich wieder zusammenfügen werde. Die deutschen Länder Österreichs waren immer Kernlande des Deutschen Reichs, sie waren immer ein Teil von Deutschland; sie wollen es bleiben, sie wollen die tausendjährigen Bande nicht aufgeben […]. Österreich wird, wenn es von Deutschland gegen seinen Willen getrennt ist, den Einfluss, den es bisher immer in Deutschland hatte und den es jetzt aufgeben soll, zu erhalten suchen. Es wird die Missstimmung benutzen, die in vielen Teilen Deutschlands gegen die neue Gestaltung der Dinge vorhanden sein wird, es wird auf die Schwäche und Zerrissenheit Deutschlands spekulieren. Deutschland dagegen wird, wenn Sie diese Trennung vornehmen, mit den abgetrennten deutsch-österreichischen Provinzen, deren Verlust es nicht verschmerzen kann, beständig liebäugeln. Es wird die deutschen Brüder, die von Deutschland losgerissen sind, wieder zu sich herüber zu ziehen suchen. Es wird beständig hinarbeiten auf den Zerfall des österreichischen Kaisertums.
Ich fürchte, wenn wir die Trennung vollziehen, so wird Österreich Deutschland und Deutschland Österreich zu erobern suchen; beide aber werden sich dabei verbluten unter dem Hohn und dem Jubel unserer gemeinsamen Feinde. Freuen werden sich dabei nur die Deutschland feindlichen Mächte: Russland, England und Frankreich.

Hans Fenske (Hg.), Vormärz und Revolution 1840–1849, Darmstadt 1991, S. 395 f.

b) Ein Bericht des Verfassungsausschusses der Frankfurter Nationalversammlung vom Oktober 1848 kommt hinsichtlich der politischen Struktur zu folgender Wertung:

Die Erfahrungen während des Bestehens des Deutschen Bundes und die Erwägung des Zwecks eines Bundesstaats lassen keine Zweifel, dass jede Teilnahme eines Staates, der zugleich Bundesstaat ist und zugleich nichtdeutsche Länder beherrscht, mannigfaltige Störungen herbeiführen und hindernd der Erreichung der Bundeszwecke entgegentreten kann.
Unvermeidlich kann ein solcher Staat wegen seiner außerdeutschen Besitzungen in Kriege verwickelt werden, welche ihn in Feindschaften mit anderen Staaten bringen, den Staat zu außerordentlichen Opfern nötigen können, welche die Mittel zur Erfüllung seiner Bundespflichten beschränken. […]
Diese Erwägungen führen zu der Aufstellung des Grundsatzes: Kein Teil des Deutschen Reiches darf mit Nichtdeutschen zu einem Staate vereinigt sein. Die Zeit ist gekommen, in welcher diejenigen, welche an der künftigen Verfassung Deutschlands zu bauen berufen sind, sich klarmachen müssen, dass Deutschlands Einheit nur durchgeführt werden kann, wenn diejenigen Staaten, welche als Glieder das Reich bilden, ganz und mit ungeteiltem Interesse Bundesglieder werden.

Hans Fenske (Hg.), Vormärz und Revolution 1840–1849, Darmstadt 1991, S. 353 f.

Aufgaben

1. Erarbeite anhand der Karte, wo im Jahr 1848 liberale und nationale Aufstände stattfanden.
   → M1
2. Beschreibe mithilfe des Neuruppiner Bilderbogens den Verlauf der Revolution in Berlin.
   → M4–M6
3. a) Welche Haltung nimmt der Abgeordnete Würth hinsichtlich der Frage ein, ob Österreich einem politisch geeinten Deutschland angehören soll?
   b) Welche Argumente führt der Verfassungsausschuss gegen eine Einbeziehung Österreichs an?
   → M7

Staat und Nation

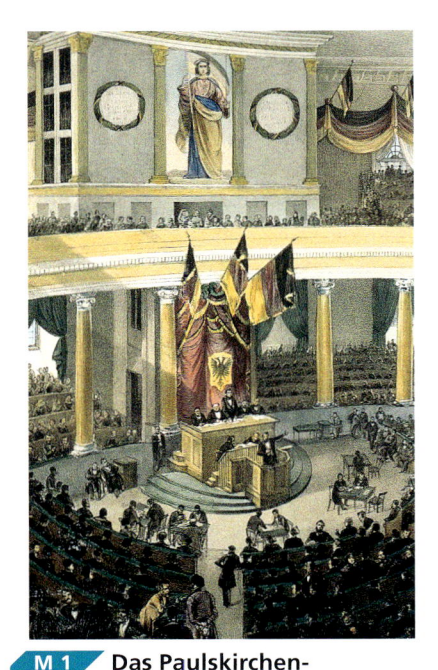

M 1 Das Paulskirchenparlament
Zeitgenössische Abbildung (Ausschnitt)

Die Revolution scheitert

Arbeit des Parlaments

Zunächst waren die Beratungen des Parlaments für drei bis vier Monate geplant. Das war angesichts der Aufgaben und der grundsätzlichen Fragen, die geklärt werden mussten, keine lange Dauer. Schon einfache Gesetze benötigen heute ein Vielfaches an Beratungszeit. Zudem verfügten die Abgeordneten meist über keine praktische politische Erfahrung. Sie kamen aus ganz unterschiedlichen gesellschaftlichen und staatlichen Traditionen.

Das Jahr 1848 gilt als wichtige Etappe in der Entwicklung politischer Parteien in Deutschland, die sich in den Debatten in der Paulskirche erst allmählich herausbildeten. Neben der Beschäftigung mit dem Text der Verfassung war es für die Politiker ein wichtiges Anliegen, das Volk durch parlamentarische Reden aufzuklären, die in Zeitungen weite Verbreitung fanden.

So stand die Nationalversammlung vor einer dreifachen Aufgabe: Politische Verfahren mussten entwickelt, die Verfassung mit ihren Grundrechten formuliert und konkrete politische Entschlüsse über die Gestaltung Deutschlands getroffen werden.

Von der großdeutschen zur kleindeutschen Lösung

Dass die Nationalversammlung politisch ohnmächtig war, zeigte sich in Schleswig-Holstein. Dort hatte sich Dänemark im Frühjahr 1848 das Herzogtum Schleswig einverleibt, wogegen die Paulskirche protestierte. Sie musste aber die militärische Initiative Preußen überlassen und, da sie kein eigenes Heer hatte, im September einem ohne ihre Mitwirkung ausgehandelten Waffenstillstand zustimmen.

Ende Oktober geriet die Nationalversammlung weiter unter Druck. Nachdem die Österreicher einen neuen Aufstand in Wien niedergeschlagen hatten, stellte auch der preußische König Friedrich Wilhelm IV. die Herrschaft im eigenen Land wieder her. Im Dezember 1848 zwang er Preußen eine Verfassung auf, die auf den ersten Blick erstaunlich liberal war. Sie besaß einen Grundrechtekatalog, doch behielt sich der König die letzte Entscheidung vor.

Als problematisch erwies sich die künftige Stellung Österreichs in einem geeinten Deutschland. Große Teile der Habsburger Monarchie

M 2 Reichsverfassung von 1849

gehörten nicht zum Deutschen Bund, sodass der Vielvölkerstaat hätte aufgelöst werden müssen. Andererseits war es schwer vorstellbar, Italiener, Kroaten, Ungarn und Tschechen in einen deutschen Nationalstaat einzubeziehen. Es gab daher weiterhin heftige Diskussionen zwischen Befürwortern und Gegnern der großdeutschen Lösung.

Nach dem Sieg der Gegenrevolution in Wien verlor die großdeutsche Idee an Ausstrahlung, zumal Österreich an einem ungeteilten Vielvölkerstaat festhielt. Als einzig mögliche Alternative schien vielen Parlamentariern nur noch die Zusammenarbeit mit Preußen zu bleiben.

Die Verfassung von 1849

Die Beratungen über eine kleindeutsche Lösung waren langwierig und von heftigen Auseinandersetzungen geprägt. In der Schlusssitzung im März 1849 verabschiedeten die Parlamentarier eine Verfassung, die erstmals in der deutschen Geschichte Bürgerrechte verankerte. Darunter versteht man Menschenrechte wie die Freiheit der Person oder die Gleichheit vor dem Gesetz.

In dieser Sitzung setzten sich endgültig die Befürworter eines „kleindeutschen" Kaiserreichs ohne Österreich durch. Deutscher Kaiser und Staatsoberhaupt sollte der preußische König sein.

Entstanden war eine erstaunlich demokratische Verfassung, bei der sich das Volk, das heißt Männer ab 25 Jahren, durch allgemeine, gleiche und geheime Wahlen an der Politik beteiligen konnte. Der Grundrechtekatalog der Paulskirchenverfassung beeinflusste noch die demokratischen Verfassungen der Jahre 1919 und 1949.

Die Verfassung trat jedoch nie in Kraft, da der preußische König die von der Nationalversammlung angebotene Kaiserkrone ablehnte. Er berief sich dabei auf die fehlende Zustimmung der anderen deutschen Fürsten, erklärte aber in einem vertraulichen Brief, die Krone trage den „Ludergeruch der Revolution" und sei „ein Reif aus Dreck und Letten". Möglicherweise schreckte der König auch vor außenpolitischen Konsequenzen zurück und fürchtete Spannungen mit Österreich und dem absolutistischen Russland.

Das Nachspiel

Nach Ablehnung der Kaiserkrone durch den preußischen König löste sich die Nationalversammlung im April 1849 auf. Nur eine kleine Gruppe radikaler Demokraten bildete in Stuttgart ein „Rumpfparlament", das der württembergische König im Juni gewaltsam auflöste.

In anderen Gegenden Deutschlands wie in Sachsen oder Baden kam es zu bewaffneten Aufständen. Sie wurden militärisch niedergeschlagen, obwohl die Revolutionäre in Baden sogar ein „Volksheer" aufstellten. Nach Erstürmung der Festung Rastatt durch preußische Truppen wurden zahlreiche Aufständische standrechtlich erschossen. In Sachsen vertrieben die Dresdner ihren König, der seine Rückkehr ebenfalls nur der preußischen Armee verdankte.

Die Enttäuschung des liberalen Bürgertums über die gescheiterte Revolution war groß, doch hatte sich der Wille des Volkes nach politischer Mitbestimmung und nationaler Einheit deutlich offenbart. Auf Dauer ließen sich diese Forderungen nicht mehr unterdrücken.

M 3 „Michel und seine Kappe im Jahr 1848"
In Zeichnungen und Karikaturen wird die Figur des Michel stellvertretend für die Deutschen verwendet, Karikatur von 1849.

(Frühling / Sommer / Herbst)

Staat und Nation

Trotz alledem – Ein Lied auswerten

(Noten)

Das war 'ne hei-ße Mär-zen-zeit, trotz Re-gen, Schnee und al-le-dem!
Nun a-ber, da es Blü-ten schneit, nun ist es kalt, trotz al-le-dem!
Trotz al-le-dem und al-le-dem, trotz Wien, Ber-lin und al-le-dem,
ein schnö-der, schar-fer Win-ter-wind durch-frös-telt uns trotz al-le-dem!

M 4 Trotz alledem

Der Dichter und Publizist Ferdinand Freiligrath (1810–1876) schrieb kurz vor der Niederschlagung der Revolution Anfang Juli 1848 in Düsseldorf das Gedicht „Trotz alledem":

Das ist der Wind der Reaktion
mit Mehltau, Reif und alledem!
Das ist die Bourgeosie am Thron,
der annoch steht, trotz alledem!
5 Trotz alledem und alledem,
trotz Blutschuld, Trug und alledem,
er steht noch, und er hudelt uns
wie früher fast, trotz alledem!

10 Die Waffen, die der Sieg uns gab,
der Sieg des Rechts trotz alledem,
die nimmt man sacht uns wieder ab,
samt Kraut und Lot und alledem!
Trotz alledem und alledem,
15 trotz Parlament und alledem,
wir werden unsre Büchsen los,
Soldatenwild, trotz alledem!

Doch sind wir frisch und wohlgemut,
20 und zagen nicht, trotz alledem!
Aus tiefer Brust des Zornes Glut,
die hält uns warm, trotz alledem!
Trotz alledem und alledem,
es gilt uns gleich, trotz alledem,
25 wir schütteln uns: Ein garst'ger Wind,
doch weiter nichts, trotz alledem!

Denn ob der Reichstag sich blamiert,
Professorhaft, trotz alledem!
Und ob der Teufel reagiert
mit Huf und Horn und alledem, 30
trotz alledem und alledem,
trotz Dummheit, List und alledem,
wir wissen doch: Die Menschlichkeit
behält den Sieg, trotz alledem! 35

Und ob der Prinz zurück auch kehrt
mit Hurra, Hoch und alledem:
Sein Schwert ist ein gebrochen Schwert,
ein ehrlos Schwert, trotz alledem,
ja doch, trotz all' und alledem, 40
der Meinung Acht, trotz alledem,
die brach den Degen ihm entzwei
vor Gott und Welt, trotz alledem!

Nur was zerfällt, vertretet ihr, 45
seid Kasten nur, trotz alledem!
Wir sind das Volk, die Menschheit wir,
sind ewig drum, trotz alledem!
Trotz alledem und alledem,
so kommt denn an, trotz alledem! 50
Ihr hemmt uns, doch ihr zwingt uns nicht
– unser die Welt, trotz alledem!

Freiheitsbewegung in der deutschen Geschichte, hrsg. von der GEW Baden-Württemberg, Bezirk Nordbaden, Karlsruhe 1990, S. 46.

Die Ablehnung der Kaiserkrone – Eine Karikatur interpretieren

M 5 Aus dem Lexikon

In einem Lexikon finden sich folgende Begriffe, die zum Verständnis der Karikatur beitragen:

Adler
Heraldik. Der A. ist neben dem Löwen das am weitesten verbreitete aller Wappenbilder. […] Allgemein wird der Doppel-A. der Kaiser des MA. als Symbolisierung der Teilung des Kaisertums in ein weströmisches und ein oströmisches betrachtet.

Friedrich Wilhelm IV.
F. Wilhelm IV., König (1840–61), *Berlin 15.10.1795, † Potsdam 2.10.1861. Geprägt durch die Romantik, verstand er das Amt des preuß. Königs als Mittelpunkt aller christlich-ständischer Traditionen und Reformbestrebungen und als das des Feldherrn in einem verstärkten Dt. Bund unter Österreichs polit. Führung. F. Wilhelm war künstlerisch und wissenschaftlich begabt, doch war seine Politik häufig widerspruchsvoll. Durch die Berufung des Vereinigten Landtags 1847 suchte er einen ständischen Staatsaufbau zu verwirklichen, versagte sich aber eine Gesamtverfassung. Die ihm von der Frankfurter Nationalversammlung 1849 angetragene dt. Kaiserkrone lehnte er ab.

Wilhelm Heinrich von Gagern
Wilhelm Heinrich August Frhr. von, Politiker, *Bayreuth 20.8.1799, † Darmstadt 22.5.1880, Mitgl. der Burschenschaft, 1820–33 in hessen-darmstädt. Dienst. Als Liberaler war er 1848 Mitgl. des Vorparlaments und wurde am 19.5. zum Präs. der Frankfurter Nationalversammlung gewählt.

Pickelhaube
Pickelhaube (mhd. beckelhube, zu Becken), Lederhelm mit Metallbeschlag und -spitze, 1842 von der preuß. Armee eingeführt, in abgewandelter Form im dt. Heer bis zum 1. Weltkrieg.

Germania
Germania, 1) lat. Form von Germanien. 2) Die Personifikation Germaniens in röm. Zeit als trauernde Gefangene, in otton. Zeit als gekrönte Frauengestalt dargestellt; im 19. Jh. Sinnbild des 1871 geeinten dt. Reiches.

Aus: dtv-Brockhaus Lexikon, 20 Bände, München 1984, hier Bd. 1, S. 49f.; Bd. 6, S. 302, S. 178f., S. 134, Bd. 14, S. 132.

M 6 Ablehnung der Krone
„Wat heulst'n, kleener Hampelmann?"
„Ick habe Ihr'n Kleenen 'ne Krone jeschnitzt, nu will er se nich!", Karikatur von Ferdinand Schröder aus den „Düsseldorfer Monatsheften", 1849.

Aufgaben

1. a) Fasse die Strophen von Freiligraths Gedicht jeweils in einem Satz zusammen.
   b) Welcher politischen Richtung lässt sich Freiligrath zuordnen? Begründe deine Meinung.
   → M4
2. a) Beschreibe die Karikatur von Ferdinand Schröder und benenne die Figuren und Gegenstände mithilfe der Lexikonartikel.
   b) Formuliere mit eigenen Worten, was der Karikaturist aussagen wollte.
   → M5, M6

Staat und Nation

M 1 Otto von Bismarck (1815–1898)
Fotografie aus dem Jahr 1862, kurz vor Bismarcks Berufung zum Ministerpräsidenten

Die Errichtung eines deutschen Nationalstaats

Können einzelne Personen Geschichte machen?
Kann ein einziger Mensch den Lauf der Geschichte verändern? Dies ist eine Frage, die sich Geschichtswissenschaftler immer wieder gestellt haben. Dabei wird häufig der Name eines preußisch-deutschen Politikers genannt: Otto von Bismarck (1815–1898).

Bismarck stammte aus einer alten preußischen Adelsfamilie, für die Treue zum Königshaus einen wichtigen Wert darstellte. Er war Gegner der Revolution von 1848/49 und stand den Forderungen des liberalen Bürgertums mit Ablehnung gegenüber. Allerdings sah er in der Errichtung eines deutschen Nationalstaats eine Chance zur Machterweiterung für Preußen.

Der Aufstieg Bismarcks
Otto von Bismarck war vor seiner Ernennung zum Ministerpräsidenten 1862 durch den preußischen König Wilhelm I. Gesandter in Russland. Die Amtsübernahme erfolgte in einer problematischen innenpolitischen Lage: Zwischen dem König und der liberalen Mehrheit des preußischen Abgeordnetenhauses war umstritten, ob Wilhelm bei der von ihm gewünschten Heeresreform auf die Zustimmung des Parlaments angewiesen war. Der Konflikt spitzte sich auf die Frage zu, wer tatsächlich die Macht im Staat habe. Als einziger namhafter Politiker erklärte sich Bismarck dazu bereit, den Kampf mit dem Parlament aufzunehmen und die Forderung des Königs durchzusetzen. Aus diesem Grund wurde er von den liberalen Abgeordneten scharf kritisiert.

Die deutsche Frage nach 1850
Nach der gescheiterten Revolution von 1848/49 hatte sich in Mitteleuropa die Herrschaft der Fürsten gegen die nationalen und liberalen Bestrebungen des deutschen Bürgertums durchgesetzt. Der 1815 gegründete Deutsche Bund wurde zwar wieder errichtet, aber diese Lösung der „deutschen Frage" stieß in der Öffentlichkeit immer mehr auf Kritik. Die Konkurrenz der beiden Großmächte Preußen und Österreich um die Vorherrschaft im Deutschen Bund machte die Situation noch komplizierter. Zwar besaß Österreich noch eine Vormachtstellung, aber immer deutlicher zeichneten sich die Schwächen des Habsburgerstaates ab. Die Konflikte zwischen den verschiedenen Nationalitäten im Vielvölkerstaat Österreich nahmen zu. Auf der anderen Seite gewann Preußen an wirtschaftlichem und politischem Einfluss und wollte sich nicht mehr mit der bisherigen untergeordneten Rolle begnügen. Die vielen mittleren und kleinen deutschen Fürstentümer wollten nach Möglichkeit ihre Unabhängigkeit gegenüber den beiden großen Mächten erhalten, entschieden also je nach Lage, ob sie eher Preußen oder Österreich zuneigten. Bayern orientierte sich dabei eher an Österreich.

Die Einigung Deutschlands
Eine erste Möglichkeit, sich als nationaler Politiker zu profilieren, erhielt Bismarck im Jahr 1864, als es zu einem Konflikt um Schleswig-Holstein kam. Während Schleswig autonomer Bestandteil Dänemarks

war, gehörte Holstein zum Deutschen Bund. Beide Herzogtümer regierte der dänische König. Als Dänemark entgegen einem internationalen Abkommen Schleswig von Holstein trennen und sich einverleiben wollte, rief das in der deutschen Nationalbewegung helle Empörung hervor. Bismarck ergriff die günstige Gelegenheit. Im Deutsch-Dänischen Krieg von 1864 entriss Preußen mit Unterstützung Österreichs den Dänen Schleswig.

Der Konflikt spitzt sich zu

Die nächsten Jahre waren vom Streit zwischen Preußen und Österreich darüber geprägt, was mit beiden norddeutschen Herzogtümern geschehen sollte. 1866 führte der immer aggressiver ausgetragene Konflikt schließlich zum Krieg zwischen Preußen und Österreich. Obwohl die meisten mittleren und kleinen Staaten auf die Seite Österreichs traten, gelang Preußen, das technisch und strategisch überlegen war, der entscheidende Sieg in der Schlacht von Königgrätz im Norden Böhmens. Österreich verlor im Friedensschluss zwar keine Gebiete, musste jedoch der Auflösung des Deutschen Bundes und seinem Ausscheiden aus Deutschland zustimmen. Einige deutsche Staaten wie Hannover und Kurhessen wurden Teil des Königreichs Preußen. Die restlichen Länder nördlich des Mains mussten dem neuen Norddeutschen Bund unter Preußens Vorherrschaft beitreten.

M 2

Der Weg zum Deutschen Reich 1866 – 1871
- Kgr. Preußen 1864
- Erwerbungen bis 1866
- Reichsland Elsass-Lothringen 1871
- Freie Reichsstädte
- Grenze des Deutschen Reiches 1871
- S.-L. = Fsm. Schaumburg-Lippe

Staat und Nation

Bayern und die anderen im Süden Deutschlands gelegenen Staaten blieben unabhängig, um den Sicherheitsinteressen Österreichs und Frankreichs Rechnung zu tragen. Allerdings waren sie gezwungen, so genannte Schutz- und Trutzbündnisse mit Preußen zu schließen.

Mit diesem militärischen und politischen Erfolg gewann Bismarck die Zustimmung großer Teile der liberalen Nationalbewegung.

Die Gründung des deutschen Kaiserreichs

In Frankreich wuchs das Misstrauen gegenüber dem immer mächtiger werdenden Preußen. Die sich verstärkenden diplomatischen Spannungen zwischen beiden Staaten führten schließlich 1870 zum Krieg. Auslöser war ein Konflikt um die spanische Thronfolge. Der als König vorgesehene Prinz aus einer Nebenlinie des preußischen Königshauses der Hohenzollern stieß in Frankreich auf heftige Ablehnung. Obwohl die Hohenzollern ihren Kandidaten zurückzogen, wollte Frankreich einen „ewigen" Verzicht erreichen.

Diese Forderung wies der preußische König zurück und teilte dies Bismarck in einem Telegramm aus seinem Kurort Bad Ems mit. Dieser kürzte die „Emser Depesche" so geschickt, dass die deutsche Öffentlichkeit über das Verhalten Frankreichs empört war und die Bevölkerung Frankreichs das preußische Vorgehen als Beleidigung der französischen Nation empfand. Die Kriegserklärung Frankreichs führte in ganz Deutschland – also auch in den süddeutschen Staaten – zu einer Welle nationaler Begeisterung.

Der Sieg aller verbündeten deutschen Staaten ermöglichte die Errichtung eines deutschen Nationalstaats. Im Spiegelsaal des Schlosses von Versailles wurde am 18. Januar 1871 der preußische König Wilhelm zum deutschen Kaiser ausgerufen. Das war die Gründung des deutschen Kaiserreichs.

Die Rolle Bayerns

Bayern konnte sich nur schwer damit abfinden, seine Eigenständigkeit aufzugeben. Nachdem sich abzeichnete, dass die anderen Staaten dem neuen Reich beitraten, zog Bayern nach, um sich nicht selbst zu isolieren. Allerdings konnte das Königreich sich einige Sonderrechte sichern. König Ludwig II. erhielt dafür, dass er im so genannten Kaiserbrief dem preußischen König die Kaiserwürde antrug, großzügige Geldzahlungen. Nach einer heftigen Debatte stimmte das bayrische Parlament mit knapper Mehrheit dem Beitritt zum neuen Reich zu.

Die Rolle Bismarcks

Historiker sind sich einig, dass Bismarck bei dieser Entwicklung eine entscheidende Rolle spielte. Die Meinung, dass er gleichsam allein die deutsche Einigung herbeiführte, wird heute differenzierter gesehen, denn die Entstehung von Nationalstaaten war eine allgemeine Entwicklung in Europa. Die europäische Mächtekonstellation, die politische und wirtschaftliche Entwicklung in Deutschland – insbesondere die von Preußen und Österreich –, der Einfluss der liberalen Nationalbewegung und die Rolle der Öffentlichkeit bildeten Voraussetzungen und Grundlagen für das entschiedene Handeln Bismarcks. Sein Anteil an der Reichsgründung muss dennoch hoch veranschlagt werden.

M 3 Siegessäule in Berlin
Zur Erinnerung an die Siege von 1864, 1866 und 1870 wurde am 2. September 1873 auf dem Königsplatz in Berlin diese Säule errichtet.

Stimmen zur Reichsgründung – Verschiedene Positionen

M 4 Drei Stellungnahmen

a) Nach 1871 gab es zahlreiche Publikationen, die sich mit der Gründung des Reiches beschäftigten. Aus dem in Speyer erschienenen „Festalbum zur Friedensfeier. Zum Besten verwundeter und invalid gewordener deutscher Krieger" von 1871:

Betrachten wir nun in Kürze die Wirkungen des Krieges und seiner militärischen Erfolge.
1. Es vollzieht sich die politische Einigung Deutschlands, lange ersehnt und erstrebt, eine Frucht
5 mancher Tränensaat, ein Jugendtraum der besten Männer bis in ihr hohes Greisenalter, ein Schlachtenkind, aber in der Wiege umstanden und gesegnet von den Genien des Friedens.
2. Zum Schutz dieser politischen Einheit entsteht
10 eine starke Zentralgewalt, ohne die geschichtlich tief gewurzelte Eigenart der verschiedenen deutschen Stämme aufzuheben. Das Deutsche Reich wird nicht etwa bloß wieder aufgerichtet, sondern ersteht in neuer Gestaltung mit erblicher
15 Kaiserwürde.
3. Elsass und Deutsch-Lothringen kommen wieder zum Reich. Das gewonnene Metz sichert den Frieden gegen Frankreich.
4. Die gesicherte Lage gegen den bisherigen Erb-
20 feind sichert dem Deutschen Reich nach außen seine Bedeutung. Das deutsche Kaisertum ist der Friede.
5. Seine innere Organisation sichert ihm den Frieden nach innen. Die nationale Erhebung erzeugt
25 eine dem zersetzenden Zwist und Hader der Parteien fremde nationale Richtung, Stimmung und Haltung. [...]
7. Eine natürliche Folge ist die Achtung der deutschen Nation in Europa und bei den gesitteten
30 Völkern der Welt.
Und nun, du hochbegnadetes, reichgesegnetes deutsches Volk, lass diese großen Errungenschaften, verbrieft und gesiegelt in den ersten Märztagen des Jahres 1871, deiner Treue und
35 Mannheit als ein köstliches Kleinod, erworben durch das Herzblut deiner besten Söhne, anvertraut sein!
Wache vor allem über deine Jugend, dass sie künftigen Tagen fähig und würdig werde, dieses Hei-
40 ligtum in sichere Obhut zu nehmen!

Fenske, Hans (Hg.), Im Bismarckschen Reich 1871–1890, Darmstadt 1978, S. 47 f.

b) Der Historiker Heinrich von Sybel schrieb am 27. Januar 1871 an einen Freund:

Lieber Freund, ich schreibe von all diesen Quisquilien [Belanglosigkeiten] und meine Augen gehen immer herüber zu dem Extrablatt und die Tränen fließen mir über die Backen. Wodurch hat man die
5 Gnade Gottes vedient, so große und mächtige Dinge erleben zu dürfen? Und wie wird man nachher leben?
Was zwanzig Jahre der Inhalt alles Wünschens und Strebens gewesen, das ist nun in so unendlich
10 herrlicher Weise erfüllt! Woher soll man in meinen Lebensjahren noch einen neuen Inhalt für das weitere Leben nehmen?

Fenske, Hans (Hg.), Im Bismarckschen Reich 1871–1890, Darmstadt 1978, S. 37.

c) Ein Soldat, der am Krieg gegen Frankreich teilgenommen hatte, schrieb am 6. März 1871:

Die Nachricht vom Frieden – vom lang ersehnten Frieden – habe ich in Vesoul bekommen. [...]
Es wäre fruchtloses – ich möchte beinahe sagen lächerliches Bemühen, wenn ich die Gefühle wie-
5 dergeben sollte, welche mich erfüllten, als die Klänge des Festzapfenstreichs durch das Städtchen Vesoul ertönten. – Fern von der Heimat, in der jetzt tausend- und abertausendfacher Kerzenglanz die frohe Tatsache verkündet, feierte ich mit
10 den Landwehrleuten des Bataillons Crossen aus einem schlesischen Husarenregiment den Frieden! – den wirklichen Frieden.
Mir war, ich kann nicht sagen wie zu Mut – so dankbar – so froh und doch das herbe Wehmuts-
15 gefühl, bei dem Gedanken an all die Gräuel und Schrecken des Krieges – des in unserem Jahrhundert noch möglichen Krieges.
Jetzt sollen wir ja Freunde sein, die wir uns seither zerfleischten. Jetzt ist unser deutsches Vaterland
20 gerettet, steht groß und einig da.
„Der Kaiser von Deutschland lebe hoch", rief ich in die Truppenmenge hinein, lauter Trommelwirbel begleitete das hundert- und aberhundertfach tönende Hoch!

Fenske, Hans (Hg.), Im Bismarckschen Reich 1871–1890, Darmstadt 1978, S. 38 f.

Staat und Nation

Der „Sedantag" – Ein nationaler Feiertag?

M 5   Eine Rede und zwei Kommentare

a) Die Schlacht bei der nordfranzösischen Stadt Sedan im September 1870 war eine Vorentscheidung im deutsch-französischen Krieg. Dieser Tag wurde im Kaiserreich groß gefeiert. Kaiser Wilhelm II. brachte bei der 25-Jahr-Feier des Sedantages folgenden Trinkspruch dar:

Wenn Ich am heutigen Tage einen Trinkspruch auf Meine Garden ausbringe, so geschieht es froh bewegten Herzens; denn ungewöhnlich feierlich und schön ist der heutige Tag. Den Rahmen für die
5 heutige Parade gab ein in Begeisterung aufflammendes Volk, und das Motiv für die Begeisterung war die Erinnerung an die Gestalt, an die Persönlichkeit des großen verewigten Kaisers.
Wer heute und gestern auf die mit Eichenlaub
10 geschmückten Fahnen blickte, der kann es nicht getan haben ohne wehmütige Rührung im Herzen; denn der Geist und die Sprache, die aus dem Rauschen dieser zum Teil zerfetzten Feldzeichen zu uns redeten, erzählten von den Dingen, die vor
15 25 Jahren geschahen und von dem großen Tage, da das Deutsche Reich wieder auferstand.
Groß war die Schlacht und heiß war der Drang und gewaltig die Kräfte, die aufeinanderstießen. [...] Für ihre Güter, ihren Herd und ihre zukünftige
20 Einigung kämpften die Deutschen; darum berührt es uns auch so warm, dass ein jeder, der des Kaisers Rock getragen hat oder ihn noch trägt, in diesen Tagen von der Bevölkerung besonders geehrt wird – ein einziger aufflammender Dank gegen Kaiser
25 Wilhelm I.
Und für uns, besonders für die Jüngeren, [steht] die Aufgabe, das, was der Kaiser gegründet, zu erhalten.
Doch in die hohe, große Festesfreude schlägt ein Ton hinein, der wahrlich nicht dazu gehört; eine 30 Rotte von Menschen, nicht wert, den Namen Deutscher zu tragen, wagt es, das deutsche Volk zu schmähen, wagt es, die uns geheiligte Person des allverehrten verewigten Kaisers in den Staub zu ziehen. Möge das gesamte Volk die Kraft finden, 35 die unerhörten Angriffe zurückzuweisen! Geschieht es nicht, dann rufe Ich Sie, um der hochverräterischen Schar zu wehren, um einen Kampf zu führen, der uns befreit von solchen Elementen.

Die Reden Kaiser Wilhelms II. 1888–1895, Leipzig 1913, S. 314 ff.

b) Kommentar der Zeitung Münchener Neueste Nachrichten:

Zum ersten Male findet das nichtswürdige Gebahren, das nun schon so lange Tag für Tag die edelsten Empfindungen, die tiefsten Gefühle und die teuersten Überlieferungen des deutschen Volkes mit der giftigen Jauche des gemeinsten sozialdemokra- 5 tischen Jargons übergießt und die gesamte anständige Presse zur Abwehr mit blutigen Hieben herausfordert, auch an offizieller Stelle die wohlverdiente Kennzeichnung und Brandmarkung. [...]

Münchener Neueste Nachrichten, 4.9.1895, Vorabendblatt, S. 1.

c) Kommentar der Münchner Post:

Der Kaiser hat am Skt. Sedan nebst anderen erlassenen Kundgebungen auch eine interessante Rede gehalten. [...]
Auf die Auslassungen des Monarchen zu entgegnen verbietet bekanntlich das Strafgesetzbuch 5 und es ist eben nur ein Zeichen der Zeit, wenn die sich anständig nennende bürgerliche Presse den Wortlaut der Kaiserrede nicht nur triumphierend gegen uns ins Feld führt, sondern dieselbe auch noch in geschmacklosester Weise zu fruktifizieren 10 [zu verbreiten] bemüht ist. [...]
Das ist ein Eiertanz. Derartiges ist dummes, plumpes Getrampel, wie man es vom Weltblatt und seinem Anhang übrigens gewohnt ist. Man scheint dort immer zu vergessen, dass „die Rotte von 15 Menschen, die nicht wert sind, den Namen Deutscher zu tragen", stärkste politische Partei im Reiche ist.

Münchener Post, 5.9.1895, S. 3.

M 6   Am 2. September 1895, Fotografie von 1895

Eine Rede zum Jahrestag analysieren

M 7   100 Jahre nach der Gründung

Der deutsche Bundespräsident Gustav Heinemann hielt 1971 folgende Rede:

Unsere Geschichte ist in vieler Hinsicht anders verlaufen als die unserer Nachbarn. Man hat uns eine „verspätete Nation" genannt.
In der Tat haben wir unsere nationale Einheit 1871
5 später und unvollkommener erlangt als andere Nationen. Der Ruf nach Einheit erhob sich in den Befreiungskriegen gegen Napoleon, bei den unruhigen Studenten auf dem Wartburgfest 1817, in der großartigen Volksfeier 1832 auf dem Hamba-
10 cher Schloss und sonderlich im Sturm und Drang der Jahre 1848/49. Aber ein jedes Mal wurde der Ruf von jenen Dutzenden von Fürstenstaaten erstickt, in die Deutschland zerrissen blieb.

15 Als das Deutsche Reich vor 100 Jahren in Versailles ausgerufen wurde, war keiner von den 1848ern zugegen. Ja, Männer wie August Bebel und Wilhelm Liebknecht und andere Sozialdemokraten, die sich gegen den nationalistischen Übermut des Sieges über Frankreich geäußert hatten, saßen in 20 Gefängnissen. Um den Kaiser standen in Versailles allein die Fürsten, die Generäle, die Hofbeamten, aber keine Volksvertreter.

Die Reichsgründung hatte die Verbindung von 25 demokratischem und nationalem Wollen zerrissen. Sie hat das deutsche Nationalbewusstsein einseitig an die monarchisch-konservativen Kräfte gebunden, die in den Jahrzehnten vorher dem demokratischen Einheitswillen hartnäckig im 30 Wege gestanden hatten.

Für unsere französischen Nachbarn war es eine tiefe Demütigung, dass unser Nationalstaat in ihrem Lande ausgerufen und ihnen zugleich Elsass-Lothringen weggenommen wurde. Diese Demüti- 35 gung konnte Frankreich nicht vergessen.

Gustav W. Heinemann, Reden und Interviews, hrsg. v. Presse- und Informationsamt der Bundesregierung, Bd. 2, Bonn 1971.

Aufgaben

1. a) Stelle die wichtigsten Daten zu Bismarcks Lebenslauf zusammen.
   b) Ergänze die Angaben im Buch durch weitere Informationen aus Lexika oder dem Internet.
   → Text, Lexikon oder Internet
2. Erstelle eine Tabelle der Ereignisse, die zur Gründung des deutschen Kaiserreichs führten.
   → Text
3. a) Erschließe, welche Einstellung zur Reichsgründung in den Zeugnissen der Zeitgenossen zum Ausdruck kommt.
   b) Formuliere eine mögliche Gegenposition in einem Antwortbrief.
   → M4
4. a) Weshalb findet es Kaiser Wilhelm II. wichtig, den Sedantag zu feiern?
   b) Gegen wen richtet sich seine Kritik im vorletzten Absatz?
   c) Stelle dar, wie die Münchener Neuesten Nachrichten die Rede des Kaisers beurteilen.
   d) Erläutere die Aussage „Auf die Auslassungen des Monarchen zu entgegnen verbietet bekanntlich das Strafgesetzbuch".
   e) Wie kommentiert die Münchner Post die Beurteilung der Münchener Neuesten Nachrichten?
   → M5
5. a) Erläutere die im Text vom Bundespräsidenten Gustav Heinemann 1971 genannten historischen Ereignisse.
   b) Weshalb war Deutschland in Heinemanns Augen eine „verspätete Nation"?
   c) „Die Reichsgründung hatte die Verbindung von demokratischem und nationalem Wollen zerrissen." Was meinte der damalige Bundespräsident mit diesem Satz?
   → M7
6. „Können einzelne Personen Geschichte machen?" Welche Antwort gibt der Schulbuchtext auf diese Frage? → Text

Methode: Umgang mit Historiengemälden

① Kaiser Wilhelm I.
② Großherzog von Baden
③ Otto von Bismarck
④ Kriegsminister Roon (Vertrauter Bismarcks; bei der Zeremonie wegen Krankheit nicht anwesend)
⑤ Gruppe der Offiziere
⑥ Kaiserwappen und Krone
⑦ Gruppe der einfachen Soldaten
⑧ Kronprinz Friedrich

11242E

M 1 **Die Proklamierung des deutschen Kaiserreiches**
Holzstich von Anton von Werner, um 1880

M 2 **Die Proklamierung des deutschen Kaiserreiches,** Gemälde von Anton von Werner, 1885

Historienbilder – Bilder aus der Geschichte

Bilder, die Szenen aus der Geschichte darstellen, waren im 19. Jahrhundert besonders geschätzt. Die Werke der so genannten Historienmalerei fanden weite Verbreitung: Als Gemälde von beträchtlicher Größe schmückten solche Bilder öffentliche Gebäude oder illustrierten als Schwarz-Weiß-Abbildungen Bücher und Zeitschriften. Gemeinsam war ihnen, dass sie bedeutsame historische Ereignisse möglichst genau darstellten, sodass der Eindruck einer fotografischen Wiedergabe entstand.

Ein auch heute noch berühmtes Historienbild ist „Die Proklamierung des deutschen Kaiserreiches" von Anton von Werner (1843–1915), der in Deutschland als Maler hoch angesehen war. Er war am 18. Januar 1871 in Versailles bei der Ausrufung des deutschen Kaiserreichs anwesend, mithin Augenzeuge der damaligen Ereignisse. In den folgenden Jahren erstellte er mehrere Fassungen, die in Berlin an herausgehobenen Stellen öffentlicher Gebäude angebracht wurden.

Während der Holzstich als Illustration in Büchern Verwendung fand, war das Gemälde aus dem Jahr 1885 als Geburtstagsgeschenk des Kaisers für Otto von Bismarck gedacht. Der Vergleich der beiden Darstellungen zeigt deutliche Unterschiede. Dies ist umso verwunderlicher, als beide Bilder vom selben Maler stammen, der überdies Augenzeuge der Ereignisse war.

Fragen an bildliche Quellen

1. Entstehung des Bildes
a) Wer hat das Gemälde in Auftrag gegeben, wer den Holzstich?
b) Für welchen Zweck waren die Bilder gedacht?
c) Lassen sich Hinweise auf die Entstehung in den Bildern entdecken?

2. Beschreibung der Bilder
a) Suche die im oberen Bild gekennzeichneten Personen auf der unteren Darstellung. Vergleiche deren jeweilige Position.
b) Informiere dich mithilfe eines Lexikons über die dargestellten Personen.
c) Wer steht jeweils im Mittelpunkt des Bildes?
d) Untersuche, ob im unteren Bild auch einfache Soldaten dargestellt sind.
e) Welche Perspektive hat der Maler jeweils gewählt?
f) Beschreibe die auf den Bildern dargestellte Stimmung.
g) Vergleiche die Architektur. Ist derselbe Raum dargestellt?

3. Deutung des Bildes
a) Überlege, ob es sich bei den Bildern um wirklichkeitsgetreue Abbildungen des Ereignisses handelt.
b) Wer wird auf den Bildern als „Reichsgründer" dargestellt?
c) Wird die Reichsgründung als Ereignis der deutschen oder der preußischen Geschichte dargestellt?

Staat und Nation

Zwischen Demokratie und Obrigkeitsstaat

Die Reichsverfassung

Das 1871 im Spiegelsaal des Versailler Schlosses gegründete deutsche Kaiserreich war der erste deutsche Nationalstaat mit einer Verfassung, denn der Entwurf der Revolution von 1848 trat nie in Kraft. Die Basis bildete die Verfassung des 1866 errichteten Norddeutschen Bundes. Der neue Staat galt als Bündnis der Fürsten der Einzelstaaten und nicht – wie 1848/49 – als Ausdruck des Volkswillens. Unter den Bundesstaaten des neuen Reichs, die eine große Selbstständigkeit besaßen, hatte Preußen eine Sonderstellung inne: Der preußische König war zugleich deutscher Kaiser, der preußische Ministerpräsident oft zugleich Reichskanzler, und im Bundesrat, der Vertretung der Einzelstaaten, konnte Preußen wichtige Entscheidungen blockieren.

Der Reichstag bildete innerhalb der Reichsverfassung die Vertretung des Volkes. Seine Abgeordneten wurden in freier, gleicher und geheimer Wahl von allen Männern ab 25 Jahren gewählt. Dies war im europäischen Vergleich sehr fortschrittlich. Gewählt wurde nach dem Mehrheitswahlrecht, das heißt, dass das gesamte Reich in Wahlkreise eingeteilt wurde: Gewählt war nur derjenige, der die Mehrheit der Stimmen in einem Wahlkreis auf sich vereinigte. Die Stimmen der unterlegenen Kandidaten spielten für die Zusammensetzung des Reichstags keine Rolle mehr.

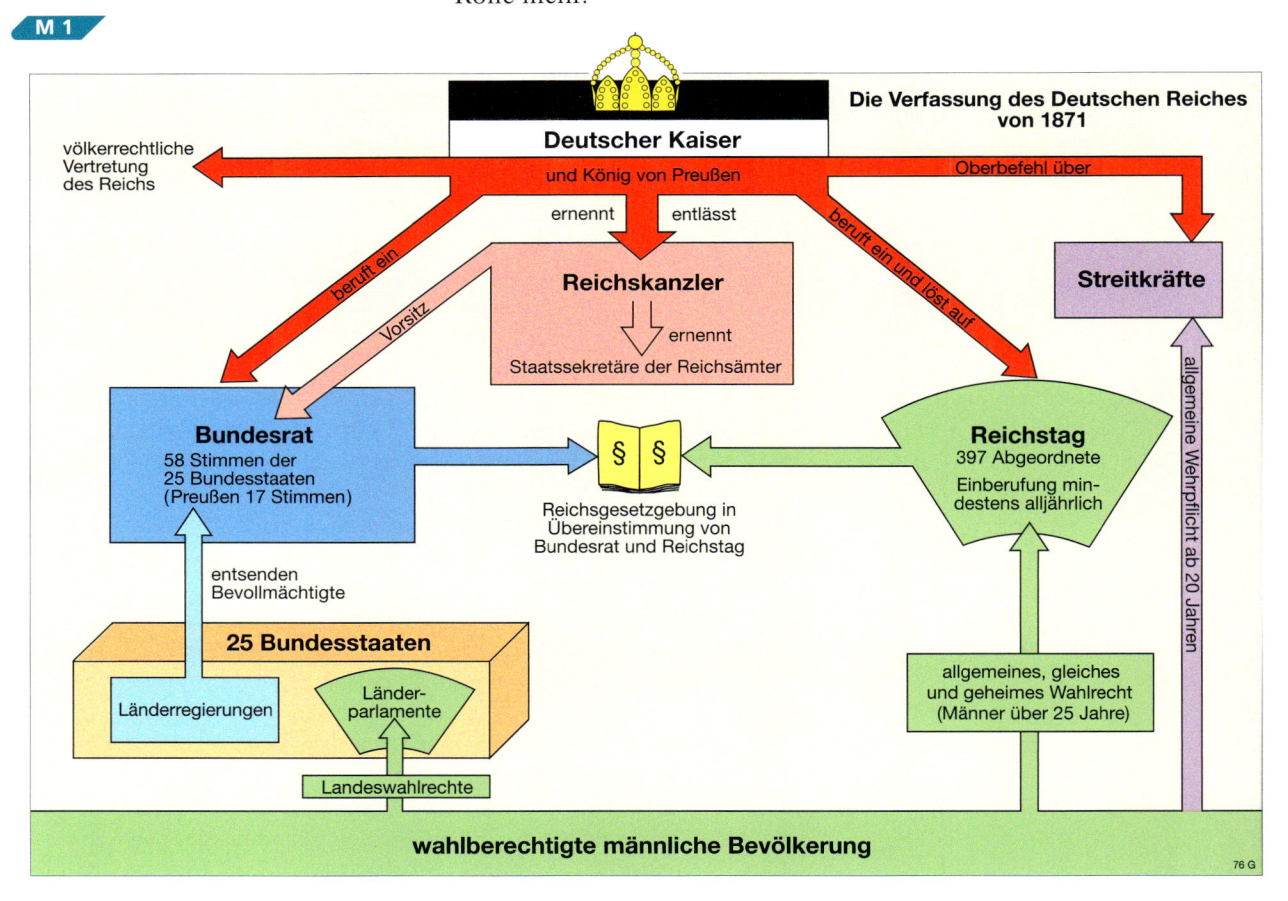

M 1

Die Verfassung des Deutschen Reiches von 1871

- **Deutscher Kaiser** und König von Preußen
  - völkerrechtliche Vertretung des Reichs
  - Oberbefehl über **Streitkräfte**
  - ernennt / entlässt **Reichskanzler**
  - beruft ein (Bundesrat)
  - beruft ein und löst auf (Reichstag)
- **Reichskanzler** ernennt Staatssekretäre der Reichsämter
- **Bundesrat**: 58 Stimmen der 25 Bundesstaaten (Preußen 17 Stimmen); Vorsitz
- Reichsgesetzgebung in Übereinstimmung von Bundesrat und Reichstag
- **Reichstag**: 397 Abgeordnete; Einberufung mindestens alljährlich
- **25 Bundesstaaten**: Länderregierungen, Länderparlamente; entsenden Bevollmächtigte
- Landeswahlrechte
- allgemeines, gleiches und geheimes Wahlrecht (Männer über 25 Jahre)
- allgemeine Wehrpflicht ab 20 Jahren
- **wahlberechtigte männliche Bevölkerung**

Auf die Regierungsbildung hatte der Reichstag keinen Einfluss, da der Reichskanzler allein vom Kaiser berufen oder entlassen wurde und nur ihm verantwortlich war. Außerdem konnte der Kaiser den Reichstag jederzeit auflösen und Neuwahlen anberaumen.

Der Reichstag besaß jedoch das Recht der Gesetzesinitiative und musste jedem Reichsgesetz, besonders dem für die Regierung wichtigen Haushalt, zustimmen. Als beschlossen galt ein Gesetz aber nur, wenn der Bundesrat - die Vertretung der Einzelstaaten - ebenfalls zugestimmt hatte. Um Gesetze verabschieden zu können, war der Reichskanzler auf die Mehrheit des Reichstags angewiesen, die er sich immer wieder neu suchen musste.

Zudem wurden die öffentlichen Debatten im Reichstag für die politische Meinungsbildung in Deutschland immer wichtiger.

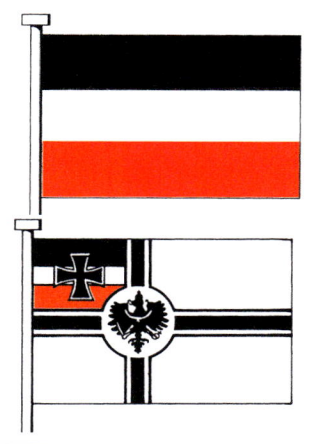

M 2 Nationalflagge und Reichskriegsflagge
Die Nationalflagge des Kaiserreichs bestand aus den Farben Preußens (Schwarz-Weiß) und der alten Reichsstädte. Im Kriegsfall wehte die Reichskriegsflagge mit Eisernem Kreuz und Reichsadler.

Die politischen Parteien

In den Parlamenten der Bundesstaaten schlossen sich Abgeordnete gleicher politischer Meinung zu Gruppen zusammen. Es handelte sich dabei um lockere Verbindungen einflussreicher und in der Bevölkerung angesehener Persönlichkeiten – so genannte „Honoratioren". Diese Honoratiorenparteien besaßen jedoch keine Parteiorganisation. Erst nach und nach kam es zu einer intensiveren Zusammenarbeit über die Grenzen der Einzelstaaten hinweg, da die Notwendigkeit bestand, reichsweit aufzutreten, um bei Reichstagswahlen Erfolg zu haben.

So entwickelten sich allmählich im gesamten Deutschen Reich einheitliche Parteien. Bemerkenswert ist, dass die Parteien stärker als heute Interessen bestimmter Bevölkerungsgruppen vertraten. Die Bereitschaft zur Zusammenarbeit zwischen den Parteien war deshalb nicht besonders ausgeprägt. Die wichtigsten politischen Richtungen im Kaiserreich waren:

- Die Liberalen forderten den Schutz der Bürgerrechte, politische Mitsprache der Bevölkerung in einem deutschen Nationalstaat sowie möglichst große Freiheit im wirtschaftlichen Bereich. Unter dem Eindruck von Bismarcks Reichseinigung spaltete sich die liberale Bewegung aber in zwei Richtungen. Während den Linksliberalen die demokratischen Rechte des Volkes besonders am Herz lagen und sie Bismarck eher ablehnend gegenüberstanden, rückte bei den Nationalliberalen die Forderung nach nationaler Größe in den Mittelpunkt. Sie waren zu einer Zusammenarbeit mit dem Reichskanzler bereit. Die liberalen Parteien fanden vor allem im Bildungs- und Besitzbürgertum Anhänger.
- Die Konservativen organisierten sich nur notgedrungen als Partei, da sie der Demokratie skeptisch gegenüberstanden und Parlamente als Entscheidungsorgane ablehnten. Sie setzten auf die alleinige Regierungsgewalt des Monarchen. Ihre Wähler waren Adlige, aber auch traditionell königstreu eingestellte Bevölkerungsschichten.
- Das Zentrum war die Partei der Katholiken. Es verdankte seine Gründung den konfessionellen Verhältnissen im Kaiserreich, denn nach dem Ausschluss Österreichs stellten die Katholiken nur etwa ein Drittel der Bevölkerung. Außerdem war Preußen als führender Einzelstaat protestantisch geprägt. In dieser Situation schlossen sich Katholiken aus allen Schichten im Zentrum zusammen, um für ihre

M 3 Reichsadler
Das Wappen des Deutschen Reichs war der Reichsadler mit preußischem Wappenschild und der Krone des Heiligen Römischen Reiches Deutscher Nation.

Staat und Nation

Rechte und Überzeugungen und gegen den anscheinend übermächtigen Protestantismus einzutreten.
- Die Sozialdemokraten organisierten sich im Zuge der Industrialisierung als eigene Partei und vertraten die immer größer werdende Arbeiterschicht. Seit 1891 hieß sie „Sozialdemokratische Partei Deutschlands" (SPD). Ihr Ziel war es, die soziale Situation der Arbeiterschaft zu verbessern und dem Volk größere demokratische Mitsprache zu sichern. In Anknüpfung an die Theorien von Karl Marx lehnten die Sozialdemokraten die Gesellschaftsordnung des Kaiserreichs grundsätzlich ab und setzten zeitweise auf eine revolutionäre Veränderung der Gesellschafts- und Wirtschaftsordnung.

Politische Verbände und Vereine
Neben den Parteien entwickelten sich im Kaiserreich bald Vereine, die die politischen Interessen ihrer Mitglieder vertraten. So organisierten sich die Arbeiter in Gewerkschaften, um ihre Interessen gegen die Unternehmer durchzusetzen. Um 1900 gehörte die deutsche Gewerkschaftsbewegung bereits zu den größten der Welt. Auch die Unternehmer hatten eigene Verbände. Darüber hinaus schlossen sich viele weitere Interessengruppen zusammen, seien es die Landwirte, die Angestellten, die Frauen oder die Lehrer. Sowohl die Entwicklung der Parteien als auch der politischen Vereine zeigt, dass sich im Verlauf des Kaiserreichs immer mehr Menschen für politische Zusammenhänge interessierten und versuchten, ihre eigenen Interessen durchzusetzen.

Der „Obrigkeitsstaat"
Ein zentraler Unterschied zwischen dem Kaiserreich und dem heutigen Deutschland bestand in der Einstellung der Bevölkerung zum Staat. Im Kaiserreich galt die „Obrigkeit" – d.h. die Repräsentanten des Staates – als höchste Autorität, deren Entscheidungen man unwidersprochen hinzunehmen hatte. Hohe Wertschätzung besaß auch das Militär, das in der preußischen Geschichte und bei der deutschen Einigung eine wichtige Rolle gespielt hatte.

Disziplin, Ordnung und Gehorsam galten daher als wichtige Werte. Trotz demokratischer Ansätze in der Reichsverfassung und der Politisierung größerer Bevölkerungskreise bestimmten kritiklose Unterordnung unter die staatliche Autorität und die Bewunderung alles Militärischen das politische Klima im Kaiserreich.

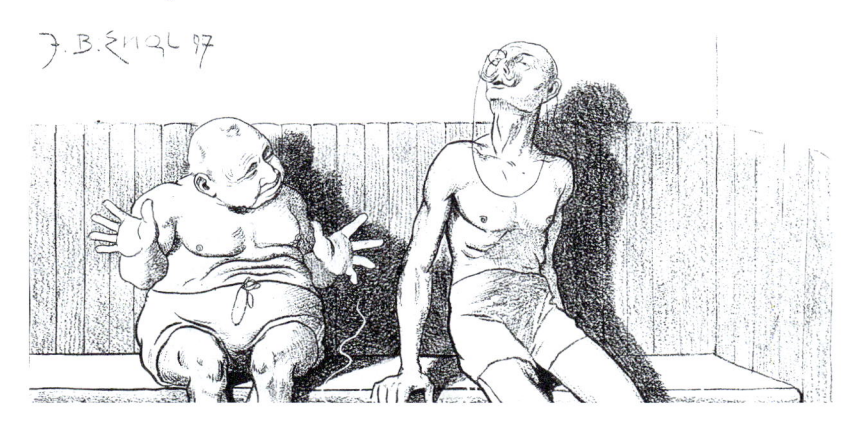

M 4 Obrigkeitsstaat
Ein ostelbischer Junker zu seinen Dorfbewohnern nach der Wahl:
„Es ist eine liberale Stimme abgegeben worden. Der Schulmeister kriegt von heute ab keine Kartoffeln mehr."
Zeitgenössische Karikatur

M 5 „Im Bad"
„Herr Lieutenant tragen das Monocle im Bad?"
„Äh, befürchte, sonst für Civilisten gehalten zu werden."
Karikatur aus dem Simplicissimus, 1897

Ergebnisse der Reichstagswahlen – Arbeit mit einer Statistik

Wahlen zum Reichstag 1871 bis 1912									
Wahl	Wahlbeteiligung (in %)	Konservative		Liberale		Zentrum		Sozialdemokraten	
		Stimmenanteil (in%)	Anzahl der Sitze	Stimmenanteil (in%)	Anzahl der Sitze	Stimmenanteil (in%)	Anzahl der Sitze	Stimmenanteil (in%)	Anzahl der Sitze
1871	50,78	23,0	94	46,6	202	18,6	63	3,2	2
1874	60,89	14,1	55	39,7	208	27,9	91	6,8	9
1877	60,39	17,6	78	38,2	180	24,8	93	9,1	12
1878	63,14	26,6	116	33,6	138	23,1	94	7,6	9
1881	56,08	23,7	78	37,8	162	23,2	100	6,1	12
1884	60,35	22,1	106	36,9	125	22,6	99	9,7	24
1887	77,19	25,0	121	36,4	131	20,1	98	10,1	11
1890	71,25	19,1	93	34,3	118	18,8	106	19,8	35
1893	72,20	19,2	100	27,8	101	19,1	96	23,3	44
1898	67,76	15,5	79	23,6	95	18,8	102	27,2	56
1903	75,78	13,5	75	23,2	87	19,8	100	31,7	81
1907	84,35	13,6	84	25,4	103	19,4	105	28,9	43
1912	84,53	12,2	57	26,1	87	16,4	91	34,8	110

Quelle: Gerhard A. Ritter (Hg.), Das Deutsche Kaiserreich 1871 - 1914, Göttingen 1977, S. 78g.

M 6

Aufgaben

1. a) Nenne die Befugnisse von Kaiser, Reichskanzler, Reichstag und Bundesrat.
   b) Welches der vier Verfassungsorgane ist deiner Meinung nach das wichtigste? Begründe.
   → Text, M1
2. a) Erläutere, worin der Witz der Karikatur „Im Bad" besteht.
   b) Überlege, wie die Karikatur verändert werden müsste, damit sie auf heutige Verhältnisse zutrifft.
   c) Was versteht man unter „Militarismus"?
   → M5
3. a) Erläutere, was man unter „Wahlbeteiligung" versteht.
   b) Untersuche, wie sich die Wahlbeteiligung im Lauf der Zeit verändert hat. Was lässt sich daraus schließen?

c) Erstelle ein Diagramm, in das du die Wahlergebnisse der einzelnen politischen Richtungen einträgst. Trage auf der x-Achse die Jahreszahlen ein und auf der y-Achse den Prozentanteil der Stimmen.
d) Erstelle ein weiteres Diagramm, in das du auf der y-Achse die Anzahl der Sitze einträgst.
e) Welche Hauptentwicklungen kannst du bei den Wahlergebnissen der einzelnen politischen Richtungen erkennen?
→ M6

Staat und Nation

Die Innenpolitik im Zeitalter Bismarcks

Die Rolle Bismarcks

Nach der Reichsgründung spielte Bismarck bis zum Jahr 1890 als Reichskanzler und preußischer Ministerpräsident eine entscheidende politische Rolle. Von Kaiser Wilhelm I. eingesetzt und nur diesem verantwortlich, besaß er einen großen Entscheidungsspielraum. Allerdings brauchte er nach der Verfassung eine Mehrheit im Reichstag, um Gesetze und den wichtigen Haushalt beschließen zu können. In der täglichen Politik musste er sich also im Reichstag die notwendigen Stimmen beschaffen.

Bismarcks Strategie bestand darin, die Parteien einerseits mit lockenden Angeboten zur Zusammenarbeit zu veranlassen, ihnen aber andererseits mit Nachteilen zu drohen, wenn sie sich seiner Politik verweigerten. Diese Politik von „Zuckerbrot und Peitsche" erwies sich als sehr wirkungsvoll. Die Parteien, die sich einer Zusammenarbeit verweigerten, erklärte er zu „Reichsfeinden". Besonders das Zentrum und die Sozialdemokratie betrachtete er als gefährlich für den Bestand des Kaiserreichs.

Der Kampf gegen die Katholiken

Erste Opfer von Bismarcks Strategie wurden gleich nach der Reichsgründung die katholische Kirche und die Zentrumspartei, die politische Vertretung des deutschen Katholizismus. Bismarck unterstellte ihnen, im Zweifelsfall nicht loyal zum neuen Kaiserreich zu stehen, sondern sich an der Autorität des Papstes zu orientieren, also dem neuen Staat ablehnend gegenüberzustehen.

Angesichts der nationalen Begeisterung, die zur Zeit der Reichsgründung aufflammte, war dies ein ungeheurer Vorwurf. Zu beachten ist, dass die Kirche damals großen Einfluss auf die Gläubigen ausübte und das Wort des Pfarrers gerade in ländlichen Gebieten auch im politischen Bereich viel galt. Die liberalen Abgeordneten im Reichstag unterstützen diese Politik, da sie für eine strikte Trennung von Kirche und Staat eintraten.

Eine Reihe von Maßnahmen sollte den Einfluss der katholischen Kirche einschränken. Es kam zum „Kulturkampf". So wurde in Preußen den Kirchen die Aufsicht über die Schulen entzogen und dem Staat übertragen. Ab 1874 hatte im ganzen Reich nur die auf dem Standesamt geschlossene Ehe Gültigkeit; die kirchliche Ehe wurde damit zur Privatangelegenheit. Der so genannte „Kanzelparagraph" verbot den Pfarrern, in Predigten staatliche Angelegenheiten „in einer den öffentlichen Frieden gefährdenden Weise" zu erörtern.

Gerade Preußen legte diese Vorschrift sehr streng aus und zeitweise waren alle katholischen Bischöfe Preußens entweder in Haft oder ins Ausland geflohen. Das „Klostergesetz" verbot die Niederlassung aller geistlichen Orden mit Ausnahme reiner Krankenpflegeorden. Der als besonders gefährlich angesehene Jesuitenorden wurde ganz verboten, seine Mitglieder aus dem Reich ausgewiesen.

Dennoch oder gerade deshalb wurde die Zentrumspartei bei den Reichstagswahlen immer stärker, während die Liberalen, die den antikatholischen Kurs Bismarcks unterstützten, abnahmen.

M 1 Bismarck als Steuermann
Karikatur von 1879

M 2 Bismarck im Reichstag
Gemälde von 1888

Die Wende 1878

Der nur begrenzte Erfolg des „Kulturkampfes" und wirtschaftspolitische Fragen führten 1878 zu einem politischen Kurswechsel. Zum Schutz der Landwirtschaft und der Industrie vor ausländischer Konkurrenz wurden Schutzzölle eingeführt. Dadurch verteuerten sich die ausländischen Waren derart, dass deutsche Produkte noch konkurrenzfähig blieben. Schutzzölle hatten vor allem die Konservativen gefordert, während die Liberalen für den freien Handel eintraten. Zwei Attentate auf Kaiser Wilhelm I., für die Bismarck die Sozialdemokraten verantwortlich machte, boten dem Reichskanzler die Gelegenheit, den Reichstag aufzulösen und Neuwahlen anzusetzen. Diese brachten ihm die gewünschte Mehrheit für seine neue Politik.

Aufgrund dieser neuen politischen Situation beendete Bismarck den Kulturkampf durch Zugeständnisse an die katholische Kirche. Die Zivilehe, der „Kanzelparagraph" und die staatliche Schulaufsicht blieben zwar erhalten, doch verzichtete Bismarck auf eine weitere Verfolgung der katholischen Kirche.

Der Kampf gegen die Sozialdemokraten

Als neue „Reichsfeinde" galten nun die Sozialdemokraten. Zwar war deren Stimmanteil bei den Reichstagswahlen um 1870 noch gering, doch galten Funktionäre und Wähler dieser Partei als revolutionäre Staatsfeinde. Die Attentate auf Kaiser Wilhelm I. im Frühjahr 1878 boten einen Anlass für das „Gesetz wider die gemeingefährlichen Bestrebungen der Sozialdemokratie", das Sozialistengesetz, das weitreichende Maßnahmen der Überwachung und Kontrolle vorsah. So wurden politische Versammlungen überwacht und oft verboten. Auch kam es zur Zensur sozialdemokratischer Zeitungen und Zeitschriften. Die Partei selbst wurde jedoch nicht verboten und konnte weiterhin an Reichstagswahlen teilnehmen.

Neben der „Peitsche" der Sozialistengesetze bot der Reichskanzler den Arbeitern auch ein „Zuckerbrot". Um die soziale Lage der Arbeiter zu verbessern, führte Bismarck eine neue Sozialgesetzgebung ein: 1883 die Krankenversicherung der Arbeiter, 1884 die Unfallversicherung und 1889 die Alters- und Invaliditätsversicherung. Sowohl Arbeitgeber als auch Arbeitnehmer zahlten in die Sozialversicherungen ein. Obwohl die Leistungen dieser Versicherungen noch gering blieben, war eine derartige Absicherung der Arbeiter durch den Staat neu und beispielhaft. Bismarcks Ziel indes, die Arbeiter der Sozialdemokratischen Partei zu entfremden, misslang. Seit 1880 nahm der Stimmanteil der Sozialdemokraten ständig zu. 1890 wurde das Sozialistengesetz schließlich nicht mehr verlängert.

Der Rücktritt Bismarcks

Als Wilhelm I. 1888 starb, trat sein Sohn Friedrich die Nachfolge an. Nach dessen Tod noch im selben Jahr folgte Wilhelm II. Dieses Drei-Kaiser-Jahr läutete das Ende der Ära Bismarck ein. Der junge Kaiser hatte nicht nur andere politische Vorstellungen als der alte Reichskanzler, sondern wollte die Politik stärker bestimmen als seine Vorgänger. Der Konflikt zwischen Wilhelm und Bismarck endete 1890 mit dem Rücktritt des Reichskanzlers.

M 3 „Dropping the Pilot"
Karikatur aus der englischen Zeitschrift „Punch" von 1890

Staat und Nation

Reichs-Gesetzblatt.

№ 34.

Inhalt: Gesetz gegen die gemeingefährlichen Bestrebungen der Sozialdemokratie. S. 351.

(Nr. 1271.) Gesetz gegen die gemeingefährlichen Bestrebungen der Sozialdemokratie. Vom 21. Oktober 1878.

Wir Wilhelm, von Gottes Gnaden Deutscher Kaiser, König von Preußen ꝛc.

verordnen im Namen des Reichs, nach erfolgter Zustimmung des Bundesraths und des Reichstags, was folgt:

§. 1.

Vereine, welche durch sozialdemokratische, sozialistische oder kommunistische Bestrebungen den Umsturz der bestehenden Staats- oder Gesellschaftsordnung bezwecken, sind zu verbieten.

Dasselbe gilt von Vereinen, in welchen sozialdemokratische, sozialistische oder kommunistische auf den Umsturz der bestehenden Staats- oder Gesellschaftsordnung gerichtete Bestrebungen in einer den öffentlichen Frieden, insbesondere die Eintracht der Bevölkerungsklassen gefährdenden Weise zu Tage treten.

Den Vereinen stehen gleich Verbindungen jeder Art.

§. 2.

Auf eingetragene Genossenschaften findet im Falle des §. 1 Abs. 2 der §. 35 des Gesetzes vom 4. Juli 1868, betreffend die privatrechtliche Stellung der Erwerbs- und Wirthschaftsgenossenschaften, (Bundes-Gesetzbl. S. 415 ff.) Anwendung.

Auf eingeschriebene Hülfskassen findet im gleichen Falle der §. 29 des Gesetzes über die eingeschriebenen Hülfskassen vom 7. April 1876 (Reichs-Gesetzbl. S. 125 ff.) Anwendung.

§. 3.

Selbständige Kassenvereine (nicht eingeschriebene), welche nach ihren Statuten die gegenseitige Unterstützung ihrer Mitglieder bezwecken, sind im Falle des

Reichs-Gesetzbl. 1878.   67

Ausgegeben zu Berlin den 22. Oktober 1878.

M 4 Reichsgesetzblatt
Faksimile, 1878

M 5 Das Sozialistengesetz

August Bebel berichtet in seinen Memoiren über die Auswirkungen des Sozialistengesetzes:

Sobald das Gesetz verkündet und in Kraft getreten war, fielen die Schläge hageldicht. Binnen wenigen Tagen war die gesamte Parteipresse mit Ausnahme des Offenbacher Tageblatts und der
5 Fränkischen Tagespost in Nürnberg unterdrückt. Das gleiche Schicksal teilte die Gewerkschaftspresse mit Ausnahme des Organs des Buchdruckerverbandes, des „Korrespondenten". Auch war der Verband der Buchdrucker, abgesehen von den
10 Hirsch-Dunckerschen Vereinen, die einzige Gewerkschaftsorganisation, die von der Auflösung verschont blieb. Alle übrigen fielen dem Gesetz zum Opfer. Ebenso verfielen der Auflösung die zahlreichen lokalen sozialdemokratischen Arbeitervereine, nicht 15 minder die Bildungs-, Gesang- und Turnvereine, an deren Spitze Sozialdemokraten standen […].
Das Trümmerfeld des Zerstörten wurde erweitert durch die Verbote 20 der nicht periodisch erscheinenden Literatur. […]
Während wir so in voller Tätigkeit waren, aus den Trümmern, die das Sozialistengesetz uns bis dahin ge- 25 schaffen hatte, zu retten, was zu retten möglich war, wurden wir am 29. November mit der Nachricht überrascht, dass am Abend zuvor der „Reichsanzeiger" eine Proklamation 30 des Ministeriums veröffentlichte, wonach der kleine Belagerungszustand über Berlin verhängt wurde. Dieser Hiobsbotschaft folgte am nächsten Tage die Mitteilung, dass 35 67 unserer bekanntesten Parteigenossen, […] bis auf einen sämtliche Familienväter, ausgewiesen worden seien. Einige mussten binnen 24 Stunden die Stadt verlassen […]. 40
Damals gingen die Gerichte noch nicht so weit, Sammlungen für die Ausgewiesenen zu bestrafen, später aber, als die Behörden solche Sammlungen ausdrücklich auf Grund des Sozialistengesetzes ver- 45 boten, wurde die Rechtsprechung eine andere. Wir mussten jetzt die Sammlungen ausschließlich für die Familien der Ausgewiesenen vornehmen […]. Die fortgesetzten Ausweisungen und die Schikanierung der Ausgewiesenen durch die Poli- 50 zei hatten aber einen Erfolg, den unsere Staatsretter nicht vorausgesehen. Durch die Verfolgungen aufs Äußerste erbittert, zogen sie von Stadt zu Stadt, suchten überall die Parteigenossen auf, die sie mit offenen Armen aufnahmen, und 55 übertrugen jetzt ihren Zorn und ihre Erbitterung auf ihre Gastgeber, die sie zum Zusammenschluss und zum Handeln anfeuerten. Dadurch wurde eine Menge örtlicher geheimer Verbindungen geschaffen, die ohne die Agitation der Ausgewie- 60 senen kaum entstanden wären.

August Bebel, Aus meinem Leben, 3. Teil, Berlin 1930, S 20 ff., zit. nach: Manfred Görtemaker, Deutschland im 19. Jahrhundert, Bonn 1994, S. 289 ff.

Die deutsche Sozialversicherung steht in der ganzen Welt vorbildlich und unerreicht da.

Die Krankenversicherung
ist seit ihrer Einführung im Jahre 1885 rund 18 Millionen Menschen zugute gekommen. Seit der Reichsversicherungsordnung von 1913 erstreckt sie sich sogar auf etwa die doppelte Anzahl.

1885   1900   1913

Für ärztliche Hilfe und Medikamente wurden 1885 18 Mio. Mark aufgewendet, dagegen im Jahre 1913 171 Mio. Mark

Altersversicherung
Seit der Errichtung dieses Zweiges der Sozialversicherung hat das Alter auch für den besitzlosen Arbeiter seine Schrecken verloren.

480 1/2 Millionen Mark kamen in der Zeit von 1891 bis 1913 528 000 Altersrentnern zugute. Versichert sind 16 Millionen.

Invaliden-Fürsorge
16 Millionen Invaliden der Arbeit wurde in den Jahren von 1893 bis 1913 eine Summe von 1805 Millionen Mark ausbezahlt.

Neben der Unterstützung im Invaliditätsfall hat Deutschland durch den Gewerbeschutz auch vorbeugend Grosses geleistet.

Hinterbliebenen-Fürsorge
ist ein neuer Zweig der Arbeiter- und Angestellten-Fürsorge Millionen Mark ausgezahlt.

Alle diese Massnahmen haben zu vermehrter Arbeitsfreudigkeit und Leistungsfähigkeit der deutschen Arbeiterschaft geführt.

Von 1885 bis 1913:
- Krankenversicherung 5,6 Milliarden M.
- Unfallversicherung 2,5 Milliarden M.
- Für Invaliden und Hinterbliebene 2,7 Milliarden M.

Tägliche Leistung 1913 mehr als 2¼ Millionen M.

11 Milliarden Mark wurden in der deutschen Arbeiterversicherung-Sozialfürsorge - in der Zeit von 1885 bis 1913 aufgewendet.

Krankenversicherung 1912 in	Deutschland	England	Frankreich
Beiträge in Millionen Mark	464	besitzt ähnliche Einrichtungen erst seit 1912	41
Leistungen in Millionen Mark	426		24
Verhältnis von Leistung zu Beitrag	92%		59%
Leistung pro Fall in Mark	65		40

L & P / 1013

M 6 Die deutsche Sozialversicherung
Plakat von 1913

Aufgaben

1. a) Fasse mit eigenen Worten zusammen, wie Otto von Bismarck mit den Parteien im Reichstag umging.
   b) Weshalb trat Bismarck 1890 zurück?
   → Text

2. a) Erkläre den Titel „Gesetz gegen die gemeingefährlichen Bestrebungen der Sozialdemokratie".
   b) Fasse den §1 des Sozialistengesetzes zusammen.
   c) Überlege, warum die im Reichstag vertretene Partei nicht verboten wurde.
   → Text, M4

3. a) Wie wirkte sich das Sozialistengesetz in der Praxis aus?
   b) Welche politische Position vertritt August Bebel?
   → M5

4. a) Benenne die Einzelversicherungen, die die Sozialversicherung umfasste, und erläutere deren Leistungen im Einzelnen.
   b) Wie wird die Überschrift begründet „Die deutsche Sozialversicherung steht in der ganzen Welt vorbildlich und unerreicht dar"?
   c) Informiere dich, welche Versicherungen heute noch existieren und wie deren Leistungen gestaltet sind.
   → M6, Internet oder Lexikon

Staat und Nation

Die Außenpolitik des Deutschen Reichs 1871–1890

Bismarcks „Alptraum der Bündnisse"

Wie lässt sich nach drei Kriegen und einer erheblichen Veränderung der europäischen Kräfteverhältnisse eine dauerhafte Friedensordnung schaffen? Das war die Frage, die sich nach der Gründung des deutschen Kaiserreichs stellte.

Unter preußischer Führung war ein neuer großer Staat in Mitteleuropa entstanden. Frankreich fühlte sich gedemütigt, weil es nicht nur Elsass und Lothringen an das Deutsche Reich abtreten und hohe Kriegsentschädigungen zahlen musste, sondern auch seine bisher beanspruchte Führungsrolle auf dem europäischen Kontinent eingebüßt hatte. Auch die übrigen Nationen betrachteten die Machtverschiebung zugunsten des neuen deutschen Nationalstaats mehr oder weniger argwöhnisch. Im Gegensatz zur politischen Situation nach dem Zusammenbruch der napoleonischen Herrschaft kam es zu keinem Friedenskongress, sondern es musste ein Interessenausgleich der einzelnen europäischen Staaten erfolgen.

Reichskanzler Bismarck, der auch das Auswärtige Amt leitete, war bemüht, die Existenz des neuen Deutschen Reichs dauerhaft zu sichern. Er folgte dabei mehreren Prinzipien:
- Das Deutsche Reich ist „saturiert", das heißt es erhebt keine weiteren territorialen Ansprüche und erwirbt keine Kolonien in Übersee.
- Das Deutsche Reich muss verhindern, dass sich andere Staaten gegen Deutschland verbünden. Eine solche Situation betrachtete Bismarck als „Alptraum der Koalitionen". Insbesondere Frankreich muss politisch isoliert werden.
- Das Deutsche Reich muss darauf bedacht sein, dass sich Spannungen zwischen Staaten nicht im Zentrum Europas entladen, sondern in seinen Randgebieten – der „Peripherie" – oder in Übersee.

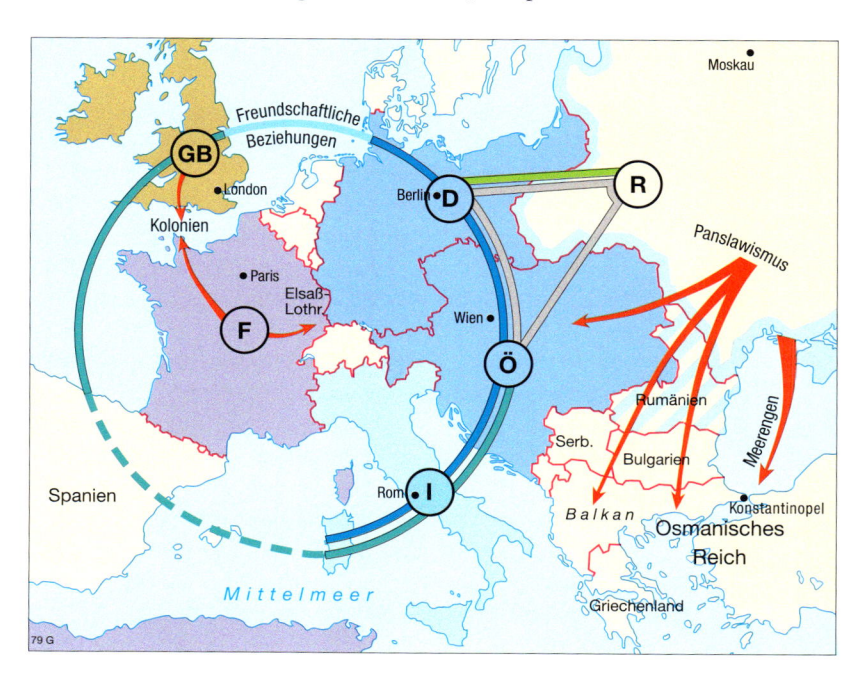

M 1

Das europäische Bündnissystem unter Bismarck
- Dreikaiserabkommen (1873)
- Zweibund (1879)
- Dreibund (1882)
- Dreibund-Erweiterung (1883)
- Rückversicherungsvertrag (1887)
- Mittelmeerabkommen (1887)
- Spannungen und offene Fragen

M 2 „Friede"
Zwischen einem russischen und einem französischen Soldaten balanciert der Reichskanzler die Friedenspalme, Karikatur von 1888.

Das Bündnissystem des deutschen Kaiserreichs

Bismarck bemühte sich in den folgenden Jahren, diese Leitlinien umzusetzen, indem er eine Reihe von Bündnissen und Abkommen schloss. Dies gestaltete sich außerordentlich schwierig. Um ein Zusammengehen von Frankreich und Russland zu verhindern, suchte er den Ausgleich mit Russland. Dieser 1873 vereinbarte Beistandspakt richtete sich gegen eine im Vertrag nicht genannte Macht: Für Deutschland war das Frankreich, für die Russen Österreich-Ungarn.

Um die Beziehungen zwischen Österreich-Ungarn und Russland zu festigen, deren Machtinteressen in Südosteuropa aufeinanderstießen, kam es im selben Jahr zum Dreikaiserabkommen zwischen den Monarchen von Russland, Österreich und Deutschland. Damit betonten die drei konservativen Herrscher zwar ihre gemeinsamen Interessen, doch kam ein förmliches Bündnis nicht zu Stande. England hielt sich traditionell von Bündnissen fern und war nur an einem „Gleichgewicht der Mächte" auf dem europäischen Kontinent interessiert.

Konflikte auf dem Balkan

Der Streit der Großmächte um Einfluss auf dem Balkan und im östlichen Mittelmeer war damals ein brennendes politisches Problem. Als es 1877 zum Krieg zwischen dem Osmanischen Reich und Russland kam, konnte Bismarck 1878 auf dem Berliner Kongress einen Ausgleich herbeiführen, da das Deutsche Reich keine eigenen Interessen auf dem Balkan verfolgte. Zwar fand Bismarcks Rolle als „ehrlicher Makler" Anerkennung, trübte aber die Beziehungen zu Russland, weil die zaristische Regierung mehr Zugeständnisse erwartet hatte.

Der Ausbau des Bündnissystems

Da sich das Verhältnis zu Russland nach dem Berliner Kongress abkühlte, vereinbarte Bismarck 1879 ein Verteidigungsbündnis mit Österreich-Ungarn, den so genannten Zweibund, aus dem nach Italiens Beitritt im Jahr 1882 der Dreibund entstand.

Um jedoch ein russisch-französisches Bündnis zu verhindern, schloss Bismarck 1887 den geheimen Rückversicherungsvertrag mit Russland. Die Regierungen in Berlin und St. Petersburg verpflichteten sich darin zur Neutralität, falls einer der Vertragspartner Krieg gegen eine dritte Großmacht führen sollte. Die Verpflichtung zur Neutralität entfiel jedoch, falls Deutschland Frankreich oder Russland Österreich-Ungarn angreifen sollte. Daher war diese Vertragsklausel mit dem Zweibund nur bedingt vereinbar.

Beurteilung der Außenpolitik

Mit diesem Netz von Verträgen gelang es Bismarck, Russland, Österreich-Ungarn und Italien trotz aller politischen Gegensätze in ein Bündnissystem einzubinden. Vor allem aber verhinderte er ein Bündnis zwischen Russland und Frankreich, das Deutschland von zwei Seiten bedroht hätte, und sicherte damit die Existenz des neuen deutschen Kaiserreichs.

Allerdings wurde das nach und nach entstandene Bündnissystem immer komplizierter und war auch nicht frei von Widersprüchen. Insofern blieb es ständig gefährdet, zumal wenn sich die Spannungen zwischen den europäischen Mächten verschärften.

Staat und Nation

M 3 Das Kissinger Diktat

Zur Zeit der Balkankriege (1875–1878) entwarf Bismarck während eines Aufenthalts 1877 in Bad Kissingen eine Idealvorstellung zur außenpolitischen Stellung Deutschlands unter den europäischen Staaten:

Ein französisches Blatt sagte neulich von mir, ich hätte „le cauchemar des coalitions" [den Alptraum der Bündnisse]; diese Art Alp wird für einen deutschen Minister noch lange, und vielleicht immer,
5 ein sehr berechtigter bleiben. Koalitionen gegen uns können auf westmächtlicher Basis mit Zutritt Österreichs sich bilden, gefährlicher vielleicht noch auf russisch-österreichisch-französischer; eine große Intimität zwischen zweien der drei letztge-
10 nannten Mächte würde der dritten unter ihnen jederzeit das Mittel zu einem sehr empfindlichen Drucke auf uns bieten. In der Sorge vor diesen Eventualitäten, nicht sofort, aber im Lauf der Jahre, würde ich als wünschenswerte Ergebnisse der
15 orientalischen Krisis für uns ansehen:
1. Gravitierung [Schwerpunktverlagerung] der russischen und der österreichischen Interessen und gegenseitigen Rivalitäten nach Osten hin,
2. der Anlass für Russland, eine starke Defensiv-
stellung im Orient und an seinen Küsten zu neh- 20 men und unseres Bündnisses zu bedürfen,
3. für England und Russland ein befriedigender Status quo, der ihnen dasselbe Interesse an Erhaltung des Bestehenden gibt, welches wir haben,
4. Loslösung Englands von dem uns feindlich blei- 25 benden Frankreich wegen Ägyptens und des Mittelmeers,
5. Beziehungen zwischen Russland und Österreich, welche es beiden schwierig machen, die antideutsche Konspiration gegen uns gemeinsam herzu- 30 stellen, zu welcher zentralistische oder klerikale Elemente in Österreich etwa geneigt sein möchten.
Wenn ich arbeitsfähig wäre, könnte ich das Bild vervollständigen und feiner ausarbeiten, welches 35 mir vorschwebt: nicht das irgendeines Ländererwerbes, sondern das einer politischen Gesamtsituation, in welcher alle Mächte außer Frankreich unser bedürfen und von Koalitionen gegen uns durch ihre Beziehungen zueinander nach Mög- 40 lichkeit abgehalten werden.

Günter Schönbrunn (Bearb.), Das bürgerliche Zeitalter 1815–1914, München 1980, S. 454 f.

M 4 Bismarck als „Weichensteller"

Englische Karikatur zur Rolle Bismarcks auf dem Berliner Kongress 1878; auf den Lokomotiven sind der britische Union Jack und der russische Doppeladler abgebildet.

168

M 5 Bismarck-Denkmal in Hamburg

Zu Ehren Bismarcks wurden in Deutschland über 500 Denkmäler erbaut. Das Bismarck-Denkmal in Hamburg ist 34 m hoch und wurde von 1901 bis 1906 errichtet.

M 6 Bismarcks Ruhestätte

Theodor Fontane schrieb am 31. Juli 1898 folgendes Gedicht:

Nicht in Dom oder Fürstengruft,
Er ruh in Gottes freier Luft
Draußen auf Berg und Halde,
Noch besser tief, tief im Walde;
Widukind lädt ihn zu sich ein:
„Ein Sachse war er, drum ist er mein,
Im Sachsenwald soll er begraben sein."

Der Leib zerfällt, der Stein zerfällt,
Aber der Sachsenwald, der hält,
Und kommen nach dreitausend Jahren
Fremde hier des Weges gefahren
Und sehen, geborgen vorm Licht der Sonnen,
Den Waldgrund in Efeu tief eingesponnen
Und staunen der Schönheit und jauchzen froh,
So gebietet einer: „Lärmt nicht so; –
Hier unten liegt Bismarck irgendwo."

Theodor Fontane, Gedichte, herausgegeben von Joachim Krueger und Anita Golz, Bände 1–3, Berlin: Aufbau-Verlag, 2. Aufl. 1995, Bd. 2, S. 97

Aufgaben

1. Fasse die außenpolitischen Zielsetzungen Bismarcks mit eigenen Worten zusammen.
   → Text
2. Erläutere Bismarcks „Alptraum der Bündnisse".
   → M3
3. Untersuche, warum Bismarcks Bündnissystem nicht frei von Widersprüchen war.
   → Text
4. Nenne Gründe für die Geheimhaltung des Rückversicherungsvertrags zwischen Russland und dem Deutschen Reich.
   → Text
5. Erläutere die Interessengegensätze zwischen Russland und Österreich-Ungarn auf dem Balkan. Informiere dich über den Begriff „Panslawismus" und beziehe die gewonnenen Erkenntnisse in deine Überlegungen ein.
   → Text, Internet
6. a) Beschreibe die englische Karikatur von 1878.
   b) Erläutere, was der Karikaturist über Bismarcks Politik aussagen wollte.
   → M4
7. a) Welche Einstellung zu Bismarck zeigt das Hamburger Bismarck-Denkmal und das Gedicht Fontanes?
   b) Gibt es in deiner Umgebung ein Bismarck-Denkmal? Recherchiere!
   c) Wie bewertest du die Bismarckverehrung? Begründe deine Meinung.
   → M5, M6

Staat und Nation

M 1 Wilhelm II.
Deutscher Kaiser (1888–1918),
Farbfotografie von 1906

Das Deutsche Reich unter Wilhelm II.

Wilhelm II. und der „Wilhelminismus"

Die zweite Hälfte des Kaiserreichs seit etwa 1890 wird oft als Zeit des „Wilhelminismus" bezeichnet. Dieser Begriff leitet sich her vom letzten deutschen Kaiser Wilhelm II. (1859–1941), Sohn des Kronprinzen Friedrich und Enkel Kaiser Wilhelms I. Im Drei-Kaiser-Jahr 1888, als sein Großvater und sein Vater kurz nacheinander starben, wurde er mit 29 Jahren deutscher Kaiser und König von Preußen.

Bis zum Ende des Kaiserreichs 1918, also 30 Jahre lang, versuchte Wilhelm die Politik zu bestimmen. Im Unterschied zu seinem Großvater, der Bismarck weitgehend freie Hand gelassen hatte, beanspruchte der neue Kaiser die Entscheidungsgewalt. Er wollte, wie es damals hieß, ein „persönliches Regiment" führen. Dies führte zum Konflikt mit Bismarck, der 1890 wegen politischer Meinungsverschiedenheiten um seine Entlassung bat.

Der Verantwortung dieses „persönlichen Regiments" war der Kaiser aber nur bedingt gewachsen. Er bevorzugte persönliche Berater aus seiner Jugendzeit und aus der militärischen Führung, die eine Art Nebenregierung des Reichs bildeten. Allerdings gelang es Wilhelm nicht, sich gegen die regulären Verfassungsorgane wie den Reichstag oder den Reichskanzler durchzusetzen. Viele innenpolitische Vorhaben des Kaisers schlugen daher fehl.

Das prunkvolle und herrische Auftreten des Kaisers blieb nicht ohne Wirkung. Seine Begeisterung für alles Militärische stieß in weiten Teilen der Bevölkerung auf Widerhall. Insofern gilt er als Repräsentant der damaligen Verhältnisse und seine Regierungszeit als „wilhelminische Epoche".

Die innenpolitische Entwicklung

Während der Herrschaft Wilhelms II. erreichte ein Prozess seinen Höhepunkt, der bereits unter Bismarck begonnen hatte: Immer mehr Menschen interessierten sich für politische Fragen. Die Debatten und

M 2 Verhaftung
Während eines Streiks der Kohlenarbeiter in Berlin-Moabit wird ein Streikposten verhaftet, Fotografie von 1910.

Abstimmungen im Reichstag rückten in den Mittelpunkt des Interesses, und es bildeten sich verschiedene Organisationen, die die politische Meinung der Bevölkerung zu beeinflussen suchten. Bei den Wahlen verschoben sich die politischen Gewichte zugunsten der SPD, die kontinuierlich wuchs und schließlich die meisten Abgeordneten im Reichstag stellte. Der Kaiser und seine Regierung betrachteten das als Gefahr für den Staat und versuchten die Sozialdemokraten – ähnlich wie mit dem Sozialistengesetz – zu unterdrücken. Dies scheiterte allerdings am Widerstand des Reichstags. Zwischen der Mehrheit des Parlaments und der Regierung des Kaisers war eine Zusammenarbeit immer weniger möglich.

Notwendige Reformen wie eine Demokratisierung der Reichsverfassung konnten wegen dieser Gegensätze nicht durchgeführt werden. Während Deutschland zu einer modernen Industriegesellschaft heranwuchs, blieb die staatliche Ordnung unangetastet und wurde den neuen Verhältnissen nicht angepasst.

Manche Neuerungen gelangen dennoch. So wurde im Jahr 1900 das bis heute gültige Bürgerliche Gesetzbuch (BGB) verabschiedet, das für Deutschland eine einheitliche Rechtsgrundlage schuf.

Die Militarisierung des Lebens
In der Öffentlichkeit spielte das Militär eine immer größere Rolle, was Wilhelm II. nachdrücklich förderte. Die Ableistung des Wehrdienstes und der Rang eines Reserveoffiziers waren für das berufliche und gesellschaftliche Fortkommen außerordentlich wichtig.

Große Bedeutung hatten auch entsprechende Interessenverbände. Im Alldeutschen Verband setzten sich Lehrer, Professoren und Journalisten dafür ein, die nationale Gesinnung der Bevölkerung zu heben. Mehr als eine Million Mitglieder zählte der Flottenverein. Er unterstützte das kaiserliche Ziel, eine große deutsche Kriegsflotte zu bauen, die es mit der britischen Flotte aufnehmen konnte. Noch größer war der Kyffhäuser-Bund: ein Zusammenschluss von 32 000 Kriegervereinen mit 2,8 Millionen Mitgliedern. Militarismus und Nationalismus waren im Reich also weit verbreitet.

M 3 Wilhelm mit seinen Söhnen
Vor dem Berliner Schloss auf dem Weg zur Neujahrsparade, Fotografie von 1914

Staat und Nation

M 4 **Wilhelm II.**
Porträt in der Uniform der Gardekürassiere, Gemälde von 1895

M 5 „Der Kaiser"

Walther Rathenau, der spätere, von Rechtsextremisten 1922 ermordete Außenminister der Weimarer Republik, schrieb 1919 über den Kaiser Wilhelm II. und das Kaiserreich:

Man war reich geworden, mächtig geworden, und wollte es der Welt zeigen; so, wie sich der reisende Neuling im Ausland benahm, kritisch, laut und maßgeblich, so wollte man sich in Welt-
5 händeln benehmen. Eine Politik der Telegramme und plötzlichen Entschlüsse lag in dieser Linie. Ein überhitztes, tatsachenhungriges Großstadtleben, auf Technik und so genannte Errungenschaften gestellt, begierig nach Festen, Erstaunlichkeiten, Aufzügen und lärmenden Nichtigkeiten, für die 10 der Berliner die Spottnamen Klimbim und Klamauk erfunden hat, verlangte eine Repräsentation, die Rom und Byzanz, Versailles und Potsdam auf einer Platte vereinigte. […]
Die kindliche Folgsamkeit ländlicher Hintersassen 15 und die nutzbringende Loyalität ihrer Beschützer, der Abhängigkeitssinn der Staats- und Hofpfründener, die Hurradisziplin der Kriegervereine labte sich an Erlassen, worin der Untertan allergnädigst zurechtgewiesen wurde, und an Hofberichten, 20 worin allerhöchste Herrschaften auszufahren geruhten. Barhäuptige Oberbürgermeister hätten nicht am Brandenburger Tor jeden kleinen Raubfürsten im Namen einer gebildeten Bürgerschaft angewinselt und Gelübde der Huldigung und 25 Treue bis zum letzten Blutstropfen ausgestoßen, preußische Grenadiere hätten nicht vor Säuglingen und angeheirateten Landprinzessinnen stramm gestanden und getrommelt, wenn nicht ein Tropfen im deutschen Blut gewesen wäre, der 30 von Würde nichts wusste und wollte, den der Knechtsdienst freute.
Es hätte beim Monarchen einer unerbittlichen inneren Richtkraft, einer gewaltsamen Umstellung des dynastischen Denkens bedurft, […] um 35 zu sagen: so will ich das Volk nicht. So will ich mich nicht inmitten des Volkes. Wenn sie schon gezwungen sein wollen, so werde ich sie zur Würde und Freiheit zwingen.
Es hätte einen Kampf gegeben mit allen jenen 40 unglücklichen Halb- und Scheinexistenzen […]. Mit Magnaten und Aristokraten. Mit Hof- und Kommissgeneralen. Mit Bankdirektoren, Industrie-Herren, Hanseaten. Mit allen, denen ein byzantinisches Kaisertum Geld, Macht, Stellung 45 und Glanz brachte. Hoffnungslos war der Kampf nicht, aber sehr gefährlich. Verloren, war er reine Tragik; gewonnen, die Rechtfertigung und Neubegründung deutscher Monarchie.
Es ist kein Vorwurf, dass dem Monarchen das Pro- 50 blem unsichtbar war. Aus dem, was er hätte bekämpfen sollen, zog er seine Bestätigung […].
Nie hat eine Epoche mit größerem Recht den Namen ihres Monarchen geführt. Die Wilhelminische Epoche hat am Monarchen mehr verschul- 55 det als der Monarch an ihr; sie waren verstrickt in Leben und Tod.

Walther Rathenau, Der Kaiser. Eine Betrachtung. Berlin 1919, S. 41 ff. und S. 44.

M 6 „Der – Die – Das"
Karikatur von Bruno Paul, erschienen in der Zeitschrift „Simplicissimus", 1897

Aufgaben

1. a) Erläutere den Begriff „Wilhelminismus".
   b) Wie verstand Wilhelm II. seine politische Rolle?
   → Text
2. a) Beschreibe die Darstellung Wilhelms II. in ihren einzelnen Elementen.
   b) Welchen Gesamteindruck vermittelt das Bild?
   c) Beschaffe dir eine Darstellung des französischen Königs Ludwig XIV. Nenne Gemeinsamkeiten und Unterschiede.
   → M4
3. a) Welche Eigenschaften Wilhelms II. werden in der Darstellung von Walther Rathenau hervorgehoben?
   b) Ist Rathenaus Einstellung gegenüber dem Kaiser wohlwollend oder ablehnend? Begründe deine Einschätzung anhand des Textes.
   → M5
4. a) Beschreibe die Karikatur „Der – Die – Das".
   b) Erkläre, was der Karikaturist aussagen wollte.
   → M6

173

Die Außenpolitik des Deutschen Reichs 1890–1914

Der Wechsel in der Außenpolitik

Der Erste Weltkrieg 1914–1918 führte zum Untergang des deutschen Kaiserreichs. Deshalb haben viele Historiker die deutsche Außenpolitik daraufhin untersucht, welchen Anteil sie am Ausbruch des Krieges hatte. Mit Sicherheit lässt sich sagen, dass der Regierungsantritt Wilhelms II. 1888 und Bismarcks Rücktritt 1890 eine neue Phase der Außenpolitik einleiteten. Nicht nur die großen Leitlinien, sondern auch die konkrete Politik änderte sich.

Im Unterschied zur Zeit Bismarcks verfolgte Deutschland nun eine „Politik der freien Hand". Die allzu kompliziert erscheinenden Bündnisverflechtungen sollten vereinfacht werden, um das eigene politische Handeln nicht zu sehr einzuschränken. Ferner wollte sich Deutschland künftig am Erwerb von Kolonien beteiligen und damit einen „Platz an der Sonne" sichern.

Während Bismarck sein Augenmerk auf den Ausgleich der Machtverhältnisse in Europa gerichtet hatte, wollte Wilhelm II. den deutschen Einfluss mithilfe seiner Kriegsflotte auch in Übersee geltend machen. Die Flotte galt ihm als Symbol einer Weltmacht. Diese veränderten Prinzipien hatten Einfluss auf die konkrete Politik.

Die Veränderung des Bündnissystems

Die erste außenpolitische Entscheidung unter Kaiser Wilhelm II. betraf den Rückversicherungsvertrag mit Russland. Entgegen den russischen Wünschen wurde er 1890 nicht verlängert. Auf der Suche nach neuen Bündnispartnern wandte sich Russland daraufhin Frankreich zu, mit dem es 1894 ein Defensivbündnis schloss. Damit war die außenpolitische Isolation Frankreichs durchbrochen und die von Bismarck befürchtete „Zweifrontenbedrohung" Deutschlands eingetreten.

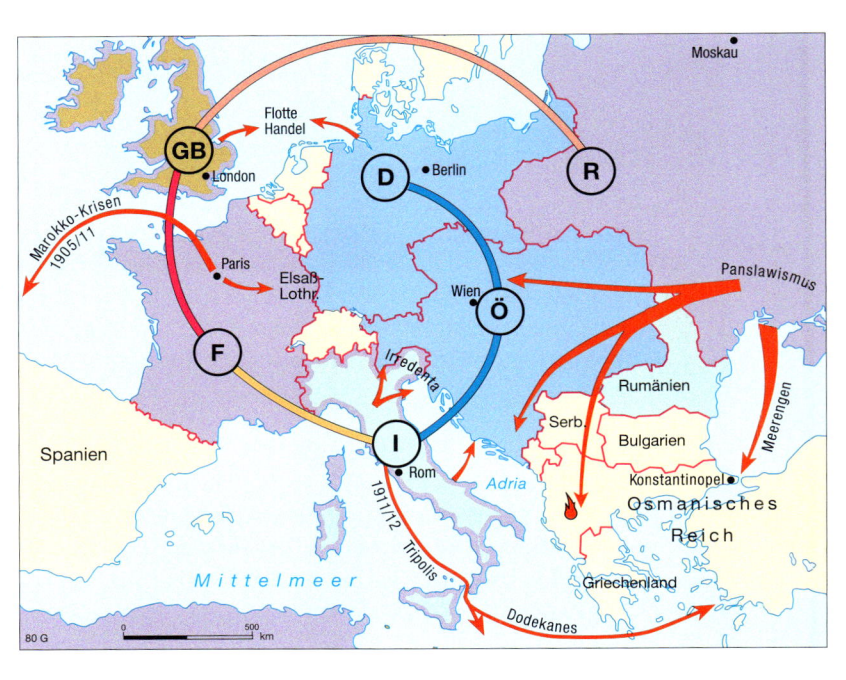

M 1 Das europäische Bündnissystem vor dem Ersten Weltkrieg
- deutsch-österreichischer Zweibund
- Dreibund
- französisch-russischer Zweibund (1894)
- französisch-italienischer Ausgleich (1902)
- Entente cordiale (1904)
- britisch-russischer Ausgleich (1907)
- Balkankriege 1912/13
- Spannungen und offene Fragen

174

Bau von Großkampfschiffen		
	Groß-britannien	Deutsch-land
1904/05	2	–
1905/06	2	–
1906/07	3	2
1907/08	3	3
1908/09	2	4
1909/10	10	4
1910/11	5	4
1911/12	5	4
1912/13	5	2
1913/14	5	3
	42	26

M 2

M 3 Kaiser Wilhelm II. beim Flottenmanöver
Illustration von Willy Stöver, 1912

Der Ausbau der Flotte

Gemäß den politischen Zielen wurde die Kriegsflotte seit 1897 durch Großadmiral Alfred von Tirpitz ständig vergrößert. Die neuen Großkampfschiffe sollten England zu einem Bündnis mit dem Deutschen Reich oder wenigstens zur Neutralität veranlassen. Die deutsch-britischen Gespräche scheiterten jedoch, da schnell deutlich wurde, dass Wilhelm II. und sein Flottenchef vom Ausbau der deutschen Kriegsflotte nicht abgehen würden.

Vor diesem Hintergrund kam es zu einer Annäherung zwischen England und Frankreich. Beide Länder einigten sich über eine Abgrenzung ihrer Interessengebiete in Nordafrika und schlossen die so genannte „Entente cordiale" („herzliche Übereinkunft"). Diese Vereinbarung machte deutlich, dass eine Verständigung zwischen den rivalisierenden Kolonialmächten trotz aller Gegensätze möglich war.

Die Formierung von zwei Machtblöcken

Als schließlich England und Russland 1907 ihre Besitzansprüche in Asien abgrenzten und die Entente cordiale zur Triple-Entente erweiterten, wurde Bismarcks Alptraum Wirklichkeit: Deutschlands mögliche Gegner in Ost und West hatten sich angenähert und verbündet.

Auf der anderen Seite waren Deutschland und Österreich-Ungarn Bündnispartner, sodass sich in Europa zwei zunehmend feindlich gesinnte Mächtegruppen gegenüberstanden. Während die Entente-Mächte eine deutsche Vorherrschaft in Europa fürchteten, fühlte sich das Deutsche Reich durch die Allianz Englands, Frankreichs und Russlands eingekreist und bedroht. Die gegenseitigen Ängste führten zu einer immer stärkeren Aufrüstung der Großmächte.

Seit etwa 1890 hatte sich die internationale politische Lage grundlegend gewandelt. Sie war geprägt von verschärften Spannungen zwischen den Staaten Europas. Wegen seiner aggressiven Politik stellte das kaiserliche Deutschland einen für die anderen Mächte schwer einschätzbaren Unruhefaktor dar. Dieser bildete ein wichtiges Element auf dem Weg zum Ersten Weltkrieg, auch wenn an seinem endgültigen Ausbruch im Sommer 1914 noch andere Ursachen beteiligt waren.

M 4 „Wie sollen wir uns da die Hand geben?"
Karikatur des Simplicissimus zu den Verhandlungen zwischen Deutschland und Großbritannien 1912.

Staat und Nation

Das alte Märchen
(Zeichnungen von O. Gulbransson)

Der Hase und der Swinegel wollten miteinander um die Wette laufen,

und da legte der Hase los.

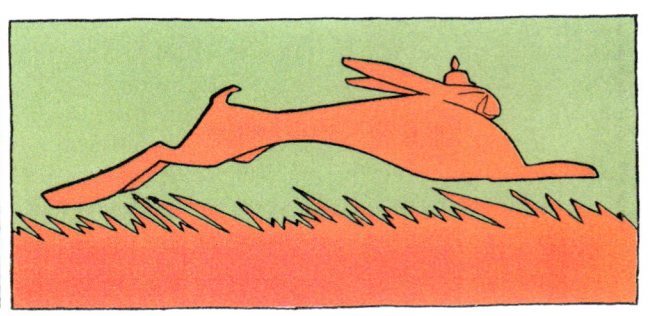

Aber wie er nach Paris kam, war der Swinegel schon da,

und da lief der Hase, was er nur konnte.

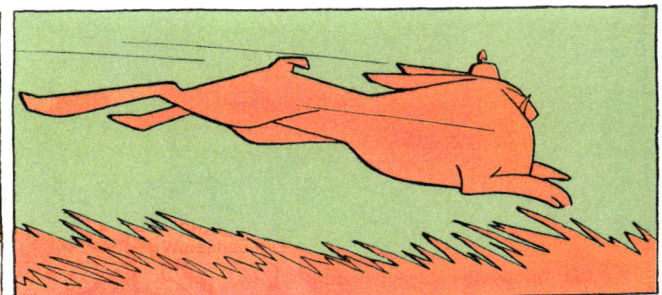

Aber wie er nach Rom kam, da war der Swinegel schon da,

und da lief der Hase furchtbar.

Aber wie er nach Petersburg kam, da war der Swinegel schon da.

Und da saß der Hase erschöpft auf dem Feld und war glänzend isoliert.

M 5 „Das alte Märchen", Karikatur des Simplicissimus, 1908

M 6 Umstrittene Außenpolitik

a) Die Außenpolitik Deutschlands in wilhelminischer Zeit wird in der historischen Forschung unterschiedlich bewertet. Der Historiker Klaus Hildebrand schreibt 1995:

Seit den Neunzigerjahren des 19. Jahrhunderts war immer öfter von einem „Weltreich" als dem Ziel deutscher Außenpolitik die Rede. Der kühne Begriff und sein ehrgeiziger Anspruch drängten
5 den Nationalstaat in die imperiale Richtung, formten ihn zum Expansionsstaat um […].
Die fatale Konsequenz des ungestümen Aufbruchs wurde überdeutlich: Forsch in die Weltpolitik auszuschreiten brachte vor allem Gefahr und Rück-
10 schritt mit sich, untergrub die nationalstaatliche Grundlage des Reiches und trug ein selbstmörderisches Risiko in sich. […]
Eine Flotte zu bauen und nach Kolonien zu streben entsprach dem […] globalen Gesetz des impe-
15 rialistischen Zeitalters. Spezifisch für die deutsche Außenpolitik war, dass das Wettrüsten zu See wie ein Sprung ins Abenteuer gewagt wurde, bevor der eigene Nationalstaat fertig und die kontinentale Sicherheit konsolidiert war. […]
20 Europas unmissverständliche Antwort auf die empörende Herausforderung der anmaßenden Deutschen schlug sich in jener Auskreisung des wilhelminischen Reiches nieder, die dieses umgehend als seine „Einkreisung" beklagte.

Klaus Hildebrand, Das vergangene Reich. Deutsche Außenpolitik von Bismarck bis Hitler 1871–1945, Stuttgart 1995

b) Der britische Historiker John C. G. Röhl widmet sich in seiner 2001 erschienenen Biografie vor allem der Persönlichkeitsstruktur und den politischen Zielen Wilhelms II.:

Wilhelm hat die neue Weltpolitik nicht nur durch seine grandiose Geltungssucht weitaus rasanter vorangetrieben, als die erfahrenen Beamten im Reichskanzlerpalais und im Auswärtigen Amt für
5 ratsam hielten; durch seine sprunghaften und unberechenbaren Vorstöße auf der weltpolitischen Bühne wirkte er für die Regierungen der anderen Mächte äußerst irritierend und alarmierend.
10 Immer wieder aufs Neue an den Rand der Verzweiflung getrieben, glaubten die Staatsmänner in London, Paris und St. Petersburg, es nicht nur mit einem gefährlichen internationalen Rivalen zu tun zu haben, sondern auch mit einem über-
15 mächtigen und hyperaktiven Herrscher, der nicht ganz zurechnungsfähig zu sein schien.
Nicht weniger beunruhigt waren die deutschen Diplomaten, die oft genug Anlass hatten, angesichts der kaiserlichen Inkonsequenz die Hände über dem Kopf zusammenzuschlagen. […]
20 Beim Übergang zur Weltpolitik spielte außerdem die Erwartung mit, durch spektakuläre außenpolitische Erfolge das angeschlagene Ansehen der Monarchie wieder aufzurichten.

John C.G. Röhl, Wilhelm II. Der Aufbau der persönlichen Monarchie 1888–1900, München 2001, S. 1030 f.

Aufgaben

1. Vergleiche Bismarcks außenpolitische Ziele mit denen Wilhelms II. Nenne wesentliche Unterschiede.
   → Text, M1
2. a) Erläutere, worin die neue Außenpolitik ab 1890 bestand.
   b) Beschreibe mithilfe der Karte, wie sich die Bündnisse in Europa veränderten.
   → Text, M1
3. a) Welche Ziele verfolgte das Deutsche Reich mit dem Ausbau der Flotte?
   b) Erläutere anhand der Karikaturen die Auswirkungen der deutschen Flottenpolitik.
   → Text, M2, M4, M5
4. a) Erzähle das „alte Märchen" vom Hasen und vom Igel.
   b) Wen soll der Hase darstellen? Achte auf die Kopfbedeckung und den Bart.
   c) Wofür stehen die Städtenamen?
   d) Wen soll der Igel darstellen?
   e) Welche Aussage über deutsche Außenpolitik enthält die Bildergeschichte?
   → M5
5. a) Fasse die Aussagen der beiden Historiker mit eigenen Worten zusammen.
   b) Wie beurteilen die beiden Historiker den Versuch Deutschlands, „Weltpolitik" zu betreiben?
   → M6
6. Verfasse eine Denkschrift, wie die Spannungen zwischen den europäischen Mächten nach deiner Meinung hätten gelöst werden können.

Gesellschaftlicher Wandel im Kaiserreich

Die Industriegesellschaft entsteht

Die Industrialisierung führte zu einem grundlegenden gesellschaftlichen Wandel: Deutschland entwickelte sich zu einer modernen Industriegesellschaft. Dieser soziale Wandel ist nicht denkbar ohne ein starkes Bevölkerungswachstum. Von 1866 bis 1914 wuchs die Bevölkerung von rund 40 auf 68 Millionen Menschen, eine Steigerung um 70 Prozent. Aber auch die einzelnen Schichten der Gesellschaft und ihre Stellung zueinander veränderten sich.

Die Industrialisierung führte zur Entstehung einer neuen Bevölkerungsschicht: der Arbeiter. Sie setzten sich aus ganz verschiedenen Gruppen zusammen: Kumpel und Stahlkocher in der Montanindustrie, weibliche Hilfskräfte in der Textilbranche, gut ausgebildete Facharbeiter im Maschinenbau, Wander- und Saisonarbeiter, die auf Großbaustellen arbeiteten, sowie ein Heer von Arbeitskräften in allen nur denkbaren Industriesparten. Sie alle suchten Arbeit in den ständig neu aus dem Boden schießenden Fabriken und lebten in den grauen Arbeitersiedlungen der rasch wachsenden Industriestädte.

Trotz dieser verwirrenden Vielfalt der Beschäftigtenstruktur entwickelten die Arbeiter allmählich das Bewusstsein, zu einer Klasse zu gehören, das heißt zu einer durch gemeinsame Arbeits- und Lebensbedingungen geprägten Klasse. Dies gemeinsame Schicksal schweißte sie zusammen, sodass man auch von einem „Vierten Stand" sprach.

Das Bürgertum war die Schicht, die das Kaiserreich prägte. Es zerfiel in verschiedene Gruppen, die sich in ihrer Lebensweise und im Einkommen stark voneinander unterschieden. Gemeinsam war ihnen, dass der Vater ein regelmäßiges Gehalt bezog, die Familie mit väterlicher Strenge führte und die Mutter ein behütetes Heim – meist mit zahlreichen Kindern – versorgte. Anders als bei der Unterschicht der Arbeiter war ihre Existenz nicht von täglicher Not bedroht.

Zu den Kleinbürgern zählten Handwerker, kleine Kaufleute, Beamte und Angestellte. Ihre Tugenden hießen Pflichttreue, Pünktlichkeit, Unbestechlichkeit und Leistungsbereitschaft. Das Bildungsbürgertum umfasste Ärzte, Juristen, Lehrer, Professoren. Politische und gesellschaftliche Bedeutung gewann jedoch das Besitzbürgertum, das durch die Industrialisierung reich geworden war: Fabrikanten, Bankiers, Großkaufleute. Ein „standesgemäßes" Auftreten mit komfortablem Haus und vornehmer Kleidung kostete oft gewaltige Summen.

Der Adel behauptete seine Vorherrschaft und besetzte auch weiterhin die führenden Stellen in der Politik und im Militär. Gesellschaftlicher Mittelpunkt war der kaiserliche Hof, auf den sich Hochadel und grundbesitzender Landadel konzentrierten.

Die Industrialisierung bot vielen Menschen große Aufstiegschancen, weil die entstehenden Industriebetriebe flexible und gut ausgebildete Arbeitskräfte brauchten. Die wachsende Zahl von Menschen, die in der Verwaltung tätig waren, führte zur Herausbildung einer eigenen Berufsgruppe: der Angestellten. Sie arbeiteten – wie auch heute – in den Unternehmensverwaltungen sowie im Dienstleistungssektor bei Handel, Banken und Versicherungen. Während es 1882 etwa 610 000 Angestellte gab, waren es 1907 schon fast zwei Millionen.

M 1 Arbeiterwohnung
Arbeiterfamilie in der Wohnküche, die zugleich als Schlafraum diente, Foto um 1890

M 2 Fabrikantenvilla
Haus eines Nürnberger Unternehmers, erbaut im Stil eines Renaissanceschlosses, Foto von 1890

M 3 **Frankfurt im Jahre 1905**
Das Bild der Prachtstraße „Zeil" lässt den gründerzeitlichen Boom der Metropole am Main erahnen.

Leben in der Großstadt

Die Entstehung von Großstädten und ihr enormes Wachstum hatten beträchtliche Auswirkungen auf die soziale Struktur. Der Prozess der Verstädterung wird als Urbanisierung bezeichnet, abgeleitet von lat. urbs = Stadt. Berlin war 1871 mit 827 000 Einwohnern bereits die drittgrößte Stadt Europas, 1905 wurde die Einwohnerzahl von zwei Millionen überschritten. Der soziale Zusammenhalt, wie ihn das Land und die Kleinstadt kannten, wich der Anonymität in den neuen Ballungszentren. Hier trat die Bedeutung familiärer und verwandtschaftlicher Beziehungen zurück und wurde ersetzt durch lockere Kontakte im Stadtviertel oder im Betrieb.

Ausbau des Bildungssystems

Da die Industrialisierung immer mehr gut ausgebildete Arbeitskräfte forderte, wurde das Bildungssystem stark ausgebaut. Bildung bildete die Grundlage für den sozialen Aufstieg, eine Chance nicht nur für Männer, sondern zunehmend auch für Frauen.

Zwar gab es die allgemeine Schulpflicht seit längerer Zeit, doch setzte sie sich erst im Kaiserreich allgemein durch. Dies führte zum Ausbau der Volksschulen, was sich in einer großen Zahl neuer Schulgebäude niederschlug. Aber auch die höheren Schulen entwickelten sich weiter. Zunächst war das humanistische Gymnasium mit den Schwerpunkten Griechisch und Latein die einzige höhere Schule. Dann traten andere Schularten hinzu, die als moderne Fremdsprachen Englisch und Französisch oder naturwissenschaftliche Fächer wie Physik und Chemie in den Mittelpunkt stellten.

Staat und Nation

Einerseits ermöglichte der Ausbau des Bildungswesens vielen Menschen einen sozialen Aufstieg. Andererseits waren Gymnasien und Universitäten für Arbeiterkinder kaum zugänglich. Das Bildungssystem verstärkte daher trotz positiver Ansätze noch lange Zeit die gesellschaftlichen Unterschiede.

Eine neue Familienform breitet sich aus

Die heutige Form der Familie, die aus Eltern und Kindern und somit zwei Generationen besteht, ist im Wesentlichen erst im Kaiserreich entstanden. Zuerst setzte sich diese Kleinfamilie, die auch „Kernfamilie" genannt wird, im Bürgertum als Lebensform durch.

Vor der Industrialisierung war auf dem Land die bäuerliche Großfamilie mit mehreren Generationen und den unverheirateten Geschwistern des Hoferben die Regel. In den Städten lebten die Angehörigen des Bürgertums meist in Drei-Generationen-Familien, in den unterbürgerlichen Schichten waren uneheliche Kinder und Lebensgemeinschaften weit verbreitet. Durch die jetzt erfolgende Abwanderung vieler Menschen vom Land in die Städte lösten sich die Großfamilien auf, die in Notzeiten Rückhalt geboten hatten.

Die veränderte Rolle der Frau

Den rechtlichen Status der Frau definierte das Kaiserreich als „Frau und Mutter". Auch die 1900 erfolgte Neufassung des Bürgerlichen Gesetzbuchs kannte keine Gleichberechtigung der Frau, denn sie unterstand der Vormundschaft des Vaters bzw. Ehemanns. Der Mann bestimmte, wo die Familie wohnte, wie sie lebte, wie das Geld verwendet wurde. Er allein konnte auch darüber entscheiden, ob seine Frau berufstätig sein durfte. Dennoch veränderte sich die wirtschaftliche und soziale Stellung der Frau im Kaiserreich grundlegend. Dabei ist zwischen Frauen aus dem Bürgertum und aus der Arbeiterschaft zu unterscheiden. Im Bürgertum sorgten nur unverheiratete Frauen für sich selbst. Für verheiratete Frauen war Berufstätigkeit unüblich. In der Arbeiterschaft hingegen mussten Frauen arbeiten, da der Lohn des Mannes für die Existenz der Familie meist nicht reichte.

Da die Notwendigkeit einer standesgemäßen Beschäftigung stieg, machten sich junge Frauen und deren Väter Gedanken um eine gute Schulbildung. Ab 1900 durften Mädchen Jungengymnasien besuchen und wurden schließlich auch zum Hochschulstudium zugelassen. Das Selbstbewusstsein der Frauen stieg, und es entstanden verschiedene Frauenvereine, die sich 1894 im „Bund Deutscher Frauenvereine" zusammenschlossen. Dieser forderte eine bessere Ausbildung für Mädchen, volle politische und bürgerliche Rechte – besonders auch das Wahlrecht – sowie Zugang zu allen Berufen. Ab 1908 durften Frauen politischen Vereinen und Parteien beitreten, doch erhielten sie das Wahlrecht erst 1918.

Auch im Alltag zeigten sich Veränderungen. So war es für Frauen zunächst undenkbar, eine Badeanstalt oder ein Strandbad zu besuchen. Später gab es Badeabteilungen nur für Frauen, die durch hohe Wände von denen der Männer getrennt waren. Schließlich wurde das gemeinsame Baden von Männern und Frauen akzeptiert.

M 4 Volksschüler
Ein Volksschullehrer mit seiner Klasse im Westerwalddorf Hergenroth.

M 5 Frauenzeitschrift
Ab 1903 gab die Lehrerin Helene Lange (1848–1930) die Monatszeitschrift „Die Frau" heraus, die sich für die Gleichberechtigung der Frauen einsetzte.

Eine neue Form der Judenfeindschaft

Die Juden erhielten im Verlauf des 19. Jahrhunderts nach und nach immer mehr Rechte und galten als „Staatsbürger jüdischen Glaubens". Allerdings wurden sie im Staatsdienst, an den Universitäten und in der Armee massiv benachteiligt. Als Folge der jahrhundertelangen Diskriminierung waren sie vor allem in freien Berufen, zum Beispiel als Ärzte oder Rechtsanwälte, im Handel- und Dienstleistungssektor oder im künstlerischen Bereich tätig. Trotz rechtlicher Gleichstellung und gesellschaftlicher Anpassung blieben in manchen Bevölkerungskreisen Vorbehalte. Neu am Antisemitismus – das heißt Judenfeindschaft – im Kaiserreich war, dass Juden nicht mehr wie früher wegen ihrer Religion, sondern wegen angeblicher rassischer Unterschiede angegriffen wurden. Es wurde behauptet, dass Juden von Natur aus betrügerisch, raffgierig und ohne Moral seien.

Diese Vorstellungen waren weit verbreitet. So war der evangelische Hofprediger von Kaiser Wilhelm II., Adolf Stoecker, einer der schärfsten Antisemiten. Doch auch in bestimmten Parteien und in einflussreichen Verbänden wie dem „Alldeutschen Verband" wurden entsprechende Positionen vertreten. Der Antisemitismus der Nationalsozialisten lässt sich bis ins Kaiserreich zurückverfolgen.

M 6 „Die fünf Frankfurter"
Antisemitische Postkarte, um 1900

M 7 Theodor Herzl (1860–1904)
Schriftsteller und zionistischer Politiker, Fotografie, um 1900

Der Zionismus

Als Reaktion auf den Antisemitismus entstand die zionistische Bewegung unter Führung von Theodor Herzl. Diese forderte die Bildung eines jüdischen Staates in Palästina. Auch wenn daraufhin Juden auswanderten, kam dies für die Mehrheit der jüdischen Bevölkerung, die sich in Deutschland zu Hause fühlte, nicht in Frage. Viele Juden organisierte sich seit 1893 im „Centralverein deutscher Staatsbürger jüdischen Glaubens". Der Verein forderte in seinem Programm nicht nur die Gleichberechtigung, sondern bekannte sich auch zum Ziel der Integration. So hieß es: „Wir sind nicht deutsche Juden, sondern deutsche Staatsbürger jüdischen Glaubens" und „Wir deutschen Staatsbürger jüdischen Glaubens stehen fest auf dem Boden der deutschen Nationalität". Diese Sätze stehen stellvertretend für das nationale Selbstverständnis vieler deutscher Juden im deutschen Kaiserreich.

Staat und Nation

M 8 Leben im Kaiserreich

a) Der Schriftsteller Theodor Fontane (1819–1898) hat eine Reihe so genannter Gesellschaftsromane geschrieben, die im Kaiserreich spielen. Hier folgt ein Auszug aus „Mathilde Möhring":

Möhrings wohnten Georgenstraße 19, dicht an der Friedrichstraße. Hauswirt war Rechnungsrat Schultze, der in der Gründerzeit mit 300 Talern spekuliert und in zwei Jahren ein Vermögen
5 erworben hatte. Wenn er jetzt an seinem Ministerium vorüberging, sah er immer lächelnd hinauf und sagte: „Gu´n Morgen, Exzellenz …" Gott, Exzellenz! Wenn Exzellenz fiel, und alle Welt wunderte sich, dass er noch nicht gefallen sei, so stand
10 er – wie Schultze gern sagte – vis-à-vis de rien, höchstens Oberpräsident in Danzig. Da war er besser dran, er hatte fünf Häuser, und das in der Georgenstraße war beinah schon ein Palais, vorn kleine Balkone von Eisen mit Vergoldung. Was
15 anscheinend fehlte, waren Keller und auch Kellerwohnungen. Statt ihrer lagen kleine Läden, ein Vorkostladen, ein Barbier-, ein Optikus- und ein Schirmladen, in gleicher Höhe mit dem Straßenzug, wodurch die darüber gelegene Wirtshaus-
20 wohnung jenen à-deux-mains-Charakter so vieler neuer Häuser erhielt. War es Hochparterre oder war es eine Treppe hoch? Auf Schultzes Karte stand Georgenstraße 19 I, was jeder gelten ließ, mit Ausnahme von Möhrings, die, je nachdem die-
25 se Frage entschieden wurde, drei oder vier Treppen hoch wohnten, was neben der gesellschaftlichen auch noch eine gewisse praktische Bedeutung für sie hatte.

Möhrings waren nur zwei Personen, Mutter und
30 Tochter. Der Vater, Buchhalter in einem kleinen Tuchexportgeschäft, war schon vor sieben Jahren gestorben, an einem Sonnabend, einen Tag vor Mathildes Einsegnung. Der Geistliche hatte daraufhin eine Bemerkung gemacht, die bei Mutter
35 und Tochter noch fortlebte, ebenso das letzte Wort, das Vater Möhring an seine Tochter gerichtet hatte: „Mathilde, halte dich propper!" Pastor Kleinschmidt, dem es erzählt wurde, war der Meinung, der Sterbende habe es moralisch gemeint;
40 Schultzes, die auch davon gehört hatten und neben dem Geld- und Rechnungsrathochmut auch den Wirtshochmut hatten, bestritten dies aber und brachten das Wort einfach in Zusammenhang mit dem kleinen Exportgeschäft als
45 Umschreibung des alten „Kleider machen Leute".

Damals waren Möhrings eben erst eingezogen, und Schultzes sahen den Tod des alten Möhrings, der übrigens erst Mitte der Vierzig war, ungern. Als man den Sarg auf den Wagen setzte, stand der Rechnungsrat am Fenster und sagte zu seiner hin-
50 ter ihm stehenden Frau: „Fatale Geschichte! Die Leute haben natürlich nichts, und nun war vorgestern auch noch Einsegnung. Ich will dir sagen, Emma, wie´s kommt: Sie werden vermieten, und weil es ´ne Studentengegend ist, so werden sie an
55 einen Studenten vermieten, und wenn wir dann mal spät nach Haus kommen, liegt er auf dem Flur, weil er die Treppe nicht hat finden können. Ich bitte dich schon heute, erschrick nicht, wenn es vorkommt, und kriege nicht deinen Aufschrei."
60 Die Befürchtungen Schultzes erfüllten sich und auch wieder nicht. Allerdings wurde Witwe Möhring eine Zimmervermieterin. Ihre Tochter aber hatte scharfe Augen und viel Menschenkenntnis, und so nahm sie nur Leute ins Haus, die
65 einen soliden Eindruck machten. Selbst Schultze, der Kündigungsgedanken gehabt hatte, musste dies nach Jahr und Tag zugeben, bei welcher Gelegenheit er nicht unterließ, den Möhrings überhaupt ein glänzendes Zeugnis auszustellen: „Wenn
70 ich bedenke, Buchhalter in einer Schneiderei, und die Frau kann doch auch höchstens Müllerstochter sein, so ist es erstaunlich. Manierlich, bescheiden, gebildet! Und das Mathildchen, sie muss nun wohl siebzehn sein, immer fleißig und grüßt sehr artig,
75 ein sehr gebildetes Mädchen."

Das war nun schon wieder sechs Jahre her, und Mathildchen war jetzt eine richtige Mathilde von dreiundzwanzig Jahren. Das heißt, eine so ganz richtige Mathilde war sie doch nicht, dazu war sie
80 zu hager und hatte einen etwas griesen Teint. Und auch das aschblonde Haar, das sie hatte, passte nicht recht zu einer Mathilde. Nur das Umsichtige, das Fleißige, das Praktische, das passte zu dem Namen, den sie führte. Schultze hatte sie auch ein-
85 mal ein appetitliches Mädchen genannt. Dies war richtig, wenn er sie mit dem verglich, was ihm an Weiblichkeit am nächsten stand, enthielt aber doch ein gewisses Maß an Übertreibung. Mathilde hielt auf sich, das mit dem „propper" hatte sich
90 ihr eingeprägt, aber sie war trotzdem nicht recht zum Anbeißen, was doch das eigentlich Appetitliche ist; sie war sauber, gut gekleidet und von energischem Ausdruck, aber ganz ohne Reiz.

Theodor Fontane, Gesammelte Werke, 3. Band., München 1979, S. 305 f.

M 9 Stundentafel – Oberrealschule 1914

Oberrealschule.

Pflichtfächer	I	II	III	IV	V	VI	VII	VIII	IX	
Religionslehre	2	2	2	2	2	2	2	2	2	18
Deutsch	5	5	4	4	3	3	3	3	4	34
Französisch	6	6	6	4	3	3	3	3	3	37
Englisch	—	—	—	—	5	5	3	3	3	19
Mathematik	4	4	5	5	5	5	5	5	5	43
Physik	—	—	—	3	3	3	3	3	3	18
Naturkunde	2	2	2	2	1	1	1	1	1	13
Chemie	—	—	—	—	2	2	3	3	3	13
Geschichte	—	—	2	2	2	2	3	3	3	17
Geographie	2	2	2	2	1	1	1	1	—	12
Zeichnen	3	4	4	4	2	2	2	2	2	25
Turnen	2	2	2	2	2	2	2	2	2	18

Dazu kommen wöchentlich zwei Turnspielstunden (Spielnachmittag)

| Schreiben | 2 | 1 | — | — | — | — | — | — | — | 3 |
| Summe | 28 | 28 | 29 | 30 | 31 | 31 | 31 | 31 | 31 | 270 |

Ministerialblatt für Kirchen- und Schulangelegenheiten im Königreich Bayern vom 10.06.1914, S. 223

M 10 Stundentafel – Humanistisches Gymnasium 1914

Stundentafeln.
Humanistisches Gymnasium.

Pflichtfächer	I	II	III	IV	V	VI	VII	VIII	IX	
Religionslehre	2	2	2	2	2	2	2	2	2	18
Deutsch	5	5	3	3	3	3	3	3	3	31
Latein	8	8	8	7	7	7	6	6	6	63
Griechisch	—	—	—	6	6	6	6	6	6	36
Französisch	—	—	—	—	—	4	3	3	3	13
Mathematik	4	4	5	3	3	3	3	3	3	31
Physik	—	—	—	—	—	—	2	2	2	6
Naturkunde	2	2	2	2	2	—	—	—	—	10
Geschichte	—	—	2	2	2	3	3	3	3	18
Geographie	2	2	2	2	2	—	—	—	—	10
Zeichnen	—	2	2	1	1	—	—	—	—	6
Turnen	2	2	2	2	2	2	2	2	2	18

Dazu kommen wöchentlich zwei Turnspielstunden (Spielnachmittag)

| Schreiben | 2 | 1 | — | — | — | — | — | — | — | 3 |
| Summe | 27 | 28 | 28 | 30 | 30 | 30 | 30 | 30 | 30 | 263 |

Ministerialblatt für Kirchen- und Schulangelegenheiten im Königreich Bayern vom 10.06.1914, S. 217

Aufgaben

1. a) Stelle die wichtigsten gesellschaftlichen Gruppen im Kaiserreich zusammen und beschreibe ihre soziale Stellung.
   b) Stelle die gesellschaftliche Ordnung im Kaiserreich grafisch dar.
   → Text

2. Nenne die wichtigsten gesellschaftlichen Veränderungen im Kaiserreich um 1900.
   → Text

3. a) Erkläre den Begriff „Antisemitismus".
   b) Erläutere, worin die neue Form der Judenfeindschaft im Kaisserreich bestand.

4. a) Stelle dar, wodurch die soziale Situation der Möhrings gekennzeichnet ist.
   b) Ordne die Möhrings einer bestimmten sozialen Schicht zu und begründe deine Entscheidung.
   c) Ordne die Schultzes einer bestimmten sozialen Schicht zu und begründe deine Entscheidung.
   d) Informiere dich über den Autor Theodor Fontane und sein Werk.
   → M8, Internet, Lexikon

5. a) Vergleiche die beiden Stundentafeln. Worin unterschied sich die Oberrealschule vom humanistischen Gymnasium?
   b) Erstelle für dich eine Stundentafel, indem du deine Fächer und die Anzahl deiner Stunden in einer Tabelle einträgst. Vergleiche sie mit den Stundentafeln aus dem Jahr 1914.
   c) Erläutere, welche Veränderungen sich im Schulwesen seit dem Kaiserreich vollzogen haben.
   → M9, M10

Längsschnitt: Herrschaftsbilder

Herrscherdarstellungen

Das Herrscherporträt im zeitlichen Wandel

Bereits seit der Antike wurden Herrscher als Helden oder sogar als übermenschliche Wesen dargestellt. Der einzelne Herrscher diente oft als Verkörperung von Ideen oder Werten. So stellt der „Augustus von Prima Porta" eine idealisierte Person dar, die so während ihrer gesamten Herrschaftsdauer das Bild ewiger Jugend vermittelte.

Auch aus mittelalterlichen Herrscherdarstellungen ist es nicht möglich, eine auch nur annähernde Vorstellung vom tatsächlichen Aussehen der dargestellten Person zu erhalten. Das Bild der mittelalterlichen Herrscher geht zumeist auf römische oder byzantinische Vorlagen zurück oder nimmt Bezug auf Bibelillustrationen. Die Bilder sind Herrschaftssymbole. So verleiht das Königsbild auf Siegeln oder Münzen diesen erst Gültigkeit. Erst seit dem 14. Jahrhundert wird der durch sein Gesicht charakterisierte Mensch zum eigentlichen Thema der Darstellung, vorher wurde der Dargestellte durch gewisse Attribute bestimmt, wie etwa der König durch seine Insignien.

In der Renaissance zu Beginn der Neuzeit wandte man sich den Abbildungen „wirklicher" Menschen zu, dem eigentlichen Porträt. Das Herausarbeiten einmaliger und unverwechselbarer Züge führte zu Bildnissen im Halb- und Dreiviertelprofil. Das Streben nach Wahrheit wurde bei Darstellungen hoch gestellter Persönlichkeiten aber nicht immer konsequent umgesetzt.

M 1 Augustus
Marmorkopie nach einem Bronzeoriginal, entstanden nach 20 v. Chr. Die zwei Meter hohe Statue des Augustus wurde in der Villa seiner Frau Livia bei Prima Porta gefunden. Sie zeigt Augustus in der Pose des Siegers. Er trägt keine Schuhe, was nach der Wahrnehmungsweise der Zeitgenossen einer Überhöhung ins Göttliche Vorschub leistete.

M 2 Kaiser Otto III.
Otto III. (983–1002) mit den Reichsinsignien thront zwischen Reichskirche und Reichsadel. Aus dem Reichenauer Evangeliar, das im Auftrag des Kaisers entstand, Ende des 10. Jahrhunderts

Im Zeitalter des Absolutismus wurde die antike Tradition wiederbelebt. Kleidung, Haltung und die dargestellten Attribute vermittelten den Eindruck von Majestät und Macht der Herrscher. Am Hof von Versailles durfte man den Porträts Ludwigs XIV. nicht den Rücken zukehren. Es war, als wäre der König persönlich anwesend, das Bildnis diente als Stellvertreter des Dargestellten.

Das Herrscherporträt

Herrscherdarstellungen gibt es aus vielen Epochen. Sie scheinen uns ein wirklichkeitsgetreues Abbild zu vermitteln. Es ist aber gefährlich, ein Porträt als genaue Wiedergabe eines Modells zu betrachten, das im Augenblick der Abbildung genau so aussah, wie es dargestellt wurde. Die Porträtierten wollten meist in einer für sie vorteilhaften Art dargestellt werden. Sie trugen im Regelfall ihre beste Kleidung. Auch ist es ein menschliches Anliegen, schöner und perfekter in der Erinnerung weiterzuleben, als man es in Wirklichkeit je war.

Viele Porträts folgen einem überlieferten Muster, was ebenso Haltung und Gesten betrifft wie den Hintergrund oder dargestellte Gegenstände. Vieles davon hat symbolische Bedeutung, die den zeitgenössischen Betrachtern ohne Weiteres verständlich war. Viele Attribute sind einfach zu deuten, wie etwa ein Marschallstab, der auf militärische Befehlsgewalt verweist. Andere Symbole, wie etwa Blumen, sind schwerer zu interpretieren, da sie neben ihrer symbolischen Bedeutung auch eine rein gegenständliche haben.

Dem Historiker kann ein Porträt in vielerlei Hinsicht als Quelle dienen. Als so genannte realkundliche Quelle kann ein Bild Aufschluss geben über Mode, Haar- und Barttracht sowie das Aussehen von Gegenständen. Es sind – mit aller Vorsicht – Aussagen über Aussehen und Eigenschaften historischer Persönlichkeiten möglich. Darüber hinaus vermitteln solche Porträts einen Einblick in die Idealvorstellungen von Herrschern und Herrschaftsauffassungen. Die Art der Darstellung lässt auch Rückschlüsse auf das damalige Weltbild zu.

M 3 Kaiser Karl V.
nach seinem Sieg über den Schmalkaldischen Bund, Gemälde von Tizian, 1548

M 4 Ludwig XIV.
Gemälde von Hyacinthe Rigaud, um 1700, Museo del Prado, Madrid

M 5 „Kaiser Wilhelm II. in der Paradeuniform der Garde du Corps"
Gemälde von L. Noster, 1906, Hechingen, Burg Hohenzollern

Längsschnitt: Herrschaftsbilder

M 6 Otto III.
Liuthar-Evangeliar, hergestellt in Reichenau, um 1000, Domschatz Aachen

M 7 **Evangelistensymbole** Matthäus, Markus, Lukas und Johannes

M 8 **Lexikon der Symbole**

a) Hand:

Symbol für Aktivität, in der Gestik aber auch Symbol der apotropäischen [Unheil abwehrenden] Wirkung. Sich in der Hand eines Gottes oder Herrschers zu befinden heißt, ihm ausgeliefert zu sein, aber auch unter seinem Schutze zu stehen. – Das Eingreifen bzw. Darreichen der Hand bzw. Hände ist ein Zeichen freundlicher Offenheit, der Hingabe oder der Verzeihung; es ist daher auch seit alters ein wesentliches Symbol des geschlossenen Ehebundes und hat vielfach rechtssymbolische Bedeutung. […] Sehr weit verbreitet ist die Unterscheidung der symbolischen Bedeutung von rechter und linker Hand […]. Sie spielt z. B. beim Segensgestus durch Handauflegen eine Rolle, der in der Regel mit der rechten Hand ausgeführt und häufig als eine reale Übertragung von Kräften verstanden wurde. In der christlichen Kunst wird das Eingreifen Gottes oft durch eine aus den Wolken herabfahrende Hand symbolisiert. […] Gebetsgebärde ist seit dem Mittelalter das Falten der Hände. – Als rechtsverbindlich gilt noch heute das Heben der rechten Hand beim Schwur.

b) Mandorla:

mandelförmige Aureole [ein Heiligenschein, der die gesamte Gestalt umgibt], die auch an der symbolischen Bedeutung der Mandel teilhat; seit frühchristlicher Zeit hauptsächlich für Darstellungen des verherrlichten Christus u. Marias verwendet.

c) Gold:

Gold gilt seit je als edelstes der Metalle; es ist dehnbar, polierfähig, glänzend, weitgehend hitze- und säurebeständig und daher ein Sinnbild der Unveränderlichkeit, der Ewigkeit, der Vollkommenheit. U. a. wegen seiner Farbe wurde es fast überall mit der Sonne oder dem Feuer identifiziert. Deshalb ist es auch häufig ein Symbol der […] Erkenntnis. In der Symbolik des Christentums ist das Gold weiterhin ein Symbol für die höchste Tugend, die Liebe. – Der Goldgrund auf Tafelbildern des Mittelalters ist stets ein Symbol des himmlischen Lichtes.

Udo Becker (Hg.), Lexikon der Symbole, Freiburg i. Br. 1992, S. 121, 181 und 104.

M 9 **Das Bild Ottos III. vom Liuthar-Evangeliar**

Das Bild des Liuthar-Evangeliars stellt die Herrschaft Ottos III. anhand folgender Symbole dar:

In der Mitte krümmt sich eine graugrün gekleidete Figur, die als Terra zu deuten ist, unter der Last des von ihr getragenen Thrones. […] Links und rechts daneben beugen sich zwei Figuren nach vorne, die Kronen tragen. […]
Wie auch die hohen Kronen nahe legen, können damit nur Könige gemeint sein. […] Die geschulterten (!) roten Fahnen sind ebenfalls als typische Herrschaftszeichen für Könige zu werten.

Helmut Altrichter (Hg.), Bilder erzählen Geschichte, Freiburg i. Br. 1995, S. 66.

Aufgaben

1. Beschreibe die einzelnen Elemente des Bildes und deren Anordnung.
2. a) Welche Bedeutungen kann die Hand haben?
   b) Prüfe, welche Bedeutung für das Bild zutrifft.
3. a) Wie wird das Verhältnis von Otto zu Gott dargestellt? Was lässt sich daraus über seine Herrschaftsauffassung ableiten?
   b) Prüfe, warum das Bild in ein Evangeliar, eine Sammlung der Evangelien, eingefügt wurde.
4. Warum ist die Interpretation des Bildes heute besonders schwierig?

Längsschnitt: Herrschaftsbilder

M 1 Kaiser Karl V.
Gemälde von Tizian (1487/90–1576), 1548, Endausführung durch Tizians Werkstätte, Alte Pinakothek München, Leinwand, 203,3 x 122 cm

M 2 Orden vom Goldenen Vlies

In einem Lexikon wird der Orden vom Goldenen Vlies folgendermaßen erklärt:

Goldenes Vlies, Orden vom, einer der ältesten, vornehmsten und noch heute bestehenden mittelalterlichen Ritterorden, 1430 von Philipp dem Guten von Burgund zu Ehren des heiligen Andreas
5 gestiftet. Die Würde des Souveräns ging 1477 durch die Heirat der letzten Herzogin [von Burgund] Maria mit Maximilian I. an das Haus Habsburg und nach dem Tod Karls V. mit dem Burgundischen Erbe an die spanische Linie des Hauses
10 [Habsburg] über. Nach deren Aussterben wurde er von der österreichischen Linie der Habsburger Erben der Niederlande weitergeführt, aber auch von Spanien als Verdienstorden verliehen.
Der Orden zählte anfangs 31, ab 1516 genau 51
15 Ritter. Der Schatz des Ordens vom Goldenen Vlies wird in Wien in der Weltlichen Schatzkammer verwahrt, das Archiv im Staatsarchiv.

Österreich Lexikon (www.aeiou.at/aeiou.encyclop.g/g538560. htm)

M 3 Säule

Eine Säule hat in der Geschichte folgende symbolische Bedeutungen:

Eine Säule ist mit Pfahl, Baumstamm und Pfeiler in der Symbolwertigkeit austauschbar. Vorstellungen einer kosmischen Säule finden sich u.a. bei den alten Germanen (Irminsul der Sachsen) und
5 Kelten. [...]
Nach antiker Überlieferung tragen die Säulen des Herakles den Himmel; auch das Alte Testament spricht von den Säulen des Himmels.
[...] Säule und Pfeiler sind Ausdruck von Macht und Hoheit. In der römischen Kaiserzeit wurden
10 Säulen als Staatssymbole aufgestellt. [...]
Das Mittelalter erblickte in den die Kirche tragenden Säulen die Apostel. Um Gott näher zu sein, lebten in Syrien/Palästina (4.–6. Jahrhundert) einzelne Mönchsasketen auf der Plattform einer
15 Säule (Säulenheilige).

Manfred Lurker (Hg), Wörterbuch der Symbolik, Stuttgart 1991, S. 639f.

M 4 Karl V.

Über Karl V. schreibt eine Historikerin:

Karl war [...] ein ernster Knabe von wenig einnehmendem Äußeren. Das blonde, nach Pagenart glattgekämmte Haar milderte nur wenig das schmale, scharfgeschnittene Gesicht mit der langen, spitzen Nase und dem eckig vorstehenden
5 Unterkiefer – dem berühmten habsburgischen Kinn in seiner ausgeprägtesten Form. Dieses Kinn ragte so weit vor, dass der Mund offen stand, was seinem Träger ein wenig geistreiches Aussehen verlieh. Eine kurze, dicke Zunge hinderte ihn auch
10 noch daran, deutlich zu sprechen.
Karl lernte es, dieses wenig erfreuliche Gesicht mit trocken-ironischem Humor zu betrachten. Als er Jahre später den König von Frankreich zu einem Zusammentreffen einlud, schrieb Karl, dass es
15 wohl wahr sei, dass sein Mund offen stehe, „aber nicht, um die Leute zu beißen", der französische König brauche deswegen keine Angst zu haben.

Dorothy Gies McGuigan, Familie Habsburg, Wien/München 1967, S. 75.

Aufgaben

1. Beschreibe, was auf dem Bild zu erkennen ist. Versuche auf Deutungen zu verzichten.
   → M1
2. a) Erläutere mithilfe der Lexikoneinträge die Bedeutung der Säule und des Ordens auf dem Bild.
   b) Ist das Porträt Karls V. deiner Meinung nach ein typisches Herrscherporträt? Begründe deine Ansicht.
   → M1–M4
3. a) Vergleiche das Porträt Karls V. mit dem Ottos III. Benenne die wichtigsten Unterschiede und Gemeinsamkeiten.
   b) Überlege, worin sich die Herrschaftsauffassung beider Kaiser unterschied.
   → M1 und M6 (Seite 186)

Staat und Nation

Wiener Kongress (1815)

Wartburgfest (1817)

Revolution in Frankreich (1830)

Restauration in Europa >>>

Hambacher Fest (1832)

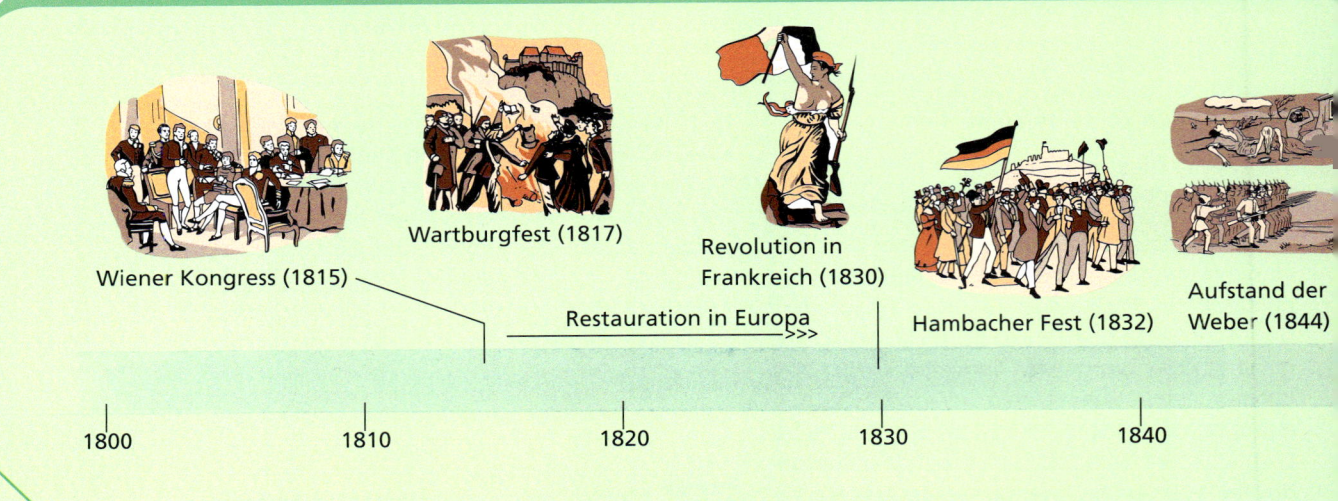

Aufstand der Weber (1844)

1800 — 1810 — 1820 — 1830 — 1840

Zusammenfassung

Nach dem Untergang Napoleons stellte der Wiener Kongress die vorrevolutionären Verhältnisse wieder her. Das Heilige Römische Reich ließ sich jedoch nicht wieder beleben und wurde durch den Deutschen Bund – einen lockeren Staatenbund – ersetzt. Die Regierungen bekämpften liberale und nationale Strömungen, so zum Beispiel durch die Polizeimaßnahmen der Karlsbader Beschlüsse.

Vor allem im Bildungsbürgertum wirkten die Ideen von Freiheit, Recht und Vaterland fort. Sie äußerten sich in politischen Schriften und Liedern oder Demonstrationen wie dem Wartburgfest (1817) und dem Hambacher Fest (1832). Dies zeigte, dass sich die Völker mit der Restauration überkommener Verhältnisse nicht abgefunden hatten. Ausgehend von Frankreich und insbesondere von Paris entluden sich die Spannungen 1830 und 1848 in zwei Revolutionswellen, die nahezu ganz Europa erfassten.

Die Revolution von 1848 zielte in Deutschland auf einen Nationalstaat. Das Volk wählte eine Nationalversammlung, die in der Frankfurter Paulskirche tagte. Ihre Bestrebungen, ein neues deutsches Kaiserreich auf parlamentarischer Grundlage zu schaffen, blieben jedoch erfolglos. Die Revolution scheiterte und die Fürsten setzten ihre Herrschaft erneut durch. Offen blieb die Frage nach einem deutschen Nationalstaat.

Diese Hoffnung wurde allerdings erst 1871 – nach einer Reihe von Einigungskriegen – mit der Gründung des Deutschen Kaiserreichs erfüllt. Der neue Staat war eine konstitutionelle Monarchie, die dem Kaiser und dem von ihm abhängigen Reichskanzler zwar große Macht einräumte, aber auch dem vom Volk gewählten Reichstag einigen Einfluss zugestand. Das Parlament und die in ihm vertretenen politischen Richtungen – Konservative, Liberale, Sozialdemokraten und Katholiken – gewannen immer mehr an öffentlicher Wirkung. Allerdings nutzte Otto von Bismarck seine Stellung als Reichskanzler und bestimmte bis zu seinem Rücktritt 1890 maßgeblich die deutsche Politik.

Nach 1890 versuchte Wilhelm II. ein „persönliches Regiment" auszuüben. Außenpolitisch kam es zu einem grundlegenden Wandel, da Deutschland nun versuchte, eine weltpolitische Rolle zu spielen.

Revolutionen in Europa (1848/49) — Reichsgründung (1871)  — Rücktritt Bismarks  — „Neuer Kurs" unter Wilhelm II. >>>

1860   1870   1880   1890   1900

Daten

1815 Wiener Kongress
1817 Wartburgfest
1832 Hambacher Fest
1848/49 Revolution in Deutschland
1871 Reichsgründung
1890 Rücktritt Bismarcks

Begriffe

Deutscher Bund
Restauration
Liberalismus
Karlsbader Beschlüsse
Deutsches Kaiserreich
Sozialistengesetz
Sozialgesetzgebung

Personen

Fürst von Metternich
Otto von Bismarck
Wilhelm II.

Tipps zum Thema: Staat und Nation

Filmtipp

Hambach, Vormärz und die Revolution von 1848, 50 min, Deutschland (FWU) 2007.

Die Gründung des Deutschen Reiches, Teil I und II, Deutschland 1998.

Der Untertan, 104 min, DDR 1951.

Lesetipp

Willi Fährmann:
Der lange Weg des Lukas B., München 2005.

Museen

Hambacher Schloss

Frankfurter Paulskirche

Deutsches Historisches Museum, Berlin

Hoffmann-von-Fallersleben-Museum, Wolfsburg

Kommentierte Links: www.westermann.de/geschichte-linkliste

4. Industrialisierung und Soziale Frage

Ein Werbeplakat, Ende 19. Jh.

Sorgen der Arbeiterfrauen, Zeichnung, 1909

„Der Streik", Gemälde von Robert Koehler, 1886

George Stephensons „Rocket" von 1829

Die „Jahrhunderthalle" in Bochum

Arbeiterfamilie in ihrer Wohnung, 1907

Karl Marx (1818–1883)

Industrialisierung und Soziale Frage

M 1 James Watt (1736–1819)
Erfinder der Dampfmaschine

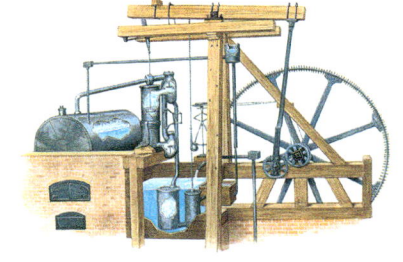

Die Industrielle Revolution beginnt in England

Eine weltgeschichtliche Veränderung
Mit der Jungsteinzeit änderte sich die Lebensweise der Menschen grundlegend. Von Jägern und Sammlern wurden sie zu sesshaften Bauern und die Landwirtschaft bildete für Jahrtausende die Grundlage der menschlichen Gesellschaft. Doch seit dem 18. Jahrhundert trat eine Veränderung ein, die bis heute fortwirkt. Es entwickelte sich die industrielle Produktionsweise, die es ermöglichte, mithilfe von Maschinen massenhaft Güter herzustellen. Dabei veränderten sich auch die Arbeitsformen, das soziale Zusammenleben, die Wohnverhältnisse – kurz: die gesamten Lebensverhältnisse.

Die dramatische Veränderung der Produktions- und Lebensverhältnisse vollzog sich rasch und betraf das Leben des Einzelnen so entscheidend, dass diese Entwicklung als „Industrielle Revolution" bezeichnet wird. Die Welt hatte ihr Gesicht innerhalb eines kurzen historischen Zeitraums grundlegend verändert.

England – „Mutterland der Industrialisierung"
Die Industrielle Revolution begann in England. Dort hatte sich bereits Mitte des 18. Jahrhunderts der Übergang von traditioneller handwerklicher Fertigung in Kleinbetrieben zur modernen industriellen Produktion in Fabriken vollzogen. Damit entstanden erste industrielle Ballungszentren. War früher ein Produkt von Einzelnen hergestellt worden, gab es in den Manufakturen des Absolutismus bereits Arbeitsteilung. Nun kam der Einsatz von Maschinen hinzu.

Die Veränderungen in der Produktionsweise betrafen zunächst die Textilindustrie. Dies war der Wirtschaftszweig, der die weitere Entwicklung in England bestimmte. Zum einen verbesserten neu entwickelte Spinnmaschinen, die zunächst per Hand, später mit Pferde- und Wasserkraft angetrieben wurden, die Menge und die Qualität der erzeugten Garne. Zum anderen ermöglichten bessere Webstühle die Herstellung hochwertiger Stoffe in kürzerer Zeit. Diese wurden durch die neuen Dampfmaschinen betrieben, die unabhängig vom Standort eine gleichbleibende Energieversorgung ermöglichten.

Der Einsatz von Dampfmaschinen beflügelte die Industrialisierung in Großbritannien. Dampfmaschinen senkten die Kosten und ermöglichten eine mechanisierte Großproduktion nicht nur in der Textilindustrie, sondern auch in der ständig wachsenden Zahl anderer Industriesparten, zum Beispiel in Bergwerken, Kohlenzechen, Hüttenwerken und später auch in der Landwirtschaft.

Neben der Textilindustrie besaß die Schwerindustrie große wirtschaftliche Bedeutung. Der Abbau von Eisenerz, die Gewinnung von Eisen und die Weiterverarbeitung etwa im Maschinenbau spielten bei der Industrialisierung eine zentrale Rolle.

M 2 Modell der Dampfmaschine
von James Watt

Warum wurde England Geburtsort der Industrialisierung?
Bei der Beantwortung dieser Frage muss man viele Aspekte berücksichtigen, denn nur das Zusammenwirken verschiedener Faktoren kann die Vorreiterrolle Englands erklären. England profitierte von zahlreichen Faktoren, die das Emporwachsen einer Industrielandschaft begünstigten:

Die Industrialisierung Großbritanniens im 18. Jh.

- Baumwollindustrie
- Wollindustrie
- Kohlevorkommen
- Industriegebiet
- Metallindustrie
- gegen Ende des 18. Jh. gebaute Kanäle
- Bevölkerungsbewegungen

M 3

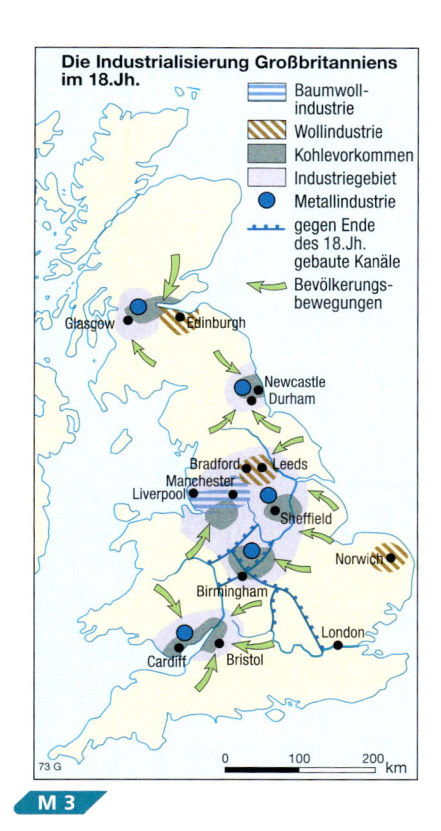

Zunächst förderte eine lange Friedensperiode den Ausbau der Infrastruktur. Kohle- und Eisenerzvorkommen in vorteilhafter Lage begünstigten zusammen mit einem leistungsfähigen Fluss- und Kanalsystem die Entstehung von Schwerindustrie und Maschinenbau. Rohstofflieferanten wie Nordamerika mit seinen Baumwollplantagen dienten zugleich als Absatzmarkt für englische Maschinen und Fertigprodukte.

Die Insellage begünstigte diese Entwicklung. Ein- und Ausfuhren wurden dadurch erleichtert, dass England nicht nur über gute Häfen verfügte, sondern bereits seit dem 17. Jahrhundert die Meere beherrschte. Wasserreiche Flüsse und Bäche lieferten die Antriebsenergie in der ersten Phase der Industrialisierung.

Zudem schufen Veränderungen in der Landwirtschaft günstige Voraussetzungen. Seit Mitte des 18. Jahrhunderts verbesserte sich die Nahrungsmittelversorgung für eine ständig wachsende Bevölkerung. Die Züchtung widerstandsfähiger Nutztiere und die intensive Nutzung des Bodens steigerten die Produktion landwirtschaftlicher Erzeugnisse. Die Grundbesitzer, meist Adlige, waren bestrebt, ihre Erträge zu steigern. Viele Bauern konnten dieser Konkurrenz nicht standhalten und verloren ihre Selbstständigkeit. So standen sie nun den neu entstehenden Fabriken als Arbeitskräfte zur Verfügung.

Günstig für die Industrialisierung war auch Englands innenpolitische Lage. Es erwies sich als vorteilhaft, dass das Parlament – anders als in anderen Staaten Europas – auf die Gesetzgebung Einfluss nehmen und so die Interessen der neuen Schicht von Unternehmern wahren konnte. Die Freiheit des Einzelnen auch in Wirtschaft und Industrie sowie die freie Verfügung über das Privateigentum charakterisierten ein System, das die Initiative des Einzelnen förderte. Aus religiöser Überzeugung strebten besonders Puritaner nach wirtschaftlichem Erfolg. So stieg England zur führenden Industrienation auf und konnte diese Stellung lange Zeit behaupten.

M 4 Einsatz der Dampfmaschine
Im Bergbau trieben Dampfmaschinen Wasserpumpen und Förderanlagen an, 19. Jahrhundert.

Industrialisierung und Soziale Frage

Vom Spinnrad zur Spinnmaschine – Eine technische Entwicklung nachvollziehen

M 5 Spinnrad

Höhere Nachfrage nach Stoffen erfordert eine Weiterentwicklung der Herstellung von Garn. Dieses wird aus Fasern wie etwa Wolle zu einem Faden versponnen. Um den Drall zu erhalten, verwendete man Tausende von Jahren einfache Spindeln. Das Spinnrad erleichterte und beschleunigte den Spinnvorgang.

M 6 Spinnmaschine

Der englische Weber James Hargreaves entwickelte um 1764 die erste Spinnmaschine, die so genannte „Spinning Jenny": Bei dieser sitzen auf dem schräg in das Grundgestell eingebauten Rahmen Spulen mit Vorgarn (A). Von hier wird der Faserstrang über die so genannte Klaue (B) zu den senkrecht im Grundgestell stehenden Spindeln geleitet (C). Die Klaue ist auf Rollen auf dem Rahmen hin- und herschiebbar. Die Spindeln werden durch ein Handrad (D) über eine Walze (E) angetrieben, von der die Drehbewegung durch Riemchen auf kleine Rollen auf den Spindelachsen (F) übertragen wird. Ein Draht (G) wird – fernbedient – von den Spindelspitzen aus heruntergedrückt, wenn der Faden beim Spinnen über die Spindelspitze abspringen soll.

Zit. nach: Almut Bohnsack, Spinnen und Weben. Entwicklung von Technik und Arbeit im Textilgewerbe, Reinbek 1981, S. 197.

Die industrielle Entwicklung in Europa – Eine thematische Karte auswerten

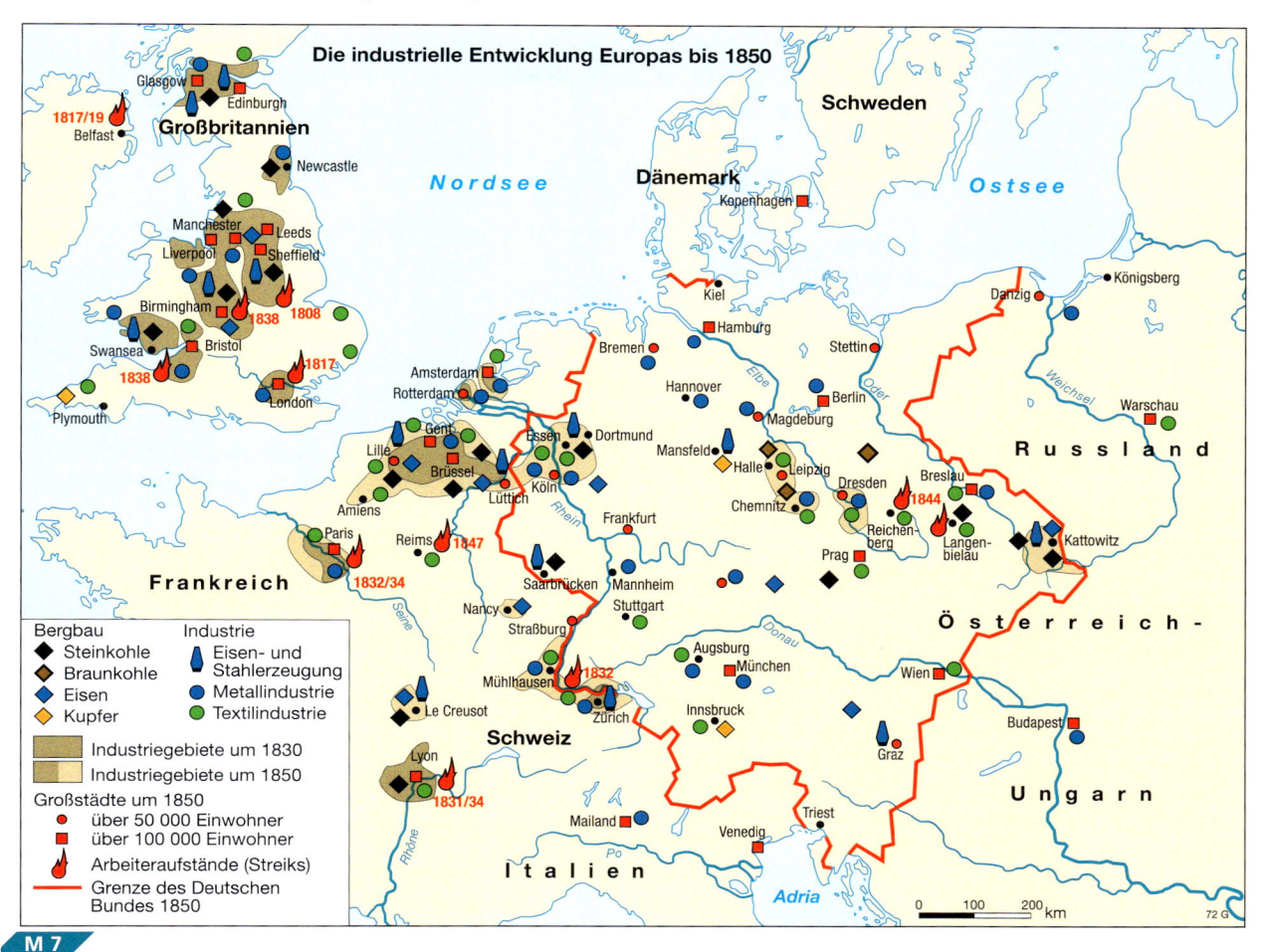

Die industrielle Entwicklung Europas bis 1850

Legende:
- **Bergbau**: Steinkohle, Braunkohle, Eisen, Kupfer
- **Industrie**: Eisen- und Stahlerzeugung, Metallindustrie, Textilindustrie
- Industriegebiete um 1830
- Industriegebiete um 1850
- Großstädte um 1850: über 50 000 Einwohner, über 100 000 Einwohner
- Arbeiteraufstände (Streiks)
- Grenze des Deutschen Bundes 1850

M 7

Aufgaben

1. a) Suche die im Text genannten Rohstoffvorkommen auf den thematischen Karten.
   b) Erläutere den Zusammenhang zwischen Rohstoffvorkommen und industriellen Standorten in England.
   c) Welche günstigen Faktoren erleichterten den überseeischen Warenaustausch?
   → Text, M3, M7

2. a) Untersuche, welche Vorteile die Mechanisierung in der Textilproduktion brachte.
   b) Überlege, inwieweit durch diese Form der Produktion auch andere Bereiche der Industrie gefördert wurden.
   c) Erläutere, welche Auswirkungen diese Produktionsform auf die Arbeiter hatte.
   → Text

3. a) Versuche aus einem Bausch Watte einen Faden zu flechten.
   b) Inwieweit stellt das Spinnrad eine Erleichterung dieses Vorganges dar?
   c) Beschreibe die Funktionsweise eines Spinnrads.
   d) Untersuche, welche Folgen der Einsatz von Spinnmaschinen auf die Produktion und die Arbeitsverhältnisse hatte.
   e) Überlege, welche Folgen das Fehlen von Spinnmaschinen auf unser Leben heute hätte.
   → Text, M4, M5, M6

4. Fasse zusammen: Warum war England das „Mutterland" der Industrialisierung?
   → Text

Industrialisierung und Soziale Frage

Anfänge der Industrialisierung in Deutschland

Die schlechte Ausgangslage

Im Vergleich zu England erfolgte die Industrialisierung in Deutschland zeitlich verzögert. Die Phase der so genannten Frühindustrialisierung dauerte bis Mitte des 19. Jahrhunderts. Erst ab 1850 erfolgte der umfassende Ausbau der Industrie; um 1900 schließlich war Deutschland eine Industriegesellschaft.

Die territoriale Zersplitterung Deutschlands erwies sich lange als Hemmnis der industriellen Entwicklung. Unterschiedliche Rechtssysteme und Zollgrenzen lähmten den Verkehr zwischen den einzelnen Territorien. Zwar gab es in Städten wie Augsburg, Nürnberg oder Solingen Schwerpunkte handwerklicher Fertigung und in einigen Mittelgebirgen Zentren mit Heimarbeitern. Doch blieb die Zahl der dort Beschäftigten gering, denn die überwiegende Mehrheit der Bevölkerung arbeitete in der Landwirtschaft. In den Städten regelten die Zünfte die handwerkliche Produktion, was sich hemmend auswirkte.

M 1

Der Deutsche Zollverein (bis 1842)

- Preußischer Zollverband mit Anschlüssen 1828
- Mitteldeutscher Handelsverein 1828–1831
- Bayerisch-Württembergischer Zollverein 1828–1833
- Deutscher Zollverein 1834
- Beitritte bis 1842
- Grenze des Deutschen Bundes 1839
- Eisenbahnen bis 1855

L. = Lippe, S.-L. = Schaumburg–Lippe, W. = Waldeck

M 2 **Friedrich Harkort (1793–1880).** Der Industrielle gründete große Fabriken, bemühte sich um soziale Einrichtungen und war ein führender Politiker im preußischen Abgeordnetenhaus, zeitgenössisches Gemälde.

Der Staat greift ein

Einen wichtigen Schritt in die Zukunft bildeten Reformen, die Länder wie Preußen oder Bayern einleiteten. Die Bauernbefreiung beendete die jahrhundertelange Erbuntertänigkeit, ermöglichte den Bauern die Selbstständigkeit oder zwang sie zur Lohnarbeit. Weitere Gesetze hoben den Zunftzwang auf und gewährten allen Bewohnern Freizügigkeit und Gewerbefreiheit. So konnte jeder einen Betrieb mit beliebigen Produkten eröffnen. Durch Gewerbe- und Industrieausstellungen, durch Bankgründungen, die neuen Unternehmern Kapital zur Verfügung stellten, sowie durch zahlreiche Einzelmaßnahmen unterstützte der Staat die Industrialisierung. Auch im Bereich der Erziehung wurde der Staat aktiv. So gründete er Schulen, die der Ausbildung neuer technischer Eliten dienten.

Auch die Handelspolitik trug entscheidend zum Wandel der deutschen Wirtschaftsstruktur bei. 1818 schaffte Preußen die Zölle zwischen seinen Provinzen ab. Die süddeutschen Staaten reagierten 1828 mit der Gründung eines eigenen Zollvereins. 1834 schuf der Deutsche Zollverein allmählich einen einheitlichen deutschen Wirtschaftsraum. Das brachte den Mitgliedsstaaten durch die Ausweitung des Handels eine kräftige Belebung der Wirtschaft. Viele Historiker betrachten die Gründung des Deutschen Zollvereins als entscheidenden Schritt zur nationalen Einheit Deutschlands.

Die Rolle der Unternehmer

Eine nicht zu unterschätzende Rolle bei der Industrialisierung Deutschlands spielten Unternehmerpersönlichkeiten. So brachte der Industrielle Friedrich Harkort (1793–1880) von einer Informationsreise durch England Facharbeiter und Techniker mit. Es gelang ihm, Kredite zu erhalten und 1819 die „Mechanischen Werkstätten Harkort u. Co." in Wetter an der Ruhr zu gründen. 1820 wurden dort die ersten beiden Dampfmaschinen produziert. Harkort errichtete Kupfer- und Eisenwalzwerke und förderte die Eisenbahn und Binnenschifffahrt. Bis 1871 war er zudem als Liberaler politisch tätig.

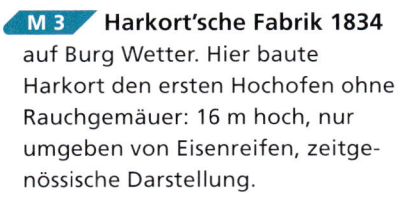

M 3 **Harkort'sche Fabrik 1834** auf Burg Wetter. Hier baute Harkort den ersten Hochofen ohne Rauchgemäuer: 16 m hoch, nur umgeben von Eisenreifen, zeitgenössische Darstellung.

Industrialisierung und Soziale Frage

Vor- und Nachteile des Fabrikwesen – Argumente sammeln

M 4 Eine Erörterung (1841)

In einem Jahresbericht über die Königliche Kreis-, Landwirtschafts- und Gewerbeschule zu Regensburg für das Schuljahr 1840/41 wurde über das Fabrikwesen Folgendes geschrieben:

Als bedeutende Vorteile unseres Fabrikwesens können mit unumstößlicher Gewissheit geltend gemacht werden:
1. dass viele Artikel für den heutigen Bedarf nur und einzig auf dem Fabrikwege herzustellen seien,
2. dass die Fabriken, solange sie im Gange sind, mehr Hände beschäftigen, als früher einzelne Handwerker in demselben Fache beschäftigt waren,
3. dass ein gleichmäßiger, zu berechnender Effekt nur durch Maschinen erzielt werden könne,
4. dass die Handwerker teils durch Hilfe von Maschinen und Fabrikwaren, teils wegen Konkurrenz mit diesen bedeutenden Aufschwung erhielten,
5. dass viele der menschlichen Gesundheit schädliche Arbeiten durch Maschinen verrichtet werden, und
6. der menschlichen Kraft ein würdigeres und zweckmäßigeres Feld angewiesen wird.

Die Nachteile des Fabrikwesens sind nicht minder auffallend, sie verdienen umso mehr die ernsteste Betrachtung, als solche durch zweckdienliche Vorkehrungen und Verwaltungsmaßregeln großenteils gehoben werden könnten.
Es kann durch das Stillestehen einer Fabrik die Einwohnerschaft einer ganzen Gegend um den täglichen Unterhalt gebracht werden, weil die Fabrikarbeiter sich in andere Verrichtungen nicht zu schicken wissen, woraus sich von selbst ergibt, dass die Ausbildung dieser Leute teils durch die Einseitigkeit der Arbeit, teils durch den Umstand, dass die Kinder schon von frühester Jugend an in den Fabriken beschäftigt werden, sehr niedergehalten wird. Eine fernere Folgerung ist diese, dass auf solche Weise der arbeitenden Klasse die Mittel entzogen werden, sich höher zu schwingen und Selbstständigkeit zu erlangen; denn, indem jedes Unternehmen schon zum Beginne sehr bedeutende Mittel und umfassende Kenntnisse erheischt, verbinden sich gewöhnlich Leute von hohem Wohlstande mit einem wissenschaftlich gebildeten, unternehmenden Kopfe (der Kapitalist mit dem Ingenieur in England), wo dann der letztere alle Arbeiten angibt, leitet und in jedem Sinne des Wortes für alle denkt.
Obwohl menschliche Kräfte durch die Maschinen erspart und wichtigem Zwecke zugewendet werden können, wollen sich, abgesehen von obigem Grunde, doch die Fabrikarbeiter nie zur Feldarbeit, der ersten und nützlichsten aller Verrichtungen bequemen, können es auch nicht, weil diese einen gesunden Körper erfordert: Deshalb finden wir es häufig, wenn es in Gegenden an Feldarbeitern fehlt, so hunderte von Fabrikgehilfen auf Beschäftigung warten.
Dann werden nur zu häufig neue Luxusgegenstände erfunden und mit diesen bisher unbekannte Bedürfnisse eingeführt, die, wenn sie nicht als Fabrikwaren außerordentlich wohlfeil geliefert würden, nie Eingang fänden; oder es werden Gewerbe, welche weder große geistige Fähigkeiten noch bedeutenden Aufwand von Handarbeit erfordern, gänzlich durch eine Fabrik unterdrückt.
Wir gedenken hier eines einzigen Falles: Vor einigen Jahren kamen die Haarbürsten in Aufnahme, und ein industrieuser Engländer fasste den Plan, diesen Artikel im Großen anfertigen zu lassen. Das Unternehmen glückte, erhielt Ausdehnung, alles, was irgend von Borsten zu Markte kam, wurde durch englische Agenten aufgekauft, und jetzt sieht sich ein großer Teil von Europa (in Deutschland mehrere Gegenden ganz ausschließlich) mit Bürsten aller Arten aus England versehen, sodass den einschlägigen Handwerkern, welche auf keine Weise mit den englischen Unternehmern konkurrieren konnten, nichts übrig blieb, als Niederlassungen eines ausländischen Fabrikates zu errichten.
Ähnlich verhält sichs mit unzähligen Artikeln. – Der größte Nachteil aber, der aus der leichten Maschinenproduktion erwuchs, ist ohne Zweifel ein hoch gesteigerter Kleiderluxus und Hang zum Aufwand bei den minder bemittelten Volksklassen, nebst all den Übeln, die sich hieran knüpfen.

Konrad v. Zwehl/Susan Boenke (Hg.), Aufbruch ins Industriezeitalter, Bd. 3: Quellen zur Wirtschafts- und Sozialgechichte Bayerns vom ausgehenden 18. Jahrhundert bis zur Mitte des 19. Jahrhunderts, München 1985, S.137 f.

Gegenwart und Zukunft – Eine Karikatur interpretieren

1845.

1945.

M 5 „1845–1945"
Karikatur aus: „Fliegende Blätter", 1845

Aufgaben

1. a) Untersuche, ab wann man von der Industrialisierung Deutschlands sprechen kann.
   b) Wann setzt der industrielle Aufholprozess Deutschlands ein?
   → Text
2. Welche verschiedenen Maßnahmen ergriffen die Länder, um die Industrialisierung Deutschlands voranzutreiben?
   → Text
3. Welche Rolle spielten die Unternehmer?
   → Text
4. a) Ordne die Beitritte der Länder zum Deutschen Zollverein zeitlich ein.
   b) Welche Vorteile brachte den Ländern der Beitritt zum Deutschen Zollverein?
   c) Welche politische Bedeutung kommt dem Deutschen Zollverein zu?
   d) Warum ist Österreich dem Zollverein nicht beigetreten? Suche nach Gründen.
   → Text, M1
5. Analysiere den Bericht von 1841 zum Fabrikwesen.
   a) Welche Vorteile schildert der Bericht?
   b) Welche Gefahren werden dargestellt?
   c) Wie beurteilst du die dargestellten „Gefahren" aus heutiger Sicht?
   → M4
6. a) Wie wird die Situation 1848 dargestellt?
   b) Beurteile, inwieweit die Vision für 1945 verwirklicht wurde.
   → M5

Industrialisierung und Soziale Frage

Deutschland auf dem Weg zum Industriestaat

Der Durchbruch der Industrialisierung
Nach zögerlichem Beginn vollzog sich zwischen 1850 und 1870 der Durchbruch zur Industriegesellschaft. Diese Periode wird in der Wissenschaft oft als „Take-off Phase", als Phase des endgültigen „Abhebens" bezeichnet. Die Industrialisierung breitete sich in regional unterschiedlicher Geschwindigkeit aus, zuerst in Schlesien, Sachsen und im Rheinland, später in Westfalen, Hessen, Baden, Württemberg und Bayern. Neben Industrieregionen gab es von wirtschaftlichen Neuerungen weitgehend unberührte Gebiete. Während die politischen und sozialen Veränderungen durch das Scheitern der Revolution von 1848/49 gehemmt wurden, setzte sich der Prozess der Industrialisierung beschleunigt fort.

Der Eisenbahnbau als Leitsektor
Wesentliche Triebkraft hinter der Beschleunigung der Industrialisierung war der Eisenbahnbau, dessen Anfänge in der ersten Hälfte des 19. Jahrhunderts liegen. Trotz anfänglicher Widerstände wurde nun Kapital in bisher ungekanntem Ausmaß eingesetzt, um die neue Technik zu finanzieren. Der Staat unterstützte den Ausbau eines Eisenbahnnetzes und genehmigte die Gründung von Aktiengesellschaften: Gegen Einlage einer Geldsumme konnten Anteilscheine an einem Unternehmen, also Aktien, erworben werden. Dies verschaffte dem Unternehmen Geld. Die Aktionäre hofften natürlich auf Gewinn, mussten aber bei schlechtem Geschäft auch die Verluste tragen.

Die Entwicklung der Eisenbahn
1814 hatte George Stephenson eine betriebstaugliche Dampflokomotive erfunden; 1820 wurden erstmals Eisenbahnschienen aus gewalztem Stahl hergestellt; 1825 ging die erste öffentliche Eisenbahnstrecke zwi-

M 1 Erste Eisenbahnstrecke
Am 7. Dezember 1835 wurde zwischen Nürnberg und Fürth die erste deutsche Eisenbahnstrecke eröffnet. Ihre Länge betrug 6,5 km, die Lokomotive „Adler" stammte aus England.

M 2 Dampflokomotive (1829)
George Stephensons „Rocket" erreichte eine Geschwindigkeit von 48 km/h und beförderte etwa 30 Personen.

M 3 Lokomotive „Beuth" (1843)
Die dreiachsige Lokomotive wurde von der 1837 in Berlin gegründeten Maschinenfabrik Borsig gebaut.

schen Stockton und Darlington in Betrieb. Am 7. Dezember 1835 wurde die erste deutsche Eisenbahnstrecke von 6,5 km Länge zwischen Nürnberg und Fürth eröffnet. Die Lokomotive „Adler" hatte Stephenson in England gebaut, Flussschiffe und Ochsengespanne hatten sie zu ihrem Einsatzort transportiert. Der Lokomotivführer William Wilson, von Stephenson persönlich ausgebildet, baute sie an Ort und Stelle zusammen. Die herausragende Rolle englischer Technik zeigte sich daran, dass Wilsons Einkommen das des Direktors der Eisenbahnlinie erheblich übertraf.

In der Folgezeit bestimmten die Deutschen zunehmend das Eisenbahnwesen. Der in München geborene Joseph Anton von Maffei (1790–1870) erwarb 1838 ein Eisenhammerwerk in München. Er stellte Ingenieure aus George Stephensons Firma ein und erwarb so englisches Fachwissen auf dem Gebiet des Dampflokomotivbaus. 1841 war die erste Maffei-Dampflokomotive fertig. Bis 1870 lieferte die Firma mehr als 400 Lokomotiven allein an die Bayerischen Staatsbahnen, von denen manche über 50 Jahre ihren Dienst versahen. – In Berlin gründete August Borsig (1804–1854) eine Eisengießerei und Maschinenbauanstalt, die schon bald Lokomotivreparaturen ausführte und 1841 die ersten eigenen Lokomotiven produzierte. 1875 zählte Borsig neben Baldwin in den USA zu den größten Lokomotivfabriken der Welt und belieferte Staatsbahnen im In- und Ausland.

Die weitere Entwicklung verlief rasant: Die Bahn erwies sich als großer finanzieller Erfolg und beförderte innerhalb eines Jahres über 240 000 Personen. Durch das „Eisenbahnfieber" schnellte die Zahl der eisen- und stahlverarbeitenden Betriebe in die Höhe und ließ den Bedarf an Arbeitskräften sprunghaft steigen. Davon profitierten Arbeitslose auch in ländlichen Gebieten. Das sich ausweitende Streckennetz verbilligte den Transport von Menschen und Gütern. Die Reisedauer zwischen den Städten verkürzte sich beträchtlich und die ungewohnte Mobilität veränderte das Lebensgefühl der Menschen entscheidend.

M 4 **Lokomotive (1867)**
Lokomotiven wie diese der Berliner Fabrik Schwarzkopff bestimmten die zweite Hälfte des 19. Jh.

M 5 **Schnellzuglokomotive (1906)**
Gebaut bei Maffei in München zog sie den Rheingoldexpress und fuhr einen Geschwindigkeitsrekord von 154 km/h.

Industrialisierung und Soziale Frage

Die Anfänge der Eisenbahn – Dokumente auswerten

M 6 Eisenbahnfahrt

Der folgende Bericht schildert, wie ein Zeitgenosse eine Eisenbahnfahrt im Jahr 1839 erlebte:

Wir sitzen; die Maschine gibt sich mit einem durchdringenden Pfiffe selbst das Zeichen und rollt davon. Das Ungetüm jagt rasselnd, dampfend, schnaubend dahin und darüber kommt die ganze
5 Gegend in Unordnung und fährt wie besessen durcheinander. Die fernen Höhen rücken eiligst näher, einzelne Häuser schießen pfeilschnell daher und fahren pfeilschnell wieder davon. […]
Die Maschine hält: Wir sind in Lochhausen, einem
10 stillen, verlegenen Dörfchen, zwei Stunden von München, von welchem ehedem nur die nächsten Nachbarn etwas wussten und das nun den Münchnern so bekannt geworden ist, wie Neuberghausen oder Hessellohe. Diese Ortschaft war nämlich
15 viele Monden lang der Port, in dem der Dampfwagen seine Fahrt beschloss, zu einer Zeit, da er noch in Windeln lag und sich nicht weiter getraute, weil die Schienen nicht gelegt waren.
Damit ging ein glücklicher Stern auf für Lochhau-
20 sen, das überrascht und freudetrunken täglich Hunderte von Hauptstädtern ankommen sah, die die Eisenbahn hatten probieren wollen. Diese Frequenz hat allerlei abgesetzt; ein solcher Niederschlag ist zum Beispiel der schmucke Wirtshauspa-
25 villon von Holz rechts der Bahn und das mächtige Belvedere gleichen Stoffes zu seiner Seite. […]

Auch ist hier eine Anhöhe durchgegraben, deren Ränder ein gemauerter Bogen verbindet, welcher geschmackvoll entworfen und nagelneu, wie er ist, die Umgebung nicht wenig heraushebt.
30 Nach ein paar Minuten, während deren manche Passagiere ausgeschifft und andere an Bord geladen worden sind, macht sich der Zug wieder auf und eilt wieder tobend davon. Doch wird noch an verschiedenen Dörfern gehalten, ehe wir nach
35 Nannhofen kommen, das acht Stunden von München liegt und gegenwärtig der äußerste Punkt ist, bis zu dem die Lokomotive geht. Allenthalben werden an den Stationen Gebäude errichtet für die Leute der Bahn und geräumige Hallen zur
40 Unterkunft für die Wartenden. […]
Nun sind wir in Nannhofen und steigen immerhin zufrieden aus, wenn auch anderthalb Stunden darauf gegangen sind, um eine Strecke von acht Stunden zurückzulegen. Diese lange Dauer der
45 Fahrt ist zunächst dem oftmaligen Anhalten zuzuschreiben; denn außer der Zeitversäumnis in den verschiedenen Dörfern geht aus der Kürze der Stationen auch noch der Übelstand hervor, dass der Drache an der Spitze nie dazu kommt, seine Flügel
50 so recht kräftig zu schlagen, weil er immer schon wieder am Ziele ist, wenn er gerade in den besten Eifer geraten will.

Zit. nach: Konrad v. Zwehl/Susan Boenke (Hg.), Aufbruch ins Industriezeitalter, Bd. 3: Quellen zur Wirtschafts- und Sozialgechichte Bayerns vom ausgehenden 18. Jahrhundert bis zur Mitte des 19. Jahrhunderts, München 1985, S. 173f.

M 7 „Eisenbahnvermessung"

„Aber mein Herr, so schätzenswert mir die Ehre Ihres Besuches ist, so muss ich doch gestehen, dass ich die Absicht hatte, auch heute dort in dem Bette zu schlafen."
Der Geometer: „Herr, schlafen Sie, wo Sie wollen, aber merken Sie sich diese offizielle Verkündigung: Im Namen der Eisenbahn! Wer irgendeinen der zu der Vermessung nötigen Pfähle auch nur kurze Zeit herauszieht, muss die gesamten Vermessungskosten zahlen. Im Namen der Eisenbahn! – Guten Abend",
Karikatur, 1845

Industrielle Entwicklung im Deutschen Zollverein (bis 1870)

- Länder des Deutschen Zollvereins 1834
- Anschlüsse bis 1888
- 1842 Jahr des Anschlusses
- Eisenbahnen bis 1845
- Eisenbahnen bis 1855
- Eisenbahnen bis 1870
- Industriezentren um 1870
- Steinkohlenreviere
- Braunkohlengruben
- Eisenerzgruben

M 8

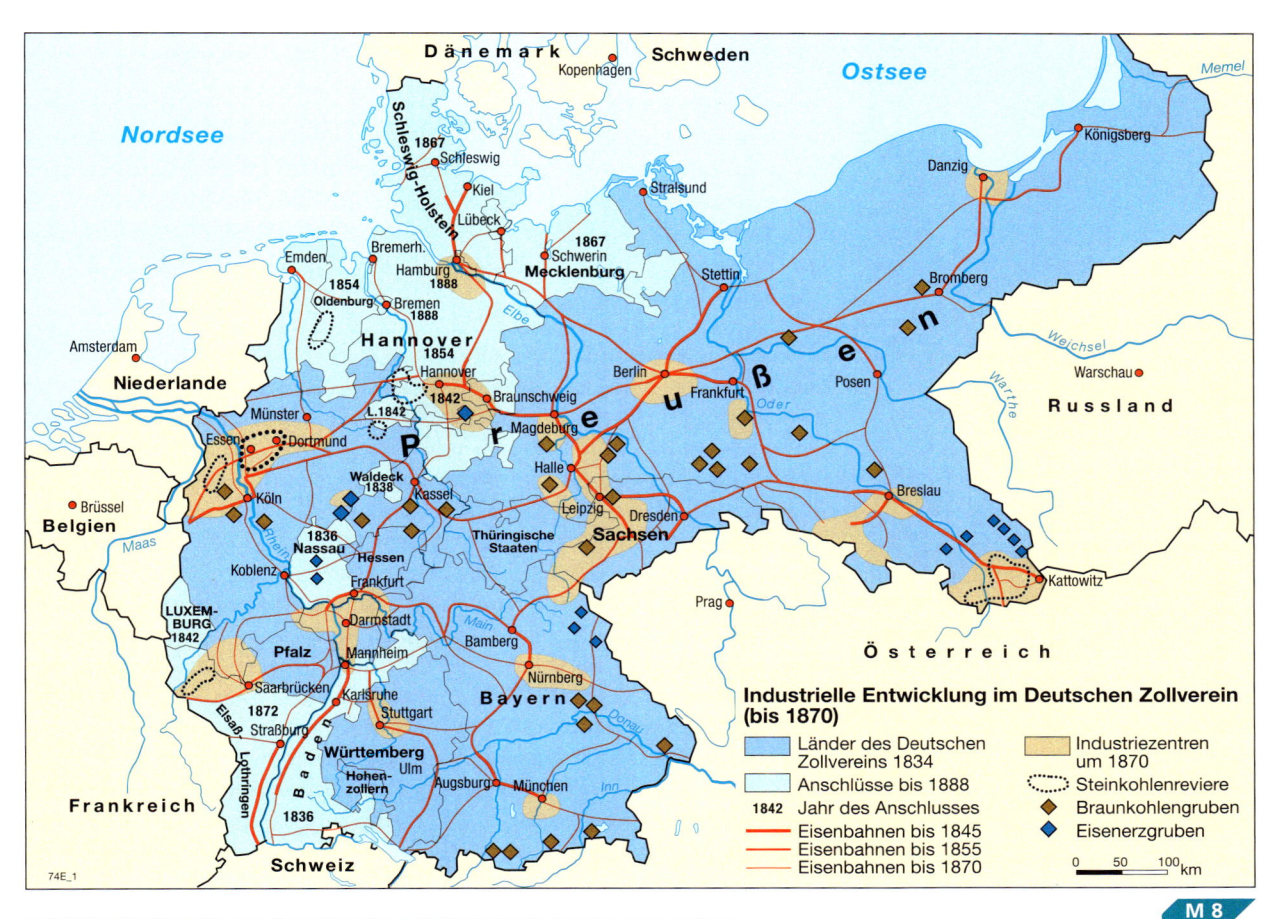

Länge der Eisenbahnstrecken in Deutschland

Jahr	km	Jahr	km
1845	2131	1880	33865
1850	5822	1885	37572
1855	7781	1890	41818
1860	11026	1895	45203
1870	18560	1900	49878
1875	27795	1905	54680

nach: Werner Sombart, Die deutsche Volkswirtschaft im 19. Jahrhundert (1903), Darmstadt 1954, S. 493

M 9

Aufgaben

1. a) Welche Auswirkungen hat der Eisenbahnbau auf das Land?
   b) Wie stehen der Verfasser des Berichts über die Eisenbahnfahrt und der Karikaturist zum Ausbau der Bahn?
   → Text, M6, M7

2. a) Beschreibe das Streckennetz der Eisenbahn bis 1870.
   b) Welche Probleme ergeben sich daraus für die industrielle Erschließung Deutschlands?
   → M8, M9

3. a) Berechne den prozentualen Zuwachs der Streckenlängen zwischen 1845 und 1875.
   b) Welche Rückschlüsse lässt dies auf Deutschlands industrielle Entwicklung zu?
   → M8, M9

205

Industrialisierung und Soziale Frage

M 1 Glühbirne
Werbeplakat,
Ende 19. Jahrhundert

M 2 Waschmittel
Werbeplakat,
Anfang 20. Jahrhundert

Deutschland – Ein Industriestaat

Neue Leitsektoren
War zunächst die Eisenbahn Motor des Wirtschaftswachstums, so entwickelten sich in rascher Folge neue Industriezweige, die die Industrialisierung vorantrieben. Ende des 19. Jahrhunderts übernahmen die Elektro- und die Chemieindustrie die Rolle der Leitsektoren. Um 1900 war Deutschland endgültig zum Industriestaat geworden und kein Agrarland mehr.

Elektrizität verändert das Leben
Die Telegrafie hatte als moderne Kommunikationstechnik bereits im amerikanischen Bürgerkrieg und in den deutschen Einigungskriegen eine bedeutende Rolle gespielt und fand nun zunehmend auch zivile Anwendung. Das von Alexander Bell 1876 erfundene erste brauchbare Telefon, über das schon ein Jahr später aus Berlin das erste kontinentaleuropäische Telefongespräch geführt wurde, erleichterte die Kommunikation über große Entfernungen.

Die Erfindung der Glühbirne durch Thoma Alva Edison 1879 machte Gaslaternen und Petroleumlampen in den Industriestaaten zunehmend überflüssig. Grundlage dieser Entwicklungen war das 1866 von Werner von Siemens entdeckte dynamoelektrische Prinzip, das die Grundlage für die Umwandlung mechanischer in elektrische Energie bildet. Die Elektrizitätswerke dienten zunächst vor allem der Erzeugung von Strom für die Beleuchtung. Zukunftweisend war jedoch die Verwendung des Stroms für den Betrieb von Elektromotoren. Sie verdrängten bald die Dampfmaschine aus den Fabriken und ermöglichten es auch kleineren Betrieben, sich moderner Produktionsweisen zu bedienen. Besondere Bedeutung erlangte der Elektromotor auch im Verkehr; so konnten zum Beispiel die Wohnungen der Arbeiter dank der elektrischen Straßenbahn in größerer Entfernung von der Arbeitsstätte gebaut werden. 1913 stand bereits der Hälfte der deutschen Bevölkerung Strom zur Verfügung.

Aufstieg der Chemieindustrie
In der zweiten Hälfte des 19. Jh. führten verschiedene Entdeckungen zum rasanten Aufstieg der Chemie- und Farbenindustrie, und die deutsche Chemieindustrie errang mit ihrer Produktion und Innovation die internationale Vorherrschaft. An großen Flüssen gelegene Städte wurden zu Produktionszentren, da dort die Rohstoffversorgung einfacher war und genügend Kühlwasser zur Verfügung stand. Allerdings begann damals auch die Einleitung von Schadstoffen in die Flüsse.

Seit 1900 wirkten Elektrizität und Chemie immer stärker zusammen, besonders im Bereich der Metallverarbeitung. Deutschland war zu einer wirtschaftlichen Weltmacht und zum größten Indstrieproduzenten nach den USA aufgestiegen.

Entstehung von Großbetrieben
In dieser Phase bildeten sich im Bereich der neuen Leitsektoren sowie im Bergbau und der Schwerindustrie immer mehr Großbetriebe. Siemens, Krupp, Thyssen, AEG, BASF und Bayer sind hierfür Beispiele.

Sie entstanden im Zuge des enormen Wirtschaftswachstums oder durch Zusammenlegung bisher selbstständiger Firmen. Solche durch Kapitalbeteiligung miteinander verflochtene Firmen unter einheitlicher Leitung bezeichnet man als „Konzerne".

Der Konzentrationsprozess konnte dazu führen, dass die Konkurrenz ausgeschaltet wurde und marktbeherrschende Großunternehmen auf bestimmten Sektoren die Preise weitgehend allein diktierten.

Industrielandschaften entstehen – Das Ruhrgebiet

Das Ruhrgebiet galt für Jahrzehnte als wichtigste Industrieregion Deutschlands. Um die Mitte des 19. Jahrhunderts war es allerdings noch weitgehend ländlich geprägt.

Durch die Kohlevorkommen entwickelte sich das Ruhrgebiet zum industriellen Ballungszentrum. Da die Eisenindustrie große Mengen von Kohle verschlang, musste sie dem Kohlebergbau folgen. Das war notwendig, da das dürftige Straßennetz und die wenigen Pferdebahnen und Treidelschiffe größere Transportleistungen nicht bewältigen konnten. Die Verklammerung von Bergbau und Schwerindustrie machte das Ruhrgebiet zur wichtigsten Industrieregion Deutschlands, die ein Heer von Arbeitskräften anzog. Sie kamen aus allen Teilen Deutschlands. Zehntausende von Arbeitern benötigten mit ihren Familien nun eine Unterkunft, sodass neben den Industriebetrieben große Arbeitersiedlungen entstanden. Kleine Orte wie Essen, Bochum, Dortmund oder Gelsenkirchen wuchsen innerhalb kurzer Zeit zu Großstädten heran. Nach und nach wurde die notwendige Infrastruktur, also Straßen, Wasserversorgung und Schulen errichtet. Bis dahin gestalteten sich die Wohn- und Lebensverhältnisse außerordentlich schlecht und besserten sich nur sehr langsam.

Heute spielen Bergwerke und Schwerindustrie keine entscheidende Rolle mehr für die Wirtschaft des Ruhrgebiets. Es gibt im Gegenteil große Probleme, denn die „alten" Industrien sind weitgehend abgestorben, neue Industrien jedoch nicht ausreichend nachgerückt. Die meisten alten Industrieflächen dienen heute anderen Zwecken oder sind sogar in Naturflächen zurückverwandelt worden.

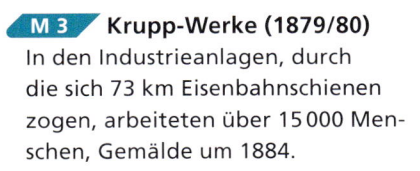

M 3 Krupp-Werke (1879/80)
In den Industrieanlagen, durch die sich 73 km Eisenbahnschienen zogen, arbeiteten über 15 000 Menschen, Gemälde um 1884.

Industrialisierung und Soziale Frage

Umweltverschmutzung – Die Ursprünge eines heute aktuellen Themas

M 4 Das Krupp'sche Betriebsgelände „mit etwas Rauch", Fotografie von 1867

M 5 Luftverschmutzung

a) Alfred Krupp schrieb 1867:

Nizza, 12. Januar 1867
Für die Pariser Ausstellung und für einzelne Geschenke an hochstehende Personen müssen wir neue Fotografien im Mai, wenn alles grünt und der Wind stille ist, ausführen. Ich denke nämlich, dass die kleinen Fotografien vollkommen im Allgemeinen ausreichen, daneben wünsche ich aber in größtem Maßstabe eine oder besser zwei Ansichten mit Staffage und Leben auf den Plätzen, Höfen und Eisenbahnen. Ich würde vorschlagen, dass man dazu Sonntage nehme, weil die Werktage zu viel Rauch, Dampf und Unruhe mit sich führen, auch der Verlust zu groß wäre. Ob 500 oder 1000 Mann dazu nötig sind, stelle ich anheim. Es ist nachteilig, wenn zu viel Dampf die Umgebung unklar macht, es wird aber sehr hübsch sein, wenn an möglichst vielen Stellen etwas weniger Dampf ausströmt. Die Lokomotiven und Züge sind auch sehr imponierend so wie die großen Transportwagen für Güsse.

Historisches Archiv Krupp, Alfred Krupps Briefe und Niederschriften, Bd. 9, 1866–1879, Bl. 108 f.

b) Der Dichter Philipp Wilkop schrieb 1901 über das Ruhrgebiet:

Aus tausend Schloten steigt ein dicker Rauch,
Der wälzt sich langsam durch die Lüfte her,
Dann sinkt er nieder dicht und schwarz und schwer.
Und brütet dumpf auf Haus und Baum und Strauch.
Es lauert rings ein großes schwarzes Sterben,
Und alle Blätter sind so welk und grau,
Als funkelte hier nie ein Tropfen Tau.
Kein Frühling will die Straße bunter färben. [...]

Ihr wisst es nicht, ihr könnt es nimmer wissen,
Und nimmer fühlen könnt ihr all das Leid,
Das mir die ganze Jugend hat zerrissen
Das mich durchbebt so lange, lange Zeit –
Nur Rauch, nur Qualm, der sich voll träger Ruh
Aus tausend Schloten wälzt in schwarzer Masse –
Wie ich dich hasse, meine Heimat du!
Wie ich seit Kindertagen schon dich hasse!

P. Witkop, Ein Liebeslied und andere Gedichte, Kempten-München 1902, S. 73 f.

c) Aus dem Ratgeber „Über die Beseitigung der Rauchplage" von 1906:

Smog, ein neues Wort, mit dem der englische Sprachschatz auf dem Hygiene-Kongress in London 1905 bereichert wurde. Er ist aus den Worten smoke und fog zusammengezogen, etwa wie das Wort „Raubel", „Rauel" oder „Raul" aus Rauch und Nebel.

K.W. Jurisch, Über die Beseitigung der Rauchplage in Städten (Sonderdruck aus dem Gewerblich Technischen Ratgeber 5, H. 20), Berlin 1906, Anmerkung S. 13.

Das Ruhrgebiet entsteht – Analyse thematischer Karten

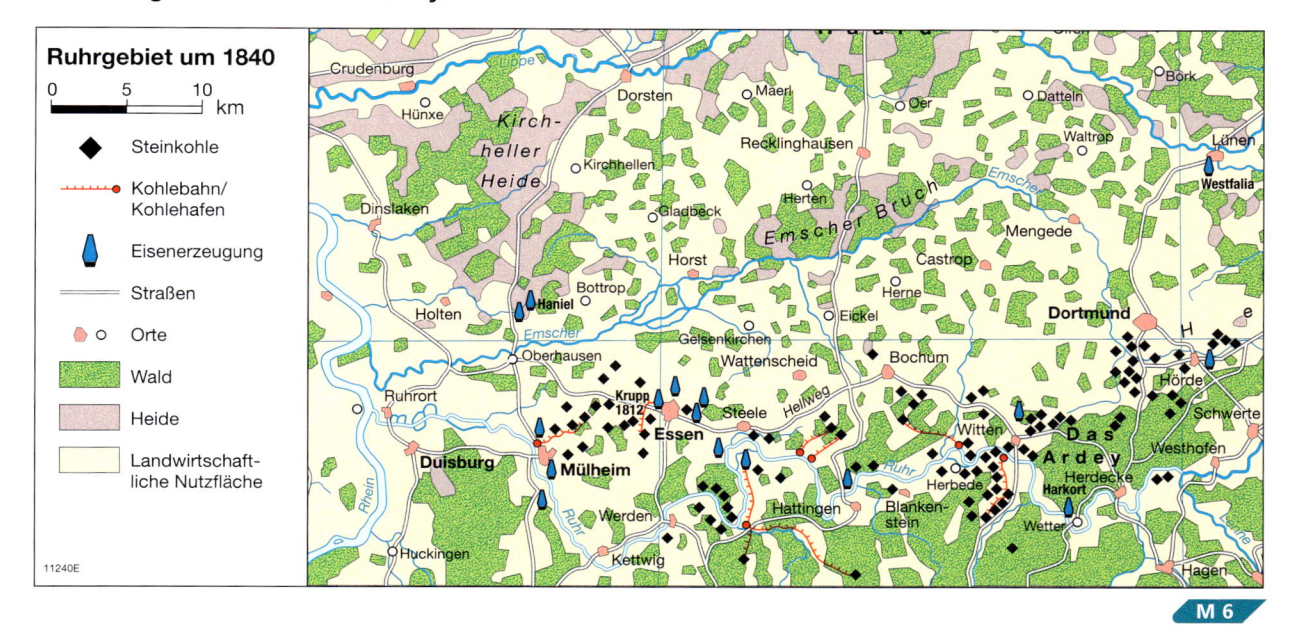

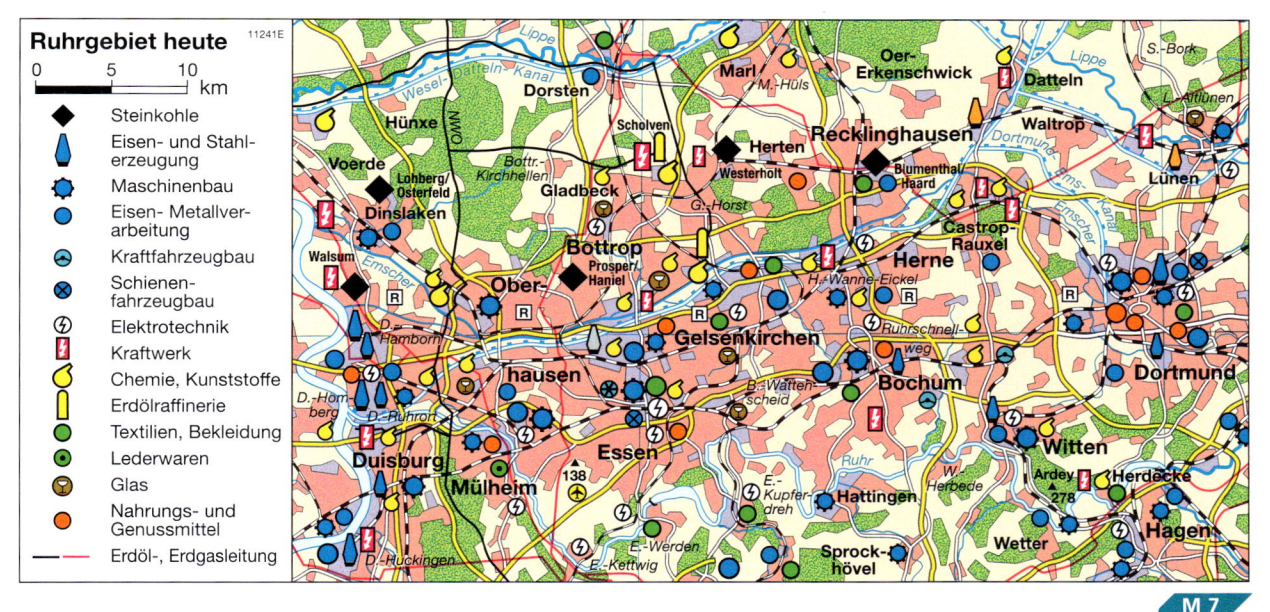

Ruhrgebiet um 1840

Legende:
- Steinkohle
- Kohlebahn/Kohlehafen
- Eisenerzeugung
- Straßen
- Orte
- Wald
- Heide
- Landwirtschaftliche Nutzfläche

M 6

Ruhrgebiet heute

Legende:
- Steinkohle
- Eisen- und Stahlerzeugung
- Maschinenbau
- Eisen- Metallverarbeitung
- Kraftfahrzeugbau
- Schienenfahrzeugbau
- Elektrotechnik
- Kraftwerk
- Chemie, Kunststoffe
- Erdölraffinerie
- Textilien, Bekleidung
- Lederwaren
- Glas
- Nahrungs- und Genussmittel
- Erdöl-, Erdgasleitung

M 7

Aufgaben

1. Welche neuen Leitsektoren wurden in der zweiten Hälfte des 19. Jh. immer wichtiger? → Text
2. a) Welche Informationen über die Umweltverschmutzung lassen sich aus den Texten entnehmen?
   b) Welche der vorliegenden Quellen erscheint dir am glaubwürdigsten? → M4, M5
3. a) Wie hat sich das Ruhrgebiet verändert? Stelle die wichtigsten Veränderungen, die aus den beiden Karten ablesbar sind, zusammen.
   b) Informiere dich, welche Bedeutung der Bergbau und die Schwerindustrie heute im Ruhrgebiet haben.
   → M6, M7, Internet oder Lexikon

209

Methode: Umgang mit Statistiken und Diagrammen

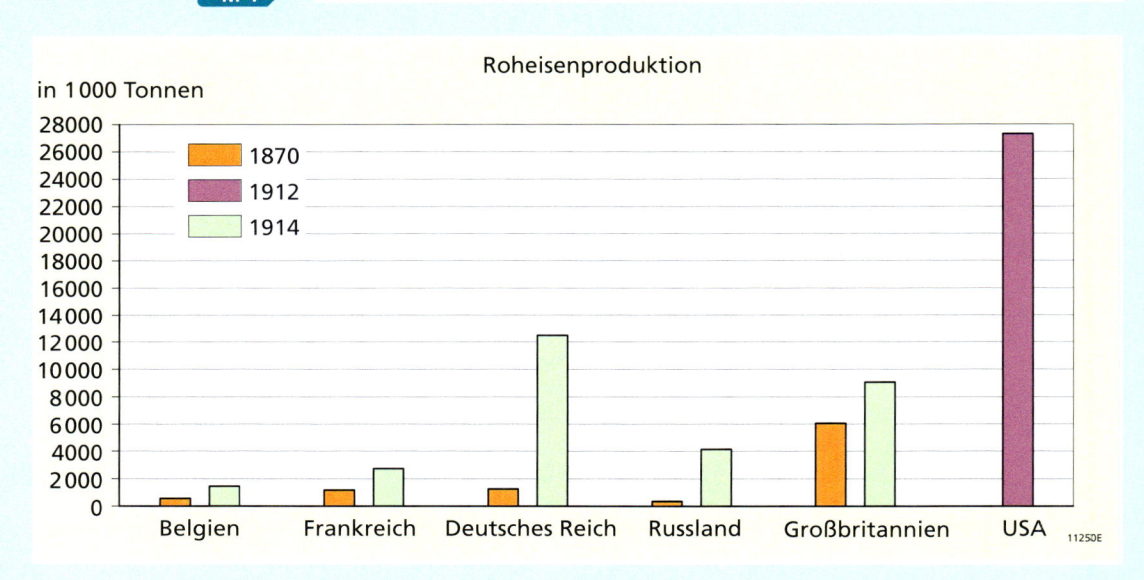

Roheisenproduktion (in 1000 Tonnen)

Jahr	Belgien	Frankreich	Deutsches Reich	Russland	Großbritannien	USA
1870	565	1178	1261	359	6059	
1880	608	1725	2468	449	7873	
1890	788	1962	4100	828	8031	
1900	1019	2714	7550	2937	9104	
1910	1852	4038	13111	3047	10173	27304 (1912)
1914	1454	2736	12481	4137	9067	

Quelle: Wolfgang J. Mommsen, Imperialismus, Hamburg 1977, S. 34

M 1

M 2 — Roheisenproduktion (Balkendiagramm: 1870, 1912, 1914) in 1000 Tonnen für Belgien, Frankreich, Deutsches Reich, Russland, Großbritannien, USA.

M 3 — Roheisenproduktion (1910 = 100 %), Liniendiagramm 1870–1910 für Großbritannien, Frankreich, Belgien, Deutsches Reich, Russland.

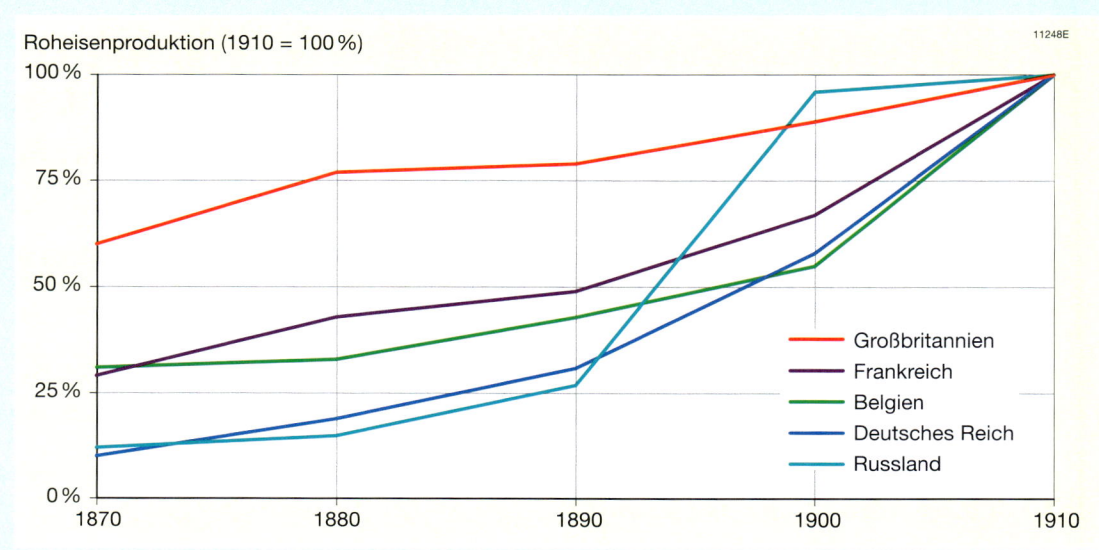

Statistiken und Diagramme zur Industrialisierung

Statistiken sind heute allgegenwärtig. Fast alles wird zahlenmäßig erfasst. Es handelt sich dabei um nach bestimmten Gesichtspunkten ausgewählte und geordnete Daten, die meist in Tabellen zusammengestellt werden. Sehr häufig veranschaulicht man statistische Ergebnisse auch grafisch in einem Diagramm.

Es gibt dabei verschiedene Formen: So informieren Kreisdiagramme, die wie eine Torte in Einzelstücke aufgeteilt sind, über die Anteile an einem Ganzen. Balken- oder Säulendiagramme werden oft verwendet, wenn Daten zu einem bestimmten Phänomen zu verschiedenen Zeitpunkten miteinander vergleichen werden sollen. Kurvendiagramme geben eine kontinuierliche Entwicklung wieder.

Die Erstellung von Statistiken ist jedoch eine relativ junge Errungenschaft. Da für frühere Zeiten keine entsprechenden Daten existieren, müssen sich Historiker anderweitig behelfen oder auf Schätzungen zurückgreifen.

Heute wird zum Beispiel die Wirtschaftsleistung eines Landes durch das Bruttosozialprodukt angegeben, das ist der Wert aller in einem Jahr produzierten Waren und erbrachten Dienstleistungen. Wenn dieser Wert ansteigt, spricht man von Wirtschaftswachstum.

Für das 19. Jahrhundert gibt es keine entsprechenden Daten. Aber für das Verständnis der Industrialisierung ist es wichtig zu wissen, ob, in welchem Zeitraum und wie stark die Wirtschaft eines Landes gewachsen ist oder wann es wirtschaftliche Krisen gab. Deshalb behelfen sich die Historiker damit, die Entwicklung der Roheisenproduktion zu untersuchen. Besonders die Nachfrage aus den Bereichen des Maschinenbaus und des Eisenbahnbaus erforderte immer größere Eisenmengen, sodass Rückschlüsse möglich sind, in welchem Umfang und mit welcher Schnelligkeit die Industrialisierung in den jeweiligen Ländern erfolgte.

Fragen an bildliche Quellen

1. Thema der Statistik
a) Erläutere die Bedeutung der Roheisenproduktion für die Industrialisierung.
b) Finde genaue Überschriften für die einzelnen Darstellungen.

2. Darstellung der Statistik
a) Zeichne aufgrund der Angaben in M1 eine Kurve.
b) Benenne markante Veränderungen bei der Roheisenproduktion in den einzelnen Ländern.
c) Welche Vorteile hat die Darstellung in M2 mit Säulendiagrammen?
d) Überlege, welche Informationen dabei verloren gehen.
e) Informiere dich über den Begriff „Index".
f) Wieso wurde für das Jahr 1910 der Index 100 angesetzt?
g) Bedeutet der Index 100 im Jahr 1910, dass zu diesem Zeitpunkt alle Länder die gleiche Menge Roheisen produzierten?

3. Informationsgehalt der Statistik
a) Welche Darstellung enthält die meisten Informationen?
b) Welchen Vorteil hat die Darstellung mit Indexzahlen? Vergleiche dazu die mit den Werten der Tabelle (M1) angefertigte Kurve.
c) Welche Darstellungsform ist am besten geeignet, um die Entwicklung der Roheisenproduktion zu veranschaulichen?
d) Welcher Staat wies zwischen 1890 und 1910 das größte Wirtschaftswachstum auf?

Industrialisierung und Soziale Frage

Soziale Folgen der Industrialisierung

Die Entstehung des „Proletariats"

Mit der Industrialisierung änderte sich die Gesellschaft in England und – zeitlich versetzt – in Deutschland grundlegend. Da viele Menschen in der Landwirtschaft kein Auskommen mehr fanden oder ihr Glück in der Fabrik suchten, zogen sie in die rasch wachsenden Städte. Dazu kamen viele arbeitslose Handwerker, deren Produkte nicht mit der Massenware aus den Fabriken konkurrieren konnten und die nicht länger durch Zünfte geschützt waren. Da sie fast keinen Besitz mehr hatten, sondern „von der Hand in den Mund" lebten, wurden sie „Proletarier" genannt. Dieser Begriff ist vom lateinischen „Proles" – Nachkommen abgeleitet. Er bringt zum Ausdruck, dass die Proletarier nur ihre eigene Arbeitskraft und die ihrer Familie besaßen.

Ihnen gegenüber standen die Fabrikbesitzer, denen die Produktionsstätten und Maschinen gehörten, die also im Besitz der so genannten „Produktionsmittel" waren. Mit kaufmännischem Geschick, guten technischen Kenntnissen sowie Risikobereitschaft und Glück konnten solche Fabrikherren reich werden. So übernahm der Stahlunternehmer Alfred Krupp 1826 den kleinen Familienbetrieb in Essen mit sieben Arbeitern. Bis zu seinem Tod 60 Jahre später baute er die Firma zu einem Weltunternehmen mit 21 000 Mitarbeitern aus.

Bedrückende Armut

Armut war in früheren Zeiten eine bekannte Erscheinung. Die bedrückende Armut der Arbeiterschaft trat mit der Industrialisierung jedoch massenhaft auf. Dies nannte man damals „Pauperismus" von lat. pauper – arm. Der Grund dafür war, dass in der ersten Hälfte des 19. Jahrhunderts Arbeitsplätze in der Landwirtschaft und im Handwerk wegfielen, aber in den wenigen Fabriken noch nicht genügend neue entstanden. Hinzu kam ein rasanter Bevölkerungsanstieg, der die Situation noch verschärfte. Aber auch als die Industrialisierung fortschritt und eine große Zahl von Fabriken entstanden war, blieb die Lage der Arbeiter noch lange Zeit außerordentlich schlecht.

Schlechte Arbeitsbedingungen und fehlende soziale Absicherung

Da viele Menschen Arbeit suchten, gab es ein Überangebot an Arbeitskräften und eine hohe Arbeitslosigkeit. Das nutzten die Fabrikbesitzer aus. Sie zahlten niedrige Löhne und ließen die Arbeiter extrem lange arbeiten, wobei Arbeitzeiten von bis zu 16 Stunden keine Seltenheit waren. Allein gut ausgebildete Facharbeiter verdienten relativ gut, da sie nicht so leicht zu ersetzen waren.

Die meisten Fabriken hatten unzumutbare Arbeitsbedingungen, denn nur wenige Arbeitsplätze verfügten über Schutzvorrichtungen. Arbeitsunfälle waren an der Tagesordnung. Ein verletzter oder kranker Arbeiter blieb jedoch ohne finanzielle Unterstützung, denn es gab weder eine Lohnfortzahlung im Krankheitsfall noch eine Kranken- oder Unfallversicherung. Arbeitslosigkeit und Arbeitsunfähigkeit durch Krankheit oder Unfall waren für Arbeiterfamilien daher existenzbedrohend und konnten schnell zu Obdachlosigkeit und völliger Verarmung führen.

M 1 Sorgen der Arbeiterfrauen
Jede neue Schwangerschaft vermehrte die Sorgen der Arbeiterfrau. Erst ab 1900 ging die durchschnittliche Kinderzahl auf vier zurück, Zeichnung von Käthe Kollwitz, 1909.

M 2 **Große Wäsche**
Das Rubbeln der Wäsche auf dem Waschbrett war eine sehr kraftraubende Tätigkeit, zeitgenössisches Foto.

Kinder- und Frauenarbeit

Meist reichte ein Verdienst nicht für die ganze Familie, sodass Kinder und Frauen mitarbeiten mussten. Sie wurden in der Fabrik oder am „Heimarbeitsplatz" noch schlechter bezahlt: Frauen verdienten oft nur die Hälfte, Kinder ein Viertel vom Lohn eines ungelernten Arbeiters. Arbeiterkinder konnten wegen der Fabrikarbeit gar nicht oder nur kurz zur Schule gehen. Sie waren damit von Bildung und besseren Arbeitsplätzen ausgeschlossen. Zudem schadete die lange und schwere Arbeit ihrer Gesundheit. Der Staat griff mit Verboten ein: In Preußen wurde 1839 Fabrikarbeit für Kinder unter 9 Jahren untersagt. Erst ab 1891 bestand jedoch ein wirksamer Schutz für die unter 13-Jährigen.

Für die Frauen bedeutete die Arbeit eine gewaltige Mehrbelastung: Sie mussten sich um die Kinder und den Haushalt kümmern – elektrische Haushaltsgeräte gab es noch nicht – und täglich mehrere Stunden in der Fabrik oder zu Hause an einem Heimarbeitsplatz arbeiten. Da der Verdienstausfall zu hoch gewesen wäre, konnten sich die Frauen auch nicht während der Schwangerschaft oder nach der Entbindung schonen. Neben der Fabrikarbeit fanden Mädchen manchmal eine Anstellung als Dienstmädchen. Meist hatten sie bei der „Herrschaft" eine Schlafstelle und mussten rund um die Uhr zur Verfügung stehen.

Elende Wohnverhältnisse

Wegen des akuten Wohnungsmangels drängten sich viele Menschen auf sehr kleinem Raum – sechs Personen in einem Zimmer waren lange Zeit keine Seltenheit. Dabei bewohnte eine Familie eine kleine und meist teure Wohnung mit 1–2 Zimmern.

Bis Ende des 19. Jahrhunderts gab es in vielen Ballungsgebieten weder fließendes Wasser noch eine Kanalisation. Die Wohnungen waren dunkel, schlecht zu lüften, häufig kalt, feucht oder gar schimmlig. Unter diesen unhygienischen Bedingungen konnten sich gefährliche Krankheiten wie Tuberkulose oder Cholera stark ausbreiten. Um das Familieneinkommen aufzubessern, wurden Teile der engen Wohnungen untervermietet. Oft vermietete man auch ein Bett im Rhythmus der Fabrikschichten stundenweise an mehrere Schlafgänger.

M 3 **Mietskasernen**
Berlin-Wedding, zeitgenössische Fotografie

Industrialisierung und Soziale Frage

Kinderarbeit im Spiegel der Zeit – Text- und Bildquellen auswerten

M 4 Berichte über Kinderarbeit

a) *Ein Bericht eines anonymen Reisenden über Elberfeld und Barmen (das heutige Wuppertal) aus dem Ende des 18. Jahrhunderts:*

Das Abspulen des Garns [...], die Baumwollspinnereien nebst den Schnürriemenmaschinen beschäftigen eine Menge armer Kinder, wovon jedes, wenn es nur etwas fleißig ist, sich seinen Unterhalt selbst
5 reichlich verschaffen kann. Man zeigte mir drei Kinder von neun bis 13 Jahren, die einem Vater gehörten, wovon das älteste täglich neun, das zweite sieben und das dritte sechs Stüber, mit Baumwollenspinnen auf Maschinen, verdiente. [...]
10 Durch diesen Verdienst werden freilich viele Eltern gereizt, ihre Kinder mehr zur Arbeit, als zum Schulgehen anzuhalten. Indessen wurde es den Eltern dieser Kinder mehr zum Ruhme nachgesagt, dass sie die beiden ältesten Knaben jeden
15 Nachmittag zwei Stunden in eine Schule schickten. Ebenso hat mir die Einrichtung bei einigen hiesigen Fabrikanten gefallen, die wöchentlich einige Stüber von dem verdienten Arbeitslohn der Kinder zurückbehalten, und den Kindern Hemden
20 und andere Kleidungsstücke dafür anschaffen, wenn sie sehen, dass die Eltern darin selbst zu nachlässig sind.

Zit. nach: Jürgen Reulecke / Gerhard Huck, Reisen im Bergischen Land, S. 68.

b) *Adolf Diesterweg schrieb 1828 nach einem Besuch der Textilfabriken von Wuppertal, das als Manchester Preußens galt:*

Wie unglücklich sind diese Menschen, die, um ihr Leben zu fristen, von früh bis spät in diesem glänzenden Elende ihre Tage zubringen und durch wechsellose, durch die Einförmigkeit ermüdende, markverzehrende Arbeit sich und die ihrigen küm- 5
merlich ernähren müssen!
Vollends zerrissen hat mir das Herz der Anblick der Kinder, welche in diesen Fabriken um den Frühling ihres Lebens gebracht werden. Oh, rühmet mir nicht einseitig das Glück des Tales! Ich sehe hier 10 nur allgemein Jammer und schleichendes Elend neben einigen scheinbar Glücklichen, welche sich durch das Blut der Armen, durch die Arbeit der Kinder bereichern. [...]
Anstatt dass unsere Bauernkinder unter Bäumen 15 und Blumen aufleben, durch einfache Kost und frische Luft fröhlich aufwachsen, sich ergötzen an dem Gesange der Nachtigall und dem Getriller der Lerchen, hören diese Sklavenkinder nichts als das Geschnurr der Maschinen, an die sie vom 7. oder 20 8. Lebensjahre an geschmiedet werden, ihr Leben lang.
Wie ist da an eine fröhliche Entfaltung des Leibes und des Geistes zu denken? Nein, diese Kinder verkrüppeln an Seele und Leib; dieses Tal ist nicht 25 eine Stätte des Glücks, sondern eine Wohnung des menschlichen Elends und des irdischen Jammers.

Zit. nach: Jürgen Reulecke / Gerhard Huck, Reisen im Bergischen Land, S. 141.

M 5 Kinderarbeit
Ein zwölfjähriges Mädchen in einer Baumwollspinnerei, Fotografie von 1908

c) *Bericht eines Gewerbeinspektors aus dem Jahr 1891:*

Bleiche Gesichter, matte und entzündete Augen, geschwollene Leiber, aufgedunsene Backen, Hautausschläge und asthmatische Zufälle unterscheiden diese unglücklichen Geschöpfe, die früh dem Familienleben entfremdet werden und ihre 5
Jugendzeit in Kummer und Elend verbrachten, in gesundheitlicher Beziehung von Kindern derselben Volksklasse, welche nicht in Fabriken arbeiteten. Entsprechend mangelhaft war ihre geistige und sittliche Bildung. 10

Zit. nach: Alfons Labisch, Die Montanindustrie in der Gewerbeaufsicht des Regierungsbezirks Düsseldorf, S. 48.

Wohnverhältnisse – Vergleich unterschiedlicher Materialien

M 6 Mietskasernen

Ein Bericht von 1908 schildert die Wohnbedingungen von Arbeitern in einer Großstadt:

Wir betreten eine der berüchtigten Mietskasernen, welche im hiesigen Industriegebiet in so großer Anzahl vorhanden sind und noch täglich
5 allerorts wie Pilze aus der Erde hervorschießen, eine natürliche Folge tatsächlichen Wohnungsmangels und das Produkt wahnsinniger Bodenspekulation. Diese Häuser,
10 meist 3 bis 4 Stockwerke hoch, werden mit Vorliebe an neu angelegten Straßen errichtet. Inmitten Haufen von Schutt und Geröll bieten sie schon von Weitem einen öden und
15 trostlosen Anblick. In halbfertigem Zustande werden sie oft bezogen.
Das ganze Haus besteht durchweg aus Abteilungen von 2 bis 3 Zimmern, für je eine Familie bestimmt. Ein pestilenzartiger Geruch strömt uns
20 entgegen, wenn wir die langen, dunklen und feuchten Korridore, die die einzelnen Wohnabteile auf jeder Etage verbinden und in welchen Licht und Luft sehr seltene Erscheinungen sind, betreten. Überall strotzt es von Unrat und Unsauber-
25 keit. Ein Armeleutegeruch in des Wortes verwegenster Bedeutung. Fast 40 bis 50 % aller Arbeiterwohnungen bestehen aus 2 Zimmern, werden bewohnt von Familien, die 6 bis 10 Köpfe stark sind, und zum Überfluss noch 2 bis 3 Kostgänger
30 beherbergen. In gesundheitlicher Beziehung jeder Beschreibung spottend, wie den elenden, krankhaft aussehenden Insassen unschwer anzusehen ist. Und erst die innere Wohnungseinrichtung!

M 7 Familie in ihrer Wohnung, Arbeiterviertel in Berlin, 1907

Das dürftigste Möblement, ohne jeglichen Sinn für häusliche Zweckmäßigkeit, keine Spur von Heimats- 35 und Familiensinn verratend.
In einem Schlafraume, mit zwei Bettstellen ausgestattet, der nie gelüftet, noch seltener gereinigt wird und dessen Bettzeug daher einem Haufen stinkender Lumpen ähnlich ist, kampieren oft bis 10 Personen, vier 40 Kinder in einem Bette, zwei am Kopf und zwei am Fußende, ohne Rücksicht auf Alter und Geschlecht. [...]
Man mache sich einen Begriff davon, wie das Familienleben unter diesen Umständen gedeihen soll. Vervollständigt wird dieser grauenvolle Zustand erst, 45 wenn neben den Familienmitgliedern einige Kostgänger beherbergt werden, die zusammengeworfen aus aller Herren Länder auf der tiefsten Kulturstufe stehen, und unter welchen sich vielfach allerlei verkommenes Gesindel, rohe Wüstlinge usw. befinden. 50

N. Joniak, Das Arbeiterwohnungselend im rheinisch-westfälischen Industriebezirk, Frankfurt/Main 1908, S. 4 f.

Aufgaben

1. a) Von wem stammen die Berichte über Kinderarbeit? Prüfe, ob dies Folgen für die Art des Berichts hat.
   b) Vergleiche die Berichte. Welcher Bericht enthält die genauesten Angaben?
   c) Sind Veränderungen im Lauf des 19. Jahrhunderts festzustellen? Erläutere die Gründe.
   → M4, M5
2. Welche Besonderheiten des Lebens in Mietskasernen werden im Bericht hervorgehoben?
   → M6, M7

215

Industrialisierung und Soziale Frage

Lösungsversuche der Sozialen Frage

Die „Soziale Frage"
Die elende Situation der Arbeiter war bald so unübersehbar, dass eine lebhafte Diskussion über die Lösung der „Sozialen Frage" entstand, das heißt man suchte eine Antwort, wie das Massenelend als Begleiterscheinung der Industrialisierung zu beseitigen sei.

Die deutsche Arbeiterbewegung
Bereits zu Beginn der Industrialisierung schlossen sich Arbeiter und Handwerker zusammen, um gemeinsam Forderungen durchzusetzen. Dies erfolgte zunächst spontan, räumlich begrenzt und zeitlich befristet. Auf deutschem Boden trat die Arbeiterbewegung erstmals in der Zeit der Revolution von 1848/49 mit der „Allgemeinen Deutschen Arbeiterverbrüderung" offen auf. Ihr Symbol war der „brüderliche Handschlag". Seit etwa 1860 wurde die Arbeiterbewegung zu einer Massenbewegung.

M 1 Traditionsbanner der SPD mit dem Handschlag, dem alten Symbol der Arbeiterverbrüderung

Gewerkschaften und Parteien
In den Gewerkschaften schlossen sich Angehörige einzelner Berufszweige zusammen, also zum Beispiel die Drucker, die Metallarbeiter oder die Bergleute. Wichtige Forderungen waren zum Beispiel ausreichender Mindestlohn, Begrenzung der Arbeitszeit und Verbesserung der Arbeitsbedingungen.

Diese Forderungen wurden von den Arbeiterparteien geteilt. Darüber hinaus forderten sie zum Beispiel das allgemeine, gleiche und geheime Wahlrecht, die Demokratisierung des Staates, durch Meinungsfreiheit und Beteiligung des Volkes an der Gesetzgebung sowie die Gleichberechtigung von Mann und Frau. Aus verschiedenen Gruppen bildete sich eine Arbeiterpartei, die sich seit 1891 „Sozialdemokratische Partei Deutschlands" (SPD) nannte.

Sozialismus und Kommunismus
In der Arbeiterbewegung waren sozialistische und kommunistische Gedanken weit verbreitet: Das Eigentum der Fabrikbesitzer an den Produktionsmitteln – also an Fabrikanlagen und Maschinen – sollte, wenn nötig gewaltsam, beseitigt und in gemeinschaftlichen Besitz der arbeitenden Bevölkerung überführt werden. So sollte eine gerechte Wirtschafts- und Gesellschaftsordnung entstehen.

Zwei wichtige Theoretiker waren Karl Marx und Friedrich Engels. Sie gingen davon aus, dass die Geschichte vom Klassenkampf bestimmt ist. Eine Klasse ist eine soziale Gruppe mit gemeinsamen wirtschaftlichen und politischen Interessen. Im 19. Jahrhundert waren es für Marx und Engels die Fabrikbesitzer, die die besitzlosen Arbeiter in Elend und Unfreiheit hielten. Das besitzende Bürgertum, die „Bourgeoisie", stand demnach dem „Proletariat" gegenüber. Die sozialen Gegensätze, so vermuteten sie, würden sich so zuspitzen, dass eine Weltrevolution unvermeidlich sei. Am Ende einer sozialistischen Übergangsphase stünde dann die klassenlose Gesellschaft, in der Freiheit und Gleichheit verwirklicht wären und es nur noch gesellschaftlich verwalteten Besitz gäbe.

M 2 Karl Marx (1818–1883) Philosoph und Verfasser des „Kommunistischen Manifests", zeitgenössisches Gemälde

M 3 Johann Hinrich Wichern (1808–1881), Begründer der Inneren Mission und des „Rauhen Hauses" in Hamburg, zeitgenössisches Gemälde

M 4 Alfred Krupp (1812–1887) Der Industrielle schuf mit seinem Stahlkonzern ein Weltunternehmen, dessen soziale Einrichtungen weithin als vorbildlich galten, zeitgenössisches Gemälde.

Initiativen der Kirchen

In der katholischen und evangelischen Kirche bemühten sich zunächst einzelne Geistliche um eine Verbesserung der Lage der Arbeiter, wobei Seelsorge und christliche Nächstenliebe zentrale Motive bildeten. Doch stellten sich die Kirchen strikt gegen sozialistische Pläne, die Gesellschaftsordnung grundlegend zu verändern.

Der evangelische Pfarrer Johann Hinrich Wichern gründete 1833 in Hamburg das „Rauhe Haus", eine soziale Einrichtung, für arme und verwaiste Jungen. 1848 rief er zur „Inneren Mission" auf: eine Verbindung aus Seelsorge und praktischer Hilfe für Menschen in Armut und Not. So wurden in der Folgezeit viele soziale Einrichtungen gegründet und Kranken- und Altenfürsorge betrieben.

Auf Initiative des katholischen Priesters Adolph Kolping entstanden zahlreiche Aufenthalts- und Wohnheime für alleinstehende Arbeiter in Städten: die später nach ihm benannten „Kolpingvereine".

Politische Forderungen erhob der Mainzer Bischof Wilhelm Emanuel Freiherr von Ketteler. Er trat für höhere Arbeitslöhne, Arbeitszeitverkürzung und das Recht der Arbeiter auf gewerkschaftliche Vereinigung ein und forderte den Staat zu Sozialreformen auf. 1891 kritisierte Papst Leo XIII. in einem Rundschreiben – der nach ihren Anfangsworten „Neue Entwicklungen" benannten Enzyklika „Rerum Novarum" – die Ausbeutung der Arbeiter. Zwar lehnte er sozialistische Forderungen nach Abschaffung des Privateigentums ab, sprach sich aber dafür aus, dass Staat und Unternehmer die Lage der Arbeiter verbessern müssten.

Fürsorgliche Unternehmer?

Auch Unternehmer nahmen die Nöte und Bedrängnisse innerhalb der Arbeiterschaft wahr und kümmerten sich um ihre Arbeiter mit speziellen Maßnahmen. So führte Alfred Krupp (1812–1887) für seine Stahlarbeiter in Essen eine Pensions- und Betriebskrankenkasse ein, ließ eigene Wohnanlagen bauen, errichtete einen Konsumladen und sogar ein eigenes Krankenhaus. Eine Großbäckerei produzierte täglich bis zu 24 000 Brote für die Angestellten seiner Firma.

Der Mitgründer der Carl-Zeiss-Werke in Jena, Ernst Abbe (1840–1905), der selbst aus ärmlichen Verhältnissen stammte, gründete die Carl-Zeiss-Stiftung. Diese sicherte den Arbeitern unter anderem bezahlten Urlaub, Gewinnbeteiligung und Anspruch auf Pension. Dies alles war jedoch freiwillig und hing von der sozialen Einstellung des Unternehmers ab. Natürlich verfolgte er damit auch eigennützige Zwecke: Er wollte mit solchen Maßnahmen die Leistungsfähigkeit und Motivation seiner Arbeiter erhalten, sie an seine Firma binden und Streiks verhindern.

Der Beginn des Sozialstaats

Solch gut gemeinte Maßnahmen linderten die größte Not der Arbeiter, reichten jedoch nicht aus, die soziale Lage der Beschäftigten nachhaltig zu verbessern. So wurde der Ruf nach einem Einschreiten des Staates immer lauter, der in den 1880er-Jahren Sozialgesetze erließ. Die Einrichtung einer Unfall-, Kranken- und Invaliditätsversicherung war der Beginn des Sozialstaats.

217

Industrialisierung und Soziale Frage

Arbeiter und Unternehmer im Widerstreit – Bild- und Textquellen auswerten

M 5 „Der Streik", Gemälde von Robert Koehler, 1886

M 6 Alfred Krupp

Alfred Krupp an seine Arbeiter (1877):

Ich habe den Mut gehabt, für die Verbesserung der Lage der Arbeiter Wohnungen zu bauen, ihnen Schulen zu gründen und Einrichtungen zu treffen zur billigen Beschaffung von allem Bedarf. Ich habe mich dadurch in eine Schuldenlast gesetzt, die abgetragen werden muss. Damit dies geschehen kann, muss jeder seine Schuldigkeit tun in Frieden und Eintracht und in Übereinstimmung mit unsern Vorschriften […].
Genießet, was Euch beschieden ist. Nach getaner Arbeit verbleibt im Kreise der Eurigen, bei den Eltern, bei der Frau und den Kindern und sinnt über Haushalt und Erziehung. Das sei Eure Politik, dabei werdet ihr frohe Stunden erleben. Aber für die große Landespolitik erspart Euch die Aufregung. Höhere Politik treiben erfordert mehr freie Zeit und Einblick in die Verhältnisse, als dem Arbeiter verliehen ist.

Wilhelm Berdrow (Hg.), Alfred Krupps Briefe 1826–1887, Berlin 1928, S. 346 ff.

M 7 „Der Herr im Haus"

Der Industrielle Stumm-Halberg berichtet 1878 über sein System der „milden und der strengen Hand":

Wenn ein Fabrikunternehmen gedeihen soll, so muss es militärisch, nicht parlamentarisch geordnet sein. Hat ein Arbeiter einmal die Autorität des Arbeitgebers über den Haufen geworfen, dann wird die Autorität auf anderen Gebieten, in Staat und Kirche, sehr bald folgen. […]
Ich könnte eine ganze Reihe von Handlungen von Arbeitern außerhalb des Betriebes nennen, gegen die ich es für die absolute Pflicht eines Arbeitgebers halte, einzuschreiten und sich nicht auf den bequemen Standpunkt zurückzuziehen und zu sagen: das, was der Arbeiter außerhalb des Betriebes macht, ist mir gleichgültig.
Ich tue damit einfach meine Pflicht als Mensch, als Christ und als Haupt der großen Neunkircher Arbeiterfamilie.

Fritz Hellwig, Carl Ferdinand Freiherr von Stumm-Halberg, Heidelberg 1936, S. 295–300.

Die Geburt einer Idee – Eine politische Kampfschrift analysieren

M 8 „Manifest der Kommunistischen Partei"

a) Karl Marx und Friedrich Engels verfassten im Auftrag des „Bundes der Kommunisten" dessen programmatische Schrift, das „Manifest der Kommunistischen Partei". Im Februar 1848 wurde das Manifest veröffentlicht und verbreitete sich rasch in revolutionären Kreisen. Die vermutlich einflussreichste politische Schrift im Bereich des Sozialismus und Kommunismus beginnt folgendermaßen:

Ein Gespenst geht um in Europa – das Gespenst des Kommunismus. Alle Mächte des alten Europa haben sich zu einer heiligen Hetzjagd gegen dies Gespenst verbündet, der Papst und der Zar, Met-
5 ternich und Guizot, französische Radikale und deutsche Polizisten.
Wo ist die Oppositionspartei, die nicht von ihren regierenden Gegnern als kommunistisch verschrien worden wäre, wo die Oppositionspartei,
10 die den fortgeschritteneren Oppositionsleuten sowohl wie ihren reaktionären Gegnern den brandmarkenden Vorwurf des Kommunismus nicht zurückgeschleudert hätte?
Zweierlei geht aus dieser Tatsache hervor.
15 Der Kommunismus wird bereits von allen europäischen Mächten als eine Macht anerkannt.
Es ist hohe Zeit, dass die Kommunisten ihre Anschauungsweise, ihre Zwecke, ihre Tendenzen vor der ganzen Welt offen darlegen und dem Mär-
20 chen vom Gespenst des Kommunismus ein Manifest der Partei selbst entgegenstellen.
Zu diesem Zweck haben sich Kommunisten der verschiedensten Nationalität in London versammelt und das folgende Manifest entworfen, das in englischer, französischer, deutscher, italienischer, 25 flämischer und dänischer Sprache veröffentlicht wird. […]

b) Das Manifest endet wie folgt:

Die Kommunisten unterstützen überall jede revolutionäre Bewegung gegen die bestehenden gesellschaftlichen und politischen Zustände. In allen diesen Bewegungen heben sie die Eigentumsfrage […] als die Grundfrage der Bewegung 5 hervor. Die Kommunisten arbeiten endlich überall an der Verbindung und Verständigung der demokratischen Parteien aller Länder.
Die Kommunisten verschmähen es, ihre Ansichten und Absichten zu verheimlichen. Sie erklären es 10 offen, dass ihre Zwecke nur erreicht werden können durch den gewaltsamen Umsturz aller bisherigen Gesellschaftsordnung. Mögen die herrschenden Klassen vor einer kommunistischen Revolution zittern. Die Proletarier haben nichts in 15 ihr zu verlieren als ihre Ketten. Sie haben eine Welt zu gewinnen.
Proletarier aller Länder, vereinigt euch!

Karl Marx, Friedrich Engels, Manifest der Kommunistischen Partei, in: Karl Marx, Friedrich Engels – Ausgewählte Schriften in zwei Bänden, Band 1, Berlin 1966, S. 56 f.

Aufgaben

1. Nenne Ursachen, Folgen und Gefahren der Massenarmut.
   → Text
2. Welche Ansätze zur Lösung der „Sozialen Frage" gab es?
   → Text
3. a) Unterteile das Bild „Der Streik" in Abschnitte mit Handlungsschwerpunkten und beschreibe die „Geschichte" der jeweiligen Handlung.
   b) Überlege, warum das Bild die Entstehung eines Streiks so ausführlich darstellt.
   → M5
4. a) Wie begründen die Unternehmer Krupp und Stumm-Halberg ihren Standpunkt?
   b) Welches Bild vom Arbeiter und Arbeitgeber haben beide Unternehmer?
   → M6, M7
5. a) Fasse das Programm und die Vorstellungen des „Bundes der Kommunisten" zusammen.
   b) Wie charakterisiert Marx die Geschichte der Menschheit?
   c) Erkläre, warum Unternehmer und Politiker den Kommunismus als bedrohlich empfanden.
   → Text, M8

Längsschnitt: Kinderarbeit

Armut und Abhängigkeit

Kinderarbeit in der Antike

Kinderarbeit gab es zu allen Zeiten. Sie war stets verknüpft mit Armut, denn Kinder aus der Oberschicht traf dieses Los nicht. So finden wir in den Industriestaaten Europas heute keine Kinderarbeit mehr, während sie in armen Entwicklungsländern weit verbreitet ist.

In der Antike hatten Kinder von Sklaven die schlechtesten Lebensbedingungen. Sie wurden in den Stand des Sklaven hineingeboren und waren von Kindesbeinen an dem Herrn zu Diensten verpflichtet. Bei einer guten Herrschaft war die Arbeit erträglich, bei einer schlechten wurde das Leben zur Qual. Ob Sklavenkinder in der Stadt oder auf dem Land besser lebten, ist nicht zu entscheiden: Alles hing von der Güte des Herrn ab, dem die Kinder gleich ihren Eltern wie eine Sache ausgeliefert waren. Kinder der Mittelschicht hatten ein besseres Los. Doch mussten auch sie schon früh mitarbeiten, z.B. im Laden oder Handwerksbetrieb des Vaters oder als Bauernkinder auf den Feldern.

Kinderarbeit im Mittelalter

Auch im Mittelalter wurden Kinder früh zur Arbeit herangezogen. Schon mit fünf Jahren mussten sie täglich Gänse hüten, Reisig und Beeren sammeln, Vögel von den Feldern verscheuchen und Unkraut jäten. Waren sie sieben Jahre alt, dann trieben sie Schweine zur Mast in den Wald, hüteten Schafe oder Kühe und machten sich im Haus,

M 1 Handwerkerfamilie im 15. Jahrhundert
Unten rechts sieht man den kleinen Sohn des Schreiners, der abfallende Sägespäne in einen Korb sammelt.

M 2 Bauerndorf im späten Mittelalter
Während Bauern ihrer Tätigkeit nachgehen, führt ein kleiner Junge im roten Kittel die Schafherde vom Hof.

M 3 Bettlerfamilie mit Kindern beim Einzug in die Stadt, Holzschnitt aus Augsburg von 1532

Garten und auf den Feldern nützlich. Dort halfen sie beim Garbenbinden und Dreschen oder sammelten Steine vom Feld. Vom 7.–12. Lebensjahr lernten die Jungen alles, was sie als Bauern brauchten, und wurden spätestens mit 14 Jahren als volle Arbeitskräfte eingesetzt. Die Mädchen lernten kochen, spinnen und weben, putzten das Haus, bereiteten Käse und Butter und pflegten den Garten. Eltern behandelten ihre Kinder wie Erwachsene und bestraften jeden Ungehorsam hart. Wurde das Essen knapp, mussten auch die Kinder hungern.

In der Stadt verdienten Kinder aus der Unterschicht ihr Geld als Haus- oder Laufbursche und mit Gelegenheitsarbeiten. Wer aus einer Handwerkerfamilie stammte, verließ schon mit sieben Jahren das Elternhaus und verbrachte eine langjährige Lehrzeit bei einem Lehrherrn. Dort half er im Haushalt und erledigte in den ersten Lehrjahren auch Botengänge. Der Meister durfte den Lehrling mit der Rute schlagen, wenn er es für angebracht hielt. Die lange Dauer des Arbeitstages von 13 und mehr Stunden galt auch für die beschäftigten Kinder. Spiel und Nichtstun betrachteten die Erwachsenen als Müßggang und hielten es für ihre Pflicht, Kinder frühzeitig an Arbeit zu gewöhnen.

Das Stadtbild prägten barfüßige, zerlumpte Kinder, die in ungeordneten Verhältnissen von der Hand in den Mund lebten. Sie ernährten sich vom Betteln, was damals keine Schande war.

Aufgaben

1. Wie unterscheidet sich das Leben von Kindern aus der Antike und dem Mittelalter von heute?
2. Zeigt in einem Rollenspiel den Tagesablauf von Kindern im Mittelalter. Spielt euren eigenen Tagesablauf heute. Bedenkt bei den Rollen, dass Väter, Mütter oder Lehrherren sehr streng waren und Kinder zu gehorchen hatten.

Längsschnitt: Kinderarbeit

Industrialisierung und Kinderarbeit

Der Kampf ums Überleben

Ein besonders schlimmes Kapitel der Industrialisierung ist die Kinderarbeit. Väter und Brüder, die in den Fabriken arbeiteten, verdienten meist so wenig, dass es kaum zum Nötigsten reichte. Daher mussten Kinder mitarbeiten, um das Überleben der Familie zu sichern.

Dass Kinder die Maschinen oft ebenso gut wie Erwachsene bedienen konnten, machten sich die Fabrikbesitzer zunutze. Sie stellten bevorzugt Frauen und Kinder ein, denen sie erheblich weniger Lohn als den Männern zahlten, und steigerten so ihren Gewinn. Auch kam es vor, dass sich Fabrikanten an ein Waisenhaus wandten und dort Kinder mieteten, die dann in Werkhallen schuften mussten. Vor allem in der Textil- und Tabakindustrie, der Eisen- und Metallindustrie sowie im Bergbau wurde Kinderarbeit geleistet.

M 1 **Kinderarbeit in einem englischen Bergwerk,** Lithografie von 1844

Bergwerksarbeit und Gesundheitsschäden
Besonders schlimm war für Kinder die Arbeit in den Kohle- und Eisenbergwerken. Da Kinder besser durch enge Stollen kriechen konnten, stellten Bergwerksbesitzer sie gern ein. Dunkelheit, staubige Luft und giftige Gase machten die Arbeit unter Tage zur Hölle. Der Tod durch einstürzende Stollen, Wassereinbruch oder Ersticken war stets gegenwärtig.

Die Kinderarbeit führte zu schweren gesundheitlichen Schäden, da Kinder und Jugendliche den unmenschlichen Arbeitsbedingungen nicht gewachsen waren. Meist litten sie ihr ganzes Leben unter Krankheiten der Knochen, des Muskelsystems oder an einer Staublunge.

Das Ende der Kinderarbeit
Die schlimmsten Missstände gab es zu Beginn der Industrialisierung, als viele Unternehmer Kinder und Jugendliche schamlos ausbeuteten. Später lag es oft an den staatlichen Kontrolleuren, welche die Angaben der Fabrikanten selten vor Ort nachprüften, dass Kinder noch in Bergwerken und Fabriken schuften mussten.

In Deutschland verdrängte die allgemeine Schulpflicht und vor allem die Kindergesetzgebung die Kinderarbeit in den Fabriken. Sie untersagte in Preußen 1839 die Beschäftigung von Kindern unter neun Jahren in Bergwerken, beschränkte 1853 die Arbeitszeit der 12- bis 14-jährigen auf sechs Stunden und verbot Kinderarbeit 1891 gänzlich.

Vor allem in Entwicklungsländern ist Kinderarbeit noch heute anzutreffen. Nur wenn die Armut dort wirksam bekämpft wird, ist auch ein Rückgang der Kinderarbeit zu erwarten. Dazu können die reichen Industriestaaten einen großen Beitrag leisten.

M 2　Kinderarbeit heute
Kind beim Weben von Teppichen in Guatemala, Foto von 2003

M 3　Kinder in einer Buntpapierfabrik in Aschaffenburg, Stahlstich von 1858

Längsschnitt: Kinderarbeit

M 4 — Kinder ohne Kindheit

1832 veröffentlichte eine englische Kommission einen Bericht, der unter anderem das Schicksal der kleinen Betty Drake enthielt. Er beruhte auf den Angaben ihres Vaters Joshua Drake und wird hier von einer Jugendbuchautorin nacherzählt:

Die 12-jährige Betty Drake lebte in Leeds. Ihre Familie war arm. Zwar hatten ihr Vater und ihr ältester Bruder John Arbeit in der nahen Wollfabrik, doch was sie dort verdienten, reichte kaum
5 zum Notwendigsten. Wehe, jemand wurde krank und brauchte einen Arzt oder Medizin.
Schon lange hatte sie mit ihrem Vater über das, was ihr im Kopf herumging, sprechen wollen. Doch das war nicht so einfach, denn morgens um
10 fünf, wenn Vater und John zur Arbeit gingen, schlief sie meistens noch; und wenn Vater abends um neun heimkam, war er stets zu müde gewesen. Auch war sich Betty nicht sicher, ob ihr Vater erlauben würde eine bezahlte Arbeit anzuneh-
15 men. Bisher hatte er sehr darauf geachtet, dass sie regelmäßig sonntags den Gottesdienst und die Schule besuchte, um schreiben, lesen und rechnen zu lernen. Und musste sie wirklich Mutter noch im Garten und Stall und bei der Versorgung der bei-
20 den kleinen Geschwister helfen? Konnte nicht Anne, jetzt, da sie zehn war, das kleine Stück Land versorgen, wo sie Kartoffeln anbauten und das Schwein fütterten, das sie jedes Jahr mästeten und verkauften, um sich über Wasser zu halten?
25 Sicher, sie würde nicht 5 Schilling pro Woche verdienen wie die Jungen, die schon mit neun Jahren 12 Stunden täglich – außer Sonntags – ins Bergwerk gingen und dort Kohlewagen schoben. Mr. Benyon zahlte den Mädchen in seiner Flachsmüh-
30 le für eine nicht allzu schwere Arbeit, wie Bettys Freundinnen meinten, 3 Schilling die Woche – die Miete für Haus und Garten, mit der ihre Eltern so oft in Rückstand gerieten.
Begeistert war Joshua Drake vom Vorschlag seiner
35 Tochter nicht. Er wusste, dass die Arbeit viel zu lang war und die Aufseher die Kinder prügelten, wenn ihnen die Augen zufielen und sie einen Fehler machten oder nicht schnell genug waren. Gewiss konnten nun, da die Maschinen überall
40 von Dampfmaschinen angetrieben wurden, auch Frauen und Kinder viele Fabrikarbeiten verrichten, doch was waren das für Zeiten, die Väter zwang ihre Kinder in der Fabrik oder im Bergwerk arbeiten zu lassen?

Betty freute sich über die Einwilligung ihres Vaters. 45
In der Flachsmühle, wo aus dem Stroh der Flachspflanze in mehreren Arbeitsgängen feine lange Flachsfasern für die Leinengarnherstellung gewonnen wurden, verarbeiteten die Mädchen die kürzeren Fasern, das Werg. Der Raum war heiß 50
und stickig. Alles voller Staub, sodass man die anderen nur durch einen Nebel sehen konnte. Nur der Gedanke ans Geld ließ Betty durchhalten und sich an die Arbeitsbedingungen gewöhnen.
Zwar war Betty froh, ihrem Vater jede Woche 3 55
Schilling geben zu können, doch machten ihr Hitze und Staub schwer zu schaffen. Heftige Schweißausbrüche und Hustenanfälle peinigten sie immer öfter. Und der Aufseher, der Betty anfangs geduldig alle Handgriffe gezeigt hatte, trieb nun auch 60
sie mit Ohrfeigen zur Arbeit an. Nach einem Vierteljahr erkrankte Betty und starb ebenso wie ihre Freundinnen wenige Wochen später.

frei nach: Freya Stephan-Kühn, Was in Höhlen begann, Würzburg 1992, S. 176–179.

M 5 — Kinderarbeit in einer Baumwollspinnerei

Um 1900 waren die Arbeitsbedingungen in den Fabriken immer noch hart, wenn auch nicht mehr so unmenschlich wie zur Zeit von Betty Drake. Dennoch beschäftigte die Textilindustrie nach wie vor 12-jährige Mädchen wie auf diesem Foto von 1890.

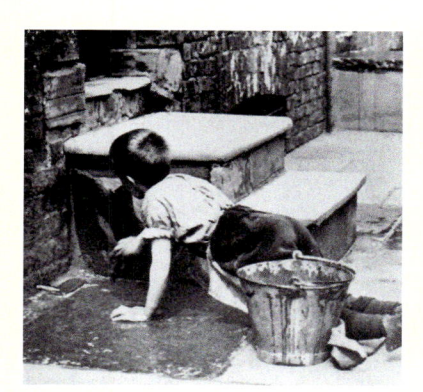

M 6 **Heimarbeit und Botendienste,** Kinderarbeit nach dem Verbot der Fabrikarbeit, Foto um 1925

M 7 **Die Straße als Spielplatz** Kurze Ablenkung während der knappen Freizeit

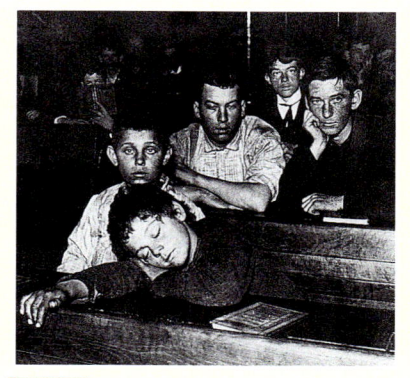

M 8 **Erschöpft in der Schule** Außerhalb der Schule mussten Kinder armer Familien hart arbeiten.

M 9 Ein Bürgermeister über die Kinderarbeit

Nachfolgend die Antworten des Bürgermeisters von Ratingen auf eine Befragung durch den Düsseldorfer Landrat am 22. August 1841:

1. Wie ist die Lebensart oben genannter Kinder beschaffen und wie ist sie von der nicht in Fabriken arbeitender Kinder gleichen Standes verschieden?
„Sie arbeiten 12 Stunden, die nicht in Fabriken
5 arbeitenden betteln."
2. Wie ist der Gesundheitszustand dieser Kinder an sich und im Verhältnis zu den nicht in Fabriken arbeitenden Kinder derselben Volksklasse?
„Die meist gehend und stehend verrichtete Arbeit
10 in luftigen Gebäuden erhält die Kinder gesund, die nicht darin arbeitenden sind krank von Elend und betteln."
3. Wie verhalten sich hinsichtlich der Gesundheit diejenigen Erwachsenen, die in ihrer Kindheit in
15 Fabriken gearbeitet haben, zu denen, die nicht gebraucht worden sind?

„Die in der Spinnerei in der Kindheit gearbeitet haben, sind erwachsen meist gesunde, starke Handwerker."
4. Welche Gesetze über die Benutzung der Kinder 20 zu Fabrikarbeiten erscheinen zweckmäßig?
„Keine."

Verzeichnis der in Fabriken arbeitenden Kinder
Bezeichnung der Fabriken, wo Kinder arbeiten: 25 *Baumwollspinnerei*
Wie viele Kinder arbeiten tags: *150*; nachts: *keine*
In welchem Alter sind die Kinder: *von 6–16 Jahren*
Arbeitsstunden: *12*
Gesundheitszustand: *gut* 30
Welche Arbeiten verrichten die Kinder: *Aufpassen und andere Baumwollarbeiten*
Wie lange bestehen die Fabriken: *40 Jahre*
Bestanden vormals ähnliche Fabriken, welche sind eingegangen: *Die hiesige Maschinenspinnerei* 35 *war die erste auf dem Kontinent.*

nach: W. Köllmann, Die Ind. Revolution, Stuttgart 1987, S. 86 f.

Aufgaben

1. Warum war Kinderarbeit im 19. Jh. so stark verbreitet? → Text
2. Beschreibe die Arbeitsbedingungen der Kinder. → Text, M1, M3, M4
3. Fertige ein Protokoll von Betty Drakes Tagesablauf. Schreibe in Ich-Form. → M4
4. Stell dir vor, du müsstest montags bis samstags jeden Tag zwölf Stunden arbeiten und hättest nur sonntags etwas Freizeit. Beschreibe, was das für dein Leben bedeuten würde.
5. Lies die Antworten des Bürgermeisters von Ratingen zur Kinderarbeit.
   a) Welche Arbeiten verrichten die Kinder?
   b) Wie alt sind sie? Wie lang ist die Arbeitszeit?
   c) Wie glaubhaft sind die Angaben des Bürgermeisters zur Gesundheit der Kinder? → M9
6. Erkundige dich, wo es auf der Welt noch heute Kinderarbeit gibt. Wie ließe sich das ändern? → Text, M2, Internet, Lexikon

Industrialisierung und Soziale Frage

Erfindung der Dampfmaschine (1769)

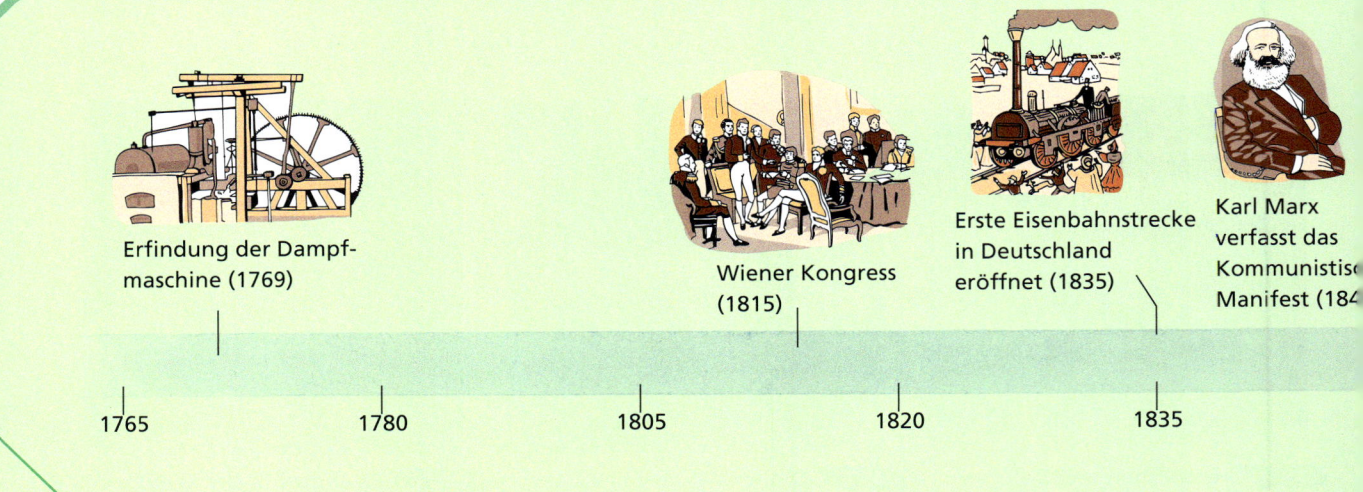

Wiener Kongress (1815)

Erste Eisenbahnstrecke in Deutschland eröffnet (1835)

Karl Marx verfasst das Kommunistische Manifest (1848)

1765 — 1780 — 1805 — 1820 — 1835

Zusammenfassung

Seit dem Ende des 18. Jahrhunderts vollzog sich eine Entwicklung von weltgeschichtlicher Bedeutung: die Industrielle Revolution. Die Produktion von Gütern erfolgte nunmehr in Fabriken mithilfe von Maschinen, zugleich ergab sich ein tief greifender Wandel im Leben und Denken aller Menschen.

Die Industrialisierung begann mit der Erfindung der Dampfmaschine durch James Watt 1789, die ein Zeitalter der Maschinen und Fabriken einleitete. Ausgehend von England als führender Industrienation erfasste die Entwicklung um 1830 auch Mitteleuropa und Deutschland. Während in England die Textilindustrie der Industrialisierung zum Durchbruch verhalf, war in Deutschland der Eisenbahnbau der treibende Faktor. Staatliche Maßnahmen förderten die Entwicklung aller Industriesparten und bildeten eine wichtige Voraussetzung für Deutschlands industriellen Aufschwung.

In Industrieregionen wie dem Ruhrgebiet wurden der Bergbau, die Eisen- und Stahlindustrie sowie der Maschinenbau zu Vorreitern einer neuen Phase industrieller Entwicklung. Hier und in anderen Ballungsgebieten kam es zu einer Verstädterung: Industriestädte erlebten einen gewaltigen Bevölkerungszuwachs.

Besonders in ihrer frühen Phase zeigte sich aber auch die Schattenseite der Industriellen Revolution am Elend der Arbeiterklasse. Sie hatte unzumutbare Arbeitsbedingungen, menschenunwürdige Wohnverhältnisse, niedrige Löhne, schwere Frauen- und Kinderarbeit sowie nahezu uneingeschränkte Willkür des Arbeitgebers zu ertragen.

Versuche zur Lösung der „Sozialen Frage" kamen von einzelnen Unternehmern, der Kirche, vor allem jedoch durch die vom Staat eingeleitete Sozialgesetzgebung. Die Arbeiter selbst bemühten sich im Rahmen von Gewerkschaften und Arbeiterparteien um eine Durchsetzung ihrer Interessen. Revolutionär wirkte die Lehre des Kommunismus, die Karl Marx und Friedrich Engels 1848 in ihrem „Kommunistischen Manifest" propagiert hatten. Sie enthielt die Vorstellung einer klassenlosen, gerechten Gesellschaft, die durch Umsturz der bestehenden Gesellschaftsordnung erreicht werden sollte.

Zunehmende Industrialisierung >>> in Deutschland

Industriezentren entstehen

Urbanisierung

Deutschland ist Industrienation

| 1865 | 1880 | 1885 | 1910 | 1925 |

Daten

1769 Erfindung der Dampfmaschine durch James Watt

um 1780 und 1830 Beginn der Industrialisierung in England und Deutschland

1835 Erste deutsche Eisenbahn

Begriffe

Industrielle Revolution
Kommunismus
Proletariat
Soziale Frage
Gewerkschaften

Personen

James Watt
Karl Marx
Alfred Krupp

Tipps zum Thema: Industrialisierung und Soziale Frage

Filmtipp

Industrialisierung und Soziale Frage. Auftakt an der Ruhr, Deutschland 2005.

Die Industrielle Revolution, Deutschland 2004.

Lesetipp

Waldtraut Lewin: Luise, Hinterhof Nord. Ein Haus in Berlin 1890, Ravensburg 2007.

Karin Grütter/Annamarie Ryter: Stärker, als ihr denkt, München 1991.
(Schweizer Jugendliteraturpreis)

Museen

Deutsches Technikmuseum Berlin

Museum der Arbeit, Hamburg

Kommentierte Links: www.westermann.de/geschichte-linkliste

5. Imperialistische Expansionen und Rivalitäten

Die Welt in der Kralle
Französische Karikatur von 1899

Mahatma Gandhi (1869–1948)
Fotografie, Anfang 20. Jh.

„So kolonisiert der Deutsche",
Karikatur um 1910

Speicherstadt in Hamburg

Imperialistische Expansionen und Rivalitäten

Das Zeitalter des Imperialismus

Vorgeschichte
Seit Beginn der Neuzeit hatten europäische Seefahrer immer neue Regionen der Erde in Amerika, Afrika, Asien und Australien entdeckt. Ihnen folgten Eroberer, Missionare und Kaufleute, die in den gewonnenen Gebieten Handelsniederlassungen und Missionsstationen errichteten. Aus dem Zusammenschluss dieser verschiedenartigen Besitzungen in Übersee entstanden die Kolonialreiche Spaniens, Portugals, Großbritanniens und anderer europäischer Staaten. Häufig waren dabei private Handelsgesellschaften Träger der Kolonialpolitik, die die Regierung des Mutterlandes förderte, ohne aber direkt dafür verantwortlich zu sein. Fast alle Kolonialerwerbungen folgten dem Grundsatz „The flag follows the trade": Die Flagge folgt dem Handel!

Historische Einordnung
Die Entstehung rivalisierender Nationalstaaten und die fortschreitende Industrialisierung veränderten jedoch das Mächtesystem. Die großen Industrieländer verfolgten seit Ende des 19. Jahrhunderts eine aktive Kolonialpolitik, vorangetrieben durch einen übersteigerten Nationalismus. Statt einzelne „Schutzgebiete" zu erwerben, suchten sie künftig einen möglichst umfangreichen Herrschaftsraum (lat. imperium) außerhalb der nationalen Grenzen zu gewinnen. Der sprunghafte Fortschritt

M 1 Die Welt in der Kralle
Die französische Karikatur von 1899 zeigt die Welt in den Krallen Großbritanniens. Der Text „Verachtet sei, wer Böses dabei denkt" ist das Motto des höchsten englischen Ordens.

der Technik und die wachsende Industrieproduktion ermöglichen die Durchdringung großer Räume. Dieses Streben nach umfassender Beherrschung fremder Gebiete nennt man Imperialismus.

Der Imperialismus erreichte sein Ziel durch militärische Intervention, Kapitalexport und kulturelle Beeinflussung. So machte er ein Land und seine Bevölkerung abhängig und schuf die Voraussetzungen für seine koloniale Ausbeutung.

Bestimmende Faktoren des Imperialismus waren jedoch nicht nur Rohstoffinteressen und überseeische Absatzmärkte: Imperialistische Herrschaft rechtfertigte sich auch mit der angeblichen „Mission des weißen Mannes", die westliche Zivilisation in allen Teilen der Welt zu verbreiten. Das ging einher mit der festen Überzeugung einer Überlegenheit der „weißen Rasse".

Europäisierung und Aufteilung der Welt

Eckdaten für das Zeitalter des Imperialismus sind die Besetzung Ägyptens durch Großbritannien im Jahr 1882 und das Ende des Ersten Weltkriegs 1918. Von den europäischen Staaten trieb Großbritannien als früh entwickeltes Industrieland zuerst eine imperialistische Politik, Deutschland als spät entstandener Nationalstaat zuletzt. Daneben beteiligten sich vor allem Frankreich, Italien, Japan, Belgien und die USA am Wettlauf um die Aufteilung der Welt.

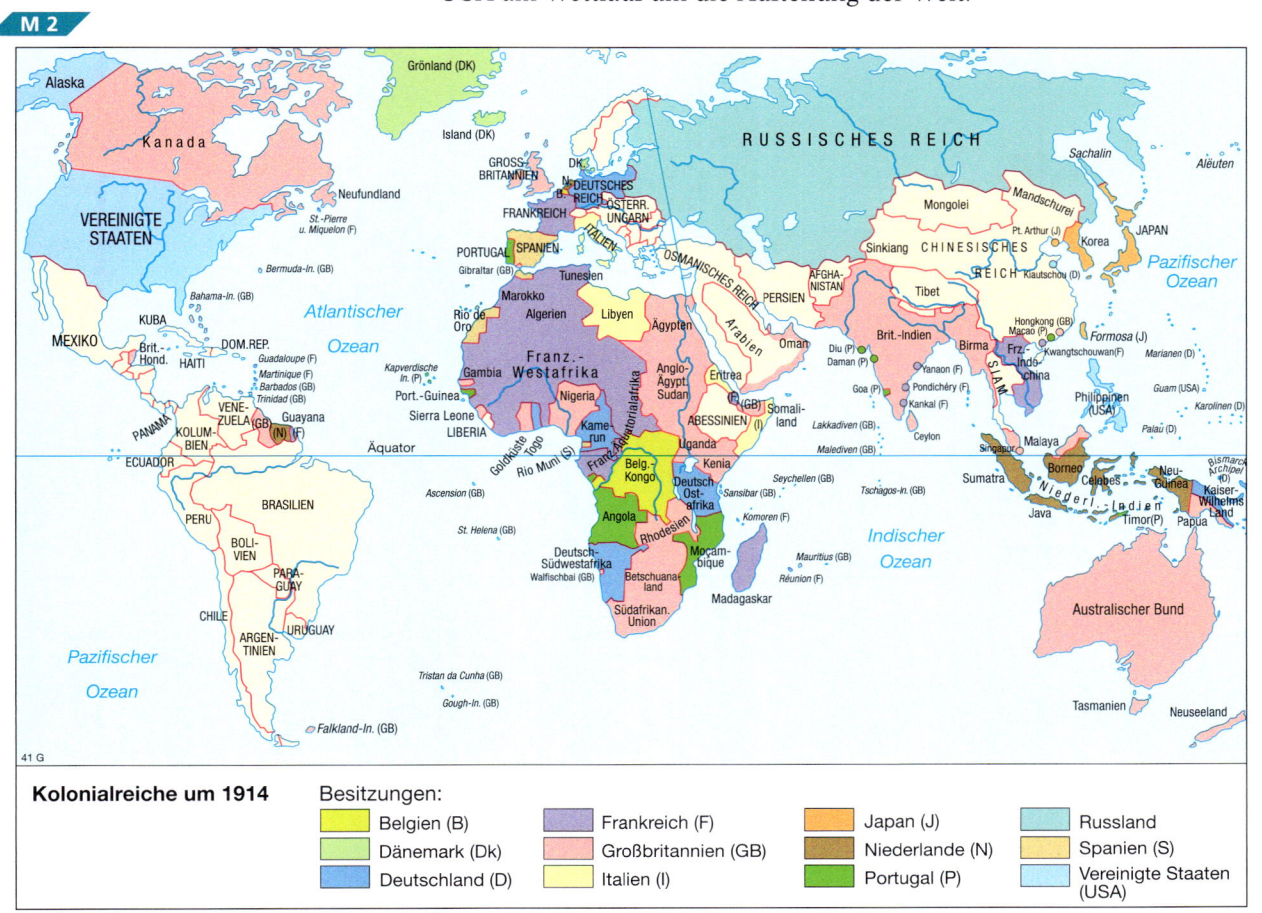

M 2

Kolonialreiche um 1914 — Besitzungen:
- Belgien (B)
- Dänemark (Dk)
- Deutschland (D)
- Frankreich (F)
- Großbritannien (GB)
- Italien (I)
- Japan (J)
- Niederlande (N)
- Portugal (P)
- Russland
- Spanien (S)
- Vereinigte Staaten (USA)

Imperialistische Expansionen und Rivalitäten

Koloniale Besitzungen – Arbeiten mit Statistiken

M 3 Großbritannien – koloniale Besitzungen

Besitzungen in	1881 km²	1881 Bevölkerung	1895 km²	1895 Bevölkerung	1912 km²	1912 Bevölkerung
Europa	375	172 613	328	203 266	328	246 458
Amerika	9 267 707	5 278 366	9 491 401	6 790 070	10 335 558	9 534 141
Afrika	670 953	2 141 645	5 965 519	27 161 174	6 209 602	35 833 501
Asien	4 400 768	243 697 000	5 324 379	296 749 727	5 281 000	324 628 804
Australien/Ozeanien	8 055 489	2 616 131	8 240 059	4 773 707	8 261 341	6 452 978
gesamt	22 395 292	253 905 755	29 021 686	335 677 944	30 087 829	376 695 882

Quelle: Wolfgang J. Mommsen, Imperialismus, Hamburg 1977, S. 37

M 4 Die Französische Republik – koloniale Besitzungen

Besitzungen in	1881 km²	1881 Bevölkerung	1895 km²	1895 Bevölkerung	1912 km²	1912 Bevölkerung
Afrika	320 972[1]	3 288 756	2 381 476	14 894 783	6 480 200[2]	27 292 626
Asien	60 007	1 863 000	490 009	19 132 263	720 759	17 294 392
Amerika	124 504	257 548	81 993	377 341	82 000	452 005
Australien/Ozeanien	21 103	61 000	623 599	3 845 728	623 770	3 458 107
gesamt	526 586	5 470 304	3 577 077	38 850 115	7 906 729	48 497 130

[1] ohne Senegambien und Gabun [2] ohne Marokko (1911: 569 400; 3,6 Mill.)
Quelle: Wolfgang J. Mommsen, Imperialismus, Hamburg 1977, S. 37

M 5 Das Deutsche Reich – koloniale Besitzungen

Besitzungen in	1881 km²	1881 Bevölkerung	1895 km²	1895 Bevölkerung	1912 km²	1912 Bevölkerung
Afrika	–	–	2 385 100	6 950 000	2 657 300	11 163 539
Neuguinea	–	–	255 900	387 000	242 000	602 478
Südsee-Inseln	–	–	400	12 824	2 600	37 985
China	–	–	–	–	552	173 225
gesamt	–	–	2 641 400	7 349 824	2 907 452	11 977 277

Quelle: Wolfgang J. Mommsen, Imperialismus, Hamburg 1977, S. 37

M 6 USA – koloniale Besitzungen

Besitzungen in	1881 km²	1881 Bevölkerung	1895 km²	1895 Bevölkerung	1912 km²	1912 Bevölkerung
Mittelamerika und Westindische Inseln[1]	–	–	–	–	10 567	1 272 267
Pazifik[2]	–	–	–	–	297 027	8 387 918
gesamt	–	–	–	–	307 594	9 660 185

[1] Philippinen; Samoa; Sulu-Arch [2] nicht mitgezählt wurden Alaska, Columbia, Hawaii
Quelle: Wolfgang J. Mommsen, Imperialismus, Hamburg 1977, S. 37

Imperialismus – Einen Begriff klären

M 7 Imperialismus

a) Der Begriff „Imperialismus" wurde zu verschiedenen Zeiten unterschiedlich gebraucht, wie die folgenden Ausschnitte aus einem Konversationslexikon zeigen. Aus dem Jahre 1905:

Imperialismus (neulat.), Bezeichnung für den politischen Zustand der Staaten, in denen, wie unter römischen Kaisern, nicht das Gesetz, sondern die auf Militärmacht sich stützende Willkür des
5 Regenten herrscht.

Meyers Großes Konversations-Lexikon, 6. Auflage, 9. Band, Leipzig/Wien 1905, S. 778.

b) Aus dem Jahr 1927:

Imperialismus (neulat.), ein politisches, zu verschiedenen Zeiten verschieden verwendetes Schlagwort. […]
Neuen Inhalt erhielt das Wort nach 1900 […]:
5 einerseits Zusammenschluss Großbritanniens mit seinen Kolonialreichen, Organisation des Weltreichs, dazu Ausdehnung, planmäßiges Ausgreifen, um den Zusammenschluss zu ermöglichen, Wettbewerber auszuschalten […]; außerhalb Groß-
10 britanniens jedes Herrschaftsstreben im Gegensatz zur grundsätzlichen Selbstbeschränkung und zur Betonung des Innerstaatlichen. Im engeren Sinn wird I. das Streben nach dem „Großreich" genannt. In beiden Bedeutungen dient das Wort auch zur Kennzeichnung älterer entsprechender 15 Geschichtsepochen.
H. Fredjung („Das Zeitalter des Imperialismus", 1919-22, 3 Bde.) hat zuerst die Zeit von 1880 bis zum Weltkrieg als Zeitalter des I. bezeichnet.

Meyers Lexikon, 7. Aufl., 6. Band, Hornberg-Korrektur, Leipzig 1927, Sp. 377 f., hier 377.

c) Aus dem Jahr 1974:

Imperialismus [frz., zu lat. imperialis = die Staatsgewalt betreffend, kaiserlich],
polit.-ökonom. Herrschaftsverhältnis mit dem Ziel, die Bevölkerung eines fremden Landes mit polit., ökonom., kulturellen und ideolog. Mitteln zu 5 beeinflussen, auszubeuten, abhängig zu machen und direkt oder indirekt zu beherrschen. Historisch wurde die Bez. zuerst auf die Beherrschung von Absatz- und Kapitalmärkten angewandt, dann auch auf die polit.-ökonom. Expansionspoli- 10 tik der europ. Großmächte, Japans und der USA vom letzten Drittel des 19. Jhs. bis zum 1. Weltkrieg, deren Ziel die Imperialismusbildung oder die polit.-formale Kontrolle (auch Interessensphäre) unterentwickelt-vorindustrieller, meist über- 15 seeischer Gebiete war.

Meyers Enzyklopädisches Lexikon, Mannheim/Wien/Zürich 1974, Bd. 12, Hf–Iz, S. 485.

Aufgaben

1. a) Erläutere, weshalb die Entstehung von Kolonialreichen eine „Europäisierung der Welt" bedeutete.
   b) Nenne den Zeitraum, in dem es zum Aufbau von Kolonialreichen kam.
   → Text
2. a) Beschreibe, wie sich der Kolonialbesitz in den angegebenen Staaten zwischen 1881 und 1912 entwickelt hat.
   b) Welches der angegebenen Länder hatte den größten Kolonialbesitz?
   c) Auf welchen Kontinenten lagen die Schwerpunkte des Kolonialbesitzes von Großbritannien, Frankreich, dem Deutschen Reich und der USA?
   → M3–M6
3. Beurteile, bei welchem Staat der Kolonialbesitz geografisch besonders günstig lag.
   → M2
4. a) Vergleiche die Lexikoneinträge aus den Jahren 1905, 1927 und 1974. Seit wann wird der Begriff zur Bezeichnung einer historischen Epoche verwendet?
   b) Wie wird der Imperialismus in den Lexikonartikeln von 1927 und 1974 jeweils bewertet?
   c) Suche eine aktuelle Definition und überlege, ob sich die Bedeutung des Begriffes seit 1974 verändert hat.
   → M7, Internet oder Lexikon

Imperialistische Expansionen und Rivalitäten

Britischer Imperialismus

Großbritannien beherrscht ein Weltreich

Als das Zeitalter des Imperialismus begann, besaß Großbritannien bereits zahlreiche Kolonien. Dieses Kolonialreich zu vergrößern, war das Ziel des Premierministers Benjamin Disraeli (1868–1880). Er legte den Grund zum britischen Empire, dem britischen Weltreich.

Machtpolitische Grundlage des britischen Empire war die Flotte. Um den Seeweg nach Indien – der wichtigsten Kolonie – zu sichern, erwarb der britische Staat die Aktien des Suezkanals und unterwarf Ägypten 1882 seiner „Schutzherrschaft". Mit dem „Kap-Kairo-Plan" verfolgte London die Absicht, ein geschlossenes Kolonialgebiet von Südafrika bis Ägypten zu errichten. Führender Vertreter des Commonwealth-Gedankens war der Kolonialminister Joseph Chamberlain.

Indien – das britische „Kronjuwel"

Der indische Subkontinent zerfiel in zahlreiche Fürstentümer, die die Engländer durch Verträge und Waffengewalt nach und nach unter ihre Herrschaft brachten. Daneben bestand Britisch-Indien als unmittelbar unterworfenes Gebiet, das der englischen Verwaltung unterstand. Um die Abhängigkeit der Kolonie zu unterstreichen, veranlasste Disraeli die englische Königin Viktoria im Jahr 1877, den Titel einer „Kaiserin von Indien" anzunehmen. Königin Viktoria hat das Land, dessen Kaiserin sie war, jedoch nie gesehen. An der Spitze der Verwaltung stand vielmehr ein Vizekönig.

Die indischen Völker mussten nicht nur durch Steuern das Militär und die Beamten der Kolonialmacht unterhalten, sondern auch Tribute an die britische Staatskasse entrichten. Große Profite erzielten auch die englischen Kaufleute und Kapitäne, denn britische Industriewaren überschwemmten den indischen Markt. Indische Plantagen lieferten Baumwolle, Tee und Jute, eine Faser, die zur Herstellung von Verpackungsmaterial genutzt wurde. Zur besseren Erschließung ihrer Kolonie bauten die Engländer Straßen, Eisenbahnen und Häfen. Diese Maßnahmen begünstigten vor allem die Verbreitung britischer Industrieprodukte.

M 1 Königin Viktoria (1837–1901) mit einem indischen Diener, Fotografie, Ende 19. Jahrhundert

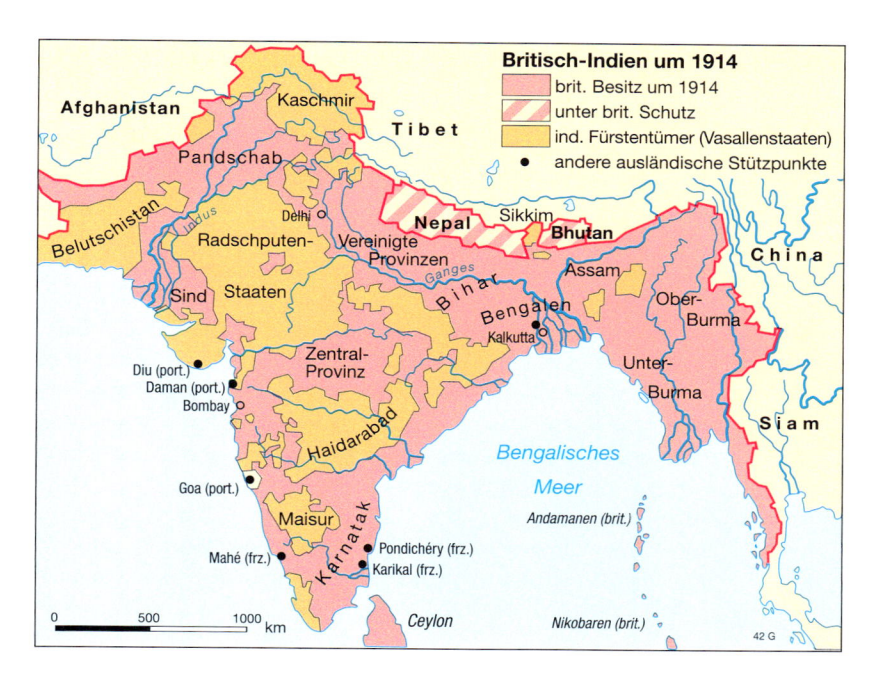

Britisch-Indien um 1914
- brit. Besitz um 1914
- unter brit. Schutz
- ind. Fürstentümer (Vasallenstaaten)
- andere ausländische Stützpunkte

M 2

M 3 **Mahatma Gandhi (1869–1948)**
Der Freiheitskämpfer am Spinnrad, Fotografie, Anfang 20. Jh.

Direkte und indirekte Herrschaft
Die Einheit der Kolonie sicherten Beamte, Militär und Polizei. Für die Verwaltung hatte London einen besonderen Dienst geschaffen, den „Indian Civil Service". Die indischen Fürsten begrüßten die Tätigkeit der englischen Beamten und unterstützten sie, denn die Engländer verstanden es, sich die Sympathien der einheimischen Oberschicht zu verschaffen. So konnten sie gleichsam eine indirekte Herrschaft ausüben.

Der indische Freiheitskampf
Mit dem aufkommenden Nationalgefühl der Inder wuchs auch die Bereitschaft zum Widerstand gegen die Fremdherrschaft. Gebildete Vertreter der Mittelschicht verlangten mehr Einfluss auf die Regierung. Um den Forderungen entgegenzukommen und die Unzufriedenheit zu kanalisieren, unterstützten die Briten die Bildung eines National-Kongresses, dessen erste Sitzung 1885 in Bombay erfolgte. Aus ihm ging die Kongress-Partei als stärkste Partei des Landes hervor.

Hungersnöte, Pestepidemien und die Teilung der Provinz Bengalen stärkten jedoch um 1900 die Kampfbereitschaft der indischen Nationalisten gegen die britische Herrschaft. Sie führten ihren Kampf mit Terror und Boykott (Kaufstreik) gegen englische Einrichtungen und Waren. Auf den Boykott reagierte die britische Regierung mit harten Gegenmaßnahmen. Die indischen Nationalisten gingen jedoch dazu über, entwürdigende Strafen als Opfer für den Freiheitskampf klaglos hinzunehmen. So entstand der gleichermaßen selbstbewusste und friedliche Widerstandswille der Inder als grundlegende Voraussetzung für Mahatma Gandhis Politik des passiven Widerstands.

Im Ersten Weltkrieg stellte Indien über eine Million Soldaten den britischen Streitkräften zur Verfügung. Viele Inder erwarteten als Ausgleich dafür die politische Unabhängigkeit, die Großbritannien jedoch erst im Jahr 1947 gewährte.

Imperialistische Expansionen und Rivalitäten

Cecil Rhodes – Ein Vertreter des Imperialismus

M 4 Die auserwählte englische Rasse

Der britische Kolonialpolitiker Cecil Rhodes im Jahr 1877:

Ich behaupte, dass wir die erste Rasse in der Welt sind und dass es für die Menschheit umso besser ist, je größere Teile der Welt wir bewohnen. Ich behaupte, dass jedes Stück Land, das unserem
5 Gebiet hinzugefügt wird, die Geburt von mehr Angehörigen der englischen Rasse bedeutet, die sonst nicht ins Dasein gerufen worden wären. Darüber hinaus bedeutet es einfach das Ende aller Kriege, wenn der größere Teil der Welt in unserer
10 Herrschaft aufgeht. [...]
Die Förderung des Britischen Empire, mit dem Ziel, die ganze zivilisierte Welt unter britische Herrschaft zu bringen, die Wiedergewinnung der Vereinigten Staaten, um die angelsächsische Rasse zu einem einzigen Weltreich zu machen. Was für ein 15 Traum! Aber dennoch ist er wahrscheinlich. Er ist realisierbar. [...]
Da [Gott] sich die englischsprechende Rasse offensichtlich zu seinem auserwählten Werkzeug geformt hat, durch welches er einen auf Gerech- 20 tigkeit, Freiheit und Frieden gegründeten Zustand der Gesellschaft hervorbringen will, muss es auch seinem Wunsch entsprechen, dass ich alles in meiner Macht Stehende tue, um jener Rasse soviel Spielraum und Macht wie möglich zu verschaffen. 25

Wolfgang J. Mommsen, Imperialismus. Seine geistigen, politischen und wirtschaftlichen Grundlagen, Hamburg 1977, S. 48 f.

M 5 „The Rhodes Colossus"

„Striding from Cape to Cairo"
(to stride = ausschreiten; große Schritte machen), englische Karikatur von 1892

THE RHODES COLOSSUS
STRIDING FROM CAPE TOWN TO CAIRO.

Mahatma Gandhi – Ein Kämpfer für die Freiheit

M 6 Gewaltloser Widerstand

Aus Mahatma Gandhis Buch „Hind Swaraj" („Indische Selbstregierung"), 1908:

Wir werden die Freiheit erlangen, wenn wir lernen, uns selbst zu beherrschen. Wir brauchen nur zuzugreifen. Diese Freiheit ist kein Traum. Wir brauchen daher nicht zu warten. Die Freiheit, die
5 ich dir und mir vor Augen führen will, ist von solcher Art, dass wir, wenn wir sie einmal begriffen haben, bis an unser Lebensende danach trachten, andere zu überreden, es uns nachzutun. Doch solche Freiheit muss von jedem Einzelnen am eige-
10 nen Leibe erfahren werden. Ein Ertrinkender kann nie einen Ertrinkenden retten. […]
Ich glaube doch, dass du die Millionen Indiens glücklich sehen willst und nicht, dass du nur die Regierungsgewalt an dich bringen möchtest.
15 Wenn dem so ist, dann gibt es nur einen Gedanken: Wie können die Millionen zur Selbstregierung gelangen? […]
Passiver Widerstand ist eine Methode der Erringung von Rechten durch persönliches Leiden; es
20 ist das Gegenteil von bewaffnetem Widerstand. Wenn ich mich weigere etwas zu tun, das gegen mein Gewissen geht, dann setze ich meine Seelenstärke ein.
Nehmen wir an, die Regierung hat ein Gesetz
25 erlassen, das mich betrifft, das ich jedoch nicht billigen kann. Wenn ich die Regierung durch Gewaltanwendung dazu zwinge, das Gesetz zu widerrufen, wende ich sozusagen die Stärke meines Körpers an. Wenn ich jedoch das Gesetz übertrete und die Strafe für diese Übertretung auf
30 mich nehme, dann wende ich meine Seelenstärke an. Es geht dabei um die Selbstaufopferung. Jedermann gesteht ein, dass die Selbstaufopferung weit höher zu bewerten ist als die Aufopferung anderer. […]
35 Es ist eine Tatsache, dass die indische Nation im Allgemeinen den passiven Widerstand in den verschiedensten Lebensbereichen angewandt hat. Wir arbeiten mit unseren Herrschern nicht zusammen, wenn sie uns zuwider sind. Das ist passiver
40 Widerstand. Ich kann mich an einen Fall erinnern: Als in einem kleinen Fürstenstaat einige Bauern sich durch einen Befehl des Fürsten beleidigt fühlten, zogen sie aus ihrem Dorf aus. Der Fürst war betroffen, entschuldigte sich bei seinen Unterta-
45 nen und widerrief den Befehl. In Indien gibt es viele solcher Fälle. Wirkliche Selbstregierung ist nur dort möglich, wo passiver Widerstand die leitende Kraft des Volkes ist. Jede Regierung ist fremde Regierung. […]
50 Aufgrund meiner langen Erfahrung glaube ich, dass jemand, der für sein Vaterland passiven Widerstand leisten will, vollkommene Keuschheit bewahren muss, freiwillige Armut auf sich nehmen muss, der Wahrheit folgen muss und sich zur
55 Furchtlosigkeit erziehen muss.

Dietmar Rothermund, Der Freiheitskampf Indiens, Stuttgart 1976, S. 40f.

Aufgaben

1. a) Stelle dar, warum es Großbritannien gelang, ein Weltreich aufzubauen.
   b) Erläutere, warum Indien als „Kronjuwel" bezeichnet wurde.
   → Text
2. Erkläre anhand eines Beispiels den Unterschied zwischen direkter und indirekter Herrschaft.
   → Text
3. a) Wie rechtfertigt Cecil Rhodes die britische Kolonialherrschaft in Indien?
   b) Beurteile die Position von Cecil Rhodes aus deiner heutigen Sicht.
   → M4
4. Beschreibe die Karikatur und erläutere Titel und Untertitel.
   → M5
5. a) Fasse die Argumentation von Gandhi knapp zusammen.
   b) Sind passiver und gewaltloser Widerstand identisch? Begründe.
   c) Überlege, unter welchen Voraussetzungen passiver Widerstand erfolgreich sein kann.
   → M6

Imperialistische Expansionen und Rivalitäten

M 1 Speicherstadt in Hamburg
In der Hafenstadt Hamburg wurde ab 1884 die so genannte Speicherstadt als Freihafen errichtet, um hier insbesondere Kolonialwaren wie Kaffee und Tee zollfrei zwischen zu lagern, Fotografie von 2004.

Deutschland als Kolonialmacht

Erste Anfänge unter Bismarck

In den Ländern Afrikas und Asiens, die von der europäischen Kolonialherrschaft geprägt wurden, finden sich nur geringe deutsche Spuren. Das liegt daran, dass Deutschland im Gegensatz zu Großbritannien und Frankreich erst spät die imperialistische Arena betrat. Bismarck lehnte den Erwerb von Kolonien ab, weil ihm die Stabilisierung des 1871 gegründeten Deutschen Reichs im europäischen Mächtefeld wichtiger erschien als eine weitere Expansion in Übersee. Seine Außenpolitik folgte dem Grundsatz, Spannungen zwischen den europäischen Großmächten nach außen – also möglichst in die Kolonien – abzuleiten, um Deutschlands schwierige geografische Lage in der Mitte Europas zu sichern.

Im Zeitalter des Imperialismus entschied aber die in Übersee betriebene Politik zunehmend über die Position der Großmächte. Daher wurde im Kaiserreich immer häufiger gefordert, dass Deutschland beim Wettlauf um die Aufteilung der Welt nicht länger tatenlos zusehen solle. So bestimmte das Streben nach Prestige und Gleichberechtigung viele politische Entscheidungen.

Besonders Vertreter der Großindustrie verlangten den Erwerb von Kolonien. Sie versprachen sich davon die Einfuhr billiger Rohstoffe und die Erschließung neuer Absatzmärkte für die stark gestiegene Industrieproduktion. So erwarb das Deutsche Reich nach 1884 so genannte „Schutzgebiete" in Afrika und in der Südsee. Dazu zählten Togo, Kamerun, Deutsch-Ostafrika, Deutsch-Südwestafrika und Inselgruppen im Pazifik wie die Marshall-Inseln. Im Vergleich zu anderen Mächten war dieser Kolonialbesitz jedoch unbedeutend.

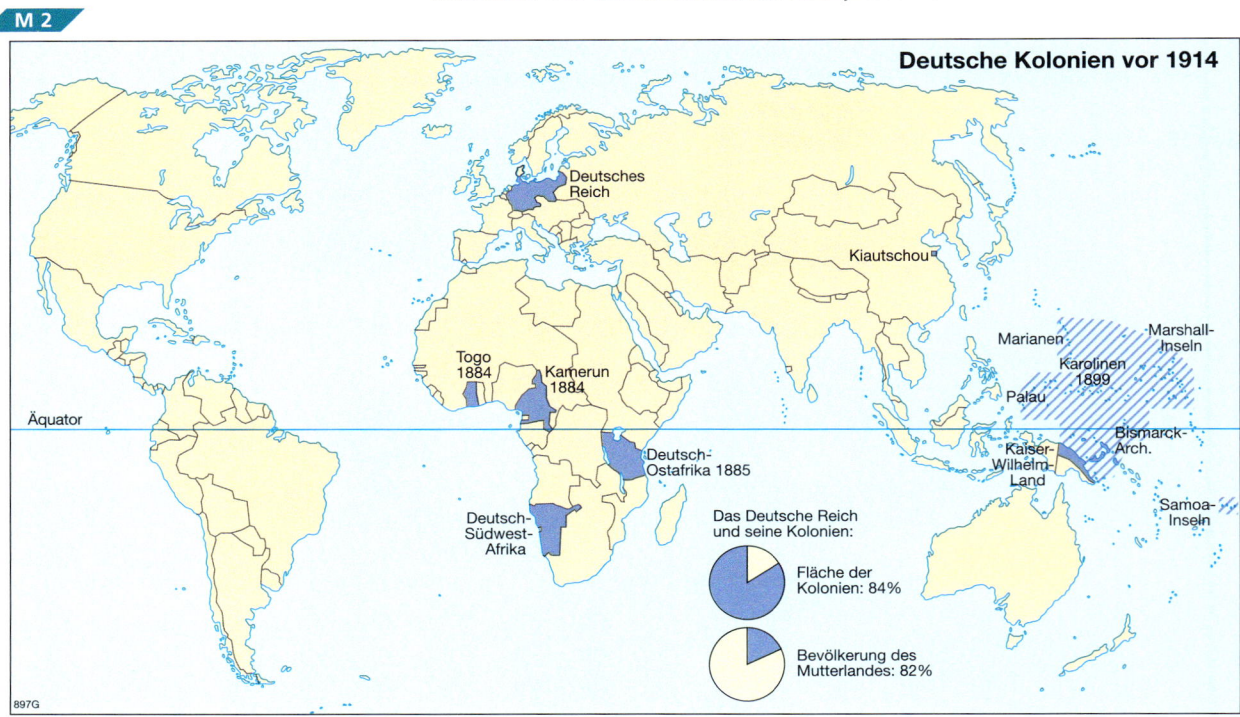

M 2 Deutsche Kolonien vor 1914

Das Deutsche Reich und seine Kolonien:
Fläche der Kolonien: 84%
Bevölkerung des Mutterlandes: 82%

Deutschlands Eintritt in den Kreis der imperialistischen Großmächte
Nach Bismarcks Rücktritt vom Amt des Reichskanzlers 1890 und dem Beginn des „persönlichen Regiments" Kaiser Wilhelms II. betrieb das Deutsche Reich eine offensive imperialistische Politik. Deutschland wollte, wie der damalige Reichskanzler von Bülow erklärte, auch einen „Platz an der Sonne".

Interessengruppen wie der Alldeutsche Verband und der Flottenverein unterstützten auf aggressive Art und Weise diese Politik in der Öffentlichkeit. Da die älteren Kolonialmächte jedoch entschlossen waren, ihre Positionen zu behaupten, erschien ihnen Deutschland als Störenfried und lästiger Konkurrent.

Der Aufbau einer starken Kriegsflotte seit 1897 markierte den Übergang Deutschlands zur Weltpolitik. Damit verfolgte Admiral Alfred von Tirpitz, Staatssekretär des Reichsmarineamtes, das Ziel, die vom Kaiserreich beanspruchte Weltmachtstellung gegenüber Großbritannien durchzusetzen. „Unsere Zukunft liegt auf dem Wasser", meinte Kaiser Wilhelm II. Das Flottenbauprogramm trübte indes die Beziehungen zu Großbritannien, das sich jetzt zu einem Rüstungswettkampf gezwungen sah, um seine Überlegenheit zur See aufrechtzuerhalten und sein Empire zu sichern.

Deutschland als Kolonialmacht
Bis zum Beginn des Ersten Weltkriegs 1914 hatte Deutschland sein Kolonialreich nicht wesentlich erweitern können. Weder wirtschaftlich noch bevölkerungspolitisch als Siedlungsland besaßen die deutschen Kolonien nennenswerte Bedeutung. Zudem waren die Kriege, die Deutschland zur Sicherung seiner Herrschaft führte, äußerst blutig und kostspielig. So zum Beispiel die Niederschlagung des Aufstands der Herero 1904/05 in Südwest-Afrika: Truppen unter General von Trotha trieben das Volk in die wasserlose Omaheke-Wüste, wo Zehntausende umkamen. Kriegsgewinnler waren allein Reeder und weiße Siedler.

M 3 „So kolonisiert der Deutsche"
Karikatur aus dem Simplicissimus

Imperialistische Expansionen und Rivalitäten

Deutschland und seine Kolonien – Unterschiedliche Quellen auswerten

M 4 „Ein Platz an der Sonne"

Bernhard von Bülow, Staatssekretär im Auswärtigen Amt und von 1900 bis 1909 Reichskanzler, hielt am 6. Dezember 1897 folgende Rede im Reichstag:

Die Zeiten, wo der Deutsche dem einen seiner Nachbarn die Erde überließ, dem anderen das Meer und sich selbst den Himmel reservierte, wo die reine Doktrin thront –
5 [Heiterkeit – Bravo]
diese Zeiten sind vorüber. Wir betrachten es als eine unserer vornehmsten Aufgaben, gerade in Ostasien die Interessen unserer Schifffahrt, unseres Handels und unserer Industrie zu fördern und zu
10 pflegen. […]
Wir müssen verlangen, dass der deutsche Missionar und der deutsche Unternehmer, die deutschen Waren, die deutsche Flagge und das deutsche Schiff in China geradeso geachtet werden, wie
15 diejenigen anderer Mächte.
[Lebhaftes Bravo.]
Wir sind endlich gern bereit, in Ostasien den Interessen anderer Großmächte Rechnung zu tragen, in der sicheren Voraussicht, dass unsere eigenen Interessen gleichfalls die ihnen gebührende Wür- 20
digung finden.
[Bravo!]
Mit einem Worte: Wir wollen niemand in den Schatten stellen, aber wir verlangen auch unseren Platz an der Sonne. 25
[Bravo!]
In Ostasien wie in Westindien werden wir bestrebt sein, getreu den Überlieferungen der deutschen Politik, ohne unnötige Schärfe, aber auch ohne Schwäche unsere Rechte und unsere Interessen zu 30 wahren.
[Lebhafter Beifall.]

Stenografische Berichte über die Verhandlungen des Reichstags, Bd. 1, Berlin 1898, S. 60, zit. nach: Geschichte in Quellen und Darstellung, Bd. 8, Stuttgart 2000, S. 269 f.

M 5 „Deutsches Colonien- und Reisespiel"
Ein Gesellschaftsspiel, um 1900

Aufstand der Herero in Bild und Texten

M 6 **Ende des Hereroaufstands**

Überlebende des 1904 ausgebrochenen Hereroaufstands auf dem Marsch in die Zwangsarbeit. Dem Völkermord fielen etwa 80 % der Herero zum Opfer. Ihr Land wurde enteignet und an deutsche Siedler und Firmen verkauft, Fotografie, um 1907.

M 7 **Aufstand der Herero**

a) In der Darstellung des deutschen Generalstabs über den Aufstand der Herero hieß es 1904:

Keine Mühen, keine Entbehrungen wurden gescheut, um dem Feinde den letzten Rest seiner Widerstandskraft zu rauben; wie ein halb zu Tode gehetztes Wild war er von Wasserstelle zu Wasser-
5 stelle gescheucht, bis er schließlich willenlos ein Opfer der Natur seines eigenen Landes wurde. Die wasserlose Omaheke sollte vollenden, was die deutschen Waffen begonnen hatten: die Vernichtung des Hererovolkes […].
10 Das Röcheln der Sterbenden und das Wutgeschrei des Wahnsinnes […] sie verhallten in der erhabenen Stille der Unendlichkeit! Das Strafgericht hatte sein Ende gefunden. Die Hereros hatten aufgehört, ein selbstständiger Volksstamm zu sein.

Die Kämpfe der deutschen Truppen in Südwestafrika, Berlin 1906, S. 211–218.

b) Stellungnahme des Auswärtigen Amtes aus dem Jahre 2006:

Die Auseinandersetzung zwischen der damaligen deutschen Kolonialverwaltung und den Herero im Jahre 1904 ist ein dunkles Kapitel unserer bilateralen Beziehungen. Die Bundesregierung bekennt
5 sich zu der besonderen historischen und moralischen Verantwortung gegenüber Namibia. Der Deutsche Bundestag hat dies in seinen Entschließungen vom April 1989 und Juni 2004 bestätigt. Die Bundesregierung kommt ihrer besonderen Veranwortung insbesondere durch eine verstärk-
10 te bilaterale Zusammenarbeit, auch auf dem Gebiet der Entwicklungszusammenarbeit, nach. Namibia erhält pro Kopf der Bevölkerung den größten Anteil an Entwicklungshilfe in Afrika.

Auswärtiges Amt, 2006.

Aufgaben

1. Stelle dar, warum Deutschland erst relativ spät Kolonialpolitik betrieb. → Text
2. a) Stelle die Argumente zusammen, mit denen Bernhard von Bülow den Anspruch auf einen „Platz an der Sonne" begründete.
   b) Wie deutest du die Reaktion der Abgeordneten auf die Aussagen Bülows?
   → M4
3. a) Beschreibe die Abbildung auf dem Gesellschaftsspiel.
   b) Welche Einstellungen zu den Kolonien werden deutlich?
   → M5
4. a) Informiere dich über den Herero-Aufstand.
   b) Überlege, ob der Aufstand gegen die Kolonialherrschaft und ob das Vorgehen gegen den Aufstand gerechtfertigt waren.
   → M6, Internet oder Lexikon
5. a) Welche Einstellung gegenüber den Herero wird im Bericht von 1904 deutlich? Begründe dies am Text.
   b) Welche Beurteilung der damaligen Ereignisse ist aus der Stellungnahme von 2006 ersichtlich?
   → M7

Imperialistische Expansionen und Rivalitäten

Auf dem Weg zum Ersten Weltkrieg

Krisen häufen sich

Aus heutiger Sicht haben die Ereignisse vor 1914 eine andere Bedeutung als für die Zeitgenossen. Während diese nicht wussten, dass die weitere Entwicklung in einer militärischen Auseinandersetzung münden würde, erscheint uns heute vieles als Vorgeschichte des Ersten Weltkriegs. So ist im Rückblick auffallend, dass sich nach der Jahrhundertwende die internationalen Krisen häuften. Zum einen brachte die Aufteilung der Welt zwischen den imperialistischen Mächten Konflikte mit sich, wobei es insbesondere um Marokko Auseinandersetzungen gab. Zum anderen gab es innerhalb Europas Spannungen. Hier erwies sich die Situation am Balkan als besonders explosiv.

Streit um Marokko

Nachdem Frankreich und England die Entente cordiale geschlossen und sich bei ihrem imperialistischen Vorgehen in Afrika abgestimmt hatten, verstärkte Frankreich die „friedliche Durchdringung" Marokkos. Es versuchte seinen politischen und wirtschaftlichen Einfluss zu verstärken, ohne militärische Maßnahmen anzuwenden. Das Deutsche Reich hingegen übte Druck auf Frankreich aus, um es aus dem Bündnis mit England wieder herauszulösen. Die deutsche Führung wollte keine territorialen Erwerbungen in Nordafrika, sondern die Marokko-Frage zu einer möglichen Neuordnung der europäischen Mächtekonstellation benutzen. So besuchte Wilhelm II. den Sultan von Marokko und gab im Rahmen eines Staatsbesuchs eine Erklärung über die Souveränität Marokkos ab. Er wollte damit Frankreich demonstrieren, dass es seine Interessen in Nordafrika nur verfolgen könne, wenn es das Deutsche Reich berücksichtigte. 1906 wurde zur Klärung der Frage eine internationale Konferenz im spanischen Algeciras einberufen. Doch die deutsche Führung hatte die Lage falsch eingeschätzt und fand sich isoliert. Die Algeciras-Akte garantierte die Handelsfreiheit, sah aber eine Kontrolle Marokkos durch internationale Institutionen vor, in denen Frankreich stark repräsentiert war.

M 1 „A qui le Marocain?"
„Wem gehört der Marokkaner?", französische Postkarte zur Marokkokrise, 1906

Deutscher Kreuzer im Hafen von Agadir, französische Fotografie, 1911

Die Marokkokrise 1911

Trotzdem kam es immer wieder zu Konflikten zwischen Frankreich und Deutschland, die 1911 eskalierten. Auslöser dafür war die Besetzung der Städte Fes und Rabat durch französische Truppen, die der Sultan zu Hilfe gerufen hatte. Frankreich nutzte dies, um tief ins Landesinnere vorzudringen. Das Deutsche Reich sah darin einen Bruch der Algeciras-Akte und eine Bedrohung seiner Interessen, war aber bereit, Frankreich die Vorherrschaft über Marokko zu überlassen, wenn es dafür das französische Kongogebiet erhielt.

Um der Forderung Nachdruck zu verleihen, lief das deutsche Kanonenboot „Panther" in den Hafen von Agadir ein. Allerdings wollten die führenden deutschen Politiker keinen Krieg riskieren. Vielmehr dachten sie, sie könnten Frankreich durch Drohungen zu Verhandlungen über Gebietsabtretungen bewegen.

Großbritannien unterstützte Frankreich und lehnte die deutschen Forderungen ab. Die so entstandene Kriegsgefahr konnte in letzter Minute abgewendet werden: Deutschland verzichtete auf politischen Einfluss in Marokko, deutsche Unternehmen konnten sich aber weiterhin wirtschaftlich betätigen. Frankreich hatte die Herrschaft über Marokko gesichert, trat jedoch im Gegenzug einen Teil des Kongo an Deutschland ab und erhielt dafür Gebiete aus deutschem Kolonialbesitz.

Der Krisenherd auf dem Balkan

Ebenso wie heute lebte damals auf dem Balkan eine Vielzahl von Völkern: Kroaten, Serben, Bulgaren, Albaner, Mazedonier. Ihr Streben nach nationaler Unabhängigkeit bedrohte zwei Vielvölkerstaaten, die bis 1914 den Balkan beherrschten: Das Osmanische Reich und Österreich-Ungarn. Neben Rumänien, Montenegro und Bulgarien hatte auch Serbien die Unabhängigkeit vom Osmanischen Reich erhalten. Die Forderungen reichten aber weiter: Die Sammlungsbewegung des so genannten Panslawismus wollte alle Slawen auf dem Balkan in einem eigenen Staat vereinen. Dies gefährdete den Bestand Österreich-Ungarns. Hinzu kam, dass auch Russland Interessen auf dem Balkan besaß: Es sah sich als Schutzherr der Sammlungsbewegung aller Slawen, wollte aber auch den Bosporus und die Dardanellen, also die Verbindung zwischen Schwarzem Meer und Mittelmeer, unter seine Kontrolle bringen. England befürchtete, dass der erstarkte russische Einfluss auf dem Balkan seine Stellung im Mittelmeer und das europäische Gleichgewicht gefährdete.

1912 kam es zum offenen Krieg, als Serbien, Griechenland, Montenegro und Bulgarien das Osmanische Reich angriffen. Binnen kürzester Zeit verlor dieses fast seine gesamten europäischen Besitzungen. Die Balkanstaaten stritten jedoch über die Verteilung der eroberten Gebiete. Dies führte noch im selben Jahr zum zweiten Balkankrieg. Im Frieden von Bukarest verlor Bulgarien einen Großteil seiner Gewinne aus dem Ersten Balkankrieg. Aus den Konflikten ging vor allem Serbien gestärkt hervor. Da Österreich-Ungarn 1908 Bosnien und Herzegowina besetzt hatte, strebten serbische Nationalisten nun die Befreiung von Österreich-Ungarn an. Die Konflikte auf dem Balkan wurden schließlich Auslöser für den Ersten Weltkrieg.

Imperialistische Expansionen und Rivalitäten

M 3 „Die Marokkokrise"

a) Der so genannte Panthersprung nach Agadir (am 1. Juli 1911) und die sich daraus entwickelnde Marokkokrise wurden unterschiedlich kommentiert. Die „Rheinisch-Westfälische Zeitung" schrieb am 2. Juli 1911:

Es wird wie ein jubelndes Aufatmen durch unser Volk gehen. Der deutsche Träumer erwacht aus zwanzigjährigem Dornröschenschlaf. Endlich eine Tat, eine befreiende Tat, die den Nebel bittersten
5 Missmutes in deutschen Landen zerreißen muss. In den zwei Jahrzehnten nach dem Abgang des großen Reichsschmiedes [Otto von Bismarck] haben unfähige Nachfolger Misserfolg auf Misserfolg gehäuft. In feiger Furcht sind die unwür-
10 digen Nachkömmlinge der Helden von 1870 Schritt für Schritt vor der Herausforderung des Auslandes zurückgewichen […].
Unser Volk hat gebeten, gemahnt und gemurrt, tiefster Unmut und völkische Verzweiflung haben
15 Millionen zu der Verblendung sozialdemokratischer Stimmenabgabe getrieben. Das focht die nicht an, die berufen worden sind, des Volkes Willen zu erfüllen, sie haben Deutschland weiter hinabregiert!
Nun endlich eine Tat, eine befreiende Tat! Sie war 20 dringend notwendig. Es geht um die Ehre unseres Volkes […].
Die Franzosen haben sich nicht um das Kaiserwort und nicht um Verträge gekümmert, sie haben eine Herausforderung an die andere gereiht, sie haben 25 die Verträge frech zerrissen, sie schicken sich an, das reiche nordwestafrikanische Land sich vollends anzueignen; über unsere wohlerworbenen Ansprüche, über unsere gerechten Interessen hinweg. […]. 30
Endlich eine Tat, eine befreiende Tat! Verschwinden wird mit einem Male der kleinliche Hader um die Steuergroschen, ein Ende haben wird die Selbstzerfleischung unseres Volkes, der jammervolle Parteienhader, die Frechheit der Welschlinge. 35
Hinter unserer Regierung – wenn sie durchhält! – steht geeint das ganze Volk.

„Rheinisch-Westfälische Zeitung" vom 2. Juli. 1911, zit. nach: Chronik 1911, S. 126.

M 4 „Marokko"

Alfred von Kiderlen-Wächter, der deutsche Staatssekretär des Äußeren, als Pfau, Karikatur aus: „Wahrer Jakob", 1911

M 5 Werbung für Zahnpasta, 1911

M 6 Werbung für Schokolade, 1911

Aufgaben

1. a) Fasse mit eigenen Worten die Ereignisse um die Marokkokrise von 1911 zusammen.
   b) Welche Ziele verfolgten die beteiligten Großmächte Frankreich und Deutschland?
   c) Welche Position nahm Großbritannien ein?
   → Text
2. Erläutere die Aussage der französischen Karikatur von 1906.
   → M1
3. a) Fasse zusammen, wie der „Panthersprung nach Agadir" vom 1. Juli 1911 in der „Rheinisch-Westfälischen Zeitung" kommentiert wurde.
   b) Erkläre die Aussage der deutschen Karikatur „Marokko" von 1911.
   c) Erläutere, inwiefern die Karikatur von 1911 wesentlich kritischer mit der Marokkokrise umgeht als die „Rheinisch-Westfälische Zeitung".
   → M3, M4
4. a) Erkläre die beiden Werbeplakate von 1911.
   b) Welche Rückschlüsse lassen die Werbeplakate über die Stimmungen in der deutschen Bevölkerung nach der Marokkokrise zu?
   → M5, M6

Längsschnitt: Migration – Menschen verlassen ihre Heimat

M 1 Nomadischer Krieger
Relief aus dem 6. Jh.

Wanderungen – Verheißung oder Fluch?

Auswanderung hat verschiedene Gründe

Wanderungen von Menschen gibt es schon immer, doch sind die Motive ganz unterschiedlich. So verließen in der Antike Menschen ihre griechische Heimat und gründeten neue Städte an den Küsten des Mittelmeers. Ihre Gründe waren vielfältig: Übervölkerung, das Erbrecht, Verschuldung oder auch pure Abenteuerlust.

Neben ökonomischen oder politischen Ursachen gibt es auch religiöse Gründe, die Menschen dazu veranlassen, ihrer Heimat den Rücken zu kehren. So z. B. die Hugenotten, die aus dem katholischen Frankreich im 17. Jh. vertrieben wurden, da sie am reformierten Glaubensbekenntnis festhielten.

Die Wissenschaft bezeichnet solche Wanderungen als „Migration". Gerade in unserer Zeit gibt es Hunderttausende, die aus den armen Entwicklungsländern in die reichen Industriestaaten strömen, und dort auf Arbeit und Asyl hoffen. Dass es Migration aus unterschiedlichsten Gründen auch schon früher gab, zeigen diese Seiten. Sie untersuchen die Völkerwanderung, das Schicksal der Hugenotten sowie die Auswanderung nach Nordamerika.

Die germanische Völkerwanderung

Im Jahr 375 drangen die Hunnen, ein Reitervolk aus Innerasien, nach Westen vor und lösten damit die Völkerwanderung aus. Als erstes vernichteten sie das Reich der Ostgoten nördlich des Schwarzen Meers

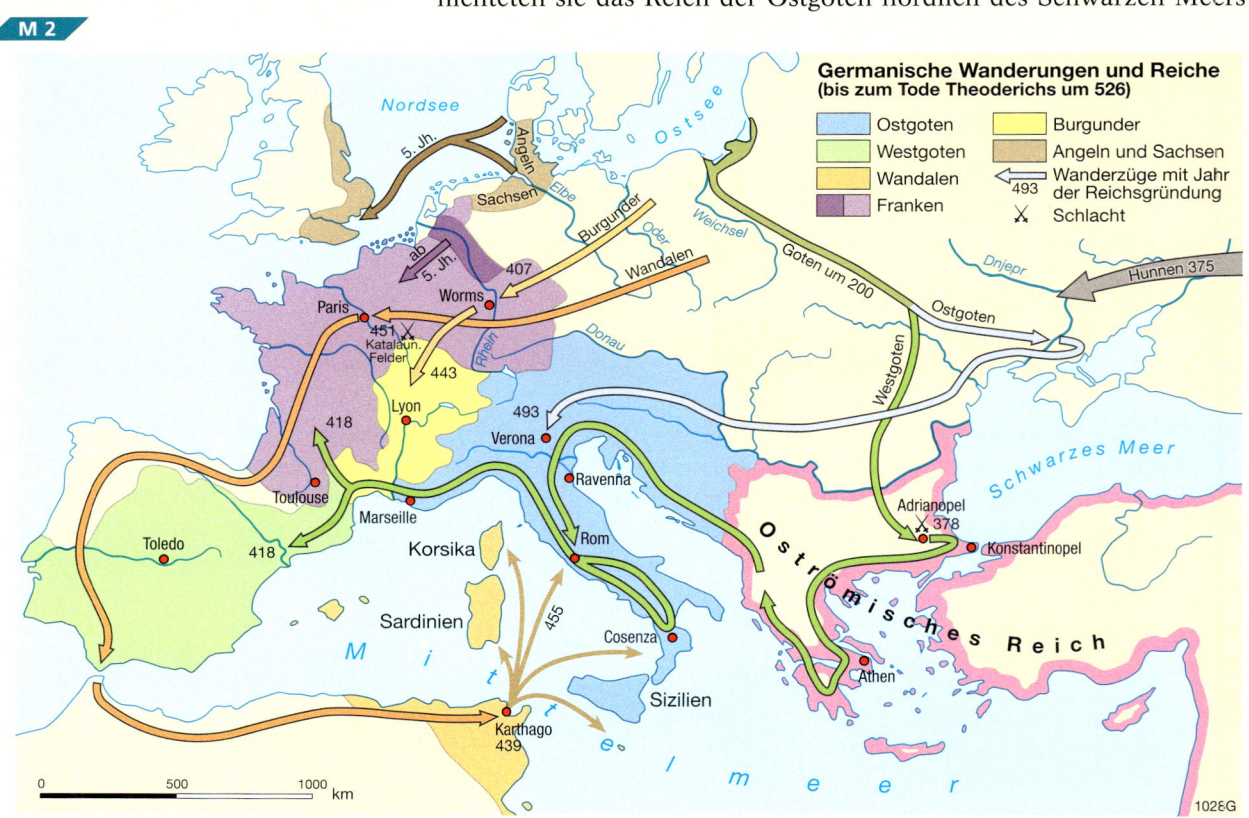

M 2 Germanische Wanderungen und Reiche (bis zum Tode Theoderichs um 526)

und stießen nach Mitteleuropa bis zum Rhein vor. Dabei unterwarfen sie weitere Völker oder trieben sie vor sich her, wie z. B. die Wandalen, Alanen oder Sueben. Diese Völker überquerten 406 in großen Scharen den Rhein, um Schutz in der Provinz Gallien zu suchen. Auch andere Völker wichen entweder aus, wie die Westgoten, oder unterwarfen sich, wie die Ostgoten. Im Jahr 451 kam es auf den Katalaunischen Feldern in Nordgallien zu einer großen Schlacht zwischen den Hunnen unter ihrem König Attila und einem germanischen Bündnis unter Führung des römischen Feldherrn Aetius. Attila verlor die Schlacht, wonach das Hunnenreich rasch zerfiel.

Viele Völker der Germanen setzten jedoch ihre schon begonnene Wanderung fort. Sie suchten eine neue Heimat und fruchtbares Siedlungsland im zerfallenden Römische Reich, das sie nicht abwehren konnte. So zogen sie mit Frauen und Kindern, mit Pferden, Wagen, ihrem Vieh und allen Habseligkeiten durch ganz Europa.

Überall auf römischem Boden gründeten Germanen ihre Reiche. Die Wandalen zogen durch ganz Gallien und Spanien, setzten mit etwa 60 000 Menschen nach Nordafrika über und eroberten die alte Stadt Karthago. Von dort aus beherrschte ihre Flotte das westliche Mittelmeer. Die Westgoten durchzogen den Balkan, wanderten durch Italien, plünderten im Jahr 410 Rom und siedelten ab 418 in Südfrankreich und Spanien. In Italien gründete Theoderich – der „Dietrich von Bern" der Heldensage – im Jahr 493 das Reich der Ostgoten. Er verbot zwar Ehen zwischen Goten und Römern, doch erlebte das Reich unter ihm eine kurze Blütezeit, da er sich gegenüber der antiken Kultur aufgeschlossen zeigte und die Wirtschaft förderte.

Die Germanenreiche der Völkerwanderungszeit hatten jedoch keinen Bestand. Die zahlenmäßig schwachen Einwanderer fielen stärkeren Eroberern zum Opfer, konnten den Gegensatz zur einheimischen Bevölkerung nicht überbrücken, wurden rasch romanisiert und verloren ihre Identität.

M 3 Ostgotische Adlerfibel

M 4 Goldmünze mit Theoderich

M 5 Palast Theoderichs auf einem Mosaik in Ravenna

Längsschnitt: Migration – Menschen verlassen ihre Heimat

M 6 **Medaille Ludwigs XIV.** aus dem Jahr des „Edikts von Fontainebleau" 1685. Die Umschrift lautet: „Die Tempel der Calvinisten sind zerstört. Die echte Religion ist Siegerin."

M 7 **Verfolgung von Hugenotten in Frankreich,** Radierung von 1710

Glaubensflüchtlinge: die Hugenotten

Verfolgung in Frankreich

Die Reformation hatte auch in Frankreich Anhänger gefunden, die sich jedoch der Lehre Calvins (1509–1564) anschlossen. Die Katholiken nannten sie „Hugenotten", vermutlich abgeleitet vom französischen Wort „aignos" = Eidgenossen.

Die heftigen Verfolgungen durch die katholische Mehrheit gipfelten 1572 in der Pariser „Bartholomäusnacht": ein Massaker an den Calvinisten, bei dem Tausende ermordet wurden. Die Glaubenskämpfe hielten an, bis das „Edikt von Nantes" 1598 für Beruhigung sorgte. 1685 wurde es von Ludwig XIV. widerrufen, der den Hugenotten im „Edikt von Fontainebleau" die Ausübung ihrer Religion verbot und katholische Zwangstaufen anordnete.

Das führte zu einer Flüchtlingswelle von 170 000 Hugenotten, die in der Schweiz, den Niederlanden, England und Nordamerika eine neue Heimat fanden. Nach Deutschland kamen etwa 40 000 Hugenotten, von denen allein Brandenburg-Preußen 20 000 aufnahm.

Hugenotten in Brandenburg-Preußen

Am 29. Oktober 1685 erließ Friedrich Wilhelm, der Große Kurfürst von Brandenburg, das „Edikt von Potsdam". Damit reagierte er auf die Verfolgung seiner Glaubensbrüder in Frankreich und bot den Hugenotten eine sichere Heimat in Brandenburg. Ferner umwarb er sie mit Vergünstigungen wie der Befreiung von Steuern, Zöllen und vom Militärdienst. Hintergrund für sein Handeln waren wirtschaftliche Probleme, die Brandenburg nach den Verwüstungen des Dreißigjährigen Krieges zu bewältigen hatte. Somit zielte das Edikt nicht nur auf einen Bevölkerungszuwachs, sondern auch auf neue Ideen und Fertigkeiten, welche die Neuankömmlinge ins Land bringen sollten.

M 8 **Französischer Dom, Berlin**
Die Gemeinde der Französischen Kirche (Hugenottenkirche) zu Berlin gibt es seit 1672. Sie erbaute 1705 ein Gebäude am Gendarmenmarkt. 1785 ließ Friedrich II. daneben den Französischen Dom errichten.

M 9 **Hugenotten in Brandenburg-Preußen**
Kurfürst Friedrich Wilhelm nimmt aus Frankreich vertriebene Hugenotten auf.

Durch den Zuzug der Hugenotten entstanden im Kurfürstentum Brandenburg etwa 50 französische Siedlungen („Colonien") mit kirchlicher Selbstverwaltung, eigenen Pfarrern und Bürgermeistern sowie eigener Gerichtsbarkeit. Allein in Berlin ließen sich in der Dorotheenstadt und der Friedrichstadt etwa 5000 Hugenotten nieder. Ihren Sonderstatus behielten die französischen Kolonien bis 1809 und legten erst im Lauf des 19. Jahrhunderts allmählich das Französische ab. Einige französisch-reformierte Kirchengemeinden wie Angermünde, Bergholz, Berlin oder Prenzlau haben sich bis heute erhalten.

Hugenotten als Vermittler von Kultur und Wissenschaft
Einen großen Beitrag für Brandenburg-Preußen leisteten die Hugenotten auf wirtschaftlichem Gebiet. Ihr Fleiß verhalf zahlreichen Manufakturen zu einem Aufschwung und belebte die Wirtschaft nachhaltig, besonders die Textilindustrie. So haben sich in der Mode viele französische Namen wie Bluse, Pelerine, Trikot oder Taille erhalten. Berliner Hotels trugen vielfach französische Namen und das zentrale Krankenhaus war (und ist) die „Charité".

Da die Hugenotten aus Europas führender Kulturnation Frankreich stammten, leisteten sie auch hier Beträchtliches. Ihre Vertreter stellten zahlreiche Mitglieder der Berliner Akademie der Wissenschaften, die bald die Funktion von Mittlern zwischen den Kulturen einnahmen. In den von ihnen gegründeten Zeitschriften veröffentlichten sie die neuesten wissenschaftlichen Erkenntnisse und als Vermittler der Aufklärung in Preußen sind Hugenotten nicht wegzudenken.

Bedeutende Nachkommen von Hugenotten sind z. B. der Schriftsteller Theodor Fontane, der Bildhauer Emmanuel Bardou, die Wissenschaftler Wilhelm und Alexander von Humboldt, der romantische Dichter Friedrich de La Motte Fouqué oder der Jurist Karl von Savigny.

M 10 **Hugenottenkirche**
Kirche der französisch-reformierten Gemeinde in Bergholz. Ab 1687 siedelten hier und in der Umgebung französische Familien.

Längsschnitt: Migration – Menschen verlassen ihre Heimat

The American Dream

Die ersten Einwanderer

Im Jahr 1607 landeten die ersten englischen Siedler auf drei kleinen Schiffen an der Ostküste Nordamerikas. Sie bauten einige Hütten und eine Kapelle und nannten die Siedlung nach dem englischen König: Jamestown. Bald folgten weitere Schiffe aus England, sodass die kleine Kolonie, die vom Tabakanbau lebte, wuchs. Aus Afrika brachten später Schiffe schwarze Sklaven in die Kolonie, die auf den Tabakfeldern arbeiteten. Im Lauf der Jahrzehnte hob sich der Wohlstand in Virginia, wie man das Land getauft hatte.

Das war der Beginn der Besiedlung Nordamerikas und es folgten bald weitere Einwanderungswellen aus Großbritannien. Die englische Sprache und Kultur wurde daher für die Zukunft bestimmend. Im 17. Jh. wanderten vor allem Puritaner ein, d.h. calvinistische Reformierte, die im anglikanischen England vom staatlichen und kommunalen Leben ausgeschlossen waren.

Ende des 17. und Anfang des 18. Jh. erfolgten zwei neue Einwanderungswellen: die deutsche und die irische. Anlass für die deutsche Einwanderung waren Verwüstungen in der Pfalz und im Rheinland durch den Pfälzischen Erbfolgekrieg. Anlass der irischen Einwanderung waren schreckliche Hungersnöte in Irland und die Vertreibung der Katholiken unter Cromwell. In wachsender Zahl wurden nun auch schwarze Sklaven aus Afrika eingeführt, die vor allem in den südlichen Kolonien als billige Arbeitskräfte auf den Plantagen arbeiteten.

M 11 Freiheitsstatue
Die Freiheitsstatue im Hafen von New York begrüßte Millionen von Einwanderern.

M 12 Auswanderer am Überseekai in Bremerhaven 1880
Von hier aus wanderten zwischen 1830 und 1974 über 7 Millionen Menschen mit dem Schiff nach Amerika aus.

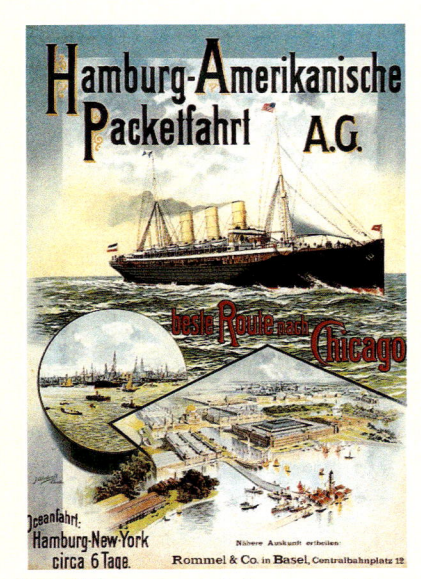

M 13 Reedereiplakat um 1880
Der Preis für die Überfahrt nach Amerika kostete 80 Gulden. Das entsprach etwa 7 Monatslöhnen eines Arbeiters.

Die deutsche Einwanderung
Eine große deutsche Auswanderungswelle setzte nach 1800 ein. Nun zogen ganze Dörfer über den Atlantik, zwischen 1820 und 1900 über fünf Millionen Menschen. Die ersten Auswanderer kamen aus Südwestdeutschland, nach 1860 auch aus den Gebieten östlich der Elbe. Wirtschaftliche und soziale Gründe gaben dafür meist den Ausschlag. Die Auswanderer waren überwiegend Kleinbauern, Handwerker oder Tagelöhner. Der Niedergang der Heimarbeit, das Erbrecht in der Landwirtschaft, Missernten und Teuerung führten zur Verarmung. Sie ließ die Auswanderung nach Amerika oft als einzige Möglichkeit erscheinen, dem Elend zu entkommen.

Daneben gab es aber auch religiöse und politische Gründe. Viele Angehörige religiöser Minderheiten emigrierten, darunter zahlreiche Juden. Enttäuschte Hoffnungen von Revolutionären und Demokraten ließen die Zahl politischer Emigranten 1830 und 1848 stark ansteigen. Zwar blieb ihre Zahl insgesamt gering, diese Einwanderer spielten aber für die Politik und Presse in Amerika eine wichtige Rolle.

Die typischen Auswandererschiffe im transatlantischen Liniendienst waren Paketschiffe. Seit Mitte des 19. Jh. verkürzte sich die Überfahrt durch schnellere Segelschiffe und erste Dampfschiffe erheblich. Doch die Gewinnsucht der Reeder und Kapitäne verschärfte ein altes Problem: die Zwischendecks der Schiffe waren stets überfüllt, die Lebensmittelzuteilungen knapp und oft verdorben.

Neue Einwandererströme aus Europa und China
Von 1860 bis 1890 stammten die meisten Zuwanderer noch immer aus Nord-, Mittel- und Westeuropa. Sie ließen sich als Farmer, Handwerker und Facharbeiter nieder. 1890 setzte eine starke Zuwanderung aus Süd- und Osteuropa ein. Die „neue Einwanderung" richtete sich vor allem auf die großen Industriezentren, wo die Zuwanderer als Industriearbeiter unterkamen. Zugleich erfolgte ein sprunghaftes Ansteigen der chinesischen Einwanderung. Die neuen fremden Volksgruppen in den Städten ließen sich schwerer assimilieren als die „alten" Einwanderer. Hierzu trugen vor allem andere Lebensformen und Sprachbarrieren (Analphabetismus) bei.

Dennoch blieb Amerika für jeden Auswanderer die große Hoffnung. Sie bestand im festen Glauben an das „Land der unbegrenzten Möglichkeiten", in dem sich der „American Dream" von Freiheit, Erfolg und Fortschritt verwirklichen ließ.

Aufgaben

1. Welche unterschiedlichen Beweggründe veranlassten Menschen zur Auswanderung?
2. a) Was veranlasste viele germanischen Stämme im 4.–6. Jh. zu ihrer Wanderung?
   b) Warum hatten die germanischen Reiche der Völkerwanderungszeit keinen Bestand?
3. a) Was veranlasste die Hugenotten zu ihrer Auswanderung aus Frankreich?
   b) Was versprach sich der Kurfürst von Brandenburg von einer Ansiedlung der Hugenotten?
   c) Welchen Nutzen brachten die Hugenotten ihrer neuen Heimat Brandenburg-Preußen?
4. a) Welche unterschiedlichen Gründe veranlassten Menschen zur Auswanderung nach Amerika?
   b) Fasse in einer Übersicht die verschiedenen Auswanderungswellen nach Amerika zusammen.

Imperialistische Expansionen und Rivalitäten

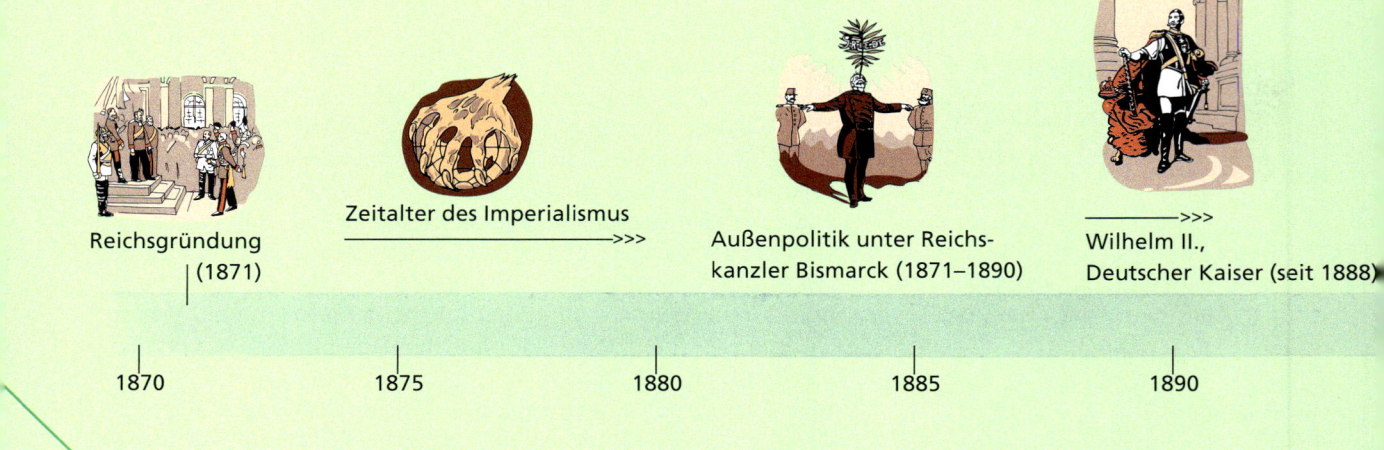

Reichsgründung (1871)

Zeitalter des Imperialismus >>>

Außenpolitik unter Reichskanzler Bismarck (1871–1890)

——>>>
Wilhelm II., Deutscher Kaiser (seit 1888)

1870 1875 1880 1885 1890

Zusammenfassung

Obwohl bereits seit dem Zeitalter der Entdeckungen europäische Staaten in anderen Erdteilen Handelsstationen errichtet hatten und die neuen Gebiete zum Teil wirtschaftlich und militärisch kontrollierten, setzte erst im 19. Jahrhundert ein beschleunigter Wettlauf nach eigener Machtentfaltung in fremden Gebieten ein. Nationales Sendungsbewusstsein spielte hierbei ebenso eine entscheidende Rolle wie das Gefühl eigener kultureller, zivilisatorischer und technischer Überlegenheit.

Zwar wurde die Weitergabe mancher Errungenschaften an die eroberten und kontrollierten Gebiete als Geschenk der überlegenen Zivilisation dargestellt, es dominierte aber meist das Interesse an wirtschaftlicher Ausbeutung der Kolonien und Unterdrückung der einheimischen Bevölkerung. Der Wettlauf um neue Gebiete führte zunehmend zu Spannungen zwischen den beteiligten Mächten.

Neben den etablierten Kolonialmächten wie etwa Spanien, England und Frankreich traten auch Deutschland, Italien, Japan und die USA als junge Staaten in den Wettbewerb um Macht, Prestige sowie militärische und wirtschaftliche Vorteile ein.

Die imperialistischen Bestrebungen der Großmächte und die daraus resultierenden Spannungen trugen einen wesentlichen Teil zum Ausbruch des Ersten Weltkrieges bei. Die Kolonien spielten im Verlauf des Krieges nur eine untergeordnete Rolle.

Deutsche Flottenpolitik

Aufstand der Herero (1904/1905)

Entente Cordiale (1904)

Erster Weltkrieg (1914–1918)

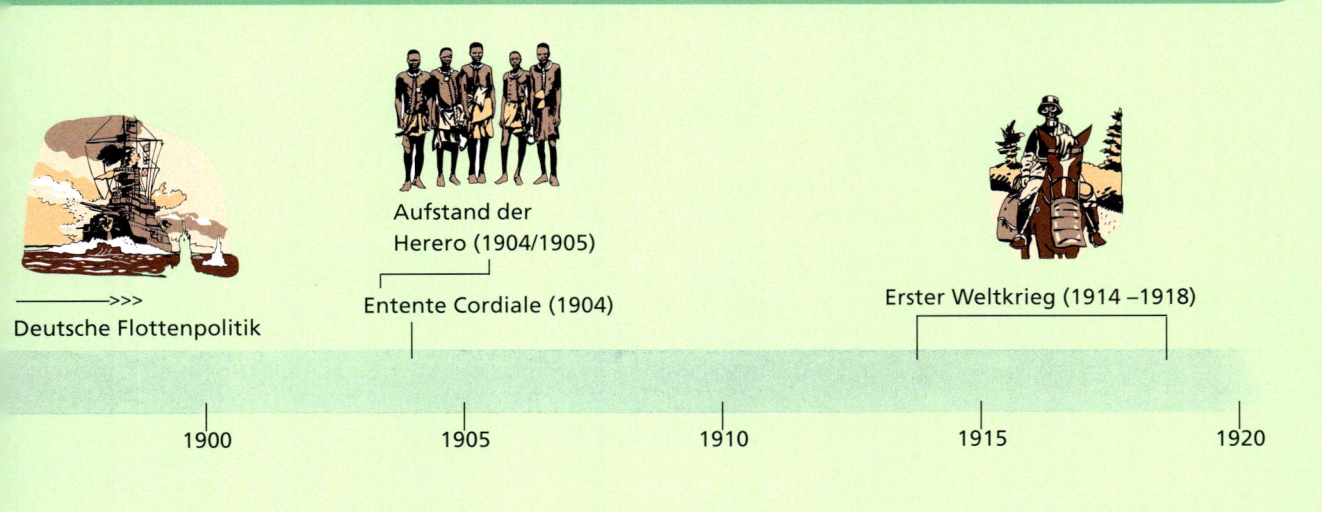

1900 — 1905 — 1910 — 1915 — 1920

Daten

1884 Deutschland erwirbt „Schutzgebiete" in Afrika

1904/05 Aufstand der Herero

1914–1918 Erster Weltkrieg

Begriffe

Imperialismus

Personen

Mahatma Gandhi

Tipps zum Thema: Imperialistische Expansionen und Rivalitäten

Filmtipp

Das deutsche Kaiserreich 1871–1918, Deutschland 2006.

Lesetipp

Dolf Verroen: Wie schön weiß ich bin, Wuppertal 2005.

Hermann Schulz: Dem König klaut man nicht das Affenfell, Wuppertal 2006.

Museen

Deutsches Historisches Museum, Berlin

Speicherstadtmuseum Hamburg

Museum für Hamburgische Geschichte

Kommentierte Links: www.westermann.de/geschichte-linkliste

Cholera und Tuberkulose

„Das Alter – ein Geschenk Gottes"
Neun von zehn Menschen sterben an einer Krankheit, bevor sie alt werden – so die Erfahrung eines preußischen Arztes aus dem Jahr 1797. Ein Mensch musste damals damit rechnen, dass er schwere Krankheiten nicht überleben würde, die Krankheitsursachen waren zumeist unbekannt. Das Alter, so hieß es, sei ein Geschenk Gottes. Erst allmählich änderte sich die Einstellung der Menschen, die Krankheiten nicht mehr nur als gottgegeben hinnahmen, sondern vielmehr als einen Gegner verstanden, der bekämpft werden kann.

Die Cholera
Die Cholera war die Pest des 19. Jahrhunderts. Sie hatte seit 1817 in Indien innerhalb weniger Jahre unzählige Opfer gefordert und breitete sich in den 1830er-Jahren bis nach Westeuropa aus. Deshalb wurde sie das „asiatische Ungeheuer" genannt. Die Ausdehnung des britischen Kolonialreiches und die Beschleunigung des Verkehrs brachten es mit sich, dass Soldaten und Kolonialarbeiter die Cholera auf Schiffen nach Europa einschleppten. Die schlechten hygienischen Verhältnisse in den Arbeitervierteln zur Zeit der Industrialisierung begünstigten die Ausbreitung der Krankheit. 1831/32 kam es zu ersten Epidemien in Berlin und Paris. In immer neuen Wellen forderte die Cholera im 19. Jahrhundert ihre Opfer. Kaum war eine Epidemie vorüber, kam schon die nächste.

Die Ursachen der Cholera
Cholera ist eine Erkrankung der Darmschleimhaut, die zu heftigem Durchfall und Erbrechen führt. Der starke Wasserverlust lässt den Körper regelrecht austrocknen. Ohne Behandlung sterben zwei Drittel der Erkrankten innerhalb weniger Tage. Da es keine wirksamen Medikamente gab, versuchten es die Ärzte mit den verschiedensten Heilmethoden: Den Kranken wurden beispielsweise Abführmittel, Cholera-Schnäpse und andere „Wundertropfen" verabreicht. Einige bekamen

M 1 Cholera-Epidemie in Hamburg
Die letzte Cholera-Epidemie auf deutschem Boden ereignete sich 1892 in Hamburg, mehr als 8 500 Menschen starben. Feldlazarett beim Eppendorfer Krankenhaus, Holzstich von 1892

M 2 Robert Koch (1843–1910)
Fotografie von 1896

Opium, andere wurden sogar zur Ader gelassen, was den Tod nur noch schneller herbeiführte.

Unter den Ärzten und Wissenschaftlern gab es zwei Schulen. Max von Pettenkofer, der seit 1865 an der Münchner Universität den ersten deutschen Lehrstuhl für Hygiene innehatte, war der Ansicht, dass feuchtes Erdreich in Verbindung mit Kot und Harn infizierter Menschen ein Gas bildet, das die Cholera verursacht. Der Berliner Arzt und Forscher Robert Koch dagegen glaubte, dass unsauberes Wasser die Ursache für die Cholera sei. Auf einer Expedition nach Indien konnte er seine Vermutung beweisen. Im Darm von verstorbenen Cholera-Kranken fand er 1883 den Erreger, ein im Wasser lebendes Bakterium.

Da die Ursache der Krankheit nun bekannt war, konnten entsprechende Maßnahmen ergriffen werden: Ausbau der Kanalisation, Errichtung von Wasserwerken mit Filteranlagen, Ausweitung der Müllabfuhr und Schaffung besserer Wohnbedingungen.

Die Tuberkulose

Tuberkulose war eine der häufigsten Todesursachen der Menschen in der zweiten Hälfte des 19. Jahrhunderts in Deutschland: Jährlich starben mehr als 100 000 Menschen auf dem Gebiet des Deutschen Reiches an der als „Schwindsucht" bekannten Volkskrankheit.

Tuberkulose ist eine chronische Infektionskrankheit, die alle Organe des Körpers befallen kann. Die bekannteste Form ist die Lungentuberkulose. Fieber, Mattigkeit, Nachtschweiß, Appetitmangel und Gewichtsabnahme, bei Lungentuberkulose außerdem Husten, Brustschmerzen und blutiger Auswurf sind typische Symptome. Ein Jahr vor der Entdeckung des Choleraerregers hatte Robert Koch bereits die Ursache für die Tuberkulose gefunden: das Tuberkelbakterium. 1905 erhielt er für seine Entdeckungen den Nobelpreis für Medizin.

Die Bekämpfung der Tuberkulose

Mit der Entdeckung des Erregers 1882 war noch keine Heilung in Sicht. Ein Durchbruch bei der Behandlung von Tuberkulose-Kranken stellte erst die Erfindung der Antibiotika in den 1940er-Jahren dar.

Auf Plakaten und Merkblättern erklärte das Kaiserliche Gesundheitsamt den Menschen, wie sie sich vor einer Ansteckung schützen könnten. Auch wurde eine Meldepflicht für Infektionskrankheiten eingeführt. In Sanatorien sollten Tuberkulosekranke in Liegekuren mehrere Stunden am Tag an der frischen Luft verbringen. Bis heute ist die Krankheit nicht ausgerottet.

Quellen für die Geschichte der Medizin

Krankenakten und Sterbestatistiken, Verordnungen, Plakate und wissenschaftliche Aufsätze sind heute unsere wichtigsten schriftlichen Quellen. Aber auch Karikaturen, Fotopostkarten von Sanatorien, Briefe und die literarische Verarbeitung von Krankheit geben uns einen Einblick in die Geschichte der ansteckenden Krankheiten, die das 19. Jahrhundert bestimmten. Cholera und Tuberkulose sind dabei nur zwei Beispiele. Auch Kinderkrankheiten wie Masern, Keuchhusten oder Diphtherie verursachten noch bis ins 20. Jahrhundert bei den Menschen Angst und Schrecken, da sie häufig tödlich verliefen.

Längsschnitt: Medizin im 19. Jahrhundert

Wie die Tuberkulose übertragen wird.

Ansteckung durch ausgehustete Tröpfchen.

Ansteckung durch tuberkelpilzhaltigen Staub.

Ansteckung durch verschmierten Schmutz.

Ansteckung durch ungekochte Milch tuberkulöser Kühe.

M 3 „Wie die Tuberkulose übertragen wird."
Bildtafel zur Erkennung und Verhütung der Tuberkulose, um 1925

M 4 Cholera und Tuberkulose

a) Folgende Lexikon-Artikel eines Konversationslexikons aus den Jahren 1875 und 1878 spiegeln den Wissensstand der damaligen Zeit wider. Unter dem Stichworten Cholera heißt es:

Ganz besondere Aufmerksamkeit hat man auf die Erforschung der Art und Weise verwendet, wie sich die C. ausbreitet. Früher glaubte man, dass sie eine ansteckende Krankheit sei, und dass sie unmittelbar von einem Menschen auf den andern übertragen werde. Bald jedoch ließen zahlreiche Erfahrungen diese Annahme als unhaltbar erscheinen, und man verfiel nun in den entgegengesetzten Fehler, die Krankheit mehr oder minder ausschließlich für eine miasmatische zu halten und anzunehmen, dass sie sich nicht sowohl durch Ansteckung von Mensch zu Mensch, als vielmehr durch Vermittlung des Bodens und der Luft verbreite. Man weiß nun gegenwärtig ganz sicher, dass die C. eine kontagiös-miasmatische Krankheit ist.

Was dieser Ausdruck besagen will, wird sich aus folgender Betrachtung ergeben. Die C. ist eine Infektionskrankheit; sie entsteht nur, wenn ein gewisser, seiner Natur nach übrigens nicht näher bekannter Giftstoff, welchen wir Choleragift nennen wollen, in den Körper des Menschen gelangt. Dieser Giftstoff stammt ursprünglich aus dem Boden; er gehört folglich zu derjenigen Klasse von Ansteckungsstoffen, welche wir als Miasmen oder Bodenausdünstungen bezeichnen.

Meyers Konversations-Lexikon. Eine Enzyklopädie des allgemeinen Wissens, 3. Aufl. Bd. 4, Leipzig 1875, S. 494.

b) Über die Ursachen der Tuberkulose heißt es:

Die Ursachen der Tuberkelbildung und der Tuberkulose sind selten lokaler, sondern meist allgemeiner Natur. Eine lokale Ursache der Tuberkelbildung müssen wir annehmen bei manchen Handwerkern, z. B. bei Schleifern, Stein- und Metallarbeitern […], bei denen allen durch Aufnahme reizender Staubteilchen in die Luftwege ein chronischer Entzündungszustand der letzteren verursacht und die Tuberkulosebildung angeregt wird. Die allgemeinen Ursachen der Tuberkulose sind vorzugsweise Erblichkeit und schlechte Ernährung. Der Einfluss der Eltern auf die Entstehung der Tuberkeln der Kinder ist zweifellos und lässt sich häufig konstatieren. Die Tuberkulose betrifft die Kinder sowohl, wenn beide Eltern tuberkulös sind, als auch, wenn nur der Vater oder nur die Mutter es ist. Indes müssen durchaus nicht alle Kinder tuberkulöser Eltern notwendig wieder tuberkulös werden. Ebenso sicher ist schlechte Ernährung eine häufige Ursache der Tuberkulose. Wir sehen dies bei unzweckmäßiger Ernährung besonders kleiner Kinder (künstliche Auffütterung der Säuglinge), ferner an den Insassen von Waisenhäusern, Gefängnissen und dergleichen Anstalten, bei Menschen, welche schwere Krankheiten überstanden haben und dadurch in ihrer Ernährung sehr herabgekommen sind, bei Geisteskranken, welche die Nahrung verweigern, nach geschlechtlichen Exzessen, Kummer und derartigen Affekten.

Meyers Konversations-Lexikon. Eine Enzyklopädie des allgemeinen Wissens, 3. Aufl. Bd. 15, Leipzig 1878, S. 192.

Aufgaben

1. a) Erläutere, welche Erklärungen für die Cholera im 19. Jahrhundert gängig waren.
   b) Welche Erklärung der Krankheit wurde im Lexikon aus den 1870er-Jahren angegeben?
   c) Welche der Erklärungen hat sich als zutreffend erwiesen?
   → Text, M3, M4

2. a) Fasse die aktuellen medizinischen Informationen zur Cholera zusammen. Ziehe dazu auch andere Informationsquellen (Lexikon, Internet usw.) heran.
   b) Informiere dich, ob die Cholera heute noch existiert und wo sie verbreitet ist.
   → Text, Lexikon oder Internet

3. a) Erkläre, was Tuberkulose ist.
   b) Welche Ursachen für die Tuberkulose wurden im Lexikonartikel aus den 1870er-Jahren angegeben? Waren die Informationen aus heutiger Sicht zutreffend?
   c) Stelle dar, wie die Krankheit bekämpft wurde, und beurteile die Wirksamkeit der Gegenmaßnahmen.
   → Text, M2, M3, M4

4. a) Informiere dich über die Wirkungsweise von Antibiotika.
   b) Überlege, warum zwischen der Entdeckung des Tuberkulose-Erregers und der Entwicklung eines wirksamen Gegenmittels eine so lange Zeitspanne lag.
   → Text, Lexikon oder Internet

Minilexikon

Ablass. Der reuige Sünder musste für seine Sünden verschiedene Bußen auf sich nehmen, z. B. Gebete, Almosen, Wallfahrten. Erst danach wurde er von seinen Sünden losgesprochen. Nur diese Bußstrafen – und nicht wie oft angenommen die Sünden selbst – konnte man im Spätmittelalter durch einen Ablass verkürzen oder erleichtern. Aus dem Verkauf der päpstlichen Ablassbriefe entwickelte sich für die Kirche eine sprudelnde Einnahmequelle.

Absolutismus (lat. absolutus = losgelöst). Regierungsform, in der ein Monarch die uneingeschränkte und ungeteilte Herrschaftsgewalt (Souveränität) besitzt. Er regiert von den Gesetzen losgelöst und muss sich keinem Menschen, sondern nur Gott gegenüber rechtfertigen. Er sieht seine Macht als gottgegeben (Gottesgnadentum) und fordert unbedingten Gehorsam von allen Untertanen. Der Begriff bezeichnet die Epoche vom 16.–18.Jh., als der A. in Europa vorherrschte. Als Vorbild galt der französische König Ludwig XIV. Um die Macht zu zentralisieren, unterwarf er den politisch selbstständigen Adel und brach das Steuerbewilligungsrecht der Stände. Zu Stützen seiner Macht entwickelte er das Stehende Heer, die Beamtenschaft und den Merkantilismus.

Aktivbürger. Nach der französischen Verfassung von 1791 Bürger über 25 Jahre, die aufgrund einer bestimmten Steuerleistung wahlberechtigt waren. Bürgern mit geringerem Steueraufkommen war das Wahlrecht verwehrt (Passivbürger).

Arbeiterbewegung. Die mit der Industriellen Revolution verbundenen sozialen Probleme schufen unter den Arbeitern das Gefühl der Zusammengehörigkeit. Sie entwickelten vielfach ein gesellschaftliches Klassenbewusstsein und organisierten sich Ende des 19. Jh. in Arbeiterparteien und Gewerkschaften zur Durchsetzung ihrer Interessen.

Aufklärung. Eine Bewegung im 18. Jh. in West- und Mitteleuropa gegen den Absolutismus. Ihre zumeist bürgerlichen Vertreter – Schriftsteller, Philosophen und Staatstheoretiker – hielten alle Menschen „von Natur aus" für vernunftbegabt und befähigt ihr Leben „vernünftig" zu gestalten. Die Zeit war erfüllt von Fortschrittsglauben und Optimismus. Mithilfe von Büchern, Zeitungen und Diskussionen gewannen die Aufklärer die öffentliche Meinung in ihrem Kampf gegen religiösen Fanatismus, gegen Vorurteile und überlieferte politische Machtverhältnisse.

Augsburger Religionsfriede. Reichsgesetz, zwischen König Ferdinand I. und den Reichsständen 1555 ausgehandelt. Er besiegelte die Glaubensspaltung des Reiches, indem er die Lutheraner rechtlich anerkannte. Die Landesfürsten erhielten Konfessionsfreiheit und schrieben nach dem Grundsatz „cuius regio, euis religio" (= wem das Land gehört, der bestimmt die Religion) ihren Untertanen das Bekenntnis vor. Wer damit nicht einverstanden war, musste auswandern.

Bauernbefreiung. Reformen des 18. und 19. Jh., durch welche die Bauern aus der Leibeigenschaft und Erbuntertänigkeit befreit wurden und die Grundherrschaft endete.

Beamte. Die absolutistischen Herrscher wollten ihr Land durch eine zentrale Verwaltung kontrollieren und organisieren. Zur Durchführung benötigten sie „Staatsdiener", die ihnen treu ergeben waren. Diese Leute konnten sie nicht im Adel finden, den sie entmachtet hatten und der solche Arbeit als entwürdigend ansah. Sie fanden gut ausgebildete Kräfte im Bürgertum und schufen dadurch eine neue Berufsgruppe, die Beamtenschaft.

Biedermeier. Bezeichnung für die bürgerliche Lebensform zwischen 1815 und 1848 (Vormärz). Enttäuscht von der Restauration, die ihn aus der Politik verdrängte, zog sich der Bürger ins Privatleben zurück, um hier Erfüllung zu suchen.

Binnenwanderung. Wanderbewegung größerer Bevölkerungsteile innerhalb eines Staates. Sie wird zumeist ausgelöst durch die Suche nach besseren Arbeits- und Lebensbedingungen oder auch durch kriegerische Ereignisse. In Deutschland setzte um 1870 mit fortschreitender Industrialisierung eine Binnenwanderung vom Land in die Stadt und vom Osten in den industriellen Westen ein.

Bürgertum. Ein vielschichtiger Begriff, der sowohl den Dritten Stand in der Ständegesellschaft des Absolutismus als auch die mittleren Schichten im Zeitalter der Industrialisierung bezeichnet. Der Begriff B. wurde eingegrenzt, indem man z. B. vom Groß- und Kleinbürgertum oder vom Bildungs- und Besitzbürgertum gesprochen hat. Im Marxismus wird das B. als Bourgeoisie bezeichnet, die das Proletariat ausbeutet. Heute spricht man eher von sozialen Schichten, da eine Klassengesellschaft nicht mehr existiert.

Bourgeoisie (frz. bourgeois = Bürger). Im 19. Jh. abwertende Bezeichnung für das Besitz- u. Bildungsbürgertum. Der Marxismus definiert sie als herrschende Klasse der kapitalistischen Gesellschaft im Gegensatz zur Arbeiterklasse.

Bundesstaat. Zusammenschluss selbstständiger Staaten zu einem Gesamtstaat, wobei die Gliedstaaten einen Teil ihrer Hoheitsrechte auf den Gesamtstaat übertragen (z.B. Deutschland, USA, Schweiz). Dieses Gestaltungsprinzip nennt man Föderalismus.

Burschenschaft. 1815 in Jena gegründete studentische Verbindung, die sich zu einer rasch ausbreitenden Bewegung an den Universitäten entwickelte. Sie forderte neben einer Studienreform die staatliche Einigung Deutschlands und verkündete ihre liberalen Ziele 1817 auf dem Wartburgfest. Die Karlsbader Beschlüsse führten 1819 zum Verbot der B., die insgeheim jedoch fortbestand. Nach der Reichsgündung 1871 setzten sich konservative Strömungen in der B. durch.

Calvinismus. Bezeichnet die Lehre des Reformators Johann Calvin (1509–1564). Grundlage ist die Prädestinationslehre, nach der Gott von vornherein den Menschen entweder zum ewigen Heil oder zur ewigen Verdammnis bestimmt hat. Da man Gottes Gnade am äußerlichen Erfolg der Arbeit zu erkennen glaubte, wirkte der C. wirtschaftlich sehr anspornend. Calvin führte eine strenge Kirchenzucht ein, der auch das Privatleben unterlag. Die Gemeinde, die die Ämter selbst besetzte, sollte sich im Gottesdienst auf Predigt und Gott konzentrieren. Deshalb wurde jeglicher Schmuck aus reformierten Kirchen entfernt. Calvins Lehre verbreitete sich hauptsächlich in Westeuropa.

Code civil. Von Napoleon geschaffenes bürgerliches Zivilgesetzbuch (1804), das die Grundgedanken der Französischen Revolution (persönliche Freiheit, Gleichheit vor dem Gesetz, Trennung von Staat und Kirche) verankerte. Der Code civil (auch: Code Napoleon) beeinflusste die europäische Rechtsprechung erheblich.

Dampfmaschine. Die Dampfkraft wurde bereits Ende des 17. Jahrhunderts genutzt, um Wasser aus den Kohlebergwerken zu pumpen. James Watt erfand 1769 eine Maschine, die auch für die Industrie geeignet war. Sie ersetzte Wasser- und menschliche Arbeitskraft und schuf eine Voraussetzung für die Industrialisierung.

Deutscher Bund. 1815 auf dem Wiener Kongress gegründeter loser Staatenbund, dem 34 souveräne Fürsten, 4 Freie Städte sowie 3 ausländische Fürsten angehörten. Einziges Organ war der Bundestag (Bundesversammlung) in Frankfurt/M., wo die Gesandten unter Vorsitz Österreichs tagten. Er zerbrach 1866 am preußisch-österreichischen Dualismus.

Deutscher Zollverein. 1834 unter Preußens Führung gegründete Vereinigung 18 deutscher Staaten, der nach und nach alle Staaten Deutschlands (außer Österreich) beitraten. Ziel war die Schaffung eines einheitlichen deutschen Wirtschaftsraums ohne Binnenzölle.

Deutsches Kaiserreich. Das mittelalterliche Kaiserreich, das ab dem 16. Jahrhundert als Heiliges Römisches Reich Deutscher Nation bezeichnet wurde, erlosch im Jahr 1806 nach einer mehr als 800jährigen Geschichte. Das Deutsche Kaiserreich wurde nach dem Krieg gegen Frankreich 1871 im Spiegelsaal des Schlosses von Versailles ausgerufen. Nur 47 Jahre bis zum Ende des Ersten Weltkrieges hatte dieses sog. Zweite Reich Bestand. Der Staat Adolf Hitlers wurde später als Drittes Reich bezeichnet.

Direktorium. Nach der Verfassung von 1795 oberste Regierungsbehörde Frankreichs. Es bestand aus 5 Mitgliedern, die durch den Rat der Alten auf Vorschlag des Rats der 500 gewählt wurden. 1799 beseitigte Napoleon das Direktorium durch einen Staatsstreich.

Dualismus. Konkurrenz zweier Mächte um die Vorherrschaft. Bezeichnung auch für den machtpolitischen Gegensatz zwischen Österreich und Preußen um die Vorherrschaft in Deutschland seit dem 18. Jh.

Edikt (lat. edictum = Erlass). Kaiserlicher oder königlicher Erlass, der Gesetzeskraft erlangt. Wichtiges Beispiel: Das Edikt von

Minilexikon

Nantes gewährte den Hugenotten 1598 Glaubensfreiheit.

Emanzipation. In der Aufklärung wurzelnde Bewegung, welche die rechtliche und gesellschaftliche Gleichstellung aller Bürger anstrebte. Dazu zählen Bauernbefreiung, Judenemanzipation oder Frauenemanzipation (Frauenrechtsbewegung).

Feudalismus (lat. feudum = Lehen). Das Herrschaftssystem des mittelalterlichen Lehnswesens, das stellenweise bis zur frühen Neuzeit reichte. Der Marxismus dehnte den Begriff auf jedes Gesellschaftssystem aus, das durch adligen Grundbesitz und die damit verbundenen Herrschaftsrechte und Standesprivilegien gekennzeichnet ist. Er betrachtet den Feudalismus als Entwicklungsstufe zwischen der antiken Sklavenhaltergesellschaft und dem modernen Kapitalismus.

Frühkapitalismus. Mit dem Aufkommen der Geldwirtschaft entstand auch eine neue Wirtschaftsgesinnung, die die Zunftordnung sprengte. Einzelne Unternehmerfamilien wie die Medici in Florenz oder die Fugger in Augsburg waren in verschiedenen Bereichen europaweit aktiv: in Handel, Geldverleih, Bergbau, Verlagswesen. Nur sie besaßen die erforderlichen Mittel, um Produktion und Handel im großen Stil durchzuführen. Und sie waren bereit, ihr Geld zur Erhöhung des Gewinns stets erneut im Unternehmen anzulegen.

Gegenreformation. Die innere Erneuerung der katholischen Kirche, beschlossen auf dem Konzil zu Trient (1545–1563). Gleichzeitig der – oft gewaltsame – Versuch der Reichsfürsten (Reichsstände), protestantisch gewordene Gebiete zur katholischen Lehre zurückzuführen. Eine wichtige Rolle spielte dabei der Jesuitenorden (Jesuiten). Die religiösen und damit verbundenen politischen Spannungen führten zum Dreißigjährigen Krieg (1618–1648).

Generalstände. Versammlung von Vertretern der drei Stände (Geistlichkeit, Adel, Bürger und Bauern) in Frankreich mit dem Recht der Steuerbewilligung.

Gewaltenteilung. Teilung der Staatsgewalt in eine gesetzgebende (legislative), gesetzesvollziehende (exekutive) und rechtsprechende (judikative) Gewalt. Sie entspringt der Aufklärung und soll einen Missbrauch staatlicher Macht verhindern. Dem Prinzip der Gewaltenteilung entsprechen die voneinander unabhängigen Verfassungsorgane Parlament, Regierung und Gerichte.

Gewerbefreiheit. In vorindustrieller Zeit unterlag das Gewerbe einer Preis- und Produktionskontrolle durch die Zünfte. Dieser Zunftzwang wurde im 19. Jh. aufgehoben und die Gewerbefreiheit eingeführt. Jeder konnte nunmehr einen Gewerbebetrieb mit beliebigen Produkten eröffnen.

Gewerkschaften. Zusammenschlüsse von Arbeitnehmern zur Wahrung ihrer wirtschaftlichen Interessen. In England organisierten sich Arbeiter erstmals Ende des 18. Jh. (Trade Unions), in Deutschland entstanden seit 1848 zahlreiche lokale Arbeiterverbände. Nach 1890 (Aufhebung des Sozialistengesetzes) entwickelten sich die Gewerkschaften zu breiten Massenorganisationen.

Girondisten. Politische Gruppe von Abgeordneten während der Französischen Revolution, deren wichtigste Führer aus dem Departement Gironde stammten. Sie spalteten sich von den Jakobinern ab und verfolgten als Vertreter des Bürgertums eine gemäßigte republikanische Richtung.

Gleichgewichtspolitik. Ein grundlegendes Konzept insbesondere der britischen Politik („Balance of Power"). Es verfolgt das Ziel, die Macht der europäischen Staaten so auszubalancieren, dass keiner von ihnen die Vorherrschaft (Hegemonie) erlangt. Im Zuge dieser Politik wird jeweils die schwächere Staatengruppe gegenüber den stärkeren Mächten unterstützt.

Großdeutsch. In der Frankfurter Nationalversammlung 1848/49 bildeten sich zwei Richtungen hinsichtlich Österreichs Zugehörigkeit zu einem deutschen Nationalstaat. Während die eine Gruppe die Einbeziehung Österreichs befürwortete (großdeutsche Lösung), lehnte die andere dies ab (kleindeutsche Lösung).

Heilige Allianz. 1815 veröffentlichte Erklärung der Monarchen von Russland, Österreich und Preußen, der sich später zahlreiche europäische Fürsten anschlossen. Ziel der Allianz sollte eine Politik sein, welche die Prinzipien der christlichen Religion und des Friedens verfolge. Tatsächlich diente sie der Unterdrückung nationaler und liberaler Bewegungen und wurde – obwohl politisch weitgehend folgenlos – zum Symbol der Reaktion.

Hugenotten. Bezeichnung der französischen – meist calvinistischen – Protestanten. In Frankreich hatte sich die Reformation bis in hohe Adelskreise durchgesetzt und zu blutigen Machtkämpfen geführt. Nach der Ermordung der hugenottischen Führer in der „Bartholomäusnacht" 1572 und weiteren Auseinandersetzungen erließ der neue König 1598 das „Edikt von Nantes". Darin gewährte er den Hugenotten Gewissensfreiheit und politische Gleichberechtigung. Die Aufhebung des Edikts durch Ludwig XIV. im Jahre 1685 führte viele Hugenotten auf ihrer Flucht nach Brandenburg.

Humanismus (lat. humanus = menschlich). Künstler und Gelehrte, Fürsten und Päpste sammelten antike Handschriften und Kunstwerke und machten sie anderen zugänglich. Sie nannten sich Humanisten, denn sie waren überzeugt, dass die Menschen durch das Studium der klassischen Vorbilder vollkommener würden.

Ideologie. Ein vielschichtiges Denkmodell, das gesellschaftliche Verhältnisse und historische Entwicklungen deutet und mit dem Anspruch auf allgemeine Gültigkeit propagiert. Da sie aktuelle Zustände oder angestrebte Veränderungen rechtfertigen will, verfolgt sie bestimmte Interessen. Ihre Argumentation ist daher einseitig oder verzerrt.

Imperialismus. Das Streben eines Staates, seine Herrschaft auf andere Länder und Völker auszudehnen. Als Machtmittel dienen Eroberungen oder wirtschaftliche Beherrschung aufgrund ökonomischer Überlegenheit. Als Epoche des Imperialismus gilt besonders die Zeit von 1880–1914, in der die Großmächte ihre Kolonialreiche ausbauten und die Welt in Einflusssphären aufteilten.

Industrielle Revolution. Einschneidender wirtschaftlicher und gesellschaftlicher Umwälzungsprozess, ausgelöst durch die um 1760 in England einsetzende Industrialisierung. Sie erreichte um 1840 Deutschland und breitete sich später weltweit aus. Zu ihren Voraussetzungen zählte vor allem der Einsatz von Maschinen, was neue industrielle Produktionsweisen nach sich zog (Massenfabrikation, Arbeitsteilung, Fabriken). Besonders in ihrer Anfangsphase war sie mit sozialer Verelendung verbunden, zugleich entstanden neue Klassengegensätze aufgrund sozialer Probleme der Arbeiterschaft (Soziale Frage).

Jakobiner. Die Mitglieder eines politischen Klubs während der Französischen Revolution, benannt nach ihrem Tagungsort, dem Pariser Kloster St. Jakob. Nach Abspaltung der Girondisten Bezeichnung allein der radikalen Republikaner.

Judenemanzipation. Befreiung der jüdischen Bevölkerung aus ihrer rechtlichen Ungleichheit und gesellschaftlichen Diskriminierung. Sie setzte besonders in der Aufklärung ein, doch erst die Französische Revolution brachte den Juden in Frankreich das volle Bürgerrecht (1791). Obwohl auch andere Länder Reformen einleiteten (Preußen 1812), erfolgte die völlige Gleichberechtigung in den meisten Staaten erst nach 1850. Die gesellschaftliche Diskriminierung wirkte zumeist fort.

Julirevolution. Erhebung der Pariser Bevölkerung im Juli 1830, ausgelöst durch eine Politik der Restauration durch den Bourbonenkönig Karl X. Sie führte zum Sturz des Monarchen sowie zu revolutionären Erhebungen in anderen europäischen Staaten.

Kapitalismus. Wirtschaftssystem, bei dem das Kapital unternehmerisch eingesetzt wird, um hohe Gewinne zu erzielen. Angebot und Nachfrage bestimmen den Verkaufspreis, der Staat enthält sich jeder Einflussnahme. Für den Marxismus ist der Kapitalismus ein System profitorientierten Eigentums, das die Lohnarbeiter ausbeutet und ihre Verelendung bewirkt. Zentrale Bedeutung hat daher das Produktivkapital, das alle Produktionsmittel wie Maschinen oder Produktionsstätten umfasst. Sie gehören Privatpersonen – Unternehmern bzw. „Kapitalisten" –, denen die Lohnarbeiter – das Proletariat – gegenüberstehen. Nur der Klassenkampf kann nach Marx ihre Ausbeutung beenden.

Karlsbader Beschlüsse. Die auf den Karlsbader Ministerkonferenzen 1819 beschlossenen Maßnahmen gegen nationale und liberale Bewegungen. Anlass war die Ermordung des reaktionären Dichters von Kotzebue. An den Beschlüssen, die auf

259

Minilexikon

Initiative Metternichs zu Stande kamen, wirkten Österreich, Preußen sowie acht weitere deutsche Staaten mit.

Kirchenbann. Der Bann ist das Recht des Herrschers, etwas unter Anordnung von Strafe zu gebieten oder zu verbieten. Der Kirchenbann ist die vom Papst verhängte Kirchenstrafe gegen die Ketzerei (Ketzer) und schwere Sünden. Er bedeutet Ausschluss von den Sakramenten (Exkommunikation) und damit Ausschluss aus der Gemeinschaft der Gläubigen. Der Bann kann durch Buße des reuigen Sünders aufgehoben werden. Der Kirchenbann war ein wichtiges Mittel im politischen Kampf des Papstes gegen die weltliche Macht.

Klassen(kampf). Gesellschaftliche Gruppen innerhalb einer Sozialordnung, deren Stellung durch Vermögen, Bildungsgrad und gesellschaftliches Bewusstsein gekennzeichnet ist. Die folgenreichste Klassentheorie entwickelte der Marxismus. Hiernach beutet die herrschende Klasse der Bourgeoisie die Klasse der Arbeiter – das Proletariat – aus, weil sie über die Produktionsmittel (Kapitalismus) verfügt. Daraus resultiert ein Klassenkampf, der schließlich zur Revolution führt und mit dem „Sieg des Proletariats" endet („Diktatur des Proletariats"). Nach Überführung der Produktionsmittel in Gemeineigentum entsteht allmählich die klassenlose Gesellschaft des Kommunismus.

Kleindeutsch (s. Großdeutsch)

Kolonie. Ein abhängiges Gebiet in Übersee. Mit den Entdeckungen und Eroberungen der Portugiesen und Spanier begann das Kolonialzeitalter. Europäische Staaten besetzten dank ihrer überlegenen Waffen überseeische Gebiete, unterwarfen die dortige Bevölkerung, besiedelten das Gebiet und beuteten es wirtschaftlich aus. Je nach Schwerpunkt unterscheidet man Wirtschaftskolonien, Siedlungskolonien, Militärkolonien und Strafkolonien.

Kommunismus. Von Marx und Engels begründete Ideologie, die im „Kommunistischen Manifest" 1848 zusammengefasst wurde. Er enthält die Vorstellung einer klassenlosen Gesellschaft, in der das Privateigentum an Produktionsmitteln abgeschafft und in Gemeineigentum überführt worden ist. Im 20. Jh. bezeichnet der K. vor allem eine Gesellschaftsform, die erstmals durch die Oktoberrevolution 1917 in der Sowjetunion errichtet wurde und durch die Diktatur der Kommunistischen Partei gekennzeichnet ist.

Konfession (lat. = Bekenntnis). Sie umfasst alle Menschen, die das gleiche Glaubensbekenntnis ablegen und damit zur eigentlichen Glaubensgemeinschaft gehören. Katholiken und Protestanten bilden die beiden großen Konfessionen in Deutschland.

Konservatismus. Geistige und politische Haltung, die auf Bewahrung überlieferter Werte abzielt. Reformen werden nicht abgelehnt, wohl aber Neuerungen, die auf unüberprüfbaren Theorien oder Ideologien beruhen. Er entstand in der Auseinandersetzung mit den Ideen der Französischen Revolution und wurde im 19. Jh. zum Verbündeten der Restauration gegen den Liberalismus.

Konstitutionelle Monarchie. Regierungsform, in der die Gewalt des Monarchen an eine Verfassung (Konstitution) gebunden ist, die eine Mitwirkung der Volksvertretung bei der Gesetzgebung vorsieht.

Kontinentalsperre. Von Napoleon 1806 gegen Großbritannien verhängte Wirtschaftsblockade, die den europäischen Kontinent abriegelte.

Konvent. Französische Nationalversammlung von 1792–95. Er proklamierte 1792 die Republik und entwarf eine nie in Kraft getretene republikanische Verfassung. Sein ausführendes Organ war der Wohlfahrtsausschuss.

Konzil (lat. concilium = Zusammenkunft). Die Versammlung hoher kirchlicher Würdenträger zur Beratung und Entscheidung wichtiger Angelegenheiten von Glauben und Kirche. Ein Konzil betrifft die Gesamtkirche, Kirchenversammlungen für ein begrenztes Gebiet sind Synoden.

Kulturkampf. Die von Bismarck geführte Auseinandersetzung zwischen dem preußischen Staat und der katholischen Kirche 1871–87.

Landeskirche. Luther selbst setzte nach den Bauernkriegen die Fürsten als „Notbischöfe" zur Leitung der Kirche ein. Die Ämterbesetzung erfolgte nicht durch die Gemeindemitglieder, sondern wurde wieder von der Obrigkeit bestimmt. Die protestantischen Landesherren erweiterten dadurch ihre Macht.

Legitimität. Nach diesem Prinzip sollten auf dem Wiener Kongress nur solche Herrscher als rechtmäßig (legitim) anerkannt werden, die sich auf althergebrachte Rechte einer königlichen oder fürstlichen Familie berufen konnten.

Liberalismus. In der Aufklärung wurzelnde politische Bewegung, die im 19. Jh. Bedeutung erlangte. Im Zentrum steht das Recht des Einzelnen auf freie Entfaltung gegenüber staatlicher Bevormundung. Zu seinen Forderungen zählen Glaubens- und Meinungsfreiheit, Sicherung der bürgerlichen Grundrechte sowie Beteiligung an politischen Entscheidungen. Der wirtschaftliche Liberalismus fordert einen freien Wettbewerb ohne staatliche Eingriffe und Zollschranken.

Manufaktur (lat. manu facere = mit der Hand machen). Ein Betrieb, in dem vorwiegend Handarbeit geleistet wurde. Die Arbeit fand allerdings im Gegensatz zum traditionellen Handwerksbetrieb in großen Produktionsräumen mit vielen Arbeitern statt. Zur Steigerung der Produktion teilte man die Herstellung z. B. eines Gewehrs in Einzelschritte auf (Arbeitsteilung). Im Zeitalter des Absolutismus gründeten viele Landesherren Manufakturen, um den Bedarf an Waffen und Uniformen zu decken oder durch andere Produkte Handel und Wirtschaft zu beleben.

Marxismus. Bezeichnung für die von Karl Marx und Friedrich Engels im 19. Jh. begründete Theorie des wissenschaftlichen Sozialismus. Zentrale Grundlage ist der „Historische Materialismus", der von der Notwendigkeit einer sozialistischen Gesellschaftsordnung ausgeht, die das Ergebnis der sozialen und wirtschaftlichen Entwicklung ist (Klassenkampf, Kommunismus). Weiterhin die „Kritik der politischen Ökonomie", in der Marx die kapitalistischen Produktionsweisen und ihre Auswirkungen auf die gesellschaftlichen Verhältnisse untersucht (Kapitalismus).

Menschenrechte. In der Aufklärung entstandene Überzeugung, wonach jeder Mensch unantastbare Rechte besitzt, die der Staat achten und schützen muss. Hierzu zählen das Recht auf Gleichheit, Unversehrtheit, Eigentum, Meinungs- und Glaubensfreiheit, Widerstand gegen Unterdrückung. Diese Rechte wurden erstmals in die amerikanische Unabhängigkeitserklärung (1776) und die französische Verfassung von 1791 aufgenommen und sind seitdem Bestandteil vieler Verfassungen.

Mediatisierung. Beseitigung der Selbstständigkeit kleinerer weltlicher Reichsstände (z.B. Grafschaften, Reichsritter) und ihre Unterwerfung unter die Landeshoheit anderer Territorien. Sie erfolgte seit 1803 (Reichsdeputationshauptschluss) zur Entschädigung jener Fürsten, deren linksrheinische Gebiete an Frankreich gefallen waren.

Merkantilismus (lat. mercator = Kaufmann). Die staatlich gelenkte Wirtschaftsform des Absolutismus. Um die Macht des Staates zu vergrößern und die Mittel für das Stehende Heer, die Beamten und den höfischen Prunk aufzubringen, musste durch intensiven Handel möglichst viel Geld ins Land kommen und möglichst wenig das Land verlassen. Die Regierung erhöhte daher die Ausfuhr von Fertigwaren und erschwerte durch hohe Zölle die Einfuhr ausländischer Produkte. Durch eigene Kolonien kam man an billige Rohstoffe. Die Regierung förderte Unternehmer und qualifizierte Arbeiter, die in den neuen Manufakturen Exportwaren produzierten. Im Inland beseitigte der Staat Handels- und Gewerbeschranken durch Ausbau der Verkehrswege (insbesondere Kanäle), durch einheitliche Währung, Maße und Gewichte sowie durch Beseitigung von Zöllen und Zunftordnungen.

Nation. Als Merkmal einer Nation gelten gemeinsame Abstammung, Sprache, Kultur und Geschichte sowie das Zusammengehörigkeitsgefühl der in einem Gebiet zusammenlebenden Menschen. Die Begriffe „Nation" und „Volk" sind nicht eindeutig voneinander abzugrenzen und werden häufig synonym gebraucht. Ein Nationalgefühl entwickelte sich bereits im Mittelalter, vor allem in den westeuropäischen Staaten (England, Frankreich, Spanien). Im 19. Jh. verstärkte sich diese Tendenz, besonders bei jenen Völkern, die keine politische Unabhängigkeit erlangt hatten (z.B. Polen, Südslawen, Griechen) oder aufgrund ihrer Geschichte in zahlreiche Einzelstaaten zersplittert waren (z.B. Deutschland, Italien). Sie erhoben die Forderung

Minilexikon

nach einem Nationalstaat, der ein politisch geeintes Volk umfassen sollte.

Nationalismus. Meist negativ besetzter Begriff für ein übersteigertes Nationalgefühl und die Überbewertung der eigenen Nation.

Nationalversammlung. Gewählte Volksversammlung einer Nation, die vor allem zur Ausarbeitung einer Verfassung zusammentritt. So z.B. die französische Nationalversammlung 1789–92 oder die Frankfurter Nationalversammlung 1848–49.

Naturrecht. Gegensatz zum staatlich festgesetzten sog. positivem Recht. Gilt seit der Antike als eine Rechtsform, auf die sich jeder Mensch berufen kann. In der Neuzeit dient es dazu, die rechtliche Gleichheit aller zu begründen. Das N. wird von unterschiedlichen Gruppen benutzt. Sowohl der absolutistische Staat als dessen Gegner bezogen sich auf das N., um ihre Herrschaftsvorstellungen zu begründen. Heute bezieht sich vor allem die katholische Kirche auf ein von Gott eingesetztes N., während es viele Juristen als unwissenschaftlich ablehnen.

Norddeutscher Bund. Der 1867 durch Bismarck geschaffene Bundesstaat, dem Preußen und alle nördlich des Main gelegenen Staaten angehörten. Die Regierungsgewalt lag beim Bundesrat der verbündeten Regierungen, dessen Präsidium beim König von Preußen. Bismarck war Bundeskanzler. Die Gesetzgebung lag beim Bundesrat und Reichstag, der in allgemeinen Wahlen direkt gewählt wurde. Diese Verfassung war Grundlage der Reichsverfassung von 1871.

Parlament. In demokratischen Staaten die aus freien Wahlen hervorgegangene Volksvertretung. Sie entscheidet als oberstes Staatsorgan über die Gesetze und kontrolliert die Regierung (Gewaltenteilung).

Partei. Organisierter Zusammenschluss politisch gleichgesinnter Bürger, die Einfluss auf die Gestaltung des Staats nehmen wollen. Die modernen Parteien entwickelten sich Anfang des 19. Jh. aus lockeren Vereinigungen angesehener Persönlichkeiten (Honoratioren-Parteien). Getragen von der Arbeiterbewegung bildeten die sozialistischen Parteien erstmals den Typ der Massenpartei, dem später häufig auch katholisch-konfessionelle Parteien (Zentrum) entsprachen. Mit der Durchsetzung des Parlamentarismus erhielten die Parteien im 20. Jh. staatstragende Bedeutung.

Pauperismus (lat. pauper = arm). Um 1840 entstandener Begriff für die anhaltende Armut großer Bevölkerungsschichten. Aufgrund dieser Massenarmut konnten die Menschen kaum den notdürftigsten Lebensunterhalt erwerben oder waren auf Unterstützung angewiesen.

Proletariat. Im antiken Rom die unterste Bevölkerungsschicht ohne Besitz. Im 19. Jh. ein durch den Marxismus geprägter Begriff für die im Kapitalismus entstandene Klasse der abhängigen Lohnarbeiter. Nach Marx hat der Proletarier allein seine Arbeitskraft zu verkaufen und ist daher von der Bourgeoisie abhängig, die die Produktionsmittel besitzt und ihn ausbeutet. Erst der Klassenkampf und die „Proletarische Revolution" können die Unterdrückung beenden.

Protestanten. Bezeichnung für alle Christen, die nicht zur römisch-katholischen Kirche oder zur orthodoxen Ostkirche gehören. Nach dem Reichstagsbeschluss von 1529 sollten alle kirchlichen Reformen verboten werden und die Anhänger Luthers der Reichsacht verfallen. Dagegen protestierten die reformierten Fürsten und Städte aus Gewissensgründen. Von dieser „Protestation" leitet sich der Begriff her. Die von Luther gebrauchte Bezeichnung „evangelisch" setzte sich nur langsam durch.

Puritaner (lat. purus = rein). Bezeichnung für Anhänger des Calvinismus in England. Sie glaubten die reine Lehre des Evangeliums zu vertreten und lehnten alles ab, was nicht in der Bibel begründet war. Radikale Puritaner forderten ein demokratisches Gemeindeleben und die Abschaffung des Bischofsamtes (Bischof). Aufgrund der andauernden Verfolgungen wanderten viele Puritaner nach Nordamerika aus (z. B. die Pilgerväter von 1620), wo sie die Entwicklung der späteren USA stark beeinflussten.

Rationalismus. Die Vorstellung, dass durch logisches und begriffliches Denken alle Dinge des Lebens erkannt und verstanden werden können. Im Gegensatz zum Empirismus, der sich auf die Wirklichkeit bezieht und Erkenntnisse durch Lebenserfahrung gewinnen will, geht der R. davon aus, dass sie durch Einsatz der Vernunft erworben werden. Obwohl es den R. zu allen Zeiten gab, war diese Methode der Erkenntnisgewinnung vor allem im Zeitalter der Aufklärung bei Gelehrten verbreitet.

Reaktion. Bezeichnung für politische Bestrebungen, alle durch die Französische Revolution ausgelösten fortschrittlichen Entwicklungen zurückzudrängen (Liberalismus). In Deutschland ist dies besonders die Zeit von 1819–30 und 1850–58. Eine fortschrittsfeindliche Haltung, die überholte Verhältnisse verteidigt, bezeichnet man als „reaktionär".

Reformation. Der religiöse Umbruch Europas im 16. Jh., der zur Auflösung der kirchlichen Einheit des Abendlandes führte. Zu seinen Ursachen zählten kirchliche Missstände wie der Lebenswandel vieler Geistlicher, Simonie und Ablasshandel. Eingeleitet wurde die Reformation durch die Thesen Martin Luthers (1517), und sie erfasste gegen den Widerstand der römischen Kirche sehr rasch breite Bevölkerungsschichten. Da sich auch viele Reichsstände der Reformation anschlossen, wurde die Reformbewegung zu einem politischen Machtfaktor. Die Reformation setze sich vor allem in Mittel- und Nordeuropa durch. Der römischen Kirche gelang es, durch die Reformen des Konzils von Trient (1545–1563) sowie durch die Tätigkeit der Jesuiten erneut an Boden zu gewinnen (Gegenreformation).

Reichsacht (althochdt. acht = Verfolgung). Im Falle eines schweren Verbrechens konnte der Herrscher den Täter ächten. Der Geächtete wurde damit aus der Gemeinschaft ausgestoßen, verlor sein Eigentum und jeden Rechtsschutz – er war „vogelfrei". Wer ihm half, verfiel selbst der Acht. Wenn der Geächtete Gehorsam gegen Kaiser und Reich versprach, konnte er durch ein kaiserliches Gericht aus der Acht gelöst werden. Oft wurde die Reichsacht zusammen mit dem Kirchenbann ausgesprochen.

Reichsdeputationshauptschluss. Beschluss eines Reichstagsausschusses von 1803, durch den jene weltlichen Fürsten entschädigt wurden, die von der Abtretung des linken Rheinufers an Frankreich betroffen waren. Dadurch wurden fast alle geistlichen Gebiete des Reichs säkularisiert, zahlreiche weltliche Reichsfürsten, Reichsstädte und Reichsritter mediatisiert.

Reichstag. Bezeichnung für das Parlament des Kaiserreiches und der Weimarer Republik. Im Kaiserreich konnten Männer nach allgemeinem und geheimem Wahlrecht in den Berliner R. gewählt werden, sie hatten jedoch keinen Einfluss auf die Regierungsbildung. Nach dem Weltkrieg gab es auch das Frauenwahlrecht und der R. konnte durch Misstrauensvoten Regierungen stürzen. Zu Beginn der NS-Herrschaft wurde das Reichstagsgebäude in Berlin durch einen Brand zerstört, heute tagt in dem renovierten Gebäude der Deutsche Bundestag.

Renaissance (franz. Wiedergeburt). Im 15. Jh. wandten sich viele Menschen in den norditalienischen Städten der römisch-griechischen Vergangenheit zu. Dort suchten sie die Vorbilder für ihr Leben und trennten sich von der kirchlich-religiösen Bevormundung des Mittelalters, das ihnen als finster und barbarisch erschien. Der einzelne Mensch rückte in den Mittelpunkt des Interesses, er sollte seine Fähigkeiten entfalten und durch eigenständiges Denken und Beobachten die Natur erkennen. Maler, Bildhauer, Dichter, Philosophen, Wissenschaftler und Forscher verbreiteten diese neuen Gedanken in Europa. Unterstützung fanden sie bei Fürsten und auch bei Päpsten.

Restauration. Bemühungen, frühere Zustände wiederherzustellen. Der Begriff wird auf die Epoche zwischen 1815–1848 angewandt und umfasst die Bestrebungen der Politik, den vor der Französischen Revolution geltenden Ordnungsprinzipien erneut Geltung zu verschaffen.

Revolution. Gewaltsamer Umsturz der bestehenden Ordnung, der zu tief greifenden politischen und gesellschaftlichen Veränderungen führt. Sie wird von breiten Bevölkerungsschichten getragen, im Gegensatz zum Staatsstreich oder Putsch, wo nur eine neue Führungsgruppe die Macht an sich reißt. Typische Beispiele sind die Französische Revolution 1789 und die Russische Revolution 1917.

Rheinbund. 1806 erklärten 16 Reichsfürsten ihren Austritt aus dem Reich und gründeten unter dem Schutz Napoleons den Rheinbund. Der Habsburger Franz II. legte daraufhin die römisch-deutsche Kaiser-

Minilexikon

würde nieder und nannte sich künftig Kaiser von Österreich. Nach Napoleons verlorenem Russlandfeldzug löste sich der Rheinbund rasch auf.

Säkularisation. Überführung von Kirchengut in weltlichen Besitz. Zu einer umfassenden S. kam es in Frankreich durch die Französische Revolution, vor allem aber in Deutschland aufgrund des Reichsdeputationshauptschlusses 1803.

Soziale Frage. Bezeichnung für die ungelösten sozialen Probleme der Arbeiter im 19. Jh., die aufgrund der Industrialisierung (Industrielle Revolution) entstanden waren. Hierzu zählten: Verelendung aufgrund niedriger Löhne und hoher Arbeitslosigkeit, extrem lange Arbeitszeiten und unzumutbare Arbeitsbedingungen, menschenunwürdige Wohnverhältnisse, schwere Frauen- und Kinderarbeit. Hinzu kam die fehlende Absicherung bei Krankheit, Arbeitsunfällen, Invalidität und im Alter. Versuche zur Lösung der Sozialen Frage kamen von einzelnen Unternehmern, der Kirche, vor allem jedoch durch die vom Staat seit 1883 eingeleitete Sozialgesetzgebung. Die Arbeiter selbst bemühten sich im Rahmen von Gewerkschaften und Arbeiterparteien um eine Durchsetzung ihrer Interessen und schufen verschiedene Selbsthilfeorganisationen.

Sozialgesetzgebung. Allgemein die Gesamtheit aller sozialen Regelungen für die Bürger, um eine soziale Sicherheit herzustellen. Im Kaiserreich bezeichnet die S. die von Bismarck begründeten Maßnahmen, um Probleme von Alter, Krankheit und Invalidität durch gesetzliche Versicherungen zu verbessern.

Sozialismus. Im 19. Jh. entstandene politische Bewegung, die bestehende gesellschaftliche Verhältnisse mit dem Ziel sozialer Gleichheit und Gerechtigkeit verändern will. Im Marxismus ist er das Übergangsstadium vom Kapitalismus zum Kommunismus. Seit Ende des 19. Jh. bildeten sich gemäßigte und radikale sozialistische Richtungen, deren Ziele von einer Reform der kapitalistischen Wirtschaftsweise bis zum Umsturz der auf ihr bestehenden Gesellschaftsordnung reichen (Klassenkampf).

Sozialistengesetz. Ein von Bismarck 1878 erlassenes Gesetz, das sich gegen die Sozialdemokratie richtete. Es verbot alle sozialdemokratischen, sozialistischen oder kommunistischen Vereine, Versammlungen und Schriften und bedrohte „Agitatoren" mit Ausweisung aus dem Bezirk. Ziel war die Zerschlagung der sozialdemokratischen Organisationen und Gewerkschaften, wobei die sozialdemokratische Reichstagsfraktion bestehen blieb. Das bis 1890 währende Gesetz erwies sich als Fehlschlag, denn die Sozialdemokratie ging aus dieser Zeit gestärkt hervor.

Stände. Gesellschaftliche Gruppen, die sich voneinander durch Herkunft, Beruf, Bildung und eigene Rechte abgrenzen. Im Mittelalter unterschied man drei Stände: Geistlichkeit, Adel, Bauern und Bürger. Seit der Französischen Revolution und den Reformen des 19. Jh. verschwand diese Ständeordnung als gesellschaftliches Grundprinzip. Für die Arbeiterschaft kam im 19. Jh. die Bezeichnung „Vierter Stand" auf. Von einem Ständestaat spricht man, wenn in einem Staat die Vertreter bestimmter Stände an der Herrschaft beteiligt sind.

Streik. Die planmäßige Niederlegung der Arbeit durch eine größere Zahl von Arbeitnehmern, um höhere Löhne oder bessere Arbeitsbedingungen vom Unternehmer zu erzwingen. Im 19. Jh. führten Arbeitsniederlegungen von Industriearbeitern zur Gründung von Gewerkschaften und der Streik wurde zum wichtigsten Mittel, gewerkschaftlichen Forderungen Nachdruck zu verleihen. In Deutschland waren Streiks bis 1918 verboten und strafbar. Heute ist das Streikrecht in vielen Ländern anerkannt und ein wichtiger Bestandteil des demokratischen Rechtsstaats.

Terror (lat. = Schrecken). Gewalttätige Form des politischen Machtkampfs, um jeden Widerstand durch Furcht zu ersticken. Er kann durch den Staat ausgeübt werden (Staatsterrorismus) oder von extremen Organisationen zum Sturz der Staats- oder Gesellschaftsordnung. Typische Beispiele sind die Schreckensherrschaft der Jakobiner während der Französischen Revolution 1793–94 oder der Terror unter den Herrschaftssystemen des Faschismus, Nationalsozialismus und Kommunismus.

Toleranz (lat. tolerare = erdulden, erleiden, ertragen). Die Duldung von Menschen mit anderer Überzeugung, besonders in religiösen oder politischen Fragen. Die Vertreter der Aufklärung sahen in der Achtung vor dem Andersdenkenden einen entscheidenden Schritt zum friedlichen Zusammenleben der Menschen. Sie kämpften gegen religiösen Fanatismus und forderten vom Staat Toleranz.

Verfassung (Konstitution). Die politische Grundordnung eines Staates, die alle Regelungen über die Staatsform, die Herrschaftsausübung und die Bildung und Aufgaben der Staatsorgane enthält. Eine demokratische Verfassung wird durch eine verfassunggebende Versammlung (Nationalversammlung) entworfen und direkt dem Volk oder aber seinen gewählten Vertretern (Parlament) zur Abstimmung vorgelegt. Sie enthält das Prinzip der Gewaltenteilung und das Mitbestimmungsrecht des Volkes.

Volkssouveränität. Im Gegensatz zur Souveränität des Monarchen sieht die V. die oberste Gewalt im Volk verankert. Aufgrund dessen gilt die Wahl der Regierenden durch das Volk als Ausdruck der V. Neben der Gewaltenteilung kennzeichnet die V. den modernen demokratischen Staat. Der große Theoretiker der V. in der Neuzeit war J. J. Rousseau, der sich sie in seinem Werk über den „Gesellschaftsvertrag" begründet hat.

Vormärz. Die Zeit vom Wiener Kongress 1815 bis zur deutschen Revolution vom März 1848. Kennzeichnend für diese Epoche sind äußerer Friede und innenpolitische Ruhe, erzwungen durch die Beschränkung von Bürgerrechten (Karlsbader Beschlüsse). Dennoch entwickelte sich im Vormärz eine liberale, demokratische und nationale Bewegung, getragen von einem Bürgertum, das schließlich politische Mitsprache beanspruchte.

Westfälischer Frieden. Bezeichnung für die 1648 in Münster und Osnabrück geschlossenen Friedensverträge, die den Dreißigjährigen Krieg beendeten. Die Friedensbestimmungen lockerten die Reichseinheit, da die Fürsten volle Landeshoheit erhielten und Bündnisse mit auswärtigen Mächten abschließen durften. Auch territorial erlitt das Reich schwere Einbußen. Schweden erhielt Vorpommern, das Erzbistum Bremen und das Bistum Verden als Reichslehen, Frankreich wurde im Besitz von Metz, Toul und Verdun bestätigt, die Niederlande und die Schweiz schieden endgültig aus dem Reichsverband aus. Auf konfessionellem Gebiet wurde der Augsburger Religionsfrieden von 1555 bestätigt und auf den Calvinismus als dritte Konfession ausgedehnt.

Wiener Kongress. Konferenz europäischer Fürsten und Staatsmänner, um die politische Neuordnung Europas nach Napoleons Sturz zu beraten (1814/15). Den Vorsitz führte der österreichische Außenminister Fürst Metternich, der den Kongress in weiten Teilen prägte. Die Teilnehmer des Wiener Kongresses verfolgten die Prinzipien der Restauration und Legitimität.

Wohlfahrtsausschuss. Regierungsorgan des französischen Konvents und Terrorinstrument der jakobinischen Diktatur. Der Ausschuss bestand aus zwölf Exekutivkommissaren, führendes Mitglied war Robespierre.

Register

Ablass 28 ff.
Absolutismus 46 ff., 51, 80, 82, 92, 126
– aufgeklärter A./Reformabsolutismus 70 ff., 80
Adel 46 f., 82, 86, 109
Alembert, Jean Le Rond d' 65
Alldeutscher Verband 171, 181
Antisemitismus 181
Arbeiter, Arbeiterklasse (s. auch Proletariat) 109, 178, 212 ff., 226
Aristokratie s. Adel
Aufklärung 64–67, 69, 71 f., 87, 126
Augsburger Religionsfrieden 35
Azteken 24 f.

Bastille 82, 84, 93, 126
Bauernbefreiung 117
Bebel, August 164
Befreiungskriege 121, 134
Bismarck, Otto Fürst von 150 ff., 156 f., 162 f., 166–170, 174, 190, 238
Bora, Katharina von 56 f., 59

Calvin, Johann (Calvinismus) 29, 39, 248
Code civil (Code Napoleon) 109, 114, 135
Colbert, Jean Baptiste 46, 48 f.
Cortez, Hernan 24 f.

Dampfmaschine 194 f., 199, 206, 226
Danton, Georges Jacques 97, 101
Desmoulins, Camille 97
Deutscher Bund 131–134, 147, 150
Diaz, Bartholomäo 21
Diderot, Denis 65
Disraeli, Benjamin 234
Dreißigjähriger Krieg 38–42, 78 f.
Dritter Stand 82 f., 86, 88 f., 126

Edikt von Fontainebleau 248
Edikt von Nantes 46, 248
Engels, Friedrich 216, 219, 226
Erster Weltkrieg 174 f., 242 f., 252

Französische Revolution 82–89, 92 f., 96 f., 100–107, 126, 130
Frau, Frauen 52–63, 95, 180, 213
Frieden von Campoformio 108
Friedrich II. der Große (preuß. Kg.) 70–75, 80 f.
Friedrich Wilhelm, der Große Kurfürst (preuß. Kf.) 248 f.
Friedrich Wilhelm IV. (preuß. Kg.) 146 f., 149
Frühkapitalismus 8, 42
Fugger, Jakob 8–11

Galilei, Galileo 17 f.
Gama, Vasco da 21
Gandhi, Mahatma 235, 237
Generalstände 85, 126
Gewerkschaften 160, 216, 226
Girondisten 97, 100 f.
Guillotine 100 ff.
Gustav Adolf (schwed. Kg.) 38 f., 78
Gutenberg, Johannes 12 f.

Habsburger 35, 38 f., 146
Hambacher Fest 138, 140, 190
Hardenberg, Karl August Fürst von 117 f.
Heiliges Römisches Reich Deutscher Nation 38 f., 42, 52, 112 f., 126, 190
Herzl, Theodor 181
Hobbes, Thomas 66
Hugenotten 46, 246, 248 f.
Humanismus 16, 42
Humboldt, Wilhelm von 117 f.
Hundertjähriger Krieg 76 f.

Imperialismus 230 f., 233–239, 252
Industrialisierung, Industrielle Revolution 178 ff., 194 f., 197–212, 222, 226
Inka 25

Jahn, Friedrich Ludwig 135
Jakobiner 96 f.
Jesuiten 36
Judentum 181

Kaiser(tum) 52–55, 108 f., 126, 152
Kanonade von Valmy 106
Kant, Immanuel 64
Kapital, Kapitalismus 9, 216, 219
Karl V. (röm. Ks.) 34 f., 37, 189
Karlsbader Konferenzen/Beschlüsse 135, 190
Katholizismus, Katholiken 17, 28, 35 f., 38, 42, 109, 159, 162 f., 217, 248
Kinderarbeit 213 f., 220–226
Klassen, Klassenkampf 216, 218 f.
Koch, Robert 255
Kolonialismus, Kolonien 27, 42, 48, 230 ff., 234 ff., 238 ff., 250, 252
Kolumbus, Christoph 20 ff.
Kommunismus, Kommunisten 216, 219
Konservati(vi)smus, Konservative 159, 161
Konstantinopel s. Byzanz
Kontinentalsperre 114, 116
Kopernikus, Nikolaus 17
Kotzebue, August von 134 f.

Lafayette, Marie Joseph Motier Marquis de 93, 96
Liberalismus, Liberale 134, 138, 159
Liselotte von der Pfalz (Hzgn. v. Orléans) 60–63
Locke, John 66
Ludwig XIV. der Sonnenkönig (franz. Kg.) 46 ff., 50 f., 60 f., 82, 126, 185, 248
Ludwig XVI. (franz. Kg.) 93, 96 f., 99 f., 126
Luther, Martin (Lutheraner) 28 ff., 33–37, 42, 56 f., 59

Magellan, Fernando 21
Marat, Jean Paul 97
Marx, Karl 216, 219, 226
Mediatisierung 113
Menschenrechte 92, 94, 126
Merkantilismus 48 f., 86, 126
Metternich, Klemens Wenzel Fürst von 130, 134 f., 143
Migration 246–251
Militarismus 160, 171
Monarchie
– absolut(istisch)e M. s. Absolutismus
– konstitutionelle M. 92 f., 96, 190
Montesquieu, Charles de 66, 69, 126

Napoleon I. Bonaparte (Ks. d. Franz.) 105, 108–114, 116, 120 f., 124, 126, 134, 190
Nationalismus 134, 138
Nationalstaat 143, 147, 150, 152, 158, 190, 230
Nationalversammlung 83, 93 f., 97, 105, 126, 146, 190
Nelson, Horatio Lord 108

Parteien 159, 161, 216
Paulskirche, Paulskirchenparlament 143, 146, 190
Pirckheimer, Caritas von 56–59
Preußen 70–75, 81, 113, 116–119, 126, 130 f., 134 f., 146 f., 150 ff., 162, 199, 248 f.
Proletariat (s. auch Arbeiter) 212, 216, 219
Protestantismus, Protestanten 35 f., 38, 42, 160, 217

Reformation 28 f., 34, 42, 58, 248
Reformen, preußische 117 ff., 126
Reichsdeputation 112
Reichsgründung 152 f., 155 f., 162
Reichstag 158 f., 161, 170 f.
– zu Speyer 34
– zu Worms 34 f., 37
Renaissance 16, 20, 42, 184
Restauration 130 f., 134, 190
Revolution(en) 135
– von 1789–1795 s. Französische Rev.
– von 1848/49 142–147, 150, 158, 190
Rheinbund 113, 115
Rhodes, Cecil 236
Robespierre, Maximilien 97, 101 f., 108
Rotterdam, Erasmus von 15
Rousseau, Jean-Jacques 65 f., 69, 126

Saint-Just, Louis Antoine 97
Säkularisation 113
Sansculotten 100
Schisma 28, 42
Schlacht
– bei Abukir 108
– von Azincourt 77
– von Crécy 76 f.
– bei Jena und Auerstedt 113, 116
– von Königgrätz 151
– bei Leipzig s. Völkerschlacht
– bei Lützen 39, 79
– bei Sedan 154
– bei Waterloo 121
Schlesischer Weberaufstand 139, 141
Smith, Adam 66
Sozialdemokratie, Sozialdemokratische Partei Deutschlands (SPD) 160, 163, 171
Soziale Frage 216 f., 226
Sozialgesetzgebung 163, 165, 217, 226
Sozialismus, Sozialisten 216
Sozialistengesetze 163 f.
Stände(gesellschaft) 87, 93, 105, 126
Stein, Heinrich Friedrich Karl Reichsfreiherr vom und zum 117
Stephenson, George 202

Terror (Terreur) 100–104, 126
Theophanu 52–55
Tuberkulose 213, 254–257

Umweltverschmutzung 208
Union, protestantische 38
Urbanisierung 179

Versailles 46 f., 60–63, 68, 93, 126, 152, 158
Vespucci, Amerigo 21
Völkerschlacht bei Leipzig 121, 123, 126, 135
Voltaire (François Marie Arouet) 126

Wahl(recht) 92, 97, 135, 158, 160 f.
Wallenstein, Albrecht von 38 f.
Wartburg, Wartburgfest 34, 135 f., 190
Watt, James 194
Wehrpflicht 105, 117
Westfälischer Frieden 39 ff.
Wiener Kongress 130 f., 190
Wilhelm I. (preuß. Kg. u. dt. Ks.) 150, 152, 156, 162 f.
Wilhelm II. (dt. Ks.) 154, 163, 170, 172, 174 f., 177, 185, 190, 239, 242
Wirth, Johann Georg 142
Wohlfahrtsausschuss 97

Zensur 137
Zentrum, Zentrumspartei 159
Zionismus 181
Zoll, Zölle 48, 198 f.
Zwingli, Ulrich 29

263

Bildnachweis

Agence Photographique de la Réunion des Musées Nationaux, Paris: 55 M4
akg-images, Berlin: Titel (Bildarchiv Monheim), 7 o. li., 16 M1 (Camperaphoto), 18 M4, 21 M3, 26 M6, 29 M3 + M5, 30 M8, 35 M2, 38 M1, 44 u. li., 45 u. li., 47 M3, 50 M7, 65 M3, 66 M6, 68 M9, 72 M5, 73 M8, 75 M7, 80 M1, 82 M2, 83 M3, 87 M3, 89 M6, 93 M3 (E. Lessing), 97 M4 + M5, 97 M2 + M6 (E. Lessing), 100 M1 li., 101 M4, 108 M1 (E. Lessing), 109 M2 + M3, 110 M4, 111 M7 (VISIOARS), 111 M8, 114 M3 (VISIOARS), 114 M4, 128 u. li., 129 u. li., 130 M1 + M2, 135 M2, 136 M3, 147 M3, 150 M1, 154 M6, 156 M1, 164 M4, 170 M1, 172 M4, 178 M1, 179 M3, 181 M7, 184 M1 + M2, 185 M3, 185 M4 (E. Lessing), 192 u., 193 u., 216 M3, 217 M3, 218 M5, 221 M3, 222 M1, 224 M5, 247 M5, 248 M7, 249 M9, 254 M1
Archiv der sozialen Demokratie der Friedrich-Ebert-Stiftung, Bonn: 216 M1
Art Institut of Chicago: 214 M5
Artothek, Weilheim: 38 M2, 60 M2
artur architekturbilder GmbH, Essen: 192/193 (Th. Riehle)

Batchelor, J.: 22 M5
Baumgärtner, U., Puchheim: 196 M5
Bayerische Staatsbibliothek, München: 201 M5, 204 M7
Biblioteca dell Archivo General de la Nacion, Mexico, D.F.: 24 M1
Bibliothèque nationale de France, Paris: 76 M1, 93 M1, 94 M4, 95 M7
Bildagentur-online, Burgkunstadt: 223 M2
Bildarchiv Monheim, Meerbusch: 249 M8 (F. Monheim)
Bildarchiv Preußischer Kulturbesitz, Berlin: 6 o., 7 o. re., 12 M2, 20 M1, 23 M7, 31 M9, 32 M1 (SMB/Kupferstichkabinett/J.P. Anders), 36 M3, 39 M3, 40 M5, 44 u. re., 64 M1, 73 M9, 99 M11, 116 M1, 117 M2 + M3, 121 M4 (Freies Deutsches Hochstift), 118 M5, 128 u. re., 139 M2, 141 M5, 143 M2 + M3, 144 M4–M6, 146 M1, 149 M6, 159 M3, 160 M4, 162 M1, 163 M3, 167 M3, 168 M4, 173 M6, 180 M5, 192 o. re., 193 Mi., 194 M1, 195 M4, 212 M1, 213 M2, 215 M7, 223 M3, 228 o. + u. re., 230 M1, 239 M3, 243 M2
Bildarchiv Steffens, Mainz: 250 M11
Bismarck Museum, Friedrichsruh: 129 u. re. + 156 M2 (Carstensen, Hamburg)
Bridgeman Art Library/Giraudon, London: 48 M4, 65 M4, 99 M10, 100 M1 re., 220 M1, 220 M2 (Art Ressource, N.Y.)
British Museum, London: 247 M4
Broder, C., Hamburg: 175 M3

Charmet, J.-L., Paris: 86 M1
Creativ Team Friedel & Bertsch, Heilbronn: 128 o., 138 M1

Dagli-Orti, G., Paris: 25 M3
Deutsches Historisches Museum, Berlin: 78/79 M1, 79 M3, 162 M2 (A. Psille), 240 M5, 242 M1
Deutsches Museum, München: 193 o., 196 M6, 202 M2 + M3, 203 M5
Domkapitel Aachen: 186 M6 (A. Münchow)

Eulenspiegel Verlagsgesellschaft, Berlin: 28 M2, 33 M3

F1 online, Frankfurt/M.: 44/45 (Schuster/Ball), 71 M3 (W. Dietrich), 128/129 (Pallaske)
Freies Deutsches Hochstift, Frankfurt/M.: 64 M2

Germanisches Nationalmuseum, Nürnberg: 137 M5, 246 M3
Götz, R. von, Regensburg: 58 M4, M6 + M7

Heinemann Publishers, Oxford: 194 M2 (R. Stewart)
Herzog-Anton-Ulrich Museum, Braunschweig: 6 u. li. + 8 M1 (B.P. Keiser)
Historisches Archiv der Stadt Köln: 52 M1 (Rheinisches Bildarchiv)
Historisches Archiv Krupp, Essen: 207 M3, 208 M4, 217 M4
Historisches Museum der Stadt, Wien: 131 M3

Interfoto, München: 131 M3 (Karger-Decker), 123 M7 (Büth)

Jonas-Nolte, J., Zeesen: 249 M10
Jürgens Ost- und Europa-Photo, Berlin: 70 M1

Karl Ernst Osthaus-Museum, Hagen: 199 M2

Landesarchiv, Berlin: 171 M3
Langner + Partner, Hannover: 165 M6
Lichtbildwerkstätte Alpenland, Wien: 121 M2

Mannesmann Demag, Duisburg: 199 M3
mauritius-images, Mittenwald: Titel Hintergrund (Thonig), 77 M2 (capa), 152 M3 (G. Rossenbach)
Moy, Graf von, Stepperg: 122 M4
Musée de la Ville de Paris: 97 M3
Museo del Prado, Madrid: 120 M1
Museum der Stadt Nürnberg: 216 M2
Museum für Gestaltung – Plakatsammlung, Zürich: 251 M13
Museum of the City of New York: 225 M8

National Portrait Gallery, London: 234 M1
Nehru Memorial Museum and Library, Neu Dehli: 228 u. li., 235 M3
Niedersächsisches Staatsarchiv, Wolfenbüttel: 53 M2 (B.P. Keiser/Sig. 6 Urk.11)

Österreichische Nationalgalerie, Wien: 24 M2

Picture Alliance, Frankfurt/M.: dpa: 7 o. Mi., 28 M1, 45 u. re. + 105 M2 (SIPA/L. Chamussy), 255 M2 (ADN); akg-images: 12 M1 (British Library), 17 M2, 28 M1, 29 M4, 38 M1, 56 M1 (Rabatti-Domingie), 57 M3 (Schuetze/Rodemann), 79 M2

Scala, Florenz: 19 M7
Simplicissimus 1897/J.B. Engl: 160 M5
Staatliche Münzsammlung, München: 115 M6, 248 M6
Staatsarchiv Windhuk: 241 M6
Stamm, Gießen: 25 M3
Stiftung Deutsches Hygiene-Museum, Dresden: 256 M3 (V. Kreidler)

Tonn, D., Bovenden: 42/43, 126/127, 190/191, 226/227, 252/253

ullstein bild, Berlin: 106 M3 (Granger Collection), 169 M5 (Kujath), 170 M2, 213 M3, 236 M5 (Granger Collection)

Verkehrsmuseum, Nürnberg: 202 M1
© VG Bild-Kunst, Bonn 2008: 173 M6, 176 M5 (O. Gulbransson), 192 o. re., 212 M1, 228 u. re., 239 M3
VISUM, Hamburg: 39 M4 (M. Leissl), 228/229 + 238 M1 (M. Steinmetz)

Wallraf-Richartz-Museum, Köln: 19 M6
Werksarchiv Henkel, Düsseldorf: 192 o. li., 206 M2
Westermann Archiv: 6 u. re., 14 M5
Wittmann, A., Langenhahn: 180 M4

alle übrigen Schaubilder und Karten: Westermann Kartographie/Technisch Graphische Abteilung, Braunschweig